外国语言文学高被引学术丛书

卫茂平 ◎ 著

德语文学汉译史考辨：
晚清和民国时期

上海外语教育出版社
SHANGHAI FOREIGN LANGUAGE EDUCATION PRESS

图书在版编目(CIP)数据

德语文学汉译史考辨：晚清和民国时期/卫茂平著. —上海：上海外语教育出版社, 2021
（外国语言文学高被引学术丛书）
ISBN 978-7-5446-6592-6

Ⅰ.①德… Ⅱ.①卫… Ⅲ.①德语—文学翻译—研究—中国—近代 Ⅳ.①H335.9 ②I046

中国版本图书馆 CIP 数据核字(2020)第 230969 号

出版发行：**上海外语教育出版社**
（上海外国语大学内） 邮编：200083
电　　话：021-65425300（总机）
电子邮箱：bookinfo@sflep.com.cn
网　　址：http://www.sflep.com
责任编辑：田慧肖

印　　刷：上海信老印刷厂
开　　本：635×965 1/16 印张 23 字数 365千字
版　　次：2021 年 3月第 1 版　2021 年 3月第 1 次印刷
书　　号：ISBN 978-7-5446-6592-6
定　　价：72.00 元

本版图书如有印装质量问题，可向本社调换
质量服务热线：4008-213-263　电子邮箱：editorial@sflep.com

出版说明

"外国语言文学高被引学术丛书"是基于"中文学术图书引文索引"(Chinese Book Citation Index,简称 CBKCI)数据库的入选书目,将入库的引用频次较高的外语研究学术专著,进行出版或者修订再版。

该数据库由中国图书评论学会和南京大学中国社会科学研究评价中心共同开发,涵盖人文社会科学的 11 个学科,以引用量为依据,遴选学术精品,客观地、科学地反映出优秀学术专著和出版机构的影响力。上海外语教育出版社有 32 种图书入选"中文学术图书引文索引"数据库,占外国语言文学学科类入选专著数量近 1/4(共 132 种入选),数量居该领域全国出版社首位。

本着"推广学术精品,推动学科建设"的宗旨,外教社整理再版这些高被引图书,将这些高质量、高水准的学术著作以新的面貌、新的方式展现给读者,这对于促进学者之间的思想交流,提高研究效率和研究质量,记录与传承我国学者在外国语言文学学科的优秀研究成果具有积极意义,同时也为广大语言学者提供了丰富的参考资源。

目 录

导言 i

第一章 1
  一 序曲——洋务大臣最初带回的德语文学信息 1
  二 译事开端——王韬和辜鸿铭 2
  三 德语文学的进入(1900—1909) 9
  四 从序曲到正剧的过渡(1910—1919) 12
  五 高潮的到来——20世纪20年代的翻译活动 16
  六 "战争文学"的勃兴——20世纪20年代末和30年代 27
  七 弥散的主题——20世纪40年代的德语文学译介 38

第二章 44
  一 战歌作者阿恩特 44
  二 文豪歌德 50
  三 格林兄弟及其童话 75
  四 至尔·妙伦与鲁迅《小彼得》的译序
      ——兼及几位几已被忘的德语童话作家 79
  五 施托姆的译介和浪漫主义的胜利 82
  六 诗杰海涅 90
  七 苏德曼——首位较完整地得到汉译的德国作家 99
  八 文学家尼采及其《查拉图斯特拉如是说》 103
  九 由《威廉·退尔》带出的席勒译介 107
  十 "以性爱为主题"的作家施尼茨勒 113
  十一 自然主义的代表作家霍普特曼 116
  十二 以"罗曼蒂克作基调"的茨威格 120
  十三 "近代戏曲全部运动的先锋"赫贝尔 122
  十四 对托马斯·曼的喜爱或责备 125

十五　"新罗曼派作家"霍夫曼斯塔尔 …………………………… 128

十六　"乡土艺术家"黑塞 …………………………………………… 130

十七　雷马克及其战争文学 ………………………………………… 132

十八　"火线后方"的描摹者格莱塞尔 …………………………… 142

十九　"神秘派文学家"霍夫曼 …………………………………… 144

二十　同中国左翼作家遥相呼应的雷恩 ………………………… 146

二十一　咏物诗人里尔克 …………………………………………… 148

二十二　表现主义作家托勒尔 …………………………………… 152

二十三　"薄命天才"克莱斯特 …………………………………… 155

二十四　报告文学的先驱——基希 ……………………………… 158

二十五　反法西斯作家沃尔夫 …………………………………… 163

二十六　瓦塞尔曼在中国的际遇 ………………………………… 165

二十七　凯泽的译介及其他 ……………………………………… 167

第三章 ……………………………………………………………………… 172

一　中国的德国观及德语文学译介在中国的特点 …………… 172

二　出版之都上海在汉译德语文学史上的地位及影响 ……… 174

三　德语文学汉译所据语言、译者和作者 …………………… 190

附录 ………………………………………………………………………… 201

德语文学汉译及评论书目 ………………………………………… 201

汉译德语文学作品合集书目 ……………………………………… 324

德语文学史论、评论书目（一） ………………………………… 330

德语文学史论、评论书目（二） ………………………………… 332

主要参考书目 …………………………………………………………… 336

人名索引 ………………………………………………………………… 337

后记 ………………………………………………………………………… 352

再版后记 ………………………………………………………………… 354

导　言

　　本书的缘起是读了书橱中有关中国翻译文学史及一些相关主题的著作。它们虽不能说已是汗牛充栋，却也蔚为大观，站满一行，显示出学界近年来对这个领域的讨论热闹非凡。遗憾的是，关于单个语种史料详尽的研究鲜有所见，尤其是德语文学汉译史的研讨空白颇多。得来印象，我们的有些翻译文学史研究，同人文科学的不少课题一样，往往绕过原本不该绕过的个案，一路奔向终极目标，希求一网打尽。结果是：具体脉络尚不清楚，总体研究已告完成。内中空虚，自不待言。学界这一景观，令人惋惜，也已引出学者的批评。比如钱伯城几年前曾就中国文学史的研究写道：

　　　　关于中国文学史的研究，就其著作出版情况来看，可说两多两少。两多是通史与专史多，两少是断代史与专题研究少（单篇论文不在内）。……这种情况说明，中国文学史研究长期以来有一种追求大而全的宏观气势的风尚。同时这也反映一种忽视具体课题研究，不愿作扎实、细致、艰苦工作的倾向。①

　　评判切实中肯，而情况至今大体依旧。

　　感慨之余，渐渐开始跑图书馆，翻故纸堆。有过发现材料时的喜出望外，也有过徒劳无功后的沮丧失望。面对史料的浩瀚、查阅的繁难、复制的限定，屡有关山万重难逾越之感。但忙里偷闲，搜遗钩沉，数年中资料毕竟越积越多。虽知即使今日的积累也远非完备，但自信落笔大致已能不落窠臼，可以为气势宏伟的史论全编的德语文学部分添砖加瓦，间或对一些现有论述补正纠偏。

　　如何描绘一段翻译文学史，范式上有其自身难点。盖因外国文学的汉译时序，不对应这些作品产生的年代。特别在西方文学初入中国之际，译什么往往是一种随意行为或偶然事件，缺乏内在的逻辑。也就是说，一般文学史写作所遵循的时间顺序、分期标准或思潮主线，很难作为翻译文学史布局的依傍。综观现今一些翻译文学史的框架，时而以原作者为中

---

① 钱伯城：《泛舟集》，中国社会科学出版社，1997年，第365—366页。

心,时而又以译者为主线;时而从翻译机构着手,时而从文学社团切入;时而以文学类型为本,时而又以地区地域为界。但无论采取哪个角度,似都无法在一本书中一以贯之。比如,无论是陈玉刚主编的《中国翻译文学史稿》(1989),还是郭延礼撰写的《中国近代翻译文学概论》(1998),都在几种视角间游移换位,杂用体例,寻找平衡,显出翻译文学史写作方法上的多样,其实还有无奈和尴尬。

故而,本书体例也无法做到始终如一。权衡再三,拟分3章。第一章以德语文学在中国译介的历史顺序为经,第二章以20多位汉译德语文学作家的单独介绍为纬,第三章对德语文学汉译史中的几个综合性问题进行抉发和讨论,试图以史、传、论的方式,组成全书框架。

既然以德语文学汉译史为题,就得勾勒这段历史的发生及发展过程。第一章的框架设立主要出于这个考虑,将力求展现这段历史的事实情况和进展脉络,叙述哪篇、哪部作品为首译或重译,究竟有哪些作家的作品在晚清和民国时期得到译介,且得到何种关注。将在第二章中获得详述的作家,此章中会一笔带过。史学研究一般挑"好"的、挑"重要"的说,在研究者看来不符合这两点的往往就不具入史资格。本书重在史料考辨,对这类取舍标准不予采录。

第二章讨论20多位重点得到译介的德语作家。其入选标准基本是笔者记录其汉译作品和评论篇目卡片的厚薄,亦即其汉语译作或介绍篇目的多寡,与其文学史地位几无关系。倘若恰好吻合,也仅说明作家或作品的所谓经典地位或公众话语定势力量的事实。

第三章讨论经纬都不易涵盖的几个综合性问题,比如中国的德国观与文学影响的关系、上海在德语文学汉译史上的特殊地位或区域文化场问题、德语文学汉译所据语言、译者及原作者的身份和其他情况等,借此彰显德语文学汉译史的几个潜在特点,试图同第一章和第二章一起,形成"三足鼎立"的关系。

学术研究发展至今,实际已不存在没有先驱者脚印的全新领域或课题。就德语文学汉译史来讲,虽然就笔者所知,目前专论尚缺,但前贤已留下不少导引性的文字和线索,开了风气,就个别作家而言,端倪纷纭,也已有相当不错的研究成果在案。比如陈子展著《中国近代文学之变迁》,已为"翻译文学"设一专章,提到了《普法战纪》中"王韬译德法诗各一篇",在介绍"首先翻译西洋诗歌的马君武"时,述及他译的"歌德的《阿明临海岸哭女诗》"①；阿英的《晚清小说史》第十四章也是"翻译小说"，提及《绣像小说》中"吴梼译苏德曼《卖国奴》"②；陈炳堃（陈子展）《最近三十年中国文学史》在介绍"翻译西洋诗的几个人"时，再次谈及马君武译"《阿明临海岸哭女诗》"和"《米丽容歌》"③。尤其是近年来，随着翻译文学史写作的勃兴，也有相关著作指涉此题。对那些零星文章的介绍本身就能构成一本小书，故在此暂略，容在有关章节中彰明。下面仅对这些相关著作稍做归纳。一则展现本课题研究状况，并点出某些问题，二则显示本书潜在的拓展余地。需要说明的是，本书无意对下述著作进行整体评说，所涉仅德语文学汉译史。

马祖毅在《中国翻译简史——五四以前部分》一书中，留意到王韬的《普法战纪》，说他"首次向国内介绍法德诗歌"，并在书中介绍"德国人作""《祖国歌》"一诗，而且补充道："所注的原文，乃阿英根据 1902 年《新民丛报》所载奋翮生《军国民篇》中的注补入。"④在述及顾燮光《小说经眼录》和寅半生《小说闲谈》时，作者又提及"瑞士文学家某著"的"《小仙源》"以及"德国苏德蒙原著"的"《卖国奴》"。⑤这项抉发值得注意，因为这两部起先刊登在《绣像小说》上的德语文学作品，就我们今天掌握的材料看，应是最早较完整地被译成汉语的德语小说。此外，在分类介绍外国剧本汉译本时，马祖毅还提及"马君武译德国席勒……的《威廉退尔》"⑥。

陈玉刚主编《中国翻译文学史稿》，谈及马君武，说他还翻译了"歌德的《少年维特之烦恼》的若干片段"，又说他的译作"歌德的《阿明临海岸哭女诗》，一如他的诗作，具有一种深挚感人的力量"。在介绍奥地利作家汉译作品时，列出"显尼志劳的《阿那托尔》"和"《死》"，以及"福路依特的《少女日记》"。⑦ "显尼志劳"今译"施尼茨勒"，是民国时期最受欢迎的德语作家之一。译本《阿那托尔》1922 年首版，《死》1930 年问世。此间和此

---

① 陈子展：《中国近代文学之变迁》，上海中华书局，1929 年，第 146—147 页。
② 阿英：《晚清小说史》，上海商务印书馆，1937 年。人民文学出版社，1991 年重版，第 185 页。
③ 陈炳堃：《最近三十年中国文学史》，太平洋书局，1937 年，第 61—62 页。
④ 马祖毅：《中国翻译简史——五四以前部分》，中国对外翻译出版公司，1984 年，第 269 页。
⑤ 《中国翻译简史——五四以前部分》，第 291—292 页。
⑥ 《中国翻译简史——五四以前部分》，第 319 页。
⑦ 陈玉刚主编：《中国翻译文学史稿》，中国对外翻译出版公司，1989 年，第 100—101 页。"福路依特"今译"弗洛依德"。

后还有不少施尼茨勒作品得到汉译。《史稿》为什么偏偏提这两部作品？其选择标准不明。谈及文学研究会译介外国文学的工作时，书中提到"苏德曼"的《忧愁夫人》，"斯托尔姆"的《意门湖》，"霍普特曼"的《织工》，并重复"显尼志劳"的《阿那托尔》；① 在专论郭沫若的翻译活动时，论及他的译作《浮士德》，②"施马（笃）谟"的《茵梦湖》和"歌德的《少年维特之烦恼》"，"霍普特曼的《异端》"，"尼采的《查拉图司屈拉钞》"，"席勒的《华伦斯坦》"，"歌德的《赫曼与窦绿苔》"。③ 这大体展现了郭沫若在翻译德语文学方面的成果。此书第三编分国别罗列左联时期的汉译外国文学作品。在"德国"部举出"（托）马斯曼的""《脱列斯丹》"，海涅的《长短歌行》《归来》《北海之歌》，格莱塞的《谛尔西的缝工》，苏德曼的《除夕的忏悔》等。④ 这些书目给人以单行本印象，而实际全是散见在几种刊物上的单篇译作。列举标准同样不清。比如托马斯·曼的《脱列斯丹》发表在《小说月报》21卷6号上，同期的《小说月报》另收他的《神童》和《到坟园去》两个短篇。弃此取彼，缘由不明。

范伯群、朱栋霖主编的《中外文学比较史1898—1949》也注意到王韬《普法战纪》中的德诗《祖国歌》，但把重点放在对奋翮生就此诗的评述上。⑤ 此书对英、法、美、日、俄苏文学在中国的译介着墨颇多，对德语文学译介仅偶有提及。此书下卷五章一节讲"歌德、席勒与郭沫若浪漫主义历史剧"，顺及歌德和席勒在中国的一些译介情况；提到歌德汉译有《少年维特之烦恼》《亲和力》《迷娘》《史推拉》《克拉维歌》《浮士德》《哀格蒙特》和《铁手骑士葛兹》。⑥ 关于席勒的汉译有《威廉·退尔》《强盗》《奥里昂的女郎》《阴谋与爱情》和《华伦斯坦》。书中另及收有歌德和席勒诗的《德国诗选》《德诗汉译》和《春情曲》3部诗集，以及爱克曼编的《歌德谈话录》。除了歌德和席勒，此书第五编六章一节描述了"左联"对基希的译介和倡导。这在同类著作中似为首例。

王锦厚著《五四新文学与外国文学》同属比较文学著作，其第九章题为《五四新文学与德国文学》，列出20世纪30年代中德文化丛刊21种，

---

① 《中国翻译文学史稿》，第120页。
② 《中国翻译文学史稿》，第204页。
③ 《中国翻译文学史稿》，第205—207页。
④ 《中国翻译文学史稿》，第231页。
⑤ 范伯群、朱栋霖主编：《中外文学比较史1898—1949》，江苏教育出版社，1993年，第146—147页。
⑥ 《中外文学比较史1898—1949》，第1109页。

其中有数部德语文学译作。它们是：席勒的《阴谋与爱情》，里尔克的《给一个青年诗人的十封信》，歌德的《亲和力》以及《斯托姆小说集》《赫贝尔短篇小说集》《歌德短篇小说集》等。① 在评介创造社移译外国文学活动时，举出郭沫若译《少年维特之烦恼》《茵梦湖》和《浮士德》；②在述说一些文学刊物对德语文学的兴趣时，谈及《小说月报》上"凯撒"的剧作《从早晨到夜半》，《创造月刊》上"妥勒尔"的《群众＝人》，③《解放与改造》上尼采的《新偶像》《市场之蝇》，《创造周报》上尼采的《查拉图斯特拉如是说》，④以及《东方杂志》上对"霍夫德曼"的译介，⑤并且补充道："毛秋白，郭沫若，赵伯颜与马（周）伯涵，耿济之等人先后译出了'霍夫德曼'的《毛姑娘》、《异端》、《职工们》、《寂寞的人们》、《日出之前》……"⑥ "霍夫德曼"今译"霍普特曼"，但他没写过《《毛姑娘》》，而毛秋白似也没译过霍普特曼，但他译过另一位德语作家霍夫曼的《史姑娘》，又译过同是德语作家的海泽的《俏皮姑娘》。推想起来，这部《毛姑娘》，也许是《史姑娘》的误植。此误的根源可能是把"霍夫曼"当成了"霍普特曼"。《职工们》应是"《织工们》"，此处是语音混淆所致。尽管有这类粗疏，此书作者却真正查阅了应时译、1914年版的《德诗汉译》，有其书前此译封面照片为证，并且肯定"这是我国出版最早的德国诗歌译本"，⑦故其功不可没。

郭延礼《中国近代翻译文学概论》两次品评王韬译《祖国歌》，先复录此诗第二段，⑧又引全诗译文，⑨且评论用词大体相同。此书又同样两次评论应时的《德诗汉译》。⑩ 这似是有碍学术著作整体规范的疏忽。作者称应时《德诗汉译》中，"有些作品由于译名的十分不准确，今天无法判定译诗为何人的作品"，⑪也属疏漏。《德诗汉译》收10位德语诗人的11首诗，取德汉对照形式，书后甚至附有《诗人姓字里居表及本诗所选书目》，不存在"无法判定译诗为何人的作品"的问题。疑作者未见原书。大胆猜度，

---

① 王锦厚：《五四新文学与外国文学》，四川大学出版社，1996年，第619—620页。
② 《五四新文学与外国文学》，第622页。
③ 《五四新文学与外国文学》，第623页。
④ 《五四新文学与外国文学》，第627页。
⑤ 《五四新文学与外国文学》，第631页。
⑥ 《五四新文学与外国文学》，第632页。
⑦ 《五四新文学与外国文学》，第637页。
⑧ 郭延礼：《中国近代翻译文学概论》，湖北教育出版社，1998年，第26页。
⑨ 《中国近代翻译文学概论》，第84页。
⑩ 《中国近代翻译文学概论》，第47、94页。
⑪ 《中国近代翻译文学概论》，第94页。

作者仅见施蛰存主编《中国近代文学大系·翻译文学集》中所收汉译的转录。

上提《中国近代文学大系·翻译文学集》由上海书店1990年出版,分3卷。关于德语文学,第一卷收有长篇小说:徐卓呆译《大除夕》①,吴梼译《卖国奴》;短篇小说:周瘦鹃译《驯狮》《破题儿第一遭》。第三卷收马君武译歌德诗《阿明临海岸哭女诗》《米丽容歌》,鲁迅译《海涅的诗》,胡适译《译亥纳诗一章》,以及上及应时的《德诗汉译》中全部11首诗,又收《格列姆童话》(12篇)、马君武译剧本《威廉退尔》。

一个成熟的研究课题,应有相对完整的史料积累,这往往是这个课题研究成败与否的基本条件。就德语文学汉译史而言,以上著作虽有涉及,时而也给出有启发意义的方向,但总体上讲史料不详,举例常显随意。即使是《民国时期总书目·外国文学》所列书目,也未得到充分考校。而对散见于报纸杂志上的大量译作,更是少有眷顾。也就是说,德语文学汉译史史料的丰富性远未得到呈现,更多未被发现的作家作品、史实资料,一如既往地处于悬搁状态。对其发展轨迹的探讨,更是无从谈起。而某些史实,一旦为人偶及,则被反复絮叨,个中舛讹时有所见。

有鉴于此,本课题的研究只能说尚处草创阶段。就此制定本书的预设目标是:充分利用现有的资料索引、书目汇编,以及前贤研究成果,理清汉译德语文学的家底,尽可能地接触第一手资料,爬罗剔抉,存真定伪,整理出晚清至民国时期较完整的汉译德语文学书目,并根据年代和作家进行梳理考订。同以往有的研究不同,本书不会局限于排比汉译德语文学单行本书目,所及更多的是散见在各种杂志、报纸上的单篇译作。同一般的史料长编有异,本书不会满足于对史料安排座次、罗列事实,相反,译本的序跋,杂志、报纸上的书评、广告,乃至关于德语文学汉译的文坛笔战,地域文化对汉译德语文学的左右,以及中国政治历史之变故对德语文学在中国际遇的影响等问题均在采辑探讨之列。要而言之,本书还将试图通过对以上各点的绍述,检点当时译者及评家对德语文学所表现出的审美趣味、文学眼光及德语文学在中国接受史的部分其他实况。至于译作本身的优劣,限于本书的框架,也受制于对材料的掌握,间或略有提及,一

---

① 郭延礼《中国近代翻译文学概论》在讨论所谓"中国式"译名及典故时,也提到此译。见该书第37页。

般不多置喙。

举凡写史,文不厌详。但由于岁月尘封,搜寻不便,尤其是才智功力所囿,汉译德语文学篇目在此还无法寻觅齐全,疑难问题尚待日后审辨。特别是学术探讨上的缺漏之处,更需来日努力,同仁襄助,共同补足。

第一章

一 序曲——洋务大臣最初带回的德语文学信息

细查历史,可以发现,不同国家的"相识",时常缘物而起,而非始自语言文字的"对话"。比如中国,首先通过丝绸、陶瓷等渐次蜚声欧洲,反之也一样。利玛窦自16世纪中叶起,小心翼翼地在中国开始其传教生涯。使人首先耳目一新的,与其说是他那非凡的才华及带入中土的基督教教义,毋宁说是他远渡重洋、带入中国的远西奇器。而德国给中国留下的最初印象是什么?看来不是珍奇器物,而是武器装备。

鸦片战争以后,以学习西方坚船利炮和科学技术为中心的洋务运动振起,李鸿章即以德国为榜样,建立北洋海军,派遣中国近代技术专家徐建寅于光绪五年(1879)赴欧。徐在英、法、德等国"留心访问",最后向德国先后订购了两艘先进的铁甲战船。这就是以后成为北洋海军两大主力的"镇远"号和"定远"号。当然,铁甲舰给中国带来的不仅仅是技术,外来制度、文化等如影相随。而远渡重洋的洋务大臣们,同时也带回了德国文学界的最初信息。

李凤苞就曾留下一部《使德日记》,其中记述了他1878年11月29日在德参加美国公使美耶台勒的葬礼。悼词中,有人提及这位公使曾"笺注果次(歌德)诗集,尤脍炙人口"。李凤苞还进一步解释:

> 按果次为德国学士巨擘,生于乾隆十四年。十五岁入来伯希书院,未能卒业往他拉白希习律,兼习化学,骨骼学。越三年,考充律师,著《完舍》书。二十二岁萨孙外末公聘之掌政府,编纂昔勒(席勒)诗以为传奇,又自撰诗词,并传于世。二十七岁,游罗马昔西里,而学益粹。乾隆五十七年,与于湘滨之战,旋相外末公,功业颇著,俄王赠以爱力山得宝星,法王赠以大十字宝星,卒于道光十二年。①

李氏写法颇具官员视角特点,重点在其仕宦履历,而非文学著述。不

---

① 引自曾纪泽:《使西日记》(外一种),湖南人民出版社,1981年,第45—46页。

过,歌德大名首次出现在李凤苞笔下,纯属偶然。倘若那位"笺注果次诗集"的美耶台勒不是驻德公使,并且死在任上;倘若那天李凤苞有事缠身,未能聆听那段悼词;倘若歌德不曾拥有相位,荣膺"宝星",李凤苞这位对文学并不十分心仪的达官,想来不会事后翻检歌德履历,并且记录如上。①

二 译事开端——王韬和辜鸿铭

> 谁是普鲁士之疆土兮?
> 将东顾士畏比明兮,
> 抑西瞻礼吴河旁?
> 将礼吴河北葡悬纠结兮,
> 抑波的海白鸥飞翱翔?
> 我知其非兮,
> 我宗邦必增广而无极兮,
> 斥远而靡疆。②

徐建寅和李凤苞,一个曾任驻德参赞,一位官居驻德公使,都是花清政府的官银亲历西洋的。当时也有一些人自费赴西,其中一位是中国近代著名政论家王韬(1828—1890)。不过,确切地说,他是由英国著名汉学家里雅各(James Leger)携往英伦宣讲孔学的。沧海归来,译事编务之余,王韬编译成《普法战纪》一书,1873 年由中华商务总局出版,凡 14 卷,卷 1 所收德诗《祖国歌》,疑为晚清时代第一首汉译德语诗歌。与专攻技术的徐建寅、精于官场的李凤苞不同,王韬喜好读书,留心博物,广交文友。尤其从欧洲归来后,他力主变革,创办报刊,倡导民主。他选译的这首《祖国歌》,同样表达了他忧国忧民、救国图强的情愫。本节节首所引,即是此诗首段。

鸦片战争以后,清王朝分崩离析,任人宰割。1842 年的《南京条约》、1844 年的《望厦条约》和《黄埔条约》、1858 年的《天津条约》、1860 年的《北京条约》,把多少罪恶的血案、辱国的事件压在了纸背。这些均为王韬亲历亲见。内振民心,外抗强权,即是他所属改良派的纲领。丰富多彩的

---

① 参见钱锺书:《七缀集》,上海古籍出版社,1985 年,第 134 页。
② 引自马祖毅:《中国翻译简史——五四以前部分》,中国对外翻译出版公司,1984 年,第 269 页。

德国文学中,首先引起文人译兴的,看来是体现日耳曼民族高昂爱国热情和刚勇民族特征的"战歌"。德国文学的输入,当始于政治社会的急需。

晚清的中国,"普天之下,莫非王土"的观念被摧毁,有识之士开始师夷长技。先是引进坚船利炮,然后研习声光化电,接着评议民主立宪,对文学还无暇顾及。李凤苞笔下的"歌德"是沾了美国公使的光。王韬的译诗荷载着强烈的兴国使命感,着眼的是政治,并非文学。对德语文学的介绍,还得靠对它真正有所体悟的作家。开此风气者之一,似是晚清名人辜鸿铭。

1898年,上海别发洋行出版辜鸿铭《论语》英译。这是其前辈王韬协助里雅各做过的事。以不屑从众和违逆众意出名的辜鸿铭再起炉灶,这部译作定有其不寻常之处。果然,此译副标题已别具一格、非同凡响——《引用歌德及其他作家举例说明的独特译文》。置所谓"其他作家"于不顾,下面仅看他是如何钩稽歌德、阐释孔子的。①

《子罕·十八》②为:

> 子曰:"譬如为山,未成一篑,止,吾止也。譬如平地,虽覆一篑,进,吾往也。"

意思是:好比堆土为山,只差一筐土,倘若懒得做下去,就是自己停下的。好比平地堆土为山,纵然刚倒下一筐土,倘若决心前进,还是要坚持的。辜鸿铭在"譬如为山"英译后加注,释文英译自歌德小说《威廉·迈斯特》。据考出自其中《学习年代》第六部,汉译为:

> 人生百态呈现在我们面前,如同一个大采石场呈现在建筑师面前那样,只有当这位建筑师用这一堆不起眼的天然物质合成一幅从他的灵感中产生出来的最经济,最实用,最牢固的原像,他才不愧这个称号。……相信我,……绝大部分的不幸和人们所谓的恶之所以会产生,仅仅是因为人们太疏懒,不去好好了解他们的目的,倘若了解了,又不认真为之奋斗。我觉得他们好像是这样的人,这些人领悟到,现在能够而且必须造一座高塔,可是他们在打地基用的石头和工时却又不比盖一间茅舍多。③

---

① 以下《论语》英译参见黄兴涛等译:《辜鸿铭文集》(下),海南出版社,1996年。汉语及其注释参见杨伯峻译注:《论语译注》,中华书局,1980年。
② 《论语译注》中作《子罕·十九》。
③ 张荣昌译。引自杨武能、刘硕良主编:《歌德文集》,第五卷,河北教育出版社,1999年,第410页。

歌德这段文字,前半部讲人的创造力,后半部以创造中的不懈努力为题,主旨与《论语》语录颇有会合。辜鸿铭着眼的应是中西贤人所见略同之事实。

《子罕·三十》①为:

"唐棣之华,偏其反而,岂不尔思?室是远而。"
子曰:"未之思也,夫何远之有?"

在这段话结尾处,辜鸿铭以歌德的一段诗作注。这次引的是德语原文,据考出自曾被贝多芬等著名作曲家谱曲百种以上的名诗《迷娘》。此诗后来也被收入《威廉·迈斯特学习年代》的第三部第一章。汉译是:

桃金娘寂静,月桂树高耸,
你可知道那地方?
去那里,去那里!
啊,我的爱人,我要和你同去。②

《论语》中的这段话,前四句意谓适之远而不可捉摸,后两句孔子的回答则是"你不曾努力罢了,其实是一呼即至的"。而"唐棣"作为一种蔷薇科植物,此处与情爱似无干系。歌德诗中的"桃金娘"则又名"爱神木"。迷娘的吟唱既表达了对遥远的家乡(意大利)的思念,又有对爱的憧憬。从文字到意蕴,两者实际相差甚远:一是对抽象的生活哲理的阐释,一是对具体的远方家乡的怀念。辜鸿铭的注引,其立足点可能仅是《论语》语录与歌德诗歌中的"远方"一词沾点边。意蕴有异,音韵来补。请看辜鸿铭如何在英译中向歌德靠拢。比如"唐棣之华,偏其反而"的英译是:

How they are waving, waving,
The blossoming myrtles gay;

其中的"waving, waving"之咏叹显然呼应歌德原诗中"Kennst du es wohl? Dahin! Dahin"中的"Dahin! Dahin"。

《颜渊·一》中有:

颜渊问仁。子曰:"克己复礼为仁。"

---

① 《论语译注》中作《子罕·三十一》。
② 《歌德文集》,第五卷,第147页。

辜鸿铭在此用歌德的"断念"（Entsagung）一词作注，并引歌德诗一段，未注出处。据考为《东西诗集·天福的向往》中的一段。汉译是：

> 如果你一天不能理解，
> 这就是：死而转生！
> 你只是个郁郁的寄居者，
> 在这黑暗的凡尘。①

"断念"是歌德晚年思想的重要内容，它与孔子"克己"中所含的"节制"有类似处。但辜鸿铭这里所引《天福的向往》中的诗句，与"断念"或"节制"似无直接联系。诗句指涉的是歌德另一重要人生观，即世上万物生生灭灭，世人该坦然相对。也许辜鸿铭理解的"克己"中也有超脱人世的含意？

《子张·十九》中有：

> 曾子曰："上失其道，民散久矣。如得其情，则哀矜而勿喜！"

意谓：现在当官之人不按规矩做事，百姓早就离心离德了。你如果能查出罪犯的真情，便应该同情他，可怜他，万不可洋洋自得。

这是一段放之今日也不失其效的警语。辜鸿铭此处再引《威廉·迈斯特》德语原文，据考出自《威廉·迈斯特漫游时代》第一部第四章，汉译是：

> 人类发展到也对有过失的人温和，对罪犯体谅，对不人道者人道，经历过了多么漫长的道路！首先进行这种教导的人，为实现并加快这一过程而献出了自己的毕生精力的人，这些人当然都是具有非凡品格的人。②

不再赘言。引文以歌德证实《论语》，恰到好处。

除了歌德，《论语》英译援引的德语作家还有席勒。《述而·三十七》中有"子温而厉"语，亦即孔子温和而又严厉。辜鸿铭不失时机，引席勒诗一段。经查，发现出自席勒诗作《异国的姑娘》，汉译为：

> 她一来到，就使人欣慰，
> 大家都感到衷心欢喜，
> 可是有一种崇高和尊贵，

---

① 引自钱春绮译：《歌德诗集》（下），上海译文出版社，1982年，第339页。
② 《歌德文集》，第六卷，第44页。

　　　　　　　使人们无从跟她亲昵。①

把孔子的温和与严厉,比作一个姑娘的崇高和尊贵,初看并不合适,细忖不无道理。或许辜鸿铭知道席勒非如歌德,喜写姑娘,其"异国的姑娘"实际上是一完美之理想的代名词。

以上是辜鸿铭1898年《论语》英译中对歌德和席勒的征引。3年后,亦即1901年,还是上海别发洋行,刊行他的英文著作《尊王篇》。②

就在《序言》中,他已引歌德诗两首,并译成英语。据考第一首出自《威尼斯警句》。汉译为:

> 法国悲惨的命运,大人物可能会考虑;
> 可是小民们确实更应该考虑。
> 大人物灭亡:可是谁保护民众抵御民众?
> 民众成了民众的暴君。③

引文批评锋芒直指欧美政府以所谓的"爱国主义"愚弄民众,造成事实上的无政府主义状态以及随之而来的灾难。

第二首据考同样语出《威尼斯警句》,汉译是:

> 我们不对? 我们不得不欺骗小民?
> 瞧他们显得多么笨拙而野蛮!
> 一切粗野的受欺者都是笨拙而野蛮;
> 正直一些吧,引他们合乎人生。④

辜鸿铭借此表达了他对小民的蔑视和改善人性的愿望。

在收入此书的《关于中国问题近期札记》之三中,他还以歌德自传《诗与真》中一段话作为全文引言。汉译是:

> 对于什么事都不敢自私,而在爱方面,友谊方面特别极不自私,是我最大的喜悦,我的格言,我的实践。所以在日后我大胆地写的那句话:"我纵然是爱你,这对你有什么相干?"实是衷心喊出来的。⑤

---

① 引自钱春绮译:《席勒诗集》,人民文学出版社,1984年,第71页。
② 其中所收篇目曾在《日本邮报》上发表。所以其对歌德的征引,实际早于1901年。参见《尊王篇·序言》,载《辜鸿铭文集》(上),第7页。
③ 《歌德诗集》(上),第412—413页。
④ 《歌德诗集》(上),第413页。
⑤ 引自刘思慕译:《歌德自传——诗与真》,人民文学出版社,1983年,第668页。

一篇关于中国问题的札记，竟以歌德一段袒示其爱情观的名言开头，乍看不可思议，细察事出有因。这篇所谓的中国问题札记，讲的是中国问题在德国的情形，拉出文豪歌德，有开门见山之效。而且正文开篇即引罗斯金的话："德国人的优点中甚至也含有自私成分"，①把这个实际与"中国问题"无多大关系的话茌接了过去，至少让这段引文得到某种疏导，不显得过于突兀。

　　札记和德国有关，所以辜鸿铭在此文中还引《浮士德》中的诗句："你肖似你所理解的精灵"，②并重引他在《论语》英译中为《子张·十九》作注、出自歌德《威廉·迈斯特》的一段话。老调重弹，这次是呼吁欧美采纳歌德关于文明的观念，善待中国问题：

> 欧美在对待中国问题上，是否将采纳歌德的文明概念，以取代那拥有蒸汽压路机、想把耶稣基督变作食肉动物的德国政治牧师的文明概念。人们将拭目以待！③

　　歌德箴言在握，犹如论战工具在手，辜鸿铭试在弱肉强食的世界中为中国争取生存权利。

　　辜鸿铭再次较集中地引译歌德，是在他另一部英文著作《春秋大义》中。此书1915年由北京每日新闻社首版。打开此书扉页，一面是辜鸿铭学生梁敦彦直行手书"原华"两个字，字迹厚重，底气十足；另一面除中英文书名外，另有横排两行歌德诗句。鉴于今天几种易见版本未印此书原先内外封面，知者恐怕甚少，故录原文如下：

> Es gibt zwei friedliche Gewalten：
> das Recht und die Schicklichkeit.

　　原文据考出自歌德《格言与反省》，汉译是"世上有两种和平力量，公理和礼义"。辜鸿铭以这两句话作为《春秋大义》的题词，再显其用歌德箴言警句烘托或支持自己关于中国思想的写作理路。

---

① 《辜鸿铭文集》（上），第100页。
② 译文引自钱春绮译：《浮士德》，上海译文出版社，1989年，第36页。《辜鸿铭文集》（上），116页上的译文"当你与妖怪一样的时候，你才能理解妖怪"为误译。《文集》中此类译文多处值得商榷。有的是因为译者不明原文出处或已有汉译所在，有的是不谙德语所致。《文集》（上）284页上甚至出现了"我尊敬的赫尔(Herr)牧师"字样，殊不知Herr不是人名，而是"先生"的意思。
③ 《辜鸿铭文集》（上），第117页。

辜鸿铭并非职业作家，就此而言，其著述不能算不丰富。言多必失，其实言多还有重复。辜鸿铭重复的不仅仅是自己的话语，还有歌德引文。此例前已见有。在《春秋大义》的《前言》之首，他又重引在《尊王篇》的《序言》中已录过的歌德《威尼斯警句》诗"我们不对？"。在此书附录《小民崇拜的宗教或战争和战争的出路》题下，再复引《威尼斯警句》中"法国悲惨的命运"一诗。

辜鸿铭此书名为介绍中国精神，实则驳斥西方文明，为西方学界导演了一出声东击西的游戏。这也是其著作惯用伎俩。比如上提附录《小民崇拜的宗教或战争和战争的出路》，其内容与介绍中国精神无干。此书第四章与此相似，题为《约翰·史密斯在中国》，着力遣责欧美殖民政策和物欲文明。讥讽揶揄，竭尽挖苦之能事。此章篇首也是一段歌德语录，出处有些出人意料。据考出自其给友人里默尔的一封信，汉译为"庸人不仅否定与己不同的别人的境况，还想让其他所有人按他的方式生活"。歌德再次为辜抨击西方殖民政策提供了依傍。

以上所及辜鸿铭3本书，均为英文著作。说他翻译了歌德，稍有不妥，更确切的说法是他英译了歌德。他是否也汉译过歌德？回答是肯定的。其现存两本汉语著作之一《张文襄幕府记闻》（1910年铅印）《卷下·自强不息》篇为：

> "唐棣之华，翩其翻而，岂不尔思，室是远而。"子曰："未之思也，夫何远之有？！"余谓此章，即道不远人之义。辜鸿铭部郎曾译德国名哲俄特［歌德］《自强不息箴》，其文曰："不趋不停，譬如星辰，进德修业，力行近仁。"卓彼西哲，其名俄特，异途同归，中西一辙。勖哉训辞，自强不息。可见道不远人，中西固无二道也。①

"唐棣之华……"，文出《论语·子罕》。如前所述，辜鸿铭在其《论语》英译中，已用歌德《迷娘》诗为此作解。这次则引歌德另一出自《浮士德》的箴言。② 说它是翻译，恐怕言过其实。请看今译："凡是不断努力的人，我们能将他搭救。"③对比之下，辜鸿铭的"译文"只能算是改编。但他以源自《周易》"天行健，君子以自强不息"中"自强不息"句来指称这句歌

---

① 《辜鸿铭文集》（上），第474页。
② 参见杨武能：《歌德与中国》，三联书店，1991年，第94页。
③ 钱春绮译：《浮士德》，上海译文出版社，1989年，第727页。

德箴言,确实也点到了所谓"浮士德精神"的一个要点,并建立了西哲"不趋不停……力行近仁"与儒学"道不远人"之间的关联。

今天,略检辜鸿铭著作,可见他译引或品评过的德语作家,除歌德、席勒外,另有海涅等人。此需专文详述。不过,他对歌德最为心仪。其著作对歌德的不时征引已清晰地将这点定格在中德文学交流史的史册上。

三 德语文学的进入(1900—1909)

> 当时列国殖民政策,尚未盛行。作者著此书,殆以鼓励国民,使之加意。今日欧洲各国,殖民政策,炳耀寰区。著是书者,殆亦与有力也。
> ——《小仙源·凡例》,《绣像小说》16期(1904年1月)

中国翻译西方文学,至迟肇于明代,比如天启五年(1625)已有《伊索寓言》的汉译《况义》①出现。而较大的翻译活动则始自晚清。撇开单篇译作不论,到戊戌变法之前,至少已有7部小说被译成汉语。②除《伊索寓言》的两个译本外,余者基本属英美文学。英语本是外语中的老大,情有可原。但日耳曼文学以其逼人的气势,也已在中国门前跃跃欲入。就在辜鸿铭《尊王篇》发表两年后,整部的德语文学作品汉译正式出版。不过,为中国译家首选的不是歌德,也非席勒,似为瑞士德语作家威斯的"冒险小说"《小仙源》(今译《瑞士鲁滨逊漂流记》)。译文1903年6月起至1904年1月分7次连载在《绣像小说》第3、4、7、10、11、14和16期上,副标题为《小殖民地》,原作者姓名译为"戈特尔芬美兰女史"。对原作语言及作者的进一步说明见载于《绣像小说》16期。此期《小仙源·凡例》一文中有:

> 是书为泰西有名小说,原著系德文,作者为瑞士文学家,兴至命笔,无意饷世,后其子为付剞劂,一时风动,所之欢迎,历经重译,戈特尔芬美兰女史复参酌损益,以示来者。

---

① 这是中国翻译史研究中的常说。张铠则指出,利玛窦早在其《畸人十篇》(1608年刻版)中引用过几则《伊索寓言》故事,而庞迪我则在其《七克》(1614年出版)中进一步讲述了多篇《伊索寓言》故事。参见张铠:《庞迪我与中国》,北京图书馆出版社,1997年,第276、424页。
② 参见陈平原:《二十世纪中国小说史》第一卷,北京大学出版社,1989年,第30页;袁进:《中国小说的历史变迁》,中国社会科学出版社,1992年,第65—66页。

短文道出两件史实：一是此译所据为"戈特尔芬美兰女史"的编译本；二是此书原作者为出版者的父亲。

连载小说想来大获成功。1905年，上海商务印书馆推出此书单行本，作为"说部丛书"第一集第五编，书名依旧为《小仙源》。顾燮光《小说经眼录》曾留意此书，并有如下介绍：

> 原著系德文，记瑞士人洛萍夫妇及子五人泛海遇险，居南洋小岛，经营田宅家居，纤悉之事，记载极详。虽事涉子虚，足征西人性质强毅果敢，勇往不挠，其殖民政策可畏也。①

这大致道出了此书梗概和时人评价。但仅此似乎看不出这是一部儿童文学作品。其实，这点在《绣像小说》16期载《小仙源·凡例》中已有述及："是书于纤悉之事，记载颇详。足见西人强毅果敢，勇往不挠。造次颠沛无稍出入。可为学子德育之训迪。"其中最后一句清楚道出当时此译以童孺为对象的自觉意识，以及维新改良思潮已渗入儿童文学翻译这片沃土。但是，译者同时也窥见此书所含欧洲殖民主义信息，如以上节首所引《小仙源·凡例》所示。

这个"商务印书馆编译所编译"的版本以后分别于1913年和1914年重印两次，接着，仅在民国时期，至少还带出5种以上的重译，其中至少两种又由上海商务印书馆出版。这是后话。

登完《小仙源》后不久，从1904年8月至1905年4月，《绣像小说》分15次连载德国作家苏德曼的小说《卖国奴》（一译《猫桥》）。此书单行本问世也是在1905年，出版者同为上海商务印书馆。小说讲述德国人民抵抗拿破仑入侵期间，男爵施兰登却派人带领入侵者经过猫桥从背后袭击普鲁士军队的故事——应该这就是汉译书名《卖国奴》的来历。此书汉译者吴梼，事迹不详。② 但阿英在其《晚清小说史》中叙述"译家"时，把他列在林纾后，称他"在文学方面的修养，却相当高"。③ 可见他在中国翻译家

---

① 引自马祖毅：《中国翻译简史——五四以前部分》，中国对外翻译出版公司，1984年，第291页。
② 《中国翻译辞典》（湖北教育出版社，1997年）"吴梼"条目仅有"浙江杭州人，曾留学日本"等简短介绍，无生卒年月。陈玉堂编《中国近现代人物名号大辞典》（浙江古籍出版社，1993年）"吴梼"条目为："（？—1925在世）……为清末较早介绍俄国名著的作者……曾供职商务印书馆。"未提此译。陈子善在《最早翻译高尔基作品的人》（《新民晚报·夜光杯》，1997年1月8日）中也说"吴梼……生年不详，仅知曾在商务印书馆任职，一九二五年前后还在世"，并"真希望有人多多发掘吴梼的生平事迹，多多评述他的翻译成就"。
③ 阿英：《晚清小说史》，人民文学出版社，1980年，第185页。

中的地位也非等闲。

紧接着《卖国奴》的问世,徐卓呆在日本译出另一位瑞士德语作家苏虎克(Heinrich Daniel Zschokke,今译乔克)的小说《大除夕》,1906年由上海《小说林》总编辑部出版。① 其内容如译者在小引中介绍:

> 此书原名 Das Abenteuer der Neujahresnacht,以一园丁兼鸡人者,曰吉儿(Philipp)与少女花姐(Roschen)之关系为主眼,配以谐谑洒脱之皇子 Julian,写德国宫廷及政府之状态,极奇特而轻快之喜剧小说也。

从1903年到1907年,《小仙源》《卖国奴》和《大除夕》等3部德语文学作品颇有气势地在中国鱼贯而入,继英美等文学后,德语文学在中国正式亮相,并呈现以下几个特点:

首先,3部作品均为小说。这不难理解。因为在19世纪末20世纪初中国的文学革命大潮中,小说是文坛盟主,并担负着"改良群治"的重任。② 刊载《小仙源》和《卖国奴》的杂志《绣像小说》,就缘起于这样的思考:"欧美化民,多由小说;博桑崛起,推波助澜。"③其借小说"化民"之宗旨清晰可见。如果说译介《小仙源》有介绍西人"强毅果敢,勇往不挠"性格的用意,那么,随后移译《卖国奴》显然怀唤起民族自尊、反抗外来侵略的指向。由一批注重文学之美学标准的文人于1904年成立的小说林社则有所不同,它更倾向于"用文学本体的眼光看待文学"。④ 译本《大除夕》恰恰体现了这一追求。译文《小引》对原作者的介绍中就有:"其文笔简劲明晰,修辞学上亦颇老练,即如此书,纯然一写实小说之好模范也。大除夕仅数小时时间,其构思排材着笔,实奇拔而遒劲。"这说明,译家在注意德语小说的艺术价值方面,一开始也已具有相当的自觉性。

其次,上提3部小说原文虽为德语,但似非译自德语。《小仙源·凡例》中有:"原著系德文,……历经重译,戈特尔芬美兰女史复参酌损益,以示来者。"这透露出译文所本不是德语原文,似为英语。《卖国奴》则清楚说明是根据日本登张竹风日译本的转译。《大除夕》未说明译自何种语

---

① 此书版权页未署译者名,仅有"编辑者 小说林总社编译所"字样。此处参见施蛰存主编:《中国近代文学大系·翻译文学集》(1),上海书店,1990年,第313页。
② 梁启超:《论小说与群治之关系》,载《新小说》第1号,1902年。
③ 引自《中国近代文学大系·史料索引集》(1),上海书店,1996年,第274页。
④ 参见范伯群主编:《中国近代通俗文学史》(下),江苏教育出版社,2000年,第546页。

言,但其《小引》写于日本江户,译者徐卓呆确为留日学生,专攻体育,又是著名小说家。他的这部译作译自日语,当无疑义。德语文学进入中国,初始就显其绕道日本和转译的特征。

再者,3部小说无一例外地被译成中国传统小说的章回体,附有原文当然不曾有的目录。比如《小仙源》分12回,第一回的标题是"遇飓风行船触礁,临绝地截桶为舟"。《卖国奴》分16回,第一回为"述战事人民悲惨澹,骂男爵情迹镇离奇"。而《大除夕》的回目则弃用七言句式,转用罕见的二言式,其第一回是"代父"。此外,译者本人对改动或增删不做隐瞒,坦然道出。比如《小仙源·凡例》中有:"穿凿附会病不信,拘文牵义病不达。译者于是书虽微有改窜,然要以无惭信达为归,博雅君子尚其谅之。"紧接着又有"原书并无节目,译者自加编次,仿章回体而出以文言,固知不合小说之正格也"的说明。《卖国奴》一书无序跋。《大除夕》的《小引》中则也有说明:"固有名词,恐难记忆,故悉改为我国风,以便妇孺易知。"所以译本中出现了"吉儿"和"花姐"这类中国式的人名。可见,即使是这样一部被译者在文学性方面看重的译作,着眼的也仍为老少咸宜的通俗目标,甚至在人名上不惜牺牲原作风味。总之,这3部译作以中国章回体小说的通俗形式改编原作,原文和译本在形式和内容上都偏差甚大,已非今日严格意义上的翻译。

四 从序曲到正剧的过渡(1910—1919)

> 君不见中流巨舰破浪来
> 鹢首直奔滟滪堆
> 榜人履危不知返
> 要化矶头顷刻灰
>
> ——引自纪善勃赉希著、应时译《引港者》

就德语文学汉译史而言,倘若把20世纪前10年中的上提几部译作视为译介的真正开端,那么,从1910年到1919年的10年便是德语文学汉译史走向高潮的过渡期。领衔出场的也许是冒京著、徐风书和唐人杰重译的德国军事小说《破天荒》,上海东方书局1910年版。注明"重译",可见此译依旧为来自非德语的转译。冒京是为何人,《民国时期总书目·外国文学》未考,此处暂且也只能存疑。谨慎起见,撇开冒京的这部小说不提,这一阶段德语文学汉译史的首推大事应为应时的《德诗汉译》,1914 年元月由浙江印刷公司印刷发行。此书为德汉对照本,收有纪善勃赉希(H. Ludwig Griesebrecht)的《引港者》、好夫(Wilhelm Hauff,今译豪夫)的《骑士朝歌》、莱因聂克(Robert Reinich,今译赖尼克)的《德国人的劝诫》、许洼伯(Gustav Schwab,今译施瓦布)的《暴雷》(今译《雷电》)、戈德(即歌德)的《鬼王》(今译《魔王》)、哈英南(即海涅)的《兵》(今译《近卫兵》)、许洼伯的《骑士与鲍登湖》、夏米莎(Adelbert von Chamisso,今译沙米索)的《长人的玩具》(今译《巨人的玩具》)、翕勒(即席勒)的《担保》(今译《人质》)、乌朗(Ludwig Uhland,今译乌兰德)的《乐师诅咒》以及裴尔格(Gottfried August Bürger,今译毕尔格)的《义士歌》。共计译诗 11 首,诗人 10 位。除施瓦布外,其余人各 1 首。作家中纪善勃赉希较为陌生,余者多为名家,且大多是首次汉译。译本附徐建生《序》,另有译者本人的《自序》,含多种历史信息。《自序》先述译事缘起:"曩尝游学德国,课余之暇,喜读德人所著诗,于其辞意恳切,情致之悱恻,辄把卷往复,神移不置。"正是身处异邦,能够反观中国。相比之下,译者觉得中国传统诗歌"或寓于理想而过事艰深","或工于辞藻而专务涂饰",而不如西诗"明畅浅显,合乎情,轨乎理"。介绍这些德诗,显然意在让同胞识得德诗好处,并分享自己的阅读愉悦。但不止于此。他接着还说:"德人至今谓德国之所以强盛者,鼓吹文明,激励志气,诗人翕雷实与有功。然则诗虽小道,亦具以觇国势矣。"①话题就此从文本鉴赏转入文学的功能。其中"诗虽小道,亦具以觇国势矣",说的乃是文学与社会的关系。应时约于 1907 年至 1910 年间首次游学欧洲,先在英伦,后赴德养病,补习德文。② 那时德国已是欧洲头号强国。普鲁士政府对教育的重视和对传统文化的宣扬,他应有切身体验。这篇译者《自序》中出现"鼓吹文明,激励志气"语,该是他对德诗的激赏之辞。另外,《德诗汉译》所收诗人,除歌德、席勒外,基本是浪漫主义作家。正是这一派诗人的创作,既具奇幻之个性色彩,又富民族认同感和爱国主义精神。应时的译本和《自序》,融入了他的审美关照和济世之心。

---

① 应时的《自序》原文无标点,此处标点为笔者所加。
② 有关这段经历可参见应溥泉:《德诗汉译》,上海世界书局 1939 年再印的《自序二》。

应时的《德诗汉译》1914 年 1 月刊出。同年 6 月,上海文明书局印行《马君武诗稿》,收有歌德《维特》一书的内容简述和题为《阿明临海岸哭女诗》的片段译文,以及译诗《米丽容歌》(即《迷娘》)。所据语言不一。前者附英译,后者附德语原文。虽然马君武的译文历史意义远不及应时的《德诗汉译》,但迄今为止,我国学术界给予它们更多的关注和赏识。这也许同以下两点有关。一是个人的名望。马君武是辛亥名人,集诗人、教育家、政治家和翻译家于一身,翻译德语文学又是他的本分;而应时在刊其译作时,仅是苏杭地区一普通的语言教师,入法律之途后似也未见名扬天下,翻译此书许是他唯一的一次客串。二是马君武的译作以后几经重印,容易见得,而应时当年的译本由个人刊行,①传世想来不多。尤其是此书 1914 年版,今天十分罕见。正因为如此,应时的筚路蓝缕之功,今日更应阐扬。特别值得一提的是此书编排的严谨性,颇有德人之风。这本中德对照的译本,除了《序》和《自序》以及正文外,另附详介德语诗歌史的《德诗源流》一文,一篇《诗人姓字里居表及本诗所选书目》,还有《勘误表》一份。译本编排之周密,今天也少有近及。

紧接着应时和马君武译文,上海进步书局于 1915 年 5 月推出由鲍姆拔黑著、陈牧民译的《双婿案》。《民国时期总书目·外国文学》同样未注作家姓名原文。笔者以为此人应是 Rudolf Baumbach,今译鲍姆巴赫。汉译者给此书冠以"妒情小说"名,反映出民国初年中国小说潮流的演变对汉译外国文学的影响。那时,单是言情小说,就有人再细分为"惨情""孽情""烈情""妒情"和"哀情"等众多情节类型。②

对"情"的注重,乃是我国德语文学汉译史上一个重要特征。开风气者当为前述马君武两篇译文。鲍姆巴赫这部"妒情小说"可为后续。司它尔牟(今译施托姆)著、端书译的《蜜蜂湖》(今译《茵梦湖》),见载于《世界观》1 期 1—5 卷(1915 年 8 月 28 日—12 月 28 日),则是此后这类"情意作品"的突出代表。详见后述。

不过,马君武并非仅重这类作品,他还译成席勒名剧《威廉·退尔》,

---

① 1914 年的版权页上有:"选译者,发行者:吴兴应时"字样,又有:"发行者:浙江印刷公司"字样。此书 1939 年的版权页上,"发行者"还是"吴兴应时",世书局是"印刷者",另有"寄售者""商务印书馆"和"世界书局"。
② 参见陈平原:《二十世纪中国小说史》第一卷,北京大学出版社,1989 年,第 139—140 页。1917 年 9 月至 1918 年 1 月《清华周刊》第 113、117、120、124 期分 4 次连载、高华译的《金龟婿》,疑为此书重译。

1915 年初连载在《大中华杂志》1 卷 1—6 期上,约半年刊毕,影响甚大。同样与那类泛情之作大异其趣的还有周瘦鹃译的《欧美名家短篇小说丛刻》。此书 1917 年由上海中华书局出版,收德语文学作品 3 篇,依次为贵推(即歌德)的《驯狮》(今译《狩猎》),益黎克查格(今译乔克)的《破题儿第一遭》,甘勒(即凯勒)的《逝者如斯》。其中凯勒作品在中国似为首译。

《欧美名家短篇小说丛刻》为中国近代翻译文学史上重要出版物,网罗作家范围甚广,所收不少作品为首次汉译。为此,译者在每篇小说前附一作家小传,实为明智之举。这些小传看来同样译自外文,但言简意赅,文字清新,今天仍值得一读。比如介绍凯勒:

> 父为木工,早逝,家困甚,从母食贫而长。……习美术,善绘风景,卓然成家。寻觉厌倦,遂弃去,负笈游学德意志,造诣乃益深。

这部约收 14 个国家计 47 篇小说的世界文学选集在每个汉译篇名下列有英语译名,所据版本无疑是英文。而且,其中一些非英语国家的小说,很可能还在英译中得到删减。以《驯狮》为例,周瘦鹃的译文约 1 800 字,而今译约 14 000 字。显然,译者本人或是英译自身已作了简化。另外,这部译文集中的不少篇目,此前已在各种报刊上登载。比如《破题儿第一遭》,曾先发表在《礼拜六》56 期(1915 年 6 月)上,原作者名译为"益黎格士科克",译者署名"屏周"。疑"屏周"为周瘦鹃众多笔名中的一个。因为两篇译作不仅标题相同,译文相当,而且译者小引几乎一字不差。《欧美名家短篇小说丛刻》中的《查格小传》中有:

> 瑞士富山水,湖光峦影,足以悦性怡情。氏自少受其陶熔,宜其发于文者,隽妙无艺。生平作为小说,庄谐并擅,落笔虽极清澹,而其刻化入微处,则锐如利镞。今者德国全境,犹啧啧称道之。

这段文字,几乎一字不差地抄自《礼拜六》上《破题儿第一遭》译文前屏周作《译者附识》。倘若猜测不错,可给周瘦鹃加一笔名。[①]

同是 1915 年,《礼拜六》43 期上还刊有"德国侃尔那原著""孝直译"的"言情小说"《化石缘》。44 期中则有"德国克利姆原著""小草译"的"滑稽小说"《万能医生》。48 期上另有"德国拉英施原著""小草译"的

---

① 《中国翻译辞典》(湖北教育出版社,1997 年)"周瘦鹃"条目中提及的笔名仅有"泣红""侠尘""兰庵""怀兰"等。陈玉堂《中国近现代人物名号大辞典》(浙江古籍出版社,1995 年)"周瘦鹃"条目中也未见"屏周"。

"寓言小说"《狮王生辰》。

《礼拜六》1914 年创刊于上海,历任主编之一即是周瘦鹃。其《出版赘言》中有:"故人有不爱买笑,不爱觅醉,不爱顾曲,而未有不爱读小说者。"而它提供给读者的主要是"新奇小说"。[①] 于是,在它那里,爱情小说成了"言情小说",格林童话成了"滑稽小说",而欧洲著名童话《列那狐》的一个版本成了"寓言小说"。这也是德语文学在中国译介史上畸变一例。

1910 年到 1919 年间,作品被译成汉语的德语作家还有海涅、尼采和施尼茨勒等人。他们均为名家。早期被介绍到中国来的,还有一些尚未得到筛选、今天已罕为人知的"无名"作家。1917 年,《小说月报》8 卷 11 号胡国济译介的尼泽(Charlotte Niese)就是一例。尼泽是一位牧师的女儿,教师职业,写过一些以家乡和历史为题材的幽默和伤感小说。胡国济译的《戚戚》属于伤感一类。作品讲一 14 岁顽童,误遭众人所恶,又为生母所害,身陷囹圄,最后却在大火中舍身救人,其品格的纯洁和高尚遇难后才为人所识。故事十分感人。

五 高潮的到来——20 世纪 20 年代的翻译活动

> 黑阴阴的浓云,
> 沉沉的下来;
> 我们两人,
> 含闷到园中徘徊。

这是奥地利诗人莱瑙(Nikolaos Lenau)《沉闷的一晚》的首段。莱瑙是进入 20 世纪 20 年代后,作品即被译成汉语的又一位德语诗人。《小说月报》11 卷 5 号(1920 年 5 月 25 日)中,麟生译出他的诗《沉闷的一晚》和《悲哀》。莱瑙作品情调抑郁、悲哀感伤,较能迎合一代知识青年的孤怀幽怨之感,但在当时更倾向于社会效应的氛围中略显寂寞,回响寥落。今天能见到的似仅有张近澂在《文艺周刊》8 期(1923 年 9 月 16 日)上译出的他的另一首诗《我的蔷薇花》,以及郭沫若收在《德国诗选》(上海创造社

[①] 引自魏绍昌主编:《中国近代文学大系·史料索引集》(1),上海书店,1996 年,第 1168 页。

出版部,1927年)中的《秋的哀词》。

同年,中国译坛大家林纾偕陈家麟合译的《鹨巢记》由上海商务印书馆分上、下两册出版,作者名译为"鲁斗威斯"。这实际上是继前述《小仙源》后、瑞士作家威司《瑞士鲁滨逊漂流记》的又一部重译。① 取此译名,想来译者对小说中那凶猛乃至能食熊肉的大鸟印象深刻。因为鹨是中国古书中的一种猛禽,译名又给这部异域小说增添了某种中国古意,倒也与力倡古文的林纾十分匹配。

20年代中国译坛大事之一,无疑是歌德作品的蜂拥而入。自1914年应时译《鬼王》,马君武译《阿明临海岸哭女诗》《米丽容歌》,1919年郭沫若译《浮士德》片段后,仲辉、许震寰、耿式之和孙铭传等人相继在报纸、杂志上译介歌德诗作。1922年,上海泰东书局出版郭沫若译《少年维特之烦恼》,短短数年中,竟然引出七八种重译。接着,《浮士德》第一部、《史推拉》《克拉维歌》《哀格蒙特》等剧本汉译相继问世,加上无数的诗歌汉译,就译作数量来讲,歌德在20年代已成了汉译德语作家的领先人物。

《维特》汉译面世3年后,席勒的代表作之一、早在1915年已被译成汉语的《威廉·退尔》也于1925年由上海中华书局推出单行本。它后来带出据此改编的中国剧作《民族魂》,形成影响中国戏剧创作的一段史实。1926年上海北新书局出版席勒另一部代表作《强盗》汉译,钱杏邨(阿英)对此曾有一段令人难忘的评论。他说:"在我所读过的德国文艺名著中,给我印象最深的并不是中国文坛拼命推许的制作,却是销路不畅的席劳的《强盗》。"② "拼命推许的制作",锋芒所向,当指《维特》类温情之作。阿英推许的显然是德国文学中的另一种刚毅之气。然而此类作品在中国"销路不畅",耐人寻味。

除歌德、席勒外,海涅、施托姆等德语文学经典作家在20年代也颇受器重。不过,当时译坛并非由这些已故大家一统天下,不少当时仍勤勉于笔的作家同样备受瞩目,施尼茨勒是其中一位。1922年,即《维特》汉译本打响的那年,上海商务印书馆出版他的剧作《阿那托尔》,译者郭绍虞。而此剧的一幕《界石》,1919年已由茅盾译出。到了30年代,赵伯颜又译

---

① 关于此书重译,有案可查的另有张辛农编注《瑞士家庭鲁滨孙》,中华书局,1916年;彭兆良译《瑞士鲁滨孙家庭漂流记》,上海世界书局,1933年;甘棠译、徐应昶校《瑞士家庭鲁滨孙》,上海商务印书馆,1933年;沈逸之译《瑞士鲁滨逊家庭漂流记》,上海启明书局,出版年月不详。
② 钱杏邨:《德国文学漫评》,载《小说月报》11卷3号,1928年3月10日。

成他的《恋爱三昧》和《循环舞》。施尼茨勒作品情调哀婉,他本人还是后来盛行的意识流小说的先驱。

霍普特曼那时也正当创作盛年,其自然主义代表作《织工》1924年由上海商务印书馆推出,译者陈家骥。

1923年,德国表现主义代表作家之一、与霍普特曼年龄相近的凯泽也被介绍到中国。《小说月报》14卷1号刊出其名剧《从早晨到夜半》,译者陈小航。中国译坛对德国文学思潮的接受与反应颇为敏捷。

1923年还有几位德语作家的作品被译成汉语。除了本书另有介绍的黑贝尔等,尚有觉恩(Felix Dahn,今译达恩)。他在文学史上地位一般,译者杨丙辰却是北京大学教授,中国德语界名人。杨译的达恩五幕喜剧《费德利克小姐》这年由上海商务印书馆印出,卷首有时任北大校长蔡元培的序。达恩在中国的际遇非同一般。蔡元培在序中论戏剧在欧美文学中的地位,然后比较英、法、德三国的戏剧,结论是:

> 法国的戏曲,偏重形式,而又文词优美。英国的戏曲,则善于描摹社会上一般人的心理;而于剧中各角色,尤能刻画的惟妙惟肖。德国的戏曲则多含哲理上的问题:凡名作都有一番深邃的理论为之贯彻始终。

序文对认识德国文学及了解中国比较文学的发展均有启发意义,可惜今天几已湮没无闻。特别是这段文字,虽然简略,却很到位。

福沟(Friedrich Fouqué,今译富凯)的小说《涡堤孩》(今译《温亭娜》)同年也由上海商务印书馆出版,译者是著名作家徐志摩。郑振铎曾在其《文学大纲·十九世纪的德国文学》[①]中对此做如下简介:"涡堤孩是一个水的精灵,她爱恋一个武士,而这个武士却又被一个人间的妇人爱恋着,其婉恋可爱而渗和着悲戚的哭味的情调,至今还为全个世界的人所喜爱。"内容介绍大致不错,但说此书"为全个世界的人所喜爱"当然是夸张之词。更详细的书评出自西滢之手。其刊于《太平洋》4卷6号(1924年4月)上的《涡堤孩》一文,起笔奇崛,略带讽刺:"徐志摩先生进步得真快,真有些像瞿塘峡下的长江水,一刻千里,令人瞠目吐舌。"文章实际上批评徐译大跑野马,比如把不过百余字的一段,添油加醋,敷衍成千字文。西滢责难不无缘由。不过徐志摩本人在译本《引子》中已说明:"因为我愿意是

---

① 郑振铎:《文学大纲·十九世纪的德国文学》,载《小说月报》17卷9号,1926年9月10日。

给母亲看的,所以动笔的时候,就以她看得懂与否做标准。"看来不能说西滢失之过苛,也不能怪徐志摩胡译乱译。问题的关键是各人对翻译准则认识有异。

3部同年发表的译作,一为社会批判特征明显的自然主义力作,二是体现了德法两国不同国民性特点的爱情喜剧,三为浪漫主义色彩浓厚的童话小说,各以其截然不同的风格特点,为中国读者开大了了解德语文学的窗口。

在戏剧和小说不断被介绍到中国的同时,德语诗歌的汉译也得到进一步加强。仅在20年代上半叶,就有两例特别值得我们关注。首先是《诗》月刊1卷2号(1922年2月15日)上的《杂译诗》20首,译者陈南士。出人意表的是,20首诗中有半数为德国诗。更令人吃惊的是,歌德、海涅等已在中国声誉斐然的名家被摈于外,译者所选10位德语诗人几乎都是首次在中国登台亮相。这些作家和作品依次为:自然主义文学代表之一比尔鲍姆(Otto Julius Bierbaum)的《痛苦是一个铁匠》,东方学家盖格尔(Abraham Geiger)的《圣母画像》,自然主义作家李利恩克龙(Detlev von Liliencron)的《黍田中的死》,表现主义作家蒙贝尔特(Alfred Mombert)的《请愿》,小说家、文学史家斯台恩(Adolf Stern)的《睡的生命》,诗人莫尔根施特恩(Christian Morgenstern)的《忧郁的小鸟》,作家威尔特海默尔(Max Wertheimer)的《泪珠的布》,表现主义文学家道滕代(Maximilian Dauthenday)的《我们的眼睛这样绝望》,日耳曼学家拉赫曼(Karl Lachmann)的《忠心到他的死》,兼受自然主义和印象主义浸润的作家弗莱施莱因(Cäsar Flaischlein)的《罪过》。

《诗》月刊属文学研究会系统的机关刊物,1922年初创刊于上海。它是我国现代第一种新诗刊物,或许由此它更不受束缚,勇于译介"边缘"诗人。以上10位德语诗人,就已掌握的资料看,除了蒙贝尔特以外,余者以后至少在民国时期,未见他人注意,在中国这个译语国家成了昙花一现的人物。唯其如此,今天更值一提。

其次是中华书局1924年出版的《西洋音乐与诗歌》一书。王光祈在书中同样译出10位德国诗人的12首诗。诗人及其诗作依次为:歌德的《爱尔王》(即《魔王》),海涅的《我欲乘风去》(《抒情插曲》9)以及《卿似一只花》(《还乡曲〈50〉》),伍兰德(即乌兰德)的《酒家女儿》,赖德匪迟(Oskar Freiherr von Redwitz)的《其乐无穷》,柯迺聊时(Peter von

Cornelius)的《携手偕游明月下》,改白尔(Emanuel Geibel)的《为音乐而作》和《孟察那莱河岸旁》,克鲁堤(Klaus Johann Groth)的《我犹识归途》,谬里克(Eduard Friedrich Mörike,今译默里克)的《维拉时歌》,白也里迟(Boelitz)的《马利亚摇篮歌》,夏克(Adolf Friedrich von Shack)的《夜乐》。倘若考证不谬,其中除前3位诗人外,其余似皆为首次汉译,而且此后(除默里克外)基本上未受中国译家瞩目,其诗作在民国译坛也就成了绝唱。

类似的命运在另一位优秀诗人荷尔德林身上重演。无明译、生田春月作《现代德奥两国的文学》(《小说月报》14卷12号,1923年12月10日)一文曾把"赫德林"(即荷尔德林)和海涅等人一起归入"大诗人"行列,但其译作笔者仅见《山雨》1卷5期(1928年10月16日)上录自《泰西诗集》的1首诗,译者碧三。尽管1934年季羡林在《文学评论》1卷2期上还撰长文《德国近代伟大抒情诗人薛德林早期诗的研究》,对这位德国诗人赞赏有加,荷尔德林在德语文学史上的地位与其作品在中国的汉译情况还是不太相伴。

以上详介的凯泽、达恩和富凯的3部作品,2部由上海商务印书馆出版。这个出版社在中国现代翻译文学史上曾独步一时。1925年,上海商务印书馆还曾推出一本《莱森寓言》,译者郑振铎。此书所收32篇莱辛寓言,前30篇之前已在《小说月报》15卷10号、16卷3号和4号(1924年10月至1925年3月)上发表。莱辛主要是剧作家和文艺理论家,寓言创作是其余事。果然时隔不久,杨丙辰就译出他的著名喜剧《军人之福》,北京朴社1927年版。这位达恩喜剧的译者,是否对喜剧情有独钟?似乎并不如此。杨丙辰为此译写下长达9页的《译者序》。全文分"雷兴底生平""雷兴底文学地位""弥娜封巴伦赫尔姆"三部分。文章最后交代译者用意:翻译此剧,旨在以这部德国优秀古典剧作,在"戏剧原理"和"从技术一方面"给中国戏剧创作提供"师资"。因为"近数年以来,国人渐次能以了然戏剧艺术底伟大和它对于人格教育底重要了"。译序的结尾是:"这样我很希望,我这部译本也能在我们的文学界里发生一点切实的影响,以为我国新剧前途之助!"语句流露出一代译家的抱负与情怀。

需要补充的是,杨丙辰此译并非莱辛此剧的汉语首译。孟津、王少明译、雷兴(即莱辛)作的《米纳女民剧》1923年11月1日起至次年3月1日连载于北京《晨报副刊·文学旬刊》16、17、20、21、25、26、27 号上。① 王少明写于 1923 年 1 月 5 号的《小引》曰：

> 此剧一名军人之福，系十八世纪德人雷兴所作为德平民戏曲之鼻祖。结构精奇，文字巧妙；实德人名剧中之一杰作也。全篇共分五幕，每幕有八九驹至十余驹不等。（作者用意，在描写世之风俗人情，男女的情趣，以及军人态度，种族观念等）。

文字不长，但也道清了此剧艺术特征和主要内容。

莱辛生于 1729 年，卒于 1781 年。1929 年 11 月 15 日，《戏剧》1 卷 4 期上曾有《雷兴二百年纪念》一文，可见当时中国文坛对他已十分关注。

文学杂志始终是民国时期译介外国文学的重要阵地。《莽原》从 19—24 期（1926 年 10—12 月）分 6 次连载张定璜译、茨威格的传记小说 *Roman Rolland*。此后茨威格作品的汉译高潮迭起。但是，自 30 年代起，他就主要以《一个妇人的情书》和《一个陌生女人的来信》等"情意小说"闻名中国，这可能是《莽原》主编鲁迅先生始料未及的。

《沉钟》1927 年 7 月 10 日的特刊则推出其主编冯至译的霍夫曼小说《Artus 厅堂》，到了三四十年代，引出刘思训、毛秋白和梁宗岱等人对这位德国晚期浪漫派代表作品的进一步译介。

《洪水》3 卷 28 期（1927 年 3 月 1 日）登出郁达夫译的德诗《春天的离别》。作者婆塞（Carl Busse）本是德语文学史上并不十分出名的人物，却成了郁达夫译德语作家的首选。②

接着，郁达夫在《奔流》1 卷 2 期（1928 年 7 月 20 日）和 3 期（1928 年 8 月 20 日）上分两次译出林道（Paul Lindau）的小说《幸福的摆》，随后又在 1 卷 6 期（1928 年 11 月）上译成盖斯戴克（Friedrich Gestäcker，今译格斯泰格尔）的小说《盖默尔斯呵护村》（译名后被译者改为《废墟的一夜》）。1930 年，郁达夫在上海北新书局出版他的译文集《小家之伍》，收译文 5 篇，其中恰恰就是这两篇德语文学译作，受到邵洵美的极口称赞。

---

① 似未译（登）完。《文学旬刊》26 号上的译文还是"第二幕（续）"。27 号笔者未见。另外，此剧剧名当时至少还有两种译法。一是《柏伦海尔底明娜》。见赵光荣译：《近代文学——德国浪漫派》，载《时事新报·文学旬刊》23 号，1921 年 12 月 21 日。二是《美娜女士》，见郑振铎译：《文学大纲·十八世纪的德国文学》，载《小说月报》16 卷 12 号，1925 年 12 月 10 日。
② 随后，克让又译出婆塞的小说《我们和骚子都是由上帝创造出来的》，载《笑的短篇小说》（第一集），上海自立书店，1919 年版。

他的题为《小家之伍》的书评开篇即说:"怕只有《废墟的一夜》和《幸福的摆》两篇,这本译文也已值得一读的了。"①邵洵美还特别看中林道。他在这篇书评的最后问道:"其实达夫为什么不再多译几篇林道的作品,连了《幸福的摆》另外印本集子呢?"②林道的作品似未再引起郁达夫的译兴,但之后又受到鲁迅等译、文化励进社 1939 年版的《世界作家二十人集》的眷顾。此书下编收有林道的小说《上帝的声音》。

郁达夫译完林道的作品后,在《大众文艺》1 卷 2 期(1928 年 10 月 20 日)和 3 期(1928 年 11 月 20 日)中分别译出代迈尔(Richard Dehmel,今译德默尔)的诗《我俩黄昏的时候》和法尔该(Gustav Falke,今译法尔克)的诗《祷告》。其中,至少德默尔已非首译。刘复曾在《语丝》138 期(1927 年 7 月 2 日)上译出他的诗作《我的饮酒歌》。

郁达夫翻译的特点之一是常在译作后加"译者附记",交代版本、出处、译事缘起,介绍作家生平、作品特色、翻译感想,乃至作中外对比等,娓娓道来,可亲可信。以上提《盖默尔斯呵护村》为例。他在译文后《关于本篇的作者》一文中,先述作者生平著作,再谈此译特色,说:"他的谈陷没的旧村及鬼怪的俨具人性,和蒲松龄的《聊斋志异》很像很像。"最后交代版本和译事的由起:"译者所根据的,是美国印刷的 *Heath's Modern Languages Series* 的一册,因为近来在教几位朋友的德文初步,用的是这一课本,所以就将它口译了出来,好供几位朋友对照。"看来这些德语文学的汉译中,有的是郁达夫当私塾先生的副产品。

当时德语文学汉译者中不乏名家,这从以上介绍已可窥见,但也有人今天罕见提及。杨敬慈可能属于后者。1924 年,他在北京晨报社推出他译的《人世地狱》,原作者施园(Elisabeth von Schöyen),一位通行文学史著作中不见记载的女作家。此书原名《白奴隶》,揭露欧洲社会买卖妇女的黑幕。译者在译序中这样表述译本的用意:

> 我们中国买卖女子,已成了习惯。把女子看做财产,也同近东老帝国土耳其相等。……所以我们觉得这本书不但揭破欧洲社会的黑幕,并且也可以当作在中国发生的事情。
>
> 我们希望国内谈妇女问题的人们,看了这本书,发奋起来,替已堕入或将

---

① 载邹啸编:《郁达夫论》,北新书局,1933 年,上海书店 1987 年影印,第 154 页。
② 《郁达夫论》,第 157 页。

堕入黑暗深渊的女子,谋一个救济和预防的方法。这是我们译印的微意。

译作似可在中国女权主义文学史上占有一席。

作为译者,余祥森同样不太出名。他曾在《小说月报》16卷4号(1925年4月10日)上译出卡门·栖尔法(Carmen Sylva)的小说《和平之国》。卡门·栖尔法原名为"罗马尼亚的伊丽莎白"(Elisabeth von Rumänien),是一位充满激情与幻想的女诗人。这篇小说讲神祇和平受烦恼神的诱使,造访人世,寻找和平,屡遭失望后在荒芜的墓穴中找到自己的归宿,寓意颇深。余祥森在译后记中称许说,诗人除了译有罗马尼亚文学外,"也有独自创作的作品,其中以悲哀的抒情诗和象征的寓言最为有名,而且在近代文库中,实是不可多得的珠玉"。可惜余祥森此译似无后继,这颗珠玉在汉译德语文学史上仅闪烁了这么一回。

那时同样客串德语文学汉译活动的还有柯一岑、王艺钟、张雪岩、贝厚德以及狄珍珠等人。

柯一岑译出夫赖塔克(Gustav Freytag)的4幕喜剧《新闻记者》,1928年由上海商务印书馆出版,获得成功。译本在30年代曾两次再版。夫赖塔克为德国著名小说家和戏剧家,《新闻记者》是他揭露当时新闻界丑行劣迹的代表作。遗憾的是译本未附任何序跋介绍作家作品。

王艺钟则在《太阳月刊》1期(1928年1月)上译出奥地利作家至尔·妙伦的童话《玫瑰花》,随后又以此为书名,1928年2月在上海春野书店推出一本收至尔·妙伦4篇童话的译文集。

张雪岩、贝厚德则合译成索尔顿(Felix Salten,今译萨尔滕)的《林中的生活》,上海广学会1929年版。萨尔滕也是奥地利作家,同至尔·妙伦一样,擅长写儿童文学作品。这部《林中的生活》今译《小鹿斑贝》,其内容用译者的话来说,是"以简洁雅驯之笔,描写一鹿之一切有类人生之喜惧惊异"。此译《序言》中还交代:"译者唯愿以汉文将索氏文艺之简洁与气势毕译无遗,故几经翼心从事,方始脱稿。"可见此译相当认真。

狄珍珠又是一位偶然涉足德语文学汉译的文人墨客。上海广学会1929年还出版过她译的史班烈(Johanna Spyri,今译施皮里)著儿童小说《赫德的故事》(今译《海蒂》)。上海世界书局1933年版、史碧丽著、蒯斯曛译《小小的逃亡者》实际上是此书的一部节译。重庆正中书局1943年版、史必烈著《海地》则是此书的一部重译。译者林雪清在《译者的话》中称"她（施皮里）的描写天真烂漫的儿童世界的手腕，是可以和安特生相比拟的"，是实至名归的褒扬。

从第一次世界大战前后起，德奥盛行表现主义文学。尽管当时亚欧通讯及交通并不发达，但中国文坛对这一文学运动的反映并非迟钝。1921年，《小说月报》12卷8号曾设"德国文学研究"专栏，发表了一组论及德国表现主义的译文。1928年，上海北新书局甚至推出刘大杰编著的《表现主义文学研究》一书。同年，上海商务印书馆出版汤元吉译、卫德耿（Frank Wedkind，今译韦德金德）的剧作《春醒》。韦德金德是德国表现主义文学先驱之一，而《春醒》又是他的第一部剧作。余祥森在其《二十年来的德意志文学》（《小说月报》20卷8号，1929年8月10日）中称此剧为其"最佳"剧作。剧本以批判非人性的教育制度为题，因为大胆描写青少年青春期的情感冲动，在德国曾一度被视为有伤风化而遭禁演。余祥森在上文中说："他（韦德金德）受了情欲的支配也很厉害，所以性的问题成为他作品中心"，即由此而发。或褒或贬，姑且不论，作品在中国大受欢迎，似无疑问，因为译本以后一版再版，1934年被收入上海商务印书馆的"世界文学名著系列"，1935年又被收入王云五主编的"万有文库"。韦德金德在民国时期的中国文坛上常为人称道，颇有名气，其名字有众多不同的汉译即可为证。其中有：威特蕫德、崴德钦德、惠特金、威台金特、惠兑庚特、魏特肯德和韦特金等。

托勒是另一位德国表现主义名家。同在1928年，《创造月刊》2卷2期和3期上，李铁生译出他的名剧《群众＝人》，开托勒尔在中国译介的先河。

奥地利表现主义作家之一霍夫曼斯塔尔的汉译次年出现。1929年8月，《南国月刊》1卷4期中，朱维基译出他的《伊兰脱拉》。霍夫曼斯塔尔同年7月15日去世，不知朱译有无悼念他的意图。

巴尔（Hermann Bahr）是表现主义文学又一代表，其作品约同时得到汉译。不同的是，1929年，当柔石在《奔流》2卷4期上译出他的小说《他底美丽的妻》时，他尚在人世。巴尔这篇小说幽默风趣，刻画一漂亮女子的虚荣心，入木三分。以后彤孙重译这篇作品，以《美丽的女人》为题，1935年作为"西洋幽默"发表在《论语》58期上，许是出于这个原因。巴尔1934年1月逝世。1934年5月，黎锦明曾在《青年界》5卷5期上撰文《奥国三大剧作家》，介绍的首位剧作家即是巴尔，但未及他的去世。1934年

6月,《现代》5卷2期上则有可玉作《黑尔曼·巴尔之死》一文,以示中国文坛对他的追忆。

作为左联烈士之一的柔石,几乎同时还译过另一位奥地利作家文新·契万西(Vincenz Chiavacci)的小说《母亲》,发表在《朝花》1卷7期(1929年8月1日)上,并作译注:"文新·契万西……是现代奥地利短篇小说家的代表,和Hermann Bahr 一样都以描写维也纳的生活擅长。"尽管柔石把契万西同巴尔相提并论,但事实上契万西的知名度还远不及巴尔。契万西在中国的译介,可能纯属偶然。

另一位表现主义先驱之一瓦塞尔曼,大约也在这时被首次译成汉语。1929年,《现代小说》2卷1期上,张润卿译成"华苏曼"的小说《兽》。

当然,20世纪20年代末得到汉译的并非仅是表现主义作家。1929年上海金屋书店出版的周学普译《仇之恋》,即是瑞士现实主义文学大师克拉(即凯勒)的作品。仅看书名,大概很难想到,此书实际上是周瘦鹃在《欧美名家短篇小说丛刻》里"甘勒自传"中言及的"《村中之罗米欧与周立叶》"。周学普自己在《译者序》中提到此书原名为"《村庄上的罗美渥和优丽亚》",因为此书"描写仇人的子女相爱的悲情",所以取此书名。凯勒有"瑞士的歌德"之美称,其作品三四十年代在中国还有译出。1935年,上海中华书局又推出凯勒著、李且涟译的小说《三个正直的制梳工人》。毛秋白曾为译本写下一篇精湛的长序,详介作者生平与创作。毛秋白本人也曾译出"开拉"的小说《欧格娆》,收入自己译的《德意志短篇小说集》,1935年由上海商务印书馆出版。此后,崔亮又在《中德学志》2卷2期(1940年7月)中译出凯勒的小说《本性难移》。

与凯勒一样被纳入现实主义小说家之列的德国作家海泽(Paul Heyse)实际上至迟1917年已被介绍到中国。君毅曾在《学艺》1—2号上译出这位"海泽保罗"的《意难忘》。1929年,上海春潮书局出版他的中篇小说《梦幻与青春》,译者程鹤西。接着,毛秋白在其《德意志短篇小说集》中发表"海才"的小说《俏皮姑娘》,并在此书译序中对他褒奖如下:

> 保尔·海才……是德国近世短篇小说界一个多才多作的作家。他的短篇的特色,是形式的完整。捉住人生的一片段,加以鲜明的轮廓,纵横地驱使了尖锐的心理描写等多彩的形色美,使读者为之心醉神迷,这是海才所特有

的艺术才能。

海泽是 1910 年诺贝尔文学奖获得者。毛秋白对此知情,在这篇译序中又接着说:"一九一〇年,他得到了诺贝尔的文艺赏金。德国的文学家得到此项赏金的,以海才为嚆矢。"此说有失准确。其实,此前德国已分别有蒙森(Theodor Mommsen)于 1902 年和奥伊肯(Rudolf Eucken)于 1908 年获此项殊荣。海泽在民国时期的译介尚未结束,1941 年,上海启明书局还出过一本毛秋白等译的德国小说集,不仅收有海泽的这篇小说,而且书名就是《俏皮姑娘》。海泽及这篇小说在毛秋白心中的地位,由此可以概见。1946 年,上海晨光书局又出过一本海泽著、方殿森译的英汉对照本《泼姑娘》,其实是《俏皮姑娘》的重译,也可视为海泽在民国时期汉译的尾声。

沙米索则同浪漫主义有关。1914 年应时在他的《德诗汉译》中称他为"夏米莎",1921 年,郁达夫在他的《茵梦湖的序引》(《文学旬刊》15 号,1921 年 10 月 1 日)中叫他"舍米索"。1926 年,郑振铎在其《文学大纲·十九世纪的德国文学》(《小说月报》17 卷 9 号,1926 年 9 月 10 日)中也介绍这位"查米莎",说他"作了一篇《彼得·希莱米尔》的故事,得到了全国的赞许。这是一篇可爱的神仙故事,叙一个人把它的影子卖给魔鬼的;这也是一种比譬,暗讽德国人民的不智,而把他们的权利卖给维也纳国会的"。这段文字中有事实介绍,也有评论阐释。其中"可爱的神仙"与原作内容有背离处,而"暗讽"的表达也值得推敲。但当时此书尚无汉译,别人很难插话。可是没过多久,鲁彦就译出"嘉米琐"的这篇小说,译名为《失去影子的人》,由上海光华书局 1929 年初版。以后上海中华书局 1937 年版的《德国短篇小说选》中曾收入此书的重译,译名为《彼得·须莱米耳》。译者胡启文在《译序》中对"卡米苏"这本书的评价是:"这是一篇极有味的叙述一个人把影子卖给魔鬼的童话。……影子代表祖国。作者讽刺德国人的失策,在维也纳会议上,出卖生存权,做梅特涅的精神上的奴隶,永远不得翻身。"这与郑振铎的观点极为相似。胡启文在《译序》中注明此说来自 J. G. Robertson 著 *The Literature of Germany*。郑振铎的根据应该也是国外现有评论。这种把文学作品硬同社会政治扯在一起的做法,看来自有其学理渊源,而且源自西方,只不过在我们这里以后被发挥到了极致。

六 "战争文学"的勃兴——20 世纪 20 年代末和 30 年代

> 让我去,母亲,让我去!
> 痛苦悲泣无济我等事,
> 正因为我们前去捍卫祖国的江山!
> 让我去,母亲,让我去。
> 我愿向你唇边吻去你最后的悲伤:
> 德国要生存,即使我等当战死!

这是商章孙在《英法德美军歌选》(上海商务印书馆,1939 年)中译出的《军人离别歌》的首段。作者雷澍(Heinrich Lersch,今译莱尔施)曾是第一次世界大战中的士兵。此诗描绘出了一个青年战士同母亲告别,壮烈出征的情形。实际上,从风雨如晦的 20 世纪 20 年代末起,德国一些战争文学作品,配合着当时中国内忧外患的局势和左翼反战思潮的背景,大量地得到译介。

1929 年 10 月,张威廉曾在《小说月报》20 卷 10 期上发表短讯《德国最近出版的两部欧战小说》,介绍的两部作品是"黎马克"(即雷马克)的"《西路没有变化》"和"路德维希·伦"的"《战》",并且总结道:

> 欧战告终十年以来,也已出版了不少的故事小说,但那些著者都走错了路——他们大概是夸张本国战事的胜利或自己军队的勇敢。现在这两部小说却描写战事的残酷,贯澈着非战的热情,是投机作物,却也是真能具有时代精神的作物。

就在此文发表的当月,上海平等书店推出洪深、马彦祥译的《西线无战事》,上海水沫书店出版社版、林疑今译的《西部前线平静无事》则比肩而行。而上海华通书局则于 1930 年出版魏以新译的《战争》。以后,雷马克和雷恩的这两部代表作品还引出数目不同的汉语重译。它们在中国文坛风靡一时,但非独步天下。同是 1930 年,上海东华书局还曾印出施蛰存译、格莱塞尔著的另一部德国反战小说《一九○二年级》。此后,由雷马克领衔,德国反战文学作品接二连三地被译成汉语,其势头延至民国末年。

德语文学在中国的传播,虽然时有某个凸显点,但总体来说,始终具有流派纷呈、各领风骚的特征。比如 20 年代已进入中国的德国现实主义文学,尽管当时中国政治社会动荡加剧,反战文学兴盛,到了 30 年代还是继续它在中国的旅程。段柏纯译就小说《彩色鸟》(《小说月报》21 卷 4 号,1930 年 4 月 10 日),其作者哈尔特列本(Otto Erich Hartleben)就与自然主义关系密切。译者在译后这样介绍:

> 他是一个乐天派的诗人,赞美生之伟大,惜乎早死,使他未竟所志。在自然主义风行德国的时候,他也是此运动中之一员,与 Hart 兄弟很要好。其诗文均佳,诗主抒情,他的散文充满了讽刺和诙谐的气味。

其言可谓信然。①

张威廉则在其《近代名小说略述》(上海光华书局,1930 年)中简述现代科幻小说的先驱之一《隧道》。不过他称此为"理想小说":

> 这篇用了鬼斧神工筑成的《隧道》是一篇理想小说,描写新时代的人物凭了他们毅勇的企业精神,正确的思想和坚毅的力行以与物质交战的那种热情。

这部小说的作者凯勒曼(Bernhard Kellermann)是一位印象主义作家。

同属印象主义的作家还有凯泽林(Eduard Graf von Keyserling)。沈来秋译出他的小说《郊游》,于 1930 年 8 月 1 日发表在《真美善》6 卷 4 号上。以后,施蛰存在《文讯》9 卷 1 期(1948 年 7 月 15 日)上译出他的小说《凯丝达》,并在《译后记》中说:"译者手头无参考书,不克查考其生卒年月,但忆其逝世时适当第一次欧战而已。"施蛰存的记忆无误。凯泽林殁于 1918 年。除此之外,民国时似再无对他的新译介,②尽管余祥森在其《二十年来的德意志文学》一文中不惜笔墨,对他大力推崇:"他最擅长的是贵族小说,虽然缺少新奇,精巧的情节,而若醉欲倦的情绪之描写,直压倒侪辈。"③

《现代小说》3 卷 5—6 期(1930 年 3 月 15 日)上刊出的适夷译《黑死病》则是一"表现派电影剧"。作者哈森克雷(Walter Hasenclever,今译哈森克雷

---

① 在此译发表前不久,余祥森在其《二十年来的德意志文学》(《小说月报》20 卷 8 号,1928 年 8 月 10 日)中谈自然主义时,也提到这位"哈特雷本",但把他的剧本《四旬斋前的星期一》(*Rosenmontag*)按字面译成"有蔷薇之日曜日"。
② 施蛰存的这个译本以后被收入许天虹等译的《虹之尾》,十日谈社 1945 年版。
③ 余祥森在这篇文章中评述的作家中还有一位是夫朗克(Bruno Frank),说"他的作品以剀切与婉约胜人"。这位夫兰克今译弗兰克,与凯泽林几乎同时被译成汉语。1930 年,绮纹译、弗兰克作的长篇历史小说《特棱克》(今译《特伦克》)由上海商务印书馆出版。

费尔)是著名表现主义作家。但其作品当时的汉译,笔者仅见此例。

同于 1930 年得到译介的奥地利女作家爱丝巴侯(Marien von Ebner-Eschenbach,今译埃布纳-埃申巴赫),其创作倾向于现实主义。段可情在《现代文学》1 卷 6 期(1930 年 12 月 16 日)上译出她的小说《犯罪的女人》。紧接此译,段可情至少还向中国读者又介绍了三位德语小说家。

一是碧萝芙(Margareth von Bulow)。这是一位名不见经传的女作家。或许正因为如此,段可情在《现代文学评论》1 卷 1 期(1931 年 4 月 10 日)上译出其小说《莪尔菲斯村的幸福钟》的同时,还译出"德国巴斯特著"的评论《德国短命作家碧萝芙的小说》一文,对她进行详介。

二是另一位表现主义文学大师爱狄斯密德(Kasimir Edschmidt,今译埃德施米特)。其小说汉译《曼冬梨的婚礼》发表在《现代文学评论》1 卷 3 期(1931 年 6 月 10 日)上。

三是现实主义作家克洛格尔(Timm Kröger,今译克勒格尔)。他的小说汉译《一件不要人相信的故事》刊登在《小说月报》22 卷 9 号(1931 年 9 月 10 日)中。

段可情连续译介的上述 4 位作家,他们风格各异,知名度不同,但在中国的命运相似,即他们的作品汉译,就现有资料看,均无后继。撇开其作品是否符合中国译家的审美观或大众口味不论,段可情对他们的选择看来出于偶然。倘若出于偏爱,想必他不会初尝辄止,不断变向。

莱昂哈特·弗兰克(Leonhard Frank)也是一位曾属表现主义阵营的德语作家。1931 年 4 月,上海中华书局出版其代表作《卡尔与安娜》。译者盛明若在《译者志》中交代所据英译的版本和出版社。这种做法当时并不多见。此书内容实际上早些时候已由赵景深通过《小说月报》20 卷 8 号(1929 年 8 月 10 日)上《最近的德国小说界》一文介绍,说此书:

> 大意叙加尔与李恰德同囚于俄国军营,李恰德仔仔细细将他与安娜结婚的事情告诉加尔。加尔听得入迷了,不由得便爱起从未见过的安娜。后来加尔逃到安娜那儿,要娶她做妻子,但安娜只愿意做他的情人。

故事情节离奇,富于感染力,市场效应肯定不错,有同年 7 月上海正午书局取名为《灵肉的冲突》的重译本为证。① 译者于在春的译序《是书》

---

① 《民国时期总书目·外国文学》(北京书目文献出版社,1987 年)中把此书的出版年月写为 1936 年 7 月。疑误。

这样起首:"是书在一九二七年印行于德国,是龙那·佛朗克……氏在本国成名的一部惊人之作,不久就获得了世界的荣誉。"《卡尔与安娜》的确是弗兰克的一部名作,但说它是作者的成名作,稍有不妥。弗兰克 1914 年发表的自传体小说《强盗帮》已为自己赢得了巨大声誉,并带来了冯塔纳奖。但是在中国,无论此书还是他另外几部名作,均未见有汉译。相反这本《卡尔与安娜》不仅有以上两个争先上市的版本,还有林疑今发表在《现代文学评论》1 卷 2 期(1931 年 5 月 10 日)上也叫《灵肉的冲突》的摘译。在彼时中国,走俏的往往不是强盗传奇,而是情爱故事。

1931 年,作品被译成汉语的德语作家中,更引人注意的恐怕是海因里希·曼(Heinrich Mann)。1931 年,上海正午书局出版根据他的长篇小说《垃圾教授》改编的剧本《蓝天使》,揭开这位批判现实主义作家在中国的流传史。但译者徐培仁关注的似乎不是此书对奴化教育和虚伪道德的揭露,而是性爱的作用,所以在《译者的话》中首先注意"性的诱惑"问题:

> 性的诱惑,是人生所不能避免的一件事情;大学教授,老麦特,他的年纪已五十有七了,尚被一个女伶所倾倒,何况一般爱欲狂热的青年学子?这是一出喜剧,也是一出悲剧,看了不仅使你笑,且也能使你哭。
>
> 女人是烦恼的根本,是造成罪恶的元素;书本上已告诉我们了,社会上也已给我们证实了。然而,人生是离不开女人的,所以人生也离不开烦恼和罪恶。

性诱惑也好,女祸论也罢,这表现出中国译者对此书弃其社会道德批判含义的另一"时尚"读法。

1934 年,段可情还译出海因里希·曼的两篇小说《心》和《奇遇》,分别发表在《中国文学》创刊号(1934 年 2 月)和 1 卷 2 期(1934 年 3 月)上。但必须看到,与其兄弟托马斯·曼相比,海因里希·曼在中国是相当孤寂的。其作品汉译此后罕见。似乎只有赵景深不时地在《小说月报》(比如 20 卷 8 号、21 卷 1 号)上根据英文资料追踪其创作动向。

1931 年 3 月,段白莼在《小说月报》22 卷 3 号上译出"爱斯特"作的小说《寂寞》。倘若他未在译文附记中公布作者的德语原名,恐怕今天很难弄清,这原来是德国新古典主义作家恩斯特(Paul Ernst)的作品。其实,这已非恩斯特作品首译。周伯涵在《语丝》5 卷 48 期(1930 年 2 月 10 日)上译出这位"保尔爱伦斯特"的作品《人性的》。另外,余祥森在其《二十年来的德意志文学》(《小说月报》20 卷 8 号,1929 年 8 月 10 日)中对他也有介绍,但把他的名字译为"保罗·伊伦斯特",说"他的作品虽不大佳,则颇有功于当世;盖他尝力主文艺返于简洁,明了,精警之一途……"不过,段白莼在译后附记中的评说更加明确,讲"他是提倡新古典主义的",又说"爱氏为文古色盎然,但朴茂之中却夹有新意,并不是死学古典主义,而去作古人的傀儡"。可惜段白莼的译作无人应和,此后不见恩斯特作品的汉译。两年后作家去世,对他的介绍更加寥落。仅见季羡林在《文艺复兴》3卷3期(1947年5月1日)上撰文《现代德国文学的动向》,用专节对他评述,说"他明显地表现出脱离个人主义到大众里去的倾向",亦即在走向大众方面对他作了肯定,显然具有左翼文论的痕迹。至于恩斯特作品的汉译,他的小说的"寂寞"两字真成了他在中国的谶语。

里尔(Wilhelm Heinrich Riehl)在中国的命运比恩斯特好不了多少。他首先是文化史家,也写过一些小说,但并不以此闻名。刘思训译、上海中华书局1931年10月版的《德国名家小说集》中仅收的3篇作品中就有他的一篇,题为《沉默的议员》。译者在《序》中对他介绍如下:"威尔赫尔谟·李尔……是文化史小说历史小说的作家,他的作品中富于幽默,读者由本篇所收的《沉默的议员》当可窥见他的面目。"刘思训这篇译文之后,里尔的名字在中国也随即"沉默"。

裴斯泰洛奇(Johann Heinrich Pestalozzi)是继凯勒后又被介绍到中国的一位瑞士著名德语作家。他以大众教育小说《林哈德和葛笃德》闻名于世。这也引起有教育救国思想的中国译者的瞩目。1933年,郑若谷据英语转译成此书,取名《贤夫人》,由北平著者书店出版。以后,傅任敢同样借助英语节译本重译此书,更名为《贤伉俪》,1937年由上海商务印书馆出版。何炳松曾为此译写下《汉译本序》,总结出此书5个要点,颇值一读。它们是:

(一)他们要改良民众的状况,应该用教育的力量,不是革命的力量;(二)教育的中心应在家庭而不在学校;(三)教育的起点应在摇篮中,最初几年是最重要;(四)无知的母亲,只要照裴氏的方法教育儿女,一样的可以和寻常富有学识的教师得到效果;(五)只要家庭能够改良,社会自会进步,穷困自会消灭。

这些虽然是对一部德语教育小说主题的归纳,其实也折射出当时一派中国学者对教育民众和改造社会的纲领性思路,具有史料价值。

裴斯泰洛奇于1781年至1787年间完成了他以上那部实践自己启蒙思想的小说。在世界局势如此动荡不安的1933年和1937年,中国学者从故纸堆里翻出此书,出人意料。尽管教育是救世良方,当时更多的译家更重与政治局势相关的现实。1933年被译介到中国的作家中,有一位是德国著名政治诗人魏纳特(Erich Weinert)。"北方左翼作家联盟"创办的《文艺月报》1卷2期(1933年7月15日)上刊出他的诗《战争》。这是魏纳特控诉日本帝国主义侵略中国的政治诗。译者李家骥用激昂的文字向中国读者转述：

> 满天里冒着的是爆裂的火焰,
> 炸弹的屑壳也飞满了青天,
> 在受了火焰的坟墓里:
> 杂乱地堆积了烧焦的尸体。
> 战争在这里!
>
> 闸北起了一片大火,
> 成千工人的生命都被剥夺;
> 战争在这里。
> ……

一年后,春迟在《新诗歌》2卷1期(1934年10月20日)上译出他的另一首长诗《咏罗马大帝 NERO》。但在中国大陆对这位革命诗人的进一步译介,似是中华人民共和国成立以后的事。

魏纳特当时因其鲜明的反法西斯姿态,深受迫害,被迫流亡。菲姬·宝蛮(Vicki Baum,今译鲍姆)这位奥地利女作家,尽管政治色彩并不十分明显,其作品当时也在被禁之列。不过,段可情那时译出她的处女作——具有某些自然主义特点的小说《大饭店》,连载在《文艺月刊》5卷1—4期(1934年1—4月)上,也许并无声援她的意图,而是着眼于她这部作品曾一炮打响,于1931年获歌德奖,并且"喧噪于美国文坛、剧坛与影界"。① 鲍姆初入中国,至少可再前推两年。杨昌溪曾在《青年界》1卷2期(1931年4月10日)的"文坛消息"栏中,撰文《德国女作家巴姆》,讲述她这本"《宏大旅馆》"的成书过程:

---

① 段可情:《宝蛮女士与〈大饭店〉》,载《文艺月刊》5卷1期,1934年1月。

为要逼真的表现大都市柏林城的旅馆内的各种活动起见,曾亲自到旅馆内去充当好几个月的侍女,她使用客观的态度尽力地观察一切,体验一切,然后她才开始在文字上把它描写出来。

严谨的创作态度,确为德语作家的一大传统。杨昌溪告诉我们的,仅是一例。

译介鲍姆的《文艺月刊》在6卷1期(1934年7月1日)上,以侯佩尹的《德国两个爱国诗人》一文,还推举过另两位19世纪的德语作家。一位是本书有专节介绍的阿恩特,另一位是这里要谈的柯奈尔(Karl Theodor Körner,今译克尔纳)。侯佩尹在文章中译出他的诗歌《唤起》和《永别了生命》,对前者做如下点评:"此诗从头到尾,没有一字松懈没有一句纤弱,完全充满了热血,充满了正义,充满了勇气,至今读之,凛然如生。"他还补充道:

> 我译此诗时,正当一二八淞沪战役后,译成以示诸友,都击节称赞,有人还说若把这诗中"德国"二字,改为祖国,则柯奈尔这首名篇,好像是替现在我们中国作的一般。

可见译诗演绎的是中国文人反抗帝国主义侵略的壮烈激情。有关克尔纳作品的汉译,另有胡启文译的小说《竖琴》,作者名译为库尔纳,文载柴词(今译乔克)等著《德国短篇小说选》,上海中华书局1937年版。而商章孙在其与他人合作的《英法德美军歌选》(上海商务印书馆,1939年)中,还译出"柯纳"另两首诗,《徽民众》和《大丈夫与懦夫》,并对他推崇道:

> 柯纳是一位最为一般青年崇拜的诗人。因为他凭一腔热血写成的诗歌最能感动情感奔放的青年子弟。他说过几句很动听的话:"一个民族不肯牺牲一切来保护它的荣誉,这个民族是一文不值的!""如果不替祖国奋斗,难道别的事情是应该的,是神圣的,是合乎人性的,是善良的吗?"他鼓励人民应该各尽本分替国家争光荣,争自由,不怕任何再重大的牺牲,这是国民的义务。

20世纪30年代末,正是抗日战争如火如荼地进行的时候。商章孙介绍克尔纳的话,其实是中国文人踔厉风发的抗战檄文。

正是在这本《英法德美军歌选》的《德国之部》中,商章孙除了"杨恩德"和"柯纳"外,还译成霍福民(Hofmann von Fallersleben,今译霍夫曼·

封·法勒斯莱本)的《德国人的歌》和《我的祖国》,雷澍(即莱尔施)的《军人离别歌》。霍夫曼·封·法勒斯莱本是德国 1848 年革命前自由派诗人的代表。商章孙译《德国人的歌》其实就是以后的德国国歌,以"德国,德国,高于一切"(商章孙译成"德意志,德意志称雄万国")响遍德国大地。莱尔施出生要比他晚一个世纪,时逢第一次世界大战,其诗作同样充满为祖国牺牲的壮烈激情。商章孙译两位德国诗人的"军歌",应该说也是中国人民反抗侵略和争取自由的军歌。

20 世纪 30 年代的中国,帝国主义在此重燃战火,文坛高唱"反侵略、求民主"的战歌。在德国,希特勒上台,法西斯的猖獗导致一大批作家流亡异域。受法西斯迫害的德国左翼作家作品的汉译在中国文坛一时蔚为大观。前述魏纳特已是一例。这里谈贝希尔(Johannes Robert Becher)。他是著名表现主义诗人,纳粹掌权后即被取消国籍。也许是出于对他的声援,小默(即刘思慕)先译出他的长诗《饥饿之城》,刊登在当年由鲁迅等人创办的《译文》1 卷 3 期(1934 年 1 月 16 日)上。以后,思慕再译他的长诗《从德国来的快车》,发表在《译文》新 3 卷 3 期中。这是 1937 年 5 月 16 日的事。到了 6 月,《译文》杂志被迫停刊。这份鼓动革命的进步杂志,在其短暂生命的一头一尾,都介绍了这位后任民主德国文化部部长的作品,事非偶然。政治倾向的一致性应是主要原因。贝希尔诗作的汉译一直到 40 年代未曾中断。《诗创作》7 期(1942 年 1 月 20 日)上就发表过焦菊隐译的《总清算之歌》和周学普译的《德国人的莱茵》。邹绿芷译的《二兵士的歌》登在这本杂志的 13 期(1942 年 8 月 25 日)中。

艾兴多夫(Joseph Eichendorff)生卒年月早于贝希尔一个世纪,正式被介绍到中国却几乎同时。他是德国著名浪漫派诗人。应时 1914 年注重这一派诗人的《德诗汉译》越过了他。不过,郑振铎在其《文学大纲·十九世纪的德国文学》(《小说月报》17 卷 9 号,1926 年 9 月 10 日)中,已把他与查米莎(即沙米索)和慕劳(Wilhelm Müller)并称为那个时期的"三个重要诗人",并谈及这位"爱秦杜夫"的代表作之一"《一个废人的生活》"。这部"霭沈都夫"著、绮纹译的小说 1934 年终于由上海亚东图书馆出版,取名《荒唐游记》。同年 9 月,上海商务印书馆又推出"埃贤朵夫"著、廖辅叔的译本《饭桶生涯的片段》。此书《题记》写于 1934 年 2 月 15 日,看来与绮纹译本几乎同时完成。1935 年 2 月,上海中华书局又出版"爱痕多夫"著、毛秋白译的另一个译本《游荡着的生活》,而译序作于 1931 年 5 月

31日。要是无疑,这或许还是首译。约一年之内,上海三个出版社推出同一部小说三个互不相干的汉译,这种情况在中国翻译史上实不多见。本书无意评判不同译本的长短优劣,但愿意比照一下不同的译序。相比之下,毛秋白的序言独具风采。他不仅介绍这本书,还评论当时似无人译过的艾兴多夫的诗,写道:

> 他的诗,似乎过于优柔一点,不免有单调之嫌,但却非常深邃真诚轻快。随处用着两三个人物,窗前的姑娘,黄昏的亭榭。闷热的夏夜,露深的早晨,沉静的森林,幽默的山谷,流动的川河,歌唱的小鸟等用语,但随处都能赋予新鲜活泼的印象,这种鬼斧神工,除非精神以与大自然融合的人,决不能做到。

比较同年译出的上提贝希尔那两首诗,两种截然不同的诗境豁然在目。同样在多事之秋,译者评家的着眼点竟然如此不同,再次说明文学翻译和文学创作一样,受环境影响,又不受其左右的特性。

写下以上文字的毛秋白,紧接着又译出克莱斯特的剧本《浑堡王子》,1935年9月也由上海中华书局出版。此剧涉及反抗外来侵略,表明在一样的颠厄岁月,同一位译者的兴趣所在也会有巨大差异。

威尔弗(Franz Werfel)是与贝希尔齐名的另一位反法西斯主义诗人。厂晶译、日本金子筑水著《"最年轻的德意志"的艺术活动》(《小说月报》12卷8期,1921年8月10日)一文中已有他的名字"维尔费耳"出现。以后,余祥森在其《二十年来的德意志文学》(《小说月报》20卷8号,1929年8月10日)中曾述及他的十多部(篇)作品,称他"是强烈抒写感情的诗人,也是神秘的诗人之一"。此前此后,这位青年诗人的名字以不同的汉译名出现在中国的报纸杂志上。仅笔者所见还有:凡尔反尔、威弗尔、卫耳斐尔、威尔反尔、惠尔菲勒、窝埃尔夫埃尔等。其诗作汉译似乎等到1935年才见有。那是段薇杰在《世界文学》1卷6期上译出的《一个少女对月之歌》。译者附言曰:"Werfel(1890—)是德国进步诗人,富于世界的情绪,以非战向人类宣泄真诚。……如果他能活到六十五岁,他的那笔保险数额就可以养活他的一家,使他们免于种种的羞耻。"撇开"那笔保险"后的故事不论,可惜威尔弗比译者所期望的少活了10年,于1945年客死于他在美国的流亡地。其诗作更多地被译成汉语,是他身后的事。

20世纪30年代后半期,绮纹又译介以后获诺贝尔文学奖的黑塞,周立波介绍捷克著名德语作家基希,洪为济和陈非瑛合译反法西斯作家沃尔夫的作品,都在中国译坛激起涟漪,掀动波澜。

以上几位是名家。邵灵芬在《文学》7卷5号(1936年11月1日)中译出小说《忧郁》,其作者格拉夫(Oskar Maria-Graf)①在中国罕见有人注意。其实这也是一位著名反法西斯战士,为抗议法西斯的焚书逆行,曾发表震惊一时的公开信《焚烧我吧!》。但邵灵芬的这篇译文与作者这一政治立场似无多大关系。

另一位反法西斯作家朗格贺夫(Wolfgang Langhoff,今译朗霍夫)的小说《一列车的柴》,次年由姚思慕译出,发表在《译文》新3卷1期(1937年3月16日)上。

《译文》新3卷2期(1937年4月16日)上还登载同由姚思慕译的反法西斯作家莱昂哈德(Rudolf Leonhard)的小说《厄尔·赫尔堡》。

30年代的中国德语文学译坛,在某种意义上是德国反法西斯文学的汇集地。除上提魏纳特、贝希尔、威尔弗、基希、沃尔夫、格拉夫、朗霍夫和莱昂哈德等人,还有两位可提上一笔。

一位是福克脱凡格(Leon Feuchtwanger,今译福伊希特万格)。1938年,上海前卫书店出版他的小说《忆莫斯科》。译者黄立在译后附上数语,用这句话结束:"一九三三年被德国的纳粹党驱逐出境。"言辞紧凑,译者立场鲜明可见。

另一位是列浦曼(Heinz Liepmann,今译利普曼)。朱雯曾译出他的长篇报告文学《地下火》,部分连载于《文艺新潮》1卷7—9期(1939年4月5日—6月5日)。此译单行本1939年7月由上海万叶书店发行。朱雯在《译后记》中讲述自己在"八一三"炮火中挈妇将雏逃亡,随手带出两本书中有一本恰是《地下火》英译本,以后在逃亡途中时断时续地汉译此书的事。今日读之,恍如隔世。而他文中表露的对"共产党人及其他反法西斯蒂的同志们英勇地奋斗,艰苦地抗争"所产生的敬佩,让人深感一个知识分子以译笔为国尽责的赤诚之心。

当然,就是在政治气氛浓烈的30年代后半期,译者们的目光也并未锁定在战争文学或反法西斯文学上。胡启文译、上海中华书局1937年版

---

① 《中国现代文学期刊目录汇编》(上)(天津人民出版社,1988年)第1551页上,《忧郁》的作者被误作"Novikov Priboy"。

《德国短篇小说选》中所收《洪水》的作者吉斯纳(Salomon Gessner)就是一位瑞士德语田园诗人。张传普则在《文艺月刊》9卷1期(1936年7月1日)上译出德国英雄史诗《希特白朗歌》(今译《希尔德布兰特之歌》)片段。冯至推出里尔克论诗歌、艺术、性爱和谋生之艰难的《给一个青年诗人的十封信》，长沙商务印书馆1938年版。此外，歌德、席勒、施托姆、苏德曼、尼采、施尼茨勒及海涅的作品也多有翻译。这些有单篇介绍，此不絮聒。还有几位德语作家，其作品当时似无汉译，但也以不同的方式，于30年代已受中国报纸、杂志关照。这里择其要者，略陈一二。

比如卡夫卡。一般以为，他在20世纪60年代才被介绍到中国大陆。这大体没错。但倘若细究，可见赵景深此前30多年已独具慧眼，在《小说月报》21卷1号(1930年1月10日)的《最近的德国文坛》中用专节对他详介。兹摘录如下：

> 卡夫加(Franz Kafka)是一个新发现的德国神秘小说家。他在一九二六年六月逝世的时候，德国以外的各国，竟一点也不知道这个消息。就是德国，知道他的人也很少，直到一九二九年，他的两本遗著出版，方才为批评家所称道。大家都叹息着德国文坛又夭折了一个人才。卡夫加是布拉格的军官，他写过许多短篇小说，态度是写实的，但意义是象征的。第一篇亦名为《深思》(Betrachtung)，以后又创作《火夫》(Der Heizer)和《改变》(Die Verwandlung)，后者可与威尔斯的小说以及《女人变狐》相比。后来就出结集《乡间的医生》(Der Landarzt)以及长篇小说《遣戍》(In der Strafkolonie)。写实和幻想，嘲讽和幻影，全部都混在一起。直到一九二九年《城堡》(Das Schloss)出版，他的声名方才稳定。大意是说一个人想进城堡，终于进不去。有人说这是嘲讽政治；又有人说它自有其象征的意义，无须加以解释。
>
> 一九二九年还出版了一本《美国》(Amerika)，大意说一个德国青年罗士满到纽约去看他那因商至富的叔叔。后来罗士满与叔叔不睦，就入了马戏团。他不是一个写实主义者，不过是如此的来描写，使我们读后逐渐忘记了实事，只记得怪想。卡夫加死时只有三十五岁。他还留下了许多手稿不曾刊行。

文中显然有舛误。比如卡夫卡从未参军，死时已年过40，逝世的年份不是1926，而是1924等。但文章还是较翔实地介绍了卡夫卡的主要创作情况。卡夫卡的名字此后在中国文坛上还时有出现。比如赵家璧译《近代德国小说之趋势》一文中,也有"犹太作家考夫加"一节,说他是"一个天才的作家",而且"在广义方面讲,他的作品是最德国的"。[1] 稍后,郑伯奇在他的《德国的新移民文学》[2]一文中,也提到这位"喀夫喀"。尽管如此,卡夫卡作品的汉译,在随后几十年的中国大陆上未出现,诚可叹息。

再如德国新浪漫派小说家胡赫(Ricarda Huch)。《文学》2卷2号(1934年2月1日)上有一补白《德国老女作家许克》讲的就是她,说"她是一个为国民所爱读的作家",并简介其小说《斯泰因》。时隔不久,《文艺月刊》5卷5期(1934年5月1日)"文艺情报"栏目中的《日耳曼现存的一位老女作家》讲的也是她,并称她为"德国现存的女小说家中最伟大的人"。

其他诸如表现主义大师德布林(Alfred Döblin)、哲学家和文艺理论家叔本华(Arthur Schopenhauer)、奥地利名作家布罗赫(Hermann Broch)等都在不同程度上受到中国文坛的关注和赏识。

七　弥散的主题——20世纪40年代的德语文学译介

> 我醒卧并且静听,
> 我知道,时间已晚,
> 我听到外面音乐
> 在稻草之间往返。
>
> 它们所饮的日光,
> 把它们深深激动,
> 所以很久它们还
> 感到光芒之沉重。

这是奥地利作家梅尔(Max Mell)作、顾华译《盛夏之夜》的前两段。

20世纪30年代德语文学的译介,战争文学应该说占了主导地位。进入40年代,虽然雷马克等人的作品继续被译成汉语,但战争文学或反战文学的译介,高潮已过,渐成退势。40年代汉译德语文学,在主题、艺术风

---

[1] 载《现代》5卷2期,1934年6月1日。
[2] 载郑伯奇:《两栖集》,上海良友图书印刷公司,1936年。

格、对作家的选择上,更显出一种弥散性。以上引诗权作一例。

顾华先在《中德学志》2卷1期(1940年4月)上译出史特劳斯(Emil Strauss)的小说《头纱》。史特劳斯的早期创作属自然主义,后转向乡土文学,因支持纳粹建立的"德国文化战斗同盟",曾在法西斯统治时期受宠一时。接着,顾华又在《中德学志》2卷2期(1940年7月)中译成奥地利作家梅尔的抒情诗《盛夏之夜》。梅尔喜取民间题材,眷恋乡村自然,其创作同史特劳斯一样都有疏离现实的倾向。陈原在《文艺生活》1卷1期(1941年9月15日)上译出罗顿贝格(Julius Rodenberg)的小说《别针》。这是一位浪漫主义诗人。绮纹又在《西洋文学》5月号9期(1941年)中推出瑞士德语作家察恩(Ernst Zahn)的小说《雪中》。作品描写阿尔卑斯山中普通人的生活。这些作品均远离德国当时的政治社会环境,也与中国动荡的社会现实无多大关系。

德语儿童文学则一如既往,不受任何干扰地继续在中国流传。柏吉尔(Bruno Hans Bürgel)的科学童话集《乌拉波拉故事集》由顾均正译出,上海开明书店1941年出版,1942年和1947年重版,看来颇受读者青睐。不过此书似乎是为"好作回想的成人"而译,因为代替译序的是一篇《给成人的话》:

> 在文学上,一向有着许多奇异的童话,供儿童阅读。这些童话全都愉快动人,富于想象,并且有时的确还蕴藏着一连串严肃的思想(尤其对于成人)。它们不但得到儿童的欢心,并且就是现在,由于物质文明的增进,使好作回想的成人,也觉得饶有趣味。

译者甚至感叹:"时代已经变了!我们尽管惋惜,但事实既经铸定,也就无法改变回来。"现代社会拉开了人与其本原的距离,而童话能助人亲近自然,抵御物质文明带来的人的异化。这是来自中国40年代初期的人文思考。看来今天后现代主义思潮中重评童话的呼声,并不那么具有先锋性或前瞻性。

就童话作者而言,豪夫(Wilhelm Hauff)显然更加著名。他的童话流传甚广,青主(即廖尚果)曾译有《豪夫童话》,1934年由上海商务印书馆出版。而商章孙当时译出了"郝福"作的中篇小说《艺术桥畔之女丐》,上海正中书局1948年版,讲述一个奇特的爱情故事,与童话无关。

接着,楚图南译出斯威布(Gustav Schwab,今译施瓦布)的《希腊的神话和传说》,1949 年由上海书报联合发行所发行。施瓦布主要是位诗人。应时在他 1914 年的《德诗汉译》中已译过他的诗作《暴雨》。就是这本《希腊的神话和传说》也非属儿童文学,只是今天有被收入儿童文学的趋势。

对德语流亡文学的关心 30 年代已开始。那时有人称之为"移民文学"。郑伯奇 1936 年的《德国的新移民文学》一文可为例证。他这样写道:

> 在希特勒的巨棒之下,进步的作家艺术家思想家和小市民的新犹太人在德国又没有生路了。他们要不肯白白的送命就只得向国外逃命。……有些老作家,像昂里希·莱,像瓦塞尔莱,像得过诺贝尔赏的托马斯·莱,像诗人贝歇尔都不能不神色仓皇地逃出祖国去过寂寞的亡命生活。但,这些文人先生们,虽然在外国吃苦,笔杆子却依然不肯放弃。三三五五地又结合起来,发刊杂志,发表作品。这又形成了一种新的移民文学。①

从以上文字已足见当时中国学界对德国流亡文学作家境遇的关切。40 年代,一些流亡作家的作品继续被译成汉语。其中一位是奥地利流亡作家霍尔发斯(Ödön von Hovarth,今译霍尔法特)。黎烈文曾译出他的小说《第三帝国的兵士》,连载于《现代文艺》1 卷 4—6 期和 2 卷 1—6 期(1940 年 7 月 25 日—1941 年 3 月 25 日)。此译另有上海文化生活出版社 1949 年版的单行本。

更著名的流亡作家是布莱希特(Bertolt Brecht)。天蓝曾译出其剧本《第三帝国的恐怖与灾难》中的片段《告密的人》,载 1941 年 8 月 24 日—26 日的《解放日报》和 1941 年 10 月 13 日—16 日的《新华日报》。戈宝权还译出他的另一短剧《两个面包师》,发表在 1942 年 8 月 6 日的《新华日报》上。② 天蓝和戈宝权的译作还不是布莱希特在中国的首译。他的作品至迟在 30 年代末已传入中国。《宇宙风乙刊》13 期(1939 年 9 月 16 日)的"德国管窥"专栏中,已收有他的《告发者》。上提天蓝的译文很可能是重译。

康多洛维支(Alfred Kantorowicz)声名远在布莱希特之下,但在流亡时期所受苦难绝不亚于他。康多洛维支 1933 年流亡法国,后被抛入集中营,1941 年逃往美国,二战后返德。在他流亡美国的第一年,锡金在高扬

---

① 郑伯奇:《两栖集》,上海良友图书印刷公司,1936 年。上海书店,1987 年影印,第 88 页。
② 参见张黎:《德国文学随笔》,外国文学出版社,1986 年,第 174 页。

等译的《战争与文学》(上海海燕书社,1941年)中译出"康托罗唯兹"的《上西线》。接着,马耳在《文学杂志》1卷2期(1942年2月15日)上重译这篇小说,取名《到西线去》。此译另载于马耳的译文集《情爱》(上海建国书店,1946年版)。译者在《后记》中这样介绍:"A. Kantorowicz 是一个有名的德国新闻记者和小说家,这次大战开始前他流亡在巴黎,现在则不知在何处。"表现出中国文坛对他流亡命运的关注。

西格斯(Anna Seghers)曾在流亡地墨西哥任反法西斯团体海涅俱乐部主席。张芝联在《西洋文学》6月号10期(1941年)上译出的《德国流亡文学》一文,曾介绍她的小说《人头税》(今译《人头悬赏》)和《解脱》(今译《拯救》)等反法西斯小说。前者出版于1933年,后者于1937年问世。1942年,西格斯另一部代表作《第七个十字架》印出,其中第三章即由徐迟译成中文,取名《两逃犯》,刊于1943年11月的《文艺阵地——文阵新辑之一》。次年,徐迟译《第七名逃犯》由桂林学艺出版社出版单行本。

洛克尔(Rudolf Rocker)是一位无法与西格斯并提的作家,德语文学史上几乎没有对他的记载。他更是一个无政府主义者而不是反法西斯主义者。而希特勒政权看来同样不容无政府主义者,故他也于1933年被迫流亡美国。此后数年,巴金译出他的《西班牙的斗争》,有上海平民出版社1938年版。1947年,芒种社出版他的散文著作《萌芽》,春飞据法语转译。使他在中国进一步出名的还是巴金。巴金据英文译出他的散文《六人》,1949年由上海文化生活出版社出版。

海根窦瑙(Carl Hagen-Thurman)的名字就更陌生了。可是周瘦鹃偏偏在其上海大东书局1947年版的《世界名家短篇小说全集》(第二集)中,译出他的小说《孤燕儿》,并作如下译后附记。因其人生平资料现不易查询,故详录如下:

> 海根窦瑙氏,……于一八八七年生于德京柏林,为彼邦小说界后起之秀。初习文学于柏林及格利努白,得间出游英伦苏格兰阿尔奇利诸地,又尝数游阿尔泊斯山,采集文料。欧洲大战时,投笔从军,战于杜洛密蒂,有勇名。战平,解甲归乡,执某高等学校教鞭。氏之著作,自一九〇九年起,多发表于彼邦重要之新闻纸中。尝刊行《梅拉》,《远光》二说部与剧本一种。此篇英名 Atlas,大意甚佳,而侧重于科学。瘦鹃加以窜改,则侧重于情爱,其结果亦为瘦鹃所改者,原著并不如此,特此声明,兼以谢海根窦瑙氏。

详录这段译后附记,其实不仅仅因为这位德国作家极少见人提起,而且还由于译者在此袒露的"翻译"方式。这里不啻有"侧重于情爱"的"窜改",还有对作品结尾的变动。民国时期的"翻译"技法或观念,这里管中窥豹,可见一斑。

也是1947年,正风出版社推出林凡译德语诗歌集,书名是《春情曲》,除了收有歌德、席勒和海涅等人的作品外,另有两位德语诗人及其诗作,似为首译。他们是:郭欧尔格(Stefan George,今译格奥尔格)及其《岛主》《断片》《爱之篇(1)》和《爱之篇(2)》;波姆(Jocob Böhme)及其《怖》和《爱的颂歌(1—4)》。另外,《诗》月刊1卷2号(1922年2月15日)中出现过的蒙贝尔特,此处也以《短歌》和《睡梦中他们带着我》两首诗再次与中国读者见面。虽然身处乱世,林凡选诗译诗,毫无亢奋骚动之迹,因为他着眼的是艺术品位而非政治功能。他在《译者题记》中这么说:

> 选入的诗多半是抒情诗,而着重的则是那些能启示新的表达方法,新的写诗角度的作品,因为它们可以教给我们一些新的技巧,开展我们诗的境界,使我们从旧的狭窄中解放出来。

林凡此译还由美学家宗白华校对,可见译事也相当认真。

由洛克尔引出的话题在此告一段落。再回到德国的流亡文学。在希特勒法西斯当政期间,尚有一部分进步作家留在国内,被称为"内心流亡作家"。法拉达(Hans Fallada)是其中一位。就在他由于抵制法西斯而被关押的1944年,其小说《就业记》由大文译出,刊登在《艺文杂谈》2卷10期(1944年10月1日)上。这可以说是中国文坛对他最好的声援。这篇译文的《译者附注》中说:"发氏出身于下层阶级,备尝生活之艰辛,于一九三二年方以一部小说 Kleiner, was nun 而一举成名,其作风有人名之曰新自然主义,是篇所述,盖即战后经济恐慌时代氏生活之一斑也。"以上附注中以德语原文述及的小说汉译为《小人物,怎么办?》,其实已在《文学》2卷1号(1934年1月1日)的补白《德国的失业小说》中得到介绍,说:"此书在德国被称为第二部《西线无战事》","作者把苦于经济恐慌的德国中产阶级的机构与生活,毫不夸张地展示在读者眼前,读之颇有实感。"此书的汉译是中华人民共和国成立以后的事。

卡罗莎(Hans Carossa)同属所谓内心流亡作家。郁达夫1940年5月26日写下的《谈翻译及其他》一文中,有"譬如德国的……汉司·加罗撒的作品"①语。这里的"加罗撒"即是这位卡罗莎。其作品汉译者当时主要为姚可昆。姚先在《民族文学》1卷2期(1943年8月7日)中译出卡罗莎的小说《麦耶尔牧师》,随后在《新文学》1卷3期(1944年2月1日)上译成他的随笔《在东战线》,接着又译完其长篇小说《引导和同伴》,1944年4月由桂林开明书店出版。此译的《译者序》写得如同原作者本人的风格,不温不火,心平气和,又文意隽永,颇值称道:

> 在德国现代的文学界里,自从里尔克和盖欧尔格先生先后死去,托马斯·曼流亡国外后,卡罗莎以他深沉而谦虚的努力渐渐固定了他所应得的地位——变乱时代里一个最纯洁,最真实的诗人。……那时一部分喊得最热闹的声音都随着时代不知道消逝到哪里去了,而卡罗莎却不知不觉地达到一个境地,一些忠于艺术,忠于人生的人都爱他,敬他,他成为这些人彷徨苦闷时的安慰者和指路人。

译者在那样一个腥风血雨的动乱年代,强调卡罗莎忠于艺术、附和时势的立场,显然表现出自己的另一种价值取向和艺术趣味。

两年后,姚可昆在《世界文学季刊》1卷2期(1946年)上另译出宾丁(Rudolf Georg Binding)的小说《牺牲》,并在《译者附记》中这样赞赏原作者:"他在他的小说里……表示出人类的崇高与伟大,正直与真实,骄傲与自由。"译者此处以对崇高人性的强调,同样与现实保持一定的间隙。实际上,宾丁的作品与卡罗莎很有相似处,即都注重艺术形式的完美无缺。季羡林在其《现代德国文学的动向》(《文艺复兴》3卷3期,1947年5月1日)一文中就这点把他们两人"相提并论",不无道理。不过,不知当时译者或评家是否知道,卡罗莎曾迫于压力,出任纳粹组织的"欧洲作家协会"主席,而宾丁则因其作品与法西斯意识形态的某种一致,多次受到纳粹政权的嘉奖。可见,真要同时事政治划清界限,对任何一个作家来讲,均非易事;此外,即使在烽火连天、兵燹不断的年月,对纯艺术的追求和对永恒人性的企望,也从来不会停止。这在德语文学汉译史中也得到映现。

---

① 今见载于《郁达夫译文集》,浙江文艺出版社,1984年。

第二章

一 战歌作者阿恩特

王韬译德诗《祖国歌》，1873年一经发表，不胫而走，此后百年录者甚众。转录者之一为蔡锷。

叙谈王韬，通常不会扯上蔡锷。两人一文一武，气禀学养又大不相同，且一为晚清名人，一为民国斗士。恐怕也就是这首德诗《祖国歌》使他们"有缘相会"。

蔡锷（1882—1916），讨伐袁世凯的护国军总司令，一代名将。任诞放达，有当年同小凤仙的轶事为例；亦擅笔墨，有他为民国初年《天南新报》的亲笔题字可证。不过那是"大狮子吼"[①]四字，凛凛生气，掷地有声，尽显其大将军本色。未曾想谈德语文学在中国的流传史，也绕不过他。1902年，他在《新民丛报》11号署名"奋翮生"的《军国民篇》中，痛感中国缺少国魂，因而屡遭外侮，全文转录王韬译的《祖国歌》，称其为德国国魂之所在："吾读其《祖国歌》，不禁魂为之夺，神为之往也。德意志之国魂其在斯乎。其在斯乎，今为录之，愿吾国民一读之。"引完全诗，他还进行音韵鉴赏："音节高古，读之足使人有立马千仞之概。"好个"音节高古"、"立马千仞"，一代骁将品读此诗时被引发的跃马横刀之昂然豪气，实有沛然莫遏之势。

王韬译诗，衬有一系列丧权辱国条约后国土沦丧、民生凋敝的时局。蔡锷录诗，则有1900年八国联军占天津、破北京的浩劫的背景。那时，侵略者在中国烧杀淫掠，无所不为，有黄遵宪"可怜一炬或焦土，留与东京说梦华"为证。紧接着的《辛丑条约》，更让举国震惊，莫此为甚。洗尽国耻，先塑国魂。德意志当为中国效法，此乃蔡锷录诗本意。

转录《祖国歌》的《新民丛报》1902年创刊于日本横滨，但在国内十多个主要省市有销售处，是这一时期改良派最主要的舆论工具。此报名义

[①] 参见方汉奇：《中国近代报刊史》，山西教育出版社，1981年，第696页。

发行人冯紫珊,实际主编和主要撰稿人即是 1898 年 9 月戊戌变法失败后逃亡日本的梁启超。关于此报宗旨,梁在 1902 年的《三十自述》中说:"惟于今春为《新民丛报》……述其所学所怀抱者,以质于当世达人志士,冀以为中国国民遒铎之一助。"①1900 年,自立军起兵失败后,蔡锷步师后尘,赴日留学,同"以为中国国民遒劲"为己任的他撰文相助,当属自然。十多年后梁启超策动反袁,业已归国的蔡锷潜出北京,率其部属,与袁军激战于四川泸州。两人再度合作,只是蔡锷笔杆换枪,大显其兼有文事武备之英雄本色。

蔡锷 1916 年不幸病殁日本。而陈独秀以其如椽之笔,次年在《新青年》2 卷 6 号的《文学革命论》中作出传世的激狂之语:

桂特,赫卜特曼,狄铿士,王尔德者乎。有不顾迂儒之毁誉,明目张胆以与十八妖魔宣战者乎? 予愿拖四十二生的大炮,为之前驱!

陈独秀这里大力推举的六位欧美作家中,两位是德国人。桂特即歌德,赫卜特曼今译豪普特曼。揆彼时人们对外国文学的认识,比例不可谓不大,再次为中德文化交流史留下重墨一笔。

王韬译《祖国歌》,晚清和民国时期,除上及蔡锷《军国民篇》中的抄录,至少还有 1904 年 4 月上海作新社《教育必用学生歌》和刊于《小说世界》14 卷 15 期(1926 年 10 月 8 日)《世界各国国歌译意》中的转引。目睹丧乱,饱经灾难,引诗自然寄托着志士仁人借法异域,拯世济物的心愿。中华人民共和国成立以后,1961 年阿英编《晚清文学丛钞·域外文学译文卷》,1984 年马祖毅《中国翻译简史》,1998 年郭延礼《中国近代翻译文学概论》中,此诗不断再现。再录此诗,人们品味的显然已非诗中那慷慨气势、铿锵音韵,而是其翻译文学史之特殊地位。换言之,以前对此诗政治社会功能和艺术感染力的激赏,使人无暇细究此诗原作者的姓名,今天学术研究寻幽探佚的本心,把这个曾被挤到边缘的问题拉回讨论中心。此诗原作者是为何人? 王韬和蔡锷对此诗作者未及一字。但梁启超似乎知底,在《饮冰室诗话》中论及《普法战纪》中包括《祖国歌》在内的两首译诗时说:"皆彼中名家之作",但未揭秘。阿英转录此诗时,仅署"德人著"。马祖毅的注解为:"此歌为德国人作,但不知是何人。"郭延礼在其

---

① 引自葛懋春、蒋俊编选:《梁启超哲学思想论文选》,北京大学出版社,1984 年,第 501 页。

《中西文化碰撞与近代文学》中索性称其为"德国无名氏"①作。此乃错断。此前多年已有学者发现,此诗原作者为德国诗人阿恩特(Ernst Moritz Arndt)。②而且,确如梁启超所言,这是一位"彼中名家"。

阿恩特生于吕根岛一个后被解放的家奴家庭。自小聪颖勤奋,完成神学和历史学学业后,先当家庭教师,后用近两年的时间,徒步游历德、奥、匈、法、比等国。跋涉在由拿破仑征战造成的秋风断壁、残阳废堡之间,抚摸着德意志大地上的累累伤痕,他心灵震颤,哀情顿生,最后生发出一股澎湃的爱国激情。他慷慨陈词,不断表示对法国侵略的愤懑。为逃避拿破仑的迫害,1806 年还曾到瑞典避难。但宣扬民族自由与解放的篇什不辍。1812 年,刚放弃大学教授席位的他,作为普鲁士改革派政治家施泰因的私人秘书,赶去彼得堡,为普鲁士反法起义做准备,次年随军返德。王韬译《祖国歌》(原名直译为《德意志祖国》)就在这年发表。这首意气风发的爱国战歌经作曲家古斯塔夫·莱希哈特谱曲后,在德意志土地上到处飞扬,广为传唱,在德意志反对侵略和争取自由的年代里,散发出动人心魄的艺术魅力。

阿恩特与此诗的关系,虽然百年多来被掩埋在幽秘深处,渺不可寻。但阿恩特本人,即使在晚清和民国时期,已绝非无名之辈。这是学界始料未及的。

较早注视并详述他的,不是旁人,而是文坛巨匠鲁迅。他在《摩罗诗力说》(1907)中写道:

> 千八百有六年八月,拿破仑大挫普鲁士军。翌年七月,普鲁士乞和,为从属之国。然其时德之民族,虽遭败亡之窘辱,而古之精神光耀,固尚保有而未隳。于是有爱伦德(E. M. Arndt)者出,著《时代精神篇》(Geist der Zeit),以伟大壮丽之笔,宣独立自繇之音,国人得之,敌忾之心大炽;已而为敌觉察,探索极严,乃走瑞士。③递千八百十二年,拿破仑挫于墨斯科之酷寒大火,……翌年,普鲁士帝威廉三世乃下令召国民成军,……爱伦德亦归,著《国民军者何》暨《莱因为德国大川特非其界》二篇,以鼓青年之意气。

经鲁迅品评的德语作家前后有十多位。阿恩特不属于他着墨最多者

---

① 郭延礼:《中西文化碰撞与近代文学》,山东教育出版社,1999 年,第 136 页。
② 参见卫茂平:《王韬译〈祖国歌〉原作者的发现及其他》,载《中华读书报》(2001 年 3 月 21 日)。
③ 此处"瑞士"应为"瑞典"之误。

之一，但也不是偶及的一人。以上引文，行文虽简，但涵盖内容不少，既交代出阿恩特的创作背景及半部生平史，也以"然其时德之民族，虽遭败亡之窘辱，而古之精神光耀，因尚保有而未隳"之语，道出他所代表的一代中国文人对德意志民族强悍骁勇之性格的赏识。另外，鲁迅的推许，也掺和着他对自身创作宗旨的自觉，有"鼓青年之意气"的用意。与王韬也好，蔡锷也罢，实为殊途同归。

《摩罗诗力说》1907年撰成。正是在这年，秋瑾准备起义，事泄被杀；上海一学校组织演出新剧《黑龙江》，反对沙俄侵略；春阳社则上演此前已燃起中国读者反帝热情的《黑奴吁天录》。这也正是阿恩特在中国亮其真身时中国社会阴晦沉重而又显露希望的情境。四年之后，希望的火花燃成熊烈大火。武昌起义的枪炮声呼啸而起，四方响应，八方汇合，中国几千年的封建王朝，犹如一艘千疮百孔的艨艟巨轮，几乎连呜咽挣扎的机会都没有，骤然倾覆。但随后崛起的中华民国，从诞生之日起就先天不足。军阀混战和外来侵略，愈演愈烈，使阿恩特及其争自由、求解放的战歌，从未失其强劲的现实风采，并为我们留下了在民国时期受重视的些许记录。

仲云作《读近代文学》(《小说月报》15卷1号，1924年1月1日)是日本伊达源一朗编《近代文学》一书的"读书录"。文章第五节谈及3位德国的"爱国诗人"。其一是"冠奈尔"（今译克尔纳），其二即是"亚尔德"（即阿恩特）。而郑振铎在其《文学大纲·十九世纪的德国文学》(《小说月报》17卷9号，1926年9月10日)中同样述及3位德国的爱国诗人，第一位是"柯纳"（即克尔纳），第二位是"亚伦特"（即阿恩特），但说"他们的诗颇有影响于当时，却都不是很高的诗才"。郑振铎着眼的显然是其作品的艺术水准，而非社会功能。

不管怎样，就如此吝啬的笔墨看，阿恩特仅是由于某些参考资料，偶尔映入他们视界的一位德国作家。想来落笔之后，樊仲云和郑振铎都不会对他留有多少记忆。

阿恩特在汉译德语文学史上，一路磨磨蹭蹭，直到日本帝国主义的枪炮在中国大地到处肆虐、大开杀戒的30年代，才确露峥嵘，显其鲁迅张扬过的战斗本色。1934年7月1日，《文艺月刊》6卷1期登出侯佩尹作《德国的两个爱国诗人》一文，介绍的也是樊仲云和郑振铎所及的两位德国诗人。但次序有变，"昂德"（即阿恩特）在前，"柯尔奈"（即克尔纳）在后。

他以为，各国文学中均有爱国诗人出现，但德国文学尤甚："像德国爱国诗人那样的竭一生精力,歌咏忠忱,那样的整个集子,表现爱国思想,实在是不多见。"所以他觉得,讲德语文学史,一定要留出篇幅,专述这些爱国诗人的著作,"这是日耳曼民族的光荣,是德国诗人的超卓,也是德语文学史特别可以骄傲的地方"。"那些伟大爱国诗人当中,当以昂德……同柯尔奈……两人为最。"在这篇长文中,侯佩尹首先介绍阿恩特1812年作的《爱国歌》,并全文译出。其首段为:

> 上帝绝不愿有奴隶所以才产生铁;
> 上帝也曾把刀剑长矛交付在人的手内,
> 上帝也曾给与人勇敢的猛志,
> 同那自由言论的奋激,
> 为的人正在挺进战争,
> 一直到流血,一直到死。

诗歌全部6段。这激奋的声音当年也许真的在德意志土地上越过古堡森林,传遍厮杀的每寸疆土。于是士兵们夺回了被占的家乡,创造出胜利的伟绩。至少侯佩尹作如是观:"字字有力,句句有力,难怪当时真个把德国人的情性振起,有如闻声景从,视死如归的盛况。"

文章另译出阿恩特的《莱柏齐格之战》这首"也是震天地泣鬼神的杰作",同为6段,并在译后评价:

> 这首诗故设为一个平民同一个刚从战场回来的壮士的问答,描写出为祖国牺牲,为国忘家的忠心壮士们的气概,全数奋勇赴义,取得最后胜利的光荣,末尾复由问者感谢那壮士的雄谈启发,愿复死的人,永远歌颂死难的先烈,步伍他们的后尘,为国效忠。

寥寥数语中,用了一连串"为祖国牺牲""为国忘家""为国效忠"等译文中未曾有过的字眼,译者本人的体味或解读明晰可见。

诠释未完,侯佩尹想起唐人陈陶的《陇西行》绝句:"誓扫匈奴不顾身,五千貂锦丧胡尘;可怜无定河边骨,犹是春闺梦里人。"两诗相比,他以为前者"雄壮迈发",后者"凄苦黯淡"。原因一是"民族思想的不同",二是"时代的相差",再就是体裁的关系。因为"一首廿八字的绝句,本来容纳不下许多意思,很难做到问答长歌那样一层深一层的洋洋洒洒"。此言信夫。最后他试用《莱柏齐格之战》来改造《陇西行》,以一扫后者的"摇曳宛转"和"闺人忆远的伤心"。前两句不变,后两句改为:"甘心战死留忠骨,一任春闺梦远人。"他还猜度古人,说:"陈陶有知,也许要点头报可呢。"其实未必。最起码原作"河边骨"和"梦里人"之间的肌理意脉在改作中已无从寻觅,更不用说汉诗中四声字音所含之情感指向和内含意蕴丢失难寻。陈陶有知,未必点头。不管怎样,这次改作不失为德国文学在中国流传史上的一桩趣例。

阿恩特再次得到译介,是在上海商务印书馆1939年版《英法德美军歌选》一书中。负责此书《德国之部》的商章孙在《德国战歌概论》一章中共介绍了4位德国爱国诗人,首提的也是"扬恩德"(即阿恩特),并对他推赏如下:

> 扬恩德是自由战争时代内最慷慨激昂的一个作家。他本人游历过德国同欧洲其他国家许多地方,所以非常熟悉人民的心理。他不喜欢拿词藻来修饰他的诗歌,天真、朴实、活泼、热烈、雄壮——这几点是他作品的特色。每一个字,每一个句子,没有不颤动人的心弦,而发出一种壮烈的情绪。他喜善用问话式问答体裁,运用一切韵文的技术,写出心中的感触,要把一腔热血灌注于复仇雪耻这个惟一的目标,并且要把这种精神灌注到每个人的心灵中。他的诗歌不尚文饰,容易歌唱,因此是当时最受人民欢迎的一个爱国诗人。

商章孙也许是迄至此时中国阿恩特译介者中唯一的一位日耳曼学家,值得格外关注。他在评述阿恩特时,除了自己书中移译的《战歌》,仅及阿恩特另外两首诗,一是《祖国歌》,二为《莱布锡克会战》。而这恰恰是侯佩尹文章中译过的两首诗,只不过商章孙译名有变。尤其是第一首,商章孙取直译而弃意译,仅此一项就划清了传统日耳曼学家同非日耳曼学家在翻译方法上的楚河汉界。另外,侯文仅为《莱柏齐格之战》附上诗题德语原文,《爱国歌》则没有,造成某种失衡。商章孙则不然。他仔仔细细,既为《莱布锡克会战》添上德语原诗题目,也为《祖国歌》补上德语原文。从旁推测,他了解侯文及其译文,在试作补救。否则这种合拍颇难解释。商章孙在这本《英法德美军歌选》中译出的唯一一首阿恩特诗是《战歌》。兹引首段,权当尝鼎之助:

> 从军去!从军去!
> 天生吾侪大丈夫,
> 从军去,大丈夫,向前冲!
> 号角喇叭齐声鸣,

> 确堡狂飙涌汹汹,
> 杀声惟有争自由!

30年代的中国,先是东北沦陷,后接"卢沟桥事变",侵略军长驱直入,中国大地笼罩在一片肃杀的兵气和浓烈的战云中。戎马生涯的将士驰援前线,拼杀贼寇,卫国保家;笔墨在手的文人展纸疾书,激励民众,昂扬斗志。他们同样留给后人一段值得追忆的历史,一段与德国战歌绑在一起的历史。

二 文豪歌德

（一）如果说有哪一位德国作家,其作品汉译数量在中国的德语作家中冠绝群流,那只能是歌德(Johann Wolfgang von Goethe)。歌德美名何时远播中国,学界说法不一。阿英曾就自己掌握的资料说:"歌德介绍到中国,最早是在光绪二十九年(1903)",因为这年上海作新社译印了《德意志文豪六大家列传》,其中有《可特传》一篇。① 今天另有学者说:"最早见于1906年11月6日出版的《新译介》1号刊登的《德国大文豪歌德》的照片。"②实非如此。除去此书以及李凤苞的日记记载外,歌德的名字最迟19世纪末已在中国的出版物中出现。1898年,上海别发洋行出版晚清名人辜鸿铭的《论语》英译,其副标题就是《引用歌德及其他作家举例说明的独特译文》。书中辜鸿铭或译引歌德小说,或附歌德诗歌原文,颇有以德人歌德注中国孔子之势。另外,马君武1903年3月27日的《论中国国民道德颓落之原因及其救治方法》③中也早已提到"苟尔特"。王国维1904年的《红楼梦评论》中也述及"格代"。说到照片,《新小说》第14号(1905年3月)上也以《欧洲大诗人》为题,登载了"德国人哥地"的图片。这些都早于1903年或1906年。至于谁"第一个将歌德作品译成中文的",阿英在其《关于歌德作品初期的中译》中以为是马君武。他说:

---

① 阿英:《关于歌德作品初期的中译》,载《人民日报》,1957年4月22日。此处引自阿英:《阿英文集》,三联书店,1981年,第754页。
② 王锦厚:《五四新文学与外国文学》,四川大学出版社,1996年,第628页。
③ 原载《新民丛报》28号。可参见莫世祥编:《马君武集》,华中师范大学出版社,1991年,第131页。

> 歌德作品的翻译始于名诗人马和（君武）。在光绪二十八至二十九年（一九〇二—一九〇三）间，他……也译过贵推《少年维特之烦恼》里的一节诗文，题作《阿明临海岸哭女诗》。

此说一般被人认同，①但有两个疑点。第一，什么叫作"始于"？倘若没有译文篇幅或规模的限定，那么，王国维在其1904年发表在《教育世界》76—78、80—81号上的《〈红楼梦〉评论》中已译有歌德诗句："凡人生中足以使人悲者，于美术中则吾人乐而观之。"辜鸿铭也在其1910年出版的《张文襄幕府纪闻》中汉译出《浮士德》中的诗句："不趋不停，譬如星辰，近德修业，力行近仁。"第二，如果这个"始于"限指较完整的译文或至少是整首诗的翻译，由于王国维和辜鸿铭的译文被排除在外，那么还可以追问，没正式发表、亦即没有同读者见面的译文是否具有翻译史上"首译"的意义？因为，马君武的译文依其本人记录，完成于1902年至1903年间，但正式发表在1914年6月由上海文明书局印行的《马君武诗稿》中。而这事实上已非首译。1914年1月，应时的《德诗汉译》已由浙江印刷公司印行，内收歌德名诗《鬼王》。由此看来，说是马君武"第一个将歌德作品译成中文的"，值得商榷。

越3年，亦即到了1917年，上海中华书局推出周瘦鹃译《欧美名家短篇小说丛刻》，其中有歌德小说《驯狮》。此后，歌德作品的汉译以郭沫若的介入为起点，开始了为人瞩目的新阶段。就在五四运动爆发的1919年，郭沫若在《时事新报·学灯》增刊（1919年10月10日）上译出了《浮士德》第一部的一段开场白。1920年，仲辉译成短篇小说《杉》，发表在《小说月报》11卷4号上。② 更为热闹的是歌德诗歌的汉译。性天译《对月》《游客夜歌》以及许震寰译《所得》（今译《发现》）于1921年11月1日在《时事新报·文学旬刊》18号上登出。《对月》把歌德对施泰因夫人的爱与对大自然的美妙感受融于一处，正如译者所说，这首诗"是他［歌德］抒情诗中的第一首佳作"。而《游客夜歌》更是歌德诗中公认的绝唱。③就是《所得》一诗，同为诗人献给他所爱之人的上乘之作。它们一开始就

---

① 杨武能在《歌德与中国》（三联书店，1991年，第97页）一书中也说："第一个将歌德的作品译成中文的，是……马君武"。
② 笔者未见此译原文。
③ 梁宗岱曾在其30年代写的《诗与真·诗与真二集》中对此诗作了出色的诠释（可参见外国文学出版社，1984年版）。

显示出歌德抒情诗的选材及艺术特点。

耿式之则把目光投向歌德的叙事诗,在《文学旬刊》57 期(1922 年 12 月 1 日)中发表译诗《贵人底侍者与磨坊女》(今译《侍童和磨坊姑娘》)。次年,孙铭传以《歌德五首》为题,译成《湖上》《山上》(今译《下山》)、《少年与磨坊之流》(今译《单身青年和磨坊小溪》)、《牧羊人的悲哀》(今译《牧童哀歌》)和《不同的恐惧》(今译《喊叫》),也刊于《文学旬刊》67 期(1923 年 3 月 11 日)上,几乎占满报纸的整整一个版面,颇具气势。

不过,至此为止,歌德仅是在中国得到译介的众多德语作家中并不十分引人注目的一个。真正使他一鸣惊人的是郭沫若译《少年维特之烦恼》,1922 年由上海泰东书局出版。此后十余年间,此译由不同的出版社重印数十次,并且引出多种重译。其中有黄鲁不(上海创造社,1928 年)、罗牧(上海北新书局,1931 年)、傅绍光(上海世界书局,1931 年)、达观生(上海世界书局,1932 年)和钱天佑(上海启明书局,1936 年)的译本,以及陈叕(上海中学生书局,1934 年)和杨逸声(上海文通图书社,1938 年)的编译本。另有曹雪松泰东图书局 1928 年版的同名剧本。

随着《维特》的走红,对歌德另一部代表作《浮士德》的译介继续展开。1922 年,中国第一代革命家张闻天在《东方杂志》19 卷 15、17—18 号上连发长文《歌德的浮士德》,文附该剧第一部的最后一场《监狱》。他为此添注:"文字的动人,为全书冠,我不能说,只好把它译下来了"(19 卷 17 号,第 58 页)。4 年后,亦即 1926 年,上海创造社出版部终于出版郭沫若多年前已译就、因为被耗子咬坏而不得不重新补译成的《浮士德》第一部。这引出了周学普的全译本,1935 年由上海商务印书馆出版。周学普在译序中透露,他译此书,"只因一九三二年在浙江大学任课,受了畏友钟敬文兄热心激励",出于何种考虑,促成此译,钟敬文在此译《钟序》中曾作如下说明:

> 现在,世界各国底文坛,正像各国底商场一样,日益强度地国际化了。特别是我们中国,她二十年来所表现的现象,很证明了这种趋势底存在。……现在,哥德底这不朽的杰作《浮士德》,已由力学的周君,全部地介绍到中国来。我以为,这不仅于国家文化的体面上,有着相当的意义而已,在我们这基础还很薄的文坛上,她无疑是将致来了那坚实的文化之果的。

引文要点有三:一、文学与经济一样已国际化,交流乃必然趋势;二、翻译外国名著事关一国的"体面";三、这有助于本国文学的发展。尤其是第一点,讲的就是我们今天才耳熟能详的经济全球化对文学的影响问题。钟敬文先生半个多世纪前已有此洞见,令人感佩。

有趣的是,周译"第一部间也参考郭氏中译本",①而郭沫若在为自己《浮士德》第二部写的"译后记"(1947年5月)中也坦言:"中文译本有周学普氏的一种,我更彻底地利用过。因为周氏译本上的空白很多,我的译本就直接写在他的书上,这样节省了我抄写许多人名和相同词汇的麻烦。"②两部汉译,互借互益,而且译者都坦然告示天下,当为译坛佳话。除上述译本,张鹤群也译过《浮士德》第一部中的《夜》,发表在陈旭轮编《世界历代文学类选》(上海世界书局,1930年)一书中。译文前置有简述全剧内容的《说明》,《说明》的最后一句是:"全剧将由编者译为骚体,不久可与读者见面。"此译连同这段《说明》5年后原封不动地被收入方壁等著《西洋文学讲座》(上海世界书局,1935年)中,但未见允诺的兑现。另外,美学家伍蠡甫也写过一部《浮士德》故事梗概,1934年由上海新生命书局出版。这都面世于周学普全译本出版之前,对《浮士德》在中国的流传来讲,起了很好的烘托作用。到了40年代,尽管中文全译已经在案,一些片段的编译或重译依然不辍。刘盛亚编译的《浮士德》(四幕名剧)1942年由重庆文风书店出版。梁宗岱译的《浮士德》片段分载于《时与潮文艺》5卷5期(1946年5月15日),《宇宙风》146—152期(1947年1月1日—8月10日),他的《浮士德悲剧选译》则发表在《文学杂志》2卷7期(1947年12月)中。

不过,就歌德剧作汉译来讲,《浮士德》并未一统天下。歌德的其他剧作实际上几乎同时都被介绍到中国。1925年和1926年,上海商务印书馆先后出版汤元吉译的《史推拉》(今译《丝苔拉》)和《克拉维歌》,1929年又推出胡仁源译《哀格蒙特》,1935年则出版周学普译的《铁手骑士葛兹》。歌德的另一部剧本《兄妹》则在早些时候由俞敦培和谢维耀联手译出,1926年连载于《小说世界》13卷20—21期(1926年5月14日—5月21日)上。③

---

① 参见周学普译:《浮士德》,上海商务印书馆,1935年,第37页。
② 郭沫若译《浮士德》中附《第二部译后记》。此处引自郭沫若译:《浮士德》,人民文学出版社,1983年版,第387页。
③ 据数种史料索引记载,尚有歌德著、肖石君译的《昆漾斐拉德尔的姐妹》一剧,刊登在《新月》2卷1号(1929年3月10日)上。该索引有误。著者实为法国作家维利耶·德·利尔·阿达姆。此剧起首有一序引:"光……歌德临终语——原著者。"看来这是编目错误的缘起。《新月》目录的这个错误至迟到《中国现代文学期刊目录汇编》(天津人民出版社,1988年,第890页)未被纠正。

马君武译《米丽容歌》发表时,似未注明此诗又是歌德小说《威廉·迈斯特》的一部分。1932年,借"歌德百年祭纪念",上海现代书局出版余文炳译《迷娘》,译序中则注明:"迷娘,是从歌德的大著威廉·迈斯特的修业时代中,关于少女迷娘的故事选集而成的。"小说的另一节译次年由上海黎明书局出版,译者伍蠡甫,译名直指小说本身,为《威廉的修业时代》。1935年的《世界文学》1卷5期上曾有此译广告:"这是歌德的一部长篇小说,主人翁威廉的旅行和修业都是描写人生的历程,本书虽是节译本,但原书大意完全抓住无遗。"1936年,上海商务印书馆出版另一英汉对照本《维廉迈斯特》,由伍光建译自《威廉·迈斯特的学习时代》。译者撰《作者传略》中说明:"今择译前半部里头的一篇名'一个女圣贤的自状'",显然指原书上部第六卷"一位淑女的自白"。以上三书均为《威廉·迈斯特的学习时代》的不同节译。而重庆群益出版社1944年版、刘盛亚译的《少年迷》,应为歌德《威廉·迈斯特的漫游时代》的汉译。歌德长篇小说中首次真正被完整地译成汉语的作品,该是《亲和力》,译者杨丙辰,长沙商务印书馆1941年版。

随着歌德作品流传加速,人们了解作家本人的兴趣增强,张京生译、上海世界书局1930年版的《歌德自传》应运而生。但这也是个节译本。1929年写于巴黎的《译者导言》注明,此书仅译原作中《诗与事实》一章。全译本《歌德自传——诗与真》①1936年和1937年由上海生活书店分上、下两册推出。在作于1936年的译序中,译者刘思慕强调自己不在歌德逝世百年祭"凑热闹","而在歌德崇拜的狂热已渐冷却的时候,把歌德自传译出来",是因为"这个伟大的诗人的价值不是百年的,而是千万年的,不朽的"。② 文字既显出译者不喜从众的清高,又表达了译者对歌德极高的评价。

同属歌德研究重要资料的还有爱克曼录《歌德谈话录》。《新月》2卷8期(1929年10月)上曾有梁实秋的《歌德与中国小说》。不知就里,很可能视其为一篇论文,实为《歌德谈话录》中1827年1月31

---

① 关于此书译名,学界有过不同意见。魏以新在其《歌德的生平及其著作》(载《新时代》2卷2/3期,1932年3月)中改译书名为《我的生平——虚构与实录》,并且加注:"按此书多半被译《诗歌与真理》或《理想与事实》等相似名辞,均与原意相违,兹不避生硬,将这部'半真半假'的自传名,试译如上。"
② 刘思慕译:《歌德自传——诗与真》,人民文学出版社,1983年,第1页。

日谈话的一段译文,①牵涉到中国文学及世界文学的概念。只不过译文后添有两句评语。疑为《歌德谈话录》首次较完整节译的一种。② 张月超的译文篇幅更大,他选译的《歌德的谈话》发表在《中国文学》1 卷 2 期上(1934 年 3 月 1 日)。更详尽的选译出自黄源笔下,他的《哥德谈话录》译文从 1934 年 12 月起连载于《世界文学》创刊号以下多期上。③ 集大成者应为周学普译《哥德谈话录》,上海商务印书馆 1937 年版。这是译者周学普继《浮士德》和《铁手骑士葛兹》后,"因兴味上的关联",④对中国读书界了解歌德的又一贡献。但此书所据的原文本身就是一个删节本,留下些许遗憾。

歌德叙事作品体裁丰富,除了中短篇小说、长篇小说和自传等以外,还创作了一些艺术童话。这些作品今天已被淹没在他的众多被重复出版的代表作中,民国时期却还风光一时。1926 年,上海商务印书馆配图出版他的《狐之神通》,译述者君朔,即是上提 1936 年译成《维廉迈斯特》的伍光建。原著为叙事长诗,名《列那狐》,汉译本改为故事。1945 年,成都东方书社推出李长之译《歌德童话》,内收《新的巴黎王子的故事》(今译《新柏里斯》)和《新的鱼人梅露心的故事》(今译《新美露西那》),由丰子恺插图。1949 年初,香港智源书局也曾印行胡仲持译的配图本《女性和童话》,内收童话《带灯的人》。

当然,歌德首先是诗人,其最初较完整地被译成汉语的作品也是诗,而汉译者开始往往也是诗人。就影响力而言,首推郭沫若。继应时、马君武、王光祈、唐性天、许震寰和耿式之等人之后,他在《创造周报》1 号(1923 年 5 月 13 日)上译出《迷娘》,接着在《洪水》1 卷 3 期(1925 年 10 月 16 日)中节译《弹琴者之歌》。上海创造社 1927 年还出过一部郭沫若主译的《德国诗选》,收德诗汉译计 22 首,歌德诗占一半以上,计 14 篇。

其次是冯至。学生时代他已在《文艺周刊》18 期(1924 年 1 月 16 日)

---

① 偶见胡从经著《中国小说史学史长编》(上海文艺出版社,1998 年版,第 59 页)就把梁实秋的《歌德与中国小说》同方重《十八世纪的英国文学与中国》等文章一起归入中国学者的研究论文行列。可见单从篇名甄别当时有些文章性质的困难。
② 《清华文艺》(1926 年 6 月 5 日,无期刊号)载唐得源译述的《哥德文艺思想的断片》,大体也出自《歌德谈话录》。
③ 笔者仅见 1 卷 1、2、3、5、6 期上的译文。未完。
④ 引自周学普:《译者序》,载爱克尔曼著、周学普译《哥德谈话录》,上海教育出版社,2000 年版,第 2 页。

上译出歌德的诗《箜篌引》(即《弹竖琴者》)和《迷娘》,接着在此刊 31 期 (1924 年 4 月 29 日)上重译"Erkönig"(即《魔王》)。冯至早年的另一篇歌德诗汉译《掘宝者》,1926 年发表在他参与创办的《沉钟》第 5 期(10 月 10 日)上。留德回国后,他重执译笔,在《新诗》第 5 期(1937 年 2 月 10 日)上译成《玛利浴场哀歌》,又在《文艺阵地——文阵新辑之二》(1944 年 2 月)上推出《哀弗里昂》。

同在《新诗》第 5 期上,另有诗人梁宗岱译的《再会》(今译《离别》)和《幽林与深岩》。梁宗岱主要从事法国文学翻译,但也曾负笈德国,尤其对歌德诗歌情有独钟。其 1934 年由上海商务印书馆印行的《一切的峰顶》,书名就取自歌德的诗《浪游者的夜歌》。书中移译歌德诗 6 首,分别是:《流浪者之夜歌》(今译《浪游者的夜歌》)、《对月吟》(今译《对月》)、《迷娘歌》《幸福的憧憬》《守望者之歌》《神秘的和歌》以及散文 1 篇:《自然》。此译的译者序言这样开头:"这是我的杂译外国诗集,而以其中一首的第一行命名。原因只为那是我最癖爱的一首罢了,虽然读者未尝不可加以多少象征的涵义。"足见一位留法作家对一位德国作家的偏爱。梁宗岱以后又译成《漠罕默德礼赞歌》,发表在《抗战文艺》6 卷 1 期(1940 年 3 月 30 日)上。歌德此诗歌颂先知穆罕默德,讲述其思想的产生与传布。译诗出现在一份抗战杂志上,有些出人意料。

又一位歌德诗译者是宗白华。他曾在《诗刊》2 期(1931 年 4 月 20 日)上重译成《歌德诗三首》,分别为:《湖上》《游行者之夜歌》和《对月吟》。他又在《歌德之人生启示》一文(《大公报·文学副刊》220—222 期,1932 年 3 月 21 日、3 月 28 日、4 月 4 日)中加译出《格丽曼》《海上的寂静》《弦琴师歌曲》(今译《琴师》)、《迷孃歌曲》(即《迷娘》)等多首歌德抒情诗。

这一时期从事歌德诗歌翻译的还有多人。陈铨在《学衡》57 期(1926 年 9 月)上译出《葛德诗二篇》,包括《突勒国王》和《鬼王》。张新燔在《北新》3 卷 1 期(1929 年 1 月 1 日)中发表《漂泊者的夜曲》。傅东华在《译文》1 卷 6 期(1935 年 2 月 16 日)上译成《普洛米修士》。署名"我"译的《无题》则刊登在《东流》1 卷 5 期(1935 年 4 月)中。甚至朱湘上海商务印书馆 1936 年版的《番石榴集》中也收入"戈忒"的《夜歌》。

涓涓细流,终成河海。歌德诗集在中国文坛踯躅而出。一本张传普(张威廉)选译的《歌德名诗选》1933 年已经"充歌德逝世百周年的一个小小纪念",①由上海现代书局出版,诗集以《献诗》起头,收诗共 24 首。译者在每首诗后都交代"它吟成的动机","因为歌德的诗不是他想做才做的,是他环境迫着他做的"。② 传递出译者给读者解读的苦心。

歌德等著、方闻等译、点滴出版社 1944 年出版的《罗马哀歌》为一部外国诗集,收歌德诗 3 首,依次为《罗马哀歌》《日记》和《小玫瑰》。此书收作家 18 位,诗 42 首,也以歌德名字代表全体作者,并以他的诗题作为全书书名,再次呈现出这位德国诗人那时在外国作家中的地位。

歌德等著、林凡等译、上海正风出版社 1947 年版的《春情曲》则是一本德国诗集,收歌德诗 5 首,它们是:《普柔梅瑟斯》《玫瑰》《牧童哀歌》《遥寄》《永恒的思想》。而罗贤译有《歌德小曲集》和《野蔷薇》两本歌德诗集,分别有重庆四维出版社 1946 年和上海正风出版社 1948 年的版本。它们各收诗 80 余首,疑为异名同书。③《赫尔曼与陀罗特亚》是周学普 1936 年译成的一部歌德叙事长诗,作为他"献给七十二岁母亲"的礼物,1937 年由上海商务印书馆出版。这部就周学普看来"除了《少年维特之烦恼》以外,是最被普遍地爱读的"④歌德作品,几乎同时又由郭沫若译出,取名《赫曼与窦绿苔》,连载于《文学》8 卷 1—2 号(1937 年 1 月 1 日—2 月 1 日)。此译又有上海群益出版社 1948 年的单行本。郭沫若这次在译本的《书后》特别强调:"译法全部是直译,甚且可说是'棒译',因为几乎是一行外一行。"更擅意译的郭沫若这次似有向以直译见长的周学普在翻译方法上靠拢的意图。

从 1904 年王国维在其《〈红楼梦〉评论》中译引歌德诗起到 1949 年的近半个世纪中,歌德代表作的大部分作品被译成中文。中长篇小说有《少年维特之烦恼》《威廉·迈斯特》《亲和力》以及自传《诗与真》等 4 部,剧本有《浮士德》《丝苔拉》《克拉维歌》《哀格蒙特》《铁手骑士葛兹》《兄妹》等 6 部。诗歌集有《歌德名诗选》和以他领衔的德国及外国诗集 6 部。另有长篇叙事诗《赫尔曼与陀罗特亚》、童话故事《列那狐》和《歌德谈话录》的部分汉译,成果斐然,足令今人为前辈的劳作感到骄傲,可能也会感到汗颜,鉴于此后直至今日,歌德作品真正的新译相当

---

① 张传普:《译后记》,载《歌德名诗选》,上海现代书局,1933 年,第 99 页。
② 同上。
③ 未见原书。据《民国时期总书目·外国文学》,《野蔷薇》1948 年版为第 3 版。
④ 引自《赫尔曼与陀罗特亚》中周学普的《译者序》。

匮乏的状况。

（二）李凤苞《使德日记》1878 年 11 月 29 日那天记述歌德的"完舍"，该是中国人对《维特》一书的初涉。此后一段时间，从辜鸿铭、王国维到鲁迅，他们都谈论过歌德，也提到过他的《浮士德》，但均未涉及《维特》。也许是气质性情所致，不怎么为浪漫恋情所动。对此书的详述，可能首先出现在 1902 年上海作新社译印的《德意志文豪六大家列传》的《可特传》里，书名译为"《乌陆特陆之不幸》"，文章从歌德创作此书的缘起开讲，复述故事内容，再谈此书影响，几已勾出以后中国介绍此书的模式。[①] 尔后《马君武诗稿》中《阿明临海岸哭女诗》译序中再次提到《威特之怨》。陈子展在其《中国近代文学之变迁》中，对"首先介绍西洋诗歌的马君武"赞赏有加，以着重号推举这首译自《维特》一书的诗，说它"如他的创作一样，具有一种深挚感人的力量"。[②]

到了 1920 年，在《三叶集》中，主情主义浓厚的郭沫若明确表示："《维特之烦恼》一书，我狠有心译成中文。"[③]此非心血来潮、说说而已。1922年 4 月，上海泰东图书局正式出版他的译本《少年维特之烦恼》。郭沫若在《序引》中概括出此书以下 5 个特点，凸显出诗人特有的悟性。它们是"主情主义""泛神主义""对于自然的赞美""对于原始生活的景仰"和"对于小儿的尊崇"。以后，熊裕芳在其作于 1928 年的书评《读了〈少年维特之烦恼〉之后》中也归纳出《维特》一书的 6 个特点，即"爱情奔放""羡慕小孩""反对人们怪僻性情""带宗教色彩""赞美自然"和"打破阶级制度和法律"，[④]显然与郭序大致契合。

郭译 1922 年 4 月由上海泰东图书局出版后，到 1924 年 8 月，已印至第八版，可见销路颇佳。但今读梁俊青载《文学》121 期（1924 年 5 月 21 日）上《评郭沫若译的〈少年维特之烦恼〉》一文，情况似乎并非如此。文中写道：

> 现在有人把这本《少年维特之烦恼》书译成中文了，我想中国的青年们总会受这本译文的影响而激起热烈的情感。但是这本译文已经出版了

---

① 未见原书。参见阿英：《关于歌德作品初期的中译》，《阿英文集》，三联书店，1981 年。
② 陈子展：《中国近代文学之变迁》，上海中华书局，1929 年，第 147 页。上海书店 1982 年影印。
③ 田汉、宗白华、郭沫若：《三叶集》，上海亚东图书馆，1920 年，第 136 页。上海书店 1982 年影印。
④ 参见黄人影编：《郭沫若论》，上海光华书局，1931 年，178—186 页。上海书店 1988 年影印。

两年多,而中国的文坛却杳无声息,好像是对于这本书没有什么感想的样子。

梁文接着谈这"杳无声息"的原因,说:"这实在令我不能无疑于译文的了。"批评郭译,正是他的意图。而且他对这位文坛名家毫不留情,对照德语原文后,硬是指出郭译中 11 处错误,结论是:"总之,这本书实在不能说是在水平线以上。"言词有过头之处,但有些评价,今天来看也属公允。比如"他[郭沫若]的译法,有时不但好而且妙,简直能够传神,但是累赘的句话实在太多,不但不能引人阅读,而且使人看了头痛"。不过,轩然大波由这篇书评而起。《文学》125 期(1924 年 6 月 9 日)上《通信:一、郭沫若与梁俊青,二、成仿吾与郑振铎》便是回应。在给梁俊青的回复中,郭沫若对梁的批评逐条反驳(除了梁自己已在《文学》122 期中自行纠正的第一条外):有的是表达方式或自由度不同,有的是出版社的排印错误,更有的是双方所据版本不一所致,并以"以上逐条答完了,此外没有什么话说"收束,盛凌之气,不难读出。而成仿吾的信是为郭沫若打抱不平。紧接着简短的开场白,他劈头就说:"梁君这次的批评真是荒谬之极。"最后的结论又是:"综观梁君这次的行事,只是证明了他的外文的不高明,他的轻薄,他的卑怯,最后,艺术的良心的死灭。"言辞的激烈与感情化,让人惊愕。郑振铎作为编者,所写按语口气平和,但"其实梁君的批评,较之近来流行的刻薄谩骂的批评已高出百倍"的话,已大致表明了立场。面对郭、成的驳辩,梁俊青"觉得沫若的答复有点牵强,而仿吾的通信则又近于感情用事",于是在《文学周报》126 期(1926 年 6 月 16 日)上对郭沫若的辩解又逐条再驳,同时又公布与成仿吾的私人信件往来,以说明成的为人虚伪。由《维特》一书译文而起的学术争论,终于越出了学术的范围。①

这场笔战从《文学》121 期起,时断时续,一直到《文学》133 期(1924 年 8 月 4 日)上梁俊青《我对于郭沫若致〈文学〉编辑一封信的意见》的文章止,3 个月后才偃旗息鼓。梁俊青的最后声明是:"郭译《少年维特之烦恼》既译错了许多,所以我决计重译。"据笔者掌握的资料看,梁氏宿诺似

---

① 笔战尚未结束。《文学》131 期(1924 年 7 月 21 日)的"通信"栏中,郭沫若撰文指责此报编辑,文章分别用了"滥招党羽""徒广销路""敷衍情面""借刀杀人"的小标题,并且质问《文学》125 期上的编者按语是谁写的。郭沫若这封信后,《文学》正言回答:"我们敬言郭君,就是《文学》编者全体十二人负责写的。"有关《维特》译文的争论,显然已发展成文学研究社和创造社两大阵营的冲突。

未兑现。但郭译校正本 1926 年由创造社出版部出版,纠正了首版中众多不堪卒读的错误,应该说有梁俊青"挑刺"的功劳。郭沫若在新版后序中大声欢呼,"死了四年的维特于今又复活了起来",①可见他本人对首版《维特》确有太多的遗憾。

《维特》的重译出现在郭译校正本出版之后。据《民国时期总书目·外国文学》转录,先有黄鲁不译、上海创造社 1928 年的版本。但重译的高潮出现在歌德逝世 100 周年纪念前后。罗牧译的《少年维特之烦恼》是英汉对照的节译本。译者在《译者琐言》中首先声明,此译据英译,而且参考了日译,并补充道:

> 起初我也参考过郭译的,及至发现了……长的一个有十五岁,与年龄相应地很文雅地亲了她……那段译文时,我赶快把那本书放开去。夏绿蒂只有六个弟妹,从二岁起到十二岁止。郭先生忽然替她母亲生了一个十五岁的孩子来,真是可贺之至。②

可见当时对郭译不满的非止梁俊青一人。

不服的还有达观生。他在其重译《少年维特之烦恼》的《自序》中也说及,郭译"《少年维特之烦恼》这种译著,比起他的《浮士德》,觉逊一筹——尤其是关于哥德抒发胸襟、发挥议论的地方,都有未能尽善尽美之处……",③所以决计重译,也据英文译本。看来,郭译曾为众矢之的。这一则的确与郭译的粗疏或翻译方法有关,二则重译常常也需要有重译的理由。对首译挑鼻子挑眼,也是情理中事。

百年祭奠热潮过后,1934 年,上海中学生书局又推出陈玱编译的《少年维特之烦恼》。与达观生的译序相比,此译的译者前言寥寥数语,十分简洁,大概是"通俗本文学名著丛刊"一种的缘故。他提到歌德此书的主情主义、泛神论思想、以自然为母和对儿童的尊崇等,与郭沫若的解读大致吻合。此后,还有钱天佑译、上海启明书局 1936 年版的《少年维特的烦恼》等。到 1949 年为止,《维特》一书的重译大致告一段落。

不过,此书给中国文坛留下的影响是巨大的,引出了包括郭沫若的

---

① 郭沫若:《〈少年维特之烦恼〉增订本后序》,载《洪水》2 卷 20 期,1926 年 7 月 1 日。
② 罗牧译:《少年维特之烦恼》,上海北新书局,1931 年。此译到 1934 年已印四版,可见销路同样不错。同是 1931 年,另有上海世界书局傅绍光的译本。未见原书,此据 Wolfgang Bauer, 1982, S.136。
③ 达观生译:《少年维特的烦恼》,上海世界书局,1932 年,第 2 页。

《落叶》(1926)、庐隐的《或人的悲哀》(1926)等一批中国的"西洋式的书信体小说",①并且渗入茅盾的《子夜》这样的中国现代文学代表作中。曹雪松甚至还"不惮失败,不惧一班吹毛求疵的批评家的指摘",②改编出一本《少年维特之烦恼》的剧本,由上海泰东书局1928年出版。庐剑波在关于此剧的一篇书评中,回顾自己初读歌德《维特》的情境:

> 在那时,我初读到创造社的著作与译述,在其中,有一本便是《少年维特之烦恼》。可是我正因为那时的热情,并且脑中存着浪漫的传奇思想,所以竟至洒了不少的眼泪,而且不忍卒读地中途抛下了。[……]
>
> 随后,我得以顺江东下,在南京住了学校[……]热情与幻想是绝不会被长江冲淡的,反之,因为和外面的风景人物接触,心中更觉有不可遏抑的情怀,大自然和一切外来的诱惑,更炽热着爱恋的焰火。所谓"青年男女谁个不善钟情,妙龄女人谁个不善怀春",而在那个烦闷的期间,又才读完了《少年维特之烦恼》。③

上引《维特》中的两句诗出自郭译《维特》首版的《序引》。正是这两句看似肯定男女性爱自由的诗,随着郭译不胫而走,并在很大程度上造就了一代人对《维特》的读法。因为它们恰好迎合了那时青年一代争取个性解放、恋爱自由和冲破礼教罗网的强烈愿望。甚至看似与德语文学无关的学者吴宓,那时也译出了英国诗人沙克雷的《少年维特之烦恼》诗,前两行曰:"维特苦爱露洛脱,此爱深极难言说",并在"附注"中说:"词虽诙谐,实为真心多情之少年悲悼,而刺讥彼冷呆无情假托礼防以自固自饰之女子。"④可见《维特》这部小说的感染力。尤其是"钟情"与"怀春"等主题词,事实上也造就了那个时代的歌德图像。

具有典型意义的还有钱天佑译《少年维特之烦恼》的《小引》。文曰:

> 哥德的本身,是一位风流多情的公子,他一生的遭遇,简直可以说完全是罗曼史,[……]就是他年迈致仕,退休林泉,以七十多岁的高龄,还和一个乡下小姑娘恋爱。在他著作《少年维特之烦恼》时,他所要好的女性,据说已有以下八个[……]

---

① 参见范伯群、朱栋霖主编:《中外文学比较史 1898—1949》(上卷),江苏教育出版社,1993年,第317—318页。
② 庐剑波:《关于维特剧本》,载《文学周刊》328期(1928年8月5日)。
③ 同上。
④ 吴宓译:《少年维特之烦恼》,载《人间世》(1934年11月5日)。

风流倜傥,艳史不断。这也许就是那一代读者对歌德的印象。而这所谓的"以下八个",据钱天佑依次为:

(1)他的姐姐郭娜莉、(2)初恋的格丽倩、(3)在莱比锡大学时所恋的安妮、(4)在施脱拉司堡大学时所结识的法国歌舞师的两个女儿、(5)牧师的女儿佛丽特立克、(6)夏绿蒂、(7)霍尔德夫人、(8)嫁给糖商的玛克茜米玲。

结论是:"那末他的一生,自然不用说在情网里度日了。"显然是索隐法的突出案例。实际上,数年之前,达观生在他译本《少年维特之烦恼》的《自序》中,已历数过所谓歌德《维特》一书中包含的8位女性:

(1)他的姐姐郭奈里;(2)初恋的格丽倩;(3)在莱比锡大学时所恋的安妮;(4)在斯特拉斯堡大学时所结识的法国歌舞师的二女黎珊与耶美丽;(5)谢仁海年牧师的女儿佛丽特立克;(6)夏绿蒂;(7)耶鲁塞冷失恋的霍尔德夫人;(8)嫁给糖商白伦太诺的玛克西米灵。

这似乎是钱天佑笔下歌德那8位恋人的出处。由《维特》引发的关于歌德的风流韵事,看来着实让中国文坛热闹了一番。借纪念歌德逝世100年之机,《新时代》3卷5/6期合刊(1933年1月1日)甚至刊出陈普扬写的专题论文《歌德及其恋人》。这篇六千余字的文章将歌德一生中与各个女友的关系一一道来,以说明恋爱是他的"创作原动力"。中国的歌德研究不免沾上一阵俗气。1943年,商章孙另有长文《少年维特之烦恼考》,发表在《时与潮文艺》创刊号(1943年3月15日)。文章谋篇布局,相当工整,当属严肃认真之作,但探讨的依旧主要是《维特》一书中歌德的"实际生活之体验",也就是他与"长得艳丽,碧眼金发,性情活泼的女子"夏绿蒂"这一番极缠绵,凄楚动人的恋爱"在《维特》一书中的反映。作者甚至提出:"我们把《少年维特之烦恼》未尝不可以改称为《少年歌德的烦恼》。"这种把文学创作导回生平事实的实证方法,在一定程度上阻碍了对作品的艺术性和思想性的探讨,使《维特》研究在中国一度浮于肤浅的表层,缺乏新锐之气。

或许正是出于对这种多愁善感、顾影自怜氛围中的"维特热"的反感,也有一些作家或读者对此书不以为然。比如何其芳和他的同学们,就"不喜欢什么维特,什么夏绿蒂"。①

---

① 何其芳:《刻意集》,上海文化生活出版社,1948年5版,第85页。另参见马立安·高利克:《中西文学关系的里程碑》,北京大学出版社,1990年,第221页。

在郭译《少年维特之烦恼》问世之前,有关此书的译名,已有李凤苞的《完舍》,《德意志文豪六大家列传》中的《乌陆特陆之不幸》,马君武的《威特之怨》,赵光荣译《近代文学》(《文学周报》30 期,1922 年 3 月 1 日)中的《幼年桓尔丹儿底悲哀》等。郭译既出,以后重译不断,但译名似被固定,①除了"之"和"的"的变化,译本不同,书名照旧。而事实上我们知道,维特是一个受过高等教育,离家独立谋生并雇有童仆的青年人或成年人,不是现代汉语中的"少年"。诚然,"少年"一词在五四运动时期尚有"年轻"的意思。鲁迅《集外集·序言》中就有"将少年时代的作品尽力删除"的说法。这里的"少年"显然不是现代汉语中"人十岁左右到十五六岁的阶段"的意思。但是,不仅在"少年"的这种用法逐渐成为过去的二三十年代,甚至直到今天各种重译还书名依旧,不能不让人感到"少年"二字的巨大魔力了。原因显然是"少年"一词因包含天真无邪、情窦初开等意象,比起"青年"一词更能拨动追求个性解放和恋爱自由的青年人的心弦,更富浪漫情调。需要指出的是,正是由"少年"一词为译本定下的基调,容易让人把目光锁定在书中那个纯洁感人的恋爱故事以及主人公率真性情的涌动上,从而忽略书中许多深刻的哲理思考及人生见解,最后使阅读流于肤廓,失之偏蔽。对于《维特》,只能望其庭泽,不能窥其堂奥。

事实上,当时也有学者不愿顺从郭译,或许也看出郭译问题。比如郑振铎在其《文学大纲·十八世纪的德国文学》(《小说月报》16 卷 12 号,1925 年 12 月 10 日)中就把此书译成《青年维特的烦恼》。随后,李金发在其《德国文学 ABC》(世界书局,1928 年)中译出《维特》的片段,书名翻译近于郑振铎而远离郭沫若,为《青年维特之烦闷》。可惜大多译本苟同时尚,讨巧的"少年"终究战胜了更科学的"青年"。译者或出版社过于流俗,市场也太商业化。否则,《维特》一书在中国的接受也许是另一番景象。

(三)李凤苞《使德日记》提《维特》而越《浮士德》,赵必振译述《德意志文豪六大家列传》中的《可特传》,则既及《乌陆特陆之不幸》,也讲《列乌斯托》(即《浮士德》),说歌德"共费六十年之日月,实以一生之精力注之"。② 又有仲遥 1908 年载《学报》1 卷 10 期中《百年来西洋学术之回顾》对

---

① 实际上此后也还有与郭译完全不同的译名。伍光建在其为《维廉迈斯特》(商务印书馆,1936 年)所写的《作者传略》中把此书书名译成《威尔特的愁怀》。张竞生在其译著《歌德自传》(世界书局,1930 年)的《译者导言》中把此书译为《卫德》。
② 引自阿英:《关于歌德作品初期的中译》,载《人民日报》,1957 年 4 月 24 日。

《浮士德》的提及。比仲遥更早些评论《浮士德》的是王国维。他在1904年的《〈红楼梦〉评论》中谈人生之痛苦与解脱方法时说:"夫欧洲近世文学中,所以推格代之《法斯德》为第一者,以其描写博士法斯德之苦痛,及其解脱之途径,最为精切故也。"王国维未循浮士德故事为人生奋斗史这一评论界流行读法,谈这是人摆脱痛苦之史,殊堪玩味。而接下去他比较:"且法斯德之苦痛,天才之苦痛,宝玉之苦痛,人人所有之苦痛也",也非俗言。

上提《德意志文豪六大家列传》译自日文,赵光荣的《近代文学》(《文学周报》30期,1922年3月1日)也从日语译出。文中有对《富阿胡斯德》上、下两部的内容介绍,约1500字,是白话详介《浮士德》的先驱之一。同年8月,张闻天也在《东方杂志》19卷15、17、18号(1922年8—9月)上连刊长文《哥德与浮士德》。全文分5节:一、哥德与浮士德;二、浮士德的来源;三、浮士德第一部的概略;四、浮士德第二部的概略;五、浮士德中所包含的根本思想。见道之解似在最后一节中。在总结了《浮士德》的"感情主义""活动主义""欲望与满足的交替"后,他提到浮士德最后在"替别人谋幸福,替别人争自由"中得到满足的这一情节。与今人一般评判不同,他在此中看到的并非浮士德所谓"造福人类"的崇高理想的实现和个人追求的终极,而是认为:"但这还不过是自我发展的过程中的一段,如其他能迟十年而死,也许他对于这种行为不能满足吧!也许有新的欲望产生吧!"由此产生出他对《浮士德》的最终阐述:"执着人生,充分地发展人生,我以为就是《浮士德》中所包含的根本思想!"歌德此书与理想主义无关,是一部个人发展或追求史,此为这个以后成为中国马克思主义理论家的结论。"唉,保守的,苟安的中国人呵!"上万字的长文,集中研究欧美文学史背景中《浮士德》的内容与主题思想,前面未及中国一字,却以这样一句叹惋结尾,让人感慨系之。

不过同样在"替别人谋幸福,替别人争自由"的情节中,左翼文论的解读方式日渐突出。伍蠡甫在为自己《浮士德》(新生命书局,1944年)一书所写《前言》中就说:"但是一切的经历,如恋爱、势力、财富,都仍不能使他满意,最后乃觉得人生惟一的目的,乃是为人类服务。"但是随后又话锋一转,接着说:"不过这也只是奋斗的阶段,不能算是目的。我们的目的是在人生的本身,而人生是无穷尽的。"话语有向前述张闻天的读法靠拢的走向,又同自己前面的话有所抵牾。

一段个体的人生追求史,在我们的评论家那儿,最终被置入"为人类服务"的时尚话语。这与中国传统思维有涉,即"大道之行也,天下为公"(《礼记·礼运》),当然更同十月革命送来的马列主义理论相关。中国新文化运动另一先锋人物茅盾对《浮士德》的理解也有这种"过度诠释"的倾向。他在其《歌德的〈浮士德〉》一文中谈到浮士德的结局时也说:

> 可是永久不能安定于个人的幸福而自认满足的他,又狂热地想在荒土上建设新的生活。他幻想着数世纪以后,这海边的荒野将有一切平等的互助的分工的人群;如果他当真能够亲眼看见了这样黄金时代的人生,他大概便要说一声"好了,够了"罢……①

此书译者郭沫若的解读依此路数。在评论《浮士德》中"开拓疆土"这一幕时他说:

> 这是由自我中心主义发展而为人民本位主义,这一发展是一个超时代的飞跃[……]因此,整部《浮士德》悲剧的发展,我们可以说,也就是向着人民意识觉醒的一个自然发展。②

这显然是左翼色彩浓厚的一种判断。

留德多年的陈铨,政治上持中偏右,所言也不大一样。他在自己的《浮士德的精神》(《战国策》1941年1月号)中强调,浮士德的故事,是"一种个人主义的伸张,无形中已经表示中世纪人类对于基督教压迫人性教条的激烈反抗"。"歌德浮士德的精神,到底是什么呢?"他自问自答。第一:"歌德的浮士德,是一个对于世界人生永远不满足的人。"第二:"是一个不断努力奋斗的人。"第三:"是一个不顾一切的人。"第四:"是一个有激烈感情的人。"第五:"是一个浪漫的人。"总之,浮士德精神,是一种个人主义奋斗的精神。只字不提为人民服务,不用"人类崇高理想"等字眼。陈铨是不顾世事的书呆子吗?不。他的忧国忧民情愫,绝不逊于上述几位。在此文末尾处,他用上提浮士德精神砥砺中国大众:

> 中国数千年以来,贤人哲士,都教我们乐天安命,知足不辱,退后一步自然宽。对于世界人生不满意,认为是自寻烦恼,这一种不积极的精神,在从前闭关自守的农业社会,外无强邻,还有相当的价值,处在现在生存竞争的时代,不改变这种态度,前途就黯淡了。至于奋斗努力,不顾一切,也是中国的

---

① 文载茅盾:《汉译西洋文学名著》,上海中国文化服务社,1935年。
② 郭沫若:《〈浮士德〉简论》,载《中国作家》1卷1期,1947年10月1日。

理想,然而却是目前最需要的精神。感情方面,中国人素来就在重重压迫之下,不能发达,浪漫主义者无限的追求,更同我们静观的哲学,根本冲突。然而没有感情的冲动,没有无限的要求,中华民族,怎样还可在这一个战国的时代,演出伟大光荣的一幕。

这种透彻的分析,比起空泛的论谈"为人类服务"的乌托邦式理想,更是金石之言。

《浮士德》一书先有周学普的全译。1947 年,郭沫若译成此书第二部,补齐了他的译本。娄塘发表在《文艺知识连从》第一集之二(1947 年 5 月 15 日)上的《〈浮士德〉及其中译本》就是关于郭译的书评。文中说:"据我的同学张孝轶的意见,以为郭先生的译文往往意译,不忠实于原文,不过自有他的独到之处;而周先生的则太直译了,有点生硬,却还忠实。"一个译本,要博得众口交誉,看来实非易事。文中还透出一个消息,这位学医的张孝轶先生,有意重译《浮士德》,已作了许多读书笔记,但终因忙于医务,放弃此事。

在此文发表的 40 年代,翻译《浮士德》似为天经地义。但在 20 年代,译或不译,文坛上还有过笔仗,略述一二。起因也许是西谛(郑振铎)载《文学旬刊》6 号(1921 年 6 月 30 日)上的短文《盲目的翻译家》。他不主张翻译英美杂志上的"新东西",还强调说:

> 就是有确定价值的作品也似乎不宜乱译。在现在的时候,来译[……]贵推(Goethe)的《法乌斯特》(Faust)似乎也有些不经济吧。翻译家呀!请先睁开眼睛来看看原书,看看现在的中国,然后再从事翻译。

郑振铎言之所指,如他以后解释的,是中国译坛脱离现实,一窝蜂地赶译所谓世界名著的状况。这篇版面上毫不起眼的短文引出读者万良浚在《小说月报》13 卷 7 号(1922 年 7 月 1 日)上的异议,认为现在可以译诸如《浮士德》《神曲》和《哈姆雷特》这样的名著,这并非不经济。要知道,郑振铎乃当时《小说月报》主编之一。允许如此意见在自己的刊物上发表,不怀畛域之见的胸襟甚堪称道。《小说月报》当时的另一主编茅盾并不忌讳自己的身份,撰文反驳:"翻译《浮士德》等书,在我看来,也不是现在切要的事;因为个人研究固能惟真理是求,而介绍给群众,则应该审度事态,分个缓急。"①茅盾的涉入,终于引出《浮士德》的译者郭沫若在《时

---

① 参见陈玉刚主编:《中国翻译文学史稿》,中国对外翻译出版公司,1989 年,第 146 页。

事新报·学灯》(1922年7月27日)上的文章《论文学的研究与介绍》。他从译作中的创作精神谈翻译的主观选题的自由,应对茅盾对译作客观效果的强调,并且指责郑振铎在"骂人"。对此,茅盾又在《文学旬刊》45期(1922年8月1日)上以《介绍外国文学作品的目的》一文作复,重申自己"极力主张译现代的写实主义作品",并且批评说:

> 我觉得一时代的文学是一时代缺陷与腐败的抗议与纠正。我觉得创作者若非全然和他的社会隔离的,若果也有社会的同情,他的创作自然而然不能不对社会的腐败抗议。

显而易见,《浮士德》在他眼里不是这类批判"缺陷"与"腐败"的写实作品。他在文中还这么讲:"社会里充满了不像人样的人,醒着而住在里面的作家却宁愿装作看不见,梦想着他理想中的幻美,这是我不能了解的。"出言稍重,影射的无疑是郭沫若。

打抱不平者既出,"始作俑者"不能不现。郑振铎在《文学旬刊》46期(1922年8月11日)的《杂谭》栏目撰文,先重复了自己《盲目的翻译家》中有关《浮士德》的那段话,然后说:"我自己复看了一次,两次,并不觉得'劈头在骂人',而且我全篇所说的都是注意在那些'翻译无名的等闲作品'之人,并不是在说译《神曲》,译《法乌斯特》的翻译家。"修辞上有"此地无银三百两"之妙。今天,读惯了郑振铎那些心平气和的书话和散论的读者,可能很难想象,这类话不饶人的文字出自他的笔下。

这场笔墨官司由译不译《浮士德》这样的文学名著而起。一方强调译作该具体用于本国文学观念乃至解决社会问题的客观现实作用,另一方主张在翻译方面应有个人创作的自由意志和主观情感。这里不仅事涉翻译动机的不同和文学观念的差异,而且与论争者个人的性情气质有关。后者的作用力在这场争论中可能比前者更大。

(四)正在郑振铎回答郭沫若批评的《文学旬刊》46期中,有一篇《本刊特别启事》,移录如下:

> 近年国内文坛介绍外国文学,还算尽力,翻译的作品出版颇多,其中译笔自然有好的,也有坏的。我们想要引起国人对于外国文学的注意,所以打算在本刊上出一"翻译作品的介绍与批评号",把近一年来出版的名著译本一一介绍,并对于原著的价值,译笔的优劣,下公正的批评。

《文学旬刊》当时的主编郑振铎和沈雁冰,似乎准备接着关于译不译

《浮士德》等名著的论争,对已有的外国文学汉译展开讨论。启事既出,但迟迟未见讨论动静。有耐不住的读者,在《文学旬刊》68 期(1923 年 3 月 21 日)上作问:"不客气,我实在等得不耐烦了。"专号还是未出,也许同此刊自 56 期起的编者人事变动有关。可能作为对读者的交代,《文学旬刊》76 期(1923 年 6 月 20 日)上终于登出一篇翻译批评,偏偏又涉及歌德。作者梁俊青以其《论孙君铭传译哥德诗的错误》,对孙译《歌德五首》(《文学旬刊》67 期,1923 年 3 月 11 日)中的《牧羊人的悲哀》展开逐句评析。梁文确实指出了孙译个别黑白错误,比如把"我跟着觅食的羊"译成"我的羊群吃着草"。但也有吹毛求疵之嫌,比如硬把孙译此诗第一句"那边,在高山之上"改成"在彼山之上"。平心而论,梁俊青在文后的重译更加准确,但批评孙译的话似乎过苛过重。他说:"总之,孙君所译,简直是他自己的诗,不是译的哥德诗,他却把哥德的名字加上去,以取巧一时。"他甚至还尖刻地说:"弄巧成拙,又何苦呢?我想孙君还是安心再读几年德文罢!"这已是挖苦,与批评无关。

被批评的孙铭传没有沉默,著文《波花》在《文学旬刊》80 期(1923 年 7 月 22 日)上作答。他首先阐明自己追求的信、达、雅的翻译标准,然后交代自己的《歌德五首》转译自英语,并说自己只对英译负责,紧接着列出英译,一一驳回梁俊青的批评。由此,梁俊青的批评简直成了"无的放矢"。而且,文章以牙还牙,同样不乏挖苦讥刺的言辞。比如:"读过七八年德文的,中国多着呢?请梁君少安勿躁。"

这场间于"同德医专"的梁俊青和北京"清华园"孙铭传的笔仗惊动了成仿吾,他作文《牧羊者的哀歌》出面调停,说:"通盘算起来,孙君与梁君都没有错,两君可以永弃干戈而以玉帛相见;错的只是这位英文的译者。"①

这是一桩具有典型意义的译坛公案。德语文学初入中国,很大一部分作品并非译自德语原文,而是取道英文或日文,导致作品原语和译入语之间出现较大的偏差,从而引发论争。而当事人有时剑拔弩张,互伤感情,如上例。也有和和气气、不失体统的,如下例,也与歌德有关。

徐志摩 1925 年在《晨报副刊》上登出他译的歌德四行诗(即《弹竖琴老人》〈二〉),根据的是卡莱尔的英译,受到胡适的批评,说他用错韵。胡

---

① 引自《创造日》,载伊藤虎丸编《创造社资料》第 5 卷,第 457—458 页。

适根据德语原文进行改译。① 商榷带出朱家骅《现代评论》2 卷 43 期（1925 年 10 月 3 日）上《关于一个译诗问题的批评》一文。他比较徐、胡二译，又引德语原文和卡莱尔的英译互对，认为即使胡适的改译，"亦未免偏重英译"。而卡莱尔的英译"则与葛德原文颇多不同之点；因其注重英文形式与音韵，已失葛德本意"。译评由汉译追溯到汉译所据的英译，讨论无疑又深了一层。回过头来说徐志摩和胡适的译文，他的结论是："他们的译文，只能算是胡适与徐志摩，或者算是胡适与徐志摩译卡莱尔的葛德，可不能说是葛德。"朱家骅的结论配以实例，颇具说服力。

有趣的是，成仿吾在这场讨论中再次扮演"和事佬"角色。他也在《现代评论》48 期（1925 年 11 月 7 日）中撰文《〈弹竖琴者〉的翻译》。他比较上述徐志摩、胡适和朱家骅的译文后说："三位的翻译最大的缺点，在不曾再现原诗的悲壮。"歌德此诗中是否有汉语"悲壮"的意境，这是个可以讨论的论题，此处不宜多谈。而成仿吾找出的缺乏这种悲壮而导致译文"失败"的原因，与诗作内容没有干系，仅同节奏音韵发生关系："一在音节不佳，二在脚韵不得当。"为了避免他人讲"关于别人的闲话少说，你自己的翻译如何？"这样的话，他也附上自己的译文。

至此，关于歌德这首诗的汉译的讨论尚未结束。参与者中还有李競和，其长文《关于歌德四行诗问题的商榷》，发表在《现代评论》2 卷 50 期（1925 年 11 月 25 日）上。他从歌德的宇宙观出发，谈胡适、徐志摩和朱家骅译文中的问题，颇有深度。围绕着歌德这四行诗的讨论，整个过程就事论事，与前例相比，无刻薄之语、攻讦之辞。但两次讨论有一同点，即都关涉来自英语的转译。由于多出一个层次，转译无论在传达原作的内容或风格上，都有多一次的损失。这该是译者共识或力避之事。所以，即使在外语学习还不很普及的民国时期，读书界或翻译界已有不少人鄙弃转译。但有人赞同。比如鲁迅。他认为该"放宽翻译的路"，不过理由是："中国人所懂的外国文，恐怕是英文最多，日文次之，倘不重译[即转译]，我们将只能看见许多英、美和日本的文学作品。"②显然，对鲁迅来说，转译为不通原作语言的权宜之计。由此也很难想象，倘若孙铭传懂德语，又拥有德语文本，鲁迅会鼓励他转道英语译歌德诗。不过翻阅那时译家的某些言论，

---

① 参见徐志摩：《一个译诗的问题》，载《现代评论》2 卷 38 期，1925 年 8 月 29 日。
② 引自许广平：《鲁迅与翻译》，载罗新璋编《翻译评论集》，商务印书馆，1984 年，第 317 页。

发现并非如此简单。

林凡曾译歌德等人著的德国诗集《春情曲》,由正风出版社1947年出版。他在《译者题记》中说明此书译自英文,但原因是英译"可以剥去原诗华丽的外衣,来裸露它诗的本质"。而且"能经过英译而保存其诗意的,翻成中文后也较能站得住"。亦即通过英语转译德诗,此处并非出自无奈,而是出于选择。同时他还声明,说自己之所以特别喜欢德国诗歌,"最大的原因还是在于我读的是英文译本"。汉译德诗,难道该依赖"剥去原诗华丽的外衣"的英译,而且只有这样才"较能站得住"?论点有悖译介研究的常识,似也未被后人普遍接受,却是德诗汉译史中一段独特的史实,兹录如上。

(五)1932年是歌德的百年忌辰,而中国正处在"九一八"事变和"一·二八"事变的阴霾下。但隆隆炮声还是没能阻挡中国的一些报纸、杂志,它们或刊登单篇文章,或推出专号特刊,纪念歌德。这里无法详述,仅举数例,以示盛况。

《新时代》2卷2—3期合刊(1932年6月1日)开出"歌德纪念号";《文艺新闻》49号(1932年4月4日)登载《追纪歌德百年祭》;《北斗》2卷3—4期合刊(1932年7月)在"国际文坛新讯"专栏中谈《歌德百年纪念之新意义》;《大公报》文学副刊220—222期(1932年3月到4月)中连载长文《歌德之人生启示》。下面撮其要者,略述大端。

《新时代》上"歌德纪念号"中有魏以新的《歌德的生平及其著作》。文章既交代歌德生平大略,也介绍其主要著作,简洁扼要,绝无虚饰。专号中毛一波《科学家的哥德》及尹若的《邮片上的歌德》两文风格与魏文相近。就是潘修桐在此刊"国外文坛消息"栏中的短文《魏玛尔举行歌德纪念会之盛况》也仅客观介绍了歌德故居地的纪念活动,未加评论。

《新时代》这期中4篇长短不一的纪念歌德文章,完全符合其"没有什么政治背景,也不谈什么主义"[①]的宗旨。《文艺新闻》则以"致力于文化之报告与批判"[②]为己任。此言不虚。比如《追记歌德百年祭》一文,虽然对歌德的"奔腾的热情"大加礼赞,不过同时指出:"但是一般被称作'浪漫

---

① 主编曾今可在《创刊号》(1931年8月1日)的《随便说几句》中讲:"《新时代》月刊是一个纯文学刊物,她没有什么政治背景,也不谈什么主义。"
② 此刊代表人物袁殊在《创刊号》(1931年3月16日)的《文艺新闻之出发》一文中声明,此刊将"致力于文化之报告与批判"。

谛克'的气氛,至今还普遍在小资产阶级青年知识分子的血液中,没被清算。这是当我们在纪念歌德的时候,应该深自警惕的。"文章最后还提出:"追记歌德死后百年祭的今日,对于歌德及其全著作,实有加以再检讨的必要。"文后隐现出左翼文学批评的色彩。但在一片激赏与推崇声中,有这样不为时代所囿的清醒之见,足堪今天歌德研究者的注意。

刊登华蒂写《歌德百年纪念之新意义》的《北斗》,是中国左翼作家联盟的机关刊物。所以,文章主要介绍苏联"盛大的歌德纪念式",情有可原。各份政治倾向不同的报纸杂志,各以不同的文章纪念歌德忌辰,是接受研究的一个好题目。

更多地从主观角度纪念歌德的,是宗白华的长文《歌德之人生启示》(《大公报》文学副刊220—222期)。宗白华是诗人。他这篇诗意浓重的文章与同为纪念歌德而写的、比如魏以新的文章形成鲜明的对比。试看一段:"他[歌德]不去描绘一个景,而景物历落飘摇,浮沉隐显在他的词句中间,他不愿直说他的情,而他的情意缠绵,宛转流露出于音韵节奏的起落里面。"语句伏婉多姿,文情兼致,与其说属于评介文章,不如说属于鉴赏文字,近于创作而远于评述。

除了报纸杂志,纪念歌德逝世100周年期间,各地出版社还前呼后应地推出多部歌德传记或纪念文集。其中有神州国光社1933年版、张月超的《歌德评传》;南京中山书局1933年版、宗白华等著的《歌德之认识》;上海女子书店1933年版、徐仲年著《哥德小传》;上海乐华图书公司1933年版、陈淡如著《歌德论》等。

张月超的书大致根据几部英语歌德传记拾掇而成。在《自序》中作者这样说明此书旨意:"歌德作品浩繁,移译自然不是一朝一夕的事。因此我觉得他各方面的综合的介绍是当前所急需的。"

其实,在此之前,国内已不乏对歌德的"综合的介绍"。柳无忌编、上海北新书局1929年版的《少年歌德》是一例。此书分3章,从"歌德的孩童时代",经"歌德的求学时代",一直写到"歌德在狂飙运动中",亦即对歌德的生平和前期创作已有相当详细的介绍。秋山写在《小说世界》18卷4期(1929年12月)上的补白《介绍少年哥德》,将此书定位在"哥德传评"上,有一定的道理。

黎青主著、上海商务印书馆1930年版的《哥德》是另一例。此书属于王云五主编《万有文库》第一集,另有上海商务印书馆1933年、1935年和

1947年版,可见当时有一定的影响。

宗白华等著、南京中山书局1933年版的《歌德之认识》厚达300多页。除附录和前言,收论文计20篇,一如编者所言,除两篇外,余者均为北平(今北京)报纸所载纪念歌德逝世百年的文章。此书《编者前言》还列出《德华日报》《大公报》《北平晨报》《鞭策周刊》《清华周刊》《新时代》《读书杂志》《小说月报》和《现代》等报纸杂志上纪念歌德百年忌辰的文章篇目,展示出"国人们对此纪念是如何地热闹",省却了读者的搜寻之苦。

徐仲年的《哥德小传》也声明"为哥德百年祭写",但与前者相比,此书不甚起眼。那只是一本60页的手掌书。

陈淡如编《歌德论》收文18篇,个别与宗白华的《歌德之认识》有重复。此书未附序跋,但以《歌德百年纪念》一文开头,以《歌德年谱》收尾,似有以此代序代跋之意,与众不同,也不失为一种编书方法。

曾觉之译、上海世界书局1935年版的《高特谈话录》,仅看书名会以为是《歌德谈话录》的一个译本。其实不然。这是1932年5月德国法兰克福一个纪念歌德逝世百年会议的文集,在中国,同样为"高特忌辰百年纪念"而出,对于中国的歌德研究,洵属可贵。

回眸1932年到1933年间,国事纷繁多歧,丧乱灾患不断,心多哀思的文人雅士,关注万里之外一个德国作家的忌辰,激奋如此,足令今人钦敬不已。李长之在以《歌德之认识》(《新月》4卷7号,1933年6月1日)为题的一篇述评中,引为梁实秋所看重、周辅成为《歌德之认识》所写《编者前言》中的一句话:"证明我国人在物质困苦里还没失却对精神价值的欣慕",当为信言。就是这篇书评本身,也足堪后人引为圭臬。与一般书评相逆,它不是先扬后抑,而是先抑后扬,而且批评的话句句带刺,针针见血。比如批评华林《纪念歌德》一文的空泛;探究贺麟《歌德处国难时之态度》一文"作不到好处的原因";责备宗白华《歌德的少年维特之烦恼》没有条理;数落魏以新《歌德的生平及其著作》"作得毫无重要性可言",甚至建议"不如也删掉为是"。当时文坛批评之风之盛,让人敬羡。在对另外几篇文章的褒扬后,李长之出人意料地对纪念形式发难:"因为是在歌德的逝世百年纪念才发见许多谈论歌德的文字,我想到形式主义的可恨",进而还说:"那专为纪念死人的生日祭日的刊物,和伴着这刊物生活着的东凑西抄的作家既可厌,又可恨,影响是坏的,骨子里又是卑鄙的。"这样

撄逆鳞的文字,还是他"在收敛之中"写下的,可见作者对竞尚形式的风气,痛恶之深。文章结束前,李长之笔锋回转,联系中国:

> 因为是纪念外国的伟人,我想到中国。中国的诗人,是没有歌德那样的生命力的,是没有歌德那样的实生活的体验的,是没有歌德那样浓烈的感情的,而中国诗人的待遇,是不消说更没有歌德那样幸运。

看来这段文字还不足以表达自己对中国作家之平庸或不幸的深郁至悲,李长之接着引用王国维一段也提到歌德的话,助其文势:

> 试问国之大文学家,有足以代表全民之精神,如希腊之鄂谟尔,英文狭斯丕尔,德之格代者乎?我人所不能答也。殆无其人也,抑有之而我人不能举其人以实之与?二者必居一焉。由前之说,则我国之文学,不如泰西,由后之说,则我国之重文学,不如泰西,前说我所不知,至后说则事实较然,无可讳也。

哀中国作家之不争和中国社会之落后的这一番心曲,都是由纪念歌德引发的。

李长之批评文坛讲形式、凑热闹。但确实也有人在盛典过后热情不减。比如梁宗岱。1934年到1936年间,上海商务印书馆推出他的《诗与真》和《诗与真二集》,单就歌德自传《诗与真》中提挈出的书名来看,即可知推崇歌德,在中国并非只是形式。《论诗》和《象征主义》翻译并欣赏歌德名诗《流浪者之夜歌》;《象征主义》和《李白与歌德》中不时译引或评论《浮士德》中的诗句并且探讨歌德与李白诗风的相似处;《歌德与梵乐命》一文中指出歌德是集诗人与思想家为一身的全才。梁宗岱曾游学德国海德堡,这个"哥德底旧游处"和"德国浪漫主义底发祥地的古雅幽丽的大学城",①显然也滋润了他优美的文笔、飘逸的文风和魅力无穷的文字。

进入40年代,歌德研究在中国似不再那么繁盛。但有关著述依旧不断。一些涉及个案(比如《浮士德》)的研究他处已及,这里仅说总论。君培在《世界文艺季刊》1卷2期上发表《歌德与人的教育》一文,谈歌德如火的热情,对热情的克制和由此达到的情感凝练,以及这种发展脉络在他作品中的展示。文章最后强调了歌德"每个人要到处为己为人都有用处"的社会人生格言及教育目标。此文发表于1946年,希特勒已自戕于反法

---

① 引自梁宗岱:《诗与真·诗与真二集》,外国文学出版社,1984年,第159—160页。

西斯的隆隆炮火中,所以文中有这样的话:"现在希特勒已经和德国同归溃败,如果这个民族在溃败后还要重新振作,我想,总不免要想司奔德尔所说,乞灵于歌德吧。"战后德国的发展确被言中。借助本民族文化伟人,维系和重建民族精神,想来也是历史规律。

作出以上预言的"君培"实际上就是冯至。以上提这篇论文领衔,加上其他6篇曾发表过或未发表过的文章,冯至完成了他的《歌德论述》一书,作为朱光潜主编的"正中文学丛书"中的一种,由上海正中书局1948年出版。此书第一篇即《歌德与人的教育》。第二篇《维廉麦斯特的学习时代》原为冯至为歌德此书汉译本所写的序言,可惜多事之秋耽误了译著的出版,仅存译序。第三篇《〈浮士德〉里的魔》和第四篇《从〈浮士德〉里的"人造人"略谈歌德的自然哲学》,是两篇《浮士德》及歌德自然哲学思想的专论。第五篇是《歌德的〈西东合集〉》。《西东合集》为歌德接触东方(波斯)文化后的一部"仿作",表现了诗人融东西方思想为一体的人生观和宗教观。在此之前,这部作品似很少为中国评论界注意。第六篇为《歌德的晚年》,评介歌德晚年抒情诗中的名作《爱欲三部曲》。冯至在文中既介绍这几首诗的来历,又阐释"断念"对歌德一生创作的意义。最后一篇为《附录:画家都勒》。就作者解释,收入此篇,是"因为里边曾经把都勒和歌德相比较"。①

如前所言,有关歌德研究的专集,30年代已有多种,另有传记多部,但冯至这部《歌德论述》似为民国时期唯一一部关于歌德的个人专著。尽管作者本人在此书《序》中自谦"不是研究,只是叙述,没有创见,只求没有曲解和误解",我们可以看出,冯至实际用力甚勤,写作时对歌德研究成果已尽力搜寻,融会于心,达到的水平,绝非今天常见的印象式鉴赏所能望其项背。

有关歌德对中国现代文学的影响,乃是一个大题目,此处不敢饶舌。但最后还想略提一笔田汉、宗白华、郭沫若3人合著的通信集《三叶集》。此书问世于《维特》尚未译成汉语的1920年,歌德作品大量汉译尚处发微伊始阶段,但田汉在序言中已道出:此书"大体以歌德为中心"。郭沫若的序径直以《浮士德》第一幕第二场中浮士德的一段独白为文首,并在书中建议:"我们似乎可以多纠集些同志来,组织个'歌德研究会',先把他所

---

① 冯至:《歌德论述》,上海正中书局,1948年,序。

有的一切名著杰作,和关于他的名家研究,和盘翻译过来,做一个有系统的研究。"①歌德的译介此后未违郭沫若的初衷,即便就关于歌德的"名家研究"而言,也有不少译作问世。其中有陈西滢译《少年歌德之创造》(1930),杨丙辰译《歌德与席勒》(1942),梁宗岱译《歌德与悲多汶》,李辰东译《浮士德研究》(1945)等。但是,截至民国,乃至今日,重译不断,新译殊乏,把歌德"一切名著杰作""和盘翻译过来"的意愿依旧未成现实。《三叶集》的作者已作古多年,其夙愿的实现,看来还有待时日。

三 格林兄弟及其童话

杨宪益披览9世纪段成式《酉阳杂俎》,偶有所得,撰文《中国的扫灰娘故事》,明示其中中国"扫灰娘"故事与格林童话《灰姑娘》有承传关系,还对故事主人公姓名作考:

> 据格灵的传说,这位"扫灰娘"名为 Aschenbröde, Aschen 一字的意思是"灰",就是英文的 Ashes,盎格鲁萨克逊的 Aescen,梵文的 Asan。最有趣的就是在中文里,这位姑娘依然名为叶限,显然是 Aschen 或 Asan 的译音。②

此文为中德文学的融合记下一个佳例。每个人阅读有限,具备中西皆通资质的人更缺。以常情度之,中国典籍中类似未被发现的故事一定还有。

《译余偶拾》中对中国"扫灰娘"故事由来的发现,是母题史研究的一个成功范例。倘若它还不能证明《格林童话》已在中国少儿中发生影响,那么庐隐刊于《文学旬刊》29期(1922年2月21日)上《一个女教员》的故事则可显示,至迟在20世纪20年代,格林童话可能已在中国学童中广为流传。庐隐这篇小说中有如下文字:

> 在几个孩子中间,有一个比较最小的,她是张家村村头张敬笃的女儿,生得像苹果般的小脸,玫瑰色的双颊,和明星般地一双聪敏流利的小眼,这时正微笑着,倚在女教员的怀里;用小手摩挲着女教员的手说:"老师,前天讲的那红帽子小女儿的故事,今天再讲下去吗?"女教员抚着她的脸,微微地笑道:

---

① 田汉、宗白华、郭沫若:《三叶集》,上海亚东图书馆,1920年,第75页。上海书店1982年影印。
② 杨宪益:《译余偶拾》,三联书店,1983年,第79页。

"哦,小美儿,那个红帽子的小女儿是怎么样一个孩子?"……"哈老师!姐妹告诉我,她是一个顶可爱的女孩儿呢……所以她祖母给她作一顶红帽子戴……老师!对不对?"

无须再引。这个"红帽子小女儿的故事",当然就是格林童话中的《小红帽》。

当然,格林童话在中国的译介,肯定远远早于1922年这篇故事发表。胡从经《周桂笙的儿童文学翻译作品》一文,介绍周氏《新庵谐译》(1903)一书,说此书卷2"辑译童话与故事凡十五篇,系自《伊索寓言》《格林童话》《豪夫童话》等书中移译"。他在文中还全文引录《蛤蟆太子》(即《格林童话》中的《青蛙王子》)。① 不揣孤陋,笔者所见较早译文,是《礼拜六》44期(1915年4月3日)上小草译的《万能医生》,即今译的《万能博士》,讲一个名叫螃蟹的贫穷农夫,如何变卖家产,冒充万能博士,招摇撞骗,居然得手之事。②

童话娱乐性强,且篇幅短小,易在报刊发表。所以,此前此后,不少报纸、杂志登载过格林童话。比如上海的《小说世界》副刊《民众文学》(1923年1月—1929年12月)第9期上曾有安愚译格林童话《猫鼠朋友》。北京的《晨报副刊》1923年8月27日的221号、11月22日的297号、11月29日的303号及次年6月26日的146号上,也分别刊有《小妖和鞋匠》《狐狸的尾巴》《十二兄弟》和《圣母玛丽的孩子》等格林童话。随后数部格林童话单行本相继问世,令人应接不暇。

1925年,河南开封教育局编译处刊行王少明译《格尔木童话集》,收《六个仆人》等10篇格林童话。1928年,北京文化学社编译所推出刘海蓬、杨钟健译《德国童话集》,也收《白雪娃》等"格利姆"童话10篇。同是1928年,上海开明书店还出版格林著、封熙乡译《德国民间故事集》。在此前后,上海崇文书局还出版了赵景深译《格列姆童话集》。《民国时期总书目·外国文学》编者"未见书",推测为"1929年以前出版"。1928年6月16日《文学周报》6卷20期曾刊一篇关于封熙乡译本的广告,可以帮助

---

① 文载胡从经:《晚清儿童文学钩沉》,上海少年儿童出版社,1982年。
② 仅见书目,未见原书的还有时谐译、上海商务印书馆1915年印《儿童与家庭童话集》。参见 Wolfgang Bauer: *German Impact on Modern Chinese Intellectual History: A Bibliography of Chinese Publications*, Wiesbaden: Steiner, 1983, S.142. 仅见书目、未见原件的还有《东方杂志》1909年第7、8、9、10、11、12期至1910年第1、3、7期上登载的《格列姆童话十二篇》,以及1915年《空中语》所载克利姆的《玫瑰女》,译者江东老虬、莹如。

释疑。广告全文如下:

> 格林的童话,我国只有赵景深译格列姆童话集,所收只有六篇,时谐又是文言文译的。这是儿童很大的不幸。现在有了这本译集,儿童们一定要喜得拍手蹈脚。因为,他的叙述是那样有趣动听。

广告作者似乎不了解此前除赵译之外,格林童话另有汉译本,所以作出"格林的童话,我国只有赵景深译格列姆童话集"的误断。恰是此话,既证实了赵译的存在,又把此译出版日期至少推到 1928 年 6 月以前。这篇广告的功德还有,另证实前述时谐译本确有,并告诉我们,此为文言译本。

进入 20 世纪 30 年代,中国政局愈加不稳,但格林童话似能超脱一切,继续加紧展开其在中国的流传史。可见关爱童稚情怀的儿童文学作品,其生命力远在有时政意识的其他译作之上。单部译作甚多,此处仅举数例。

1930 年,上海文华美术图书印刷公司出版谢颂羔编《跳舞的公主》,收格林童话 7 篇。较特别的是,此译版权页上方附有一段文字,交代版本,顺作广告:

> 《跳舞的公主》原作为英文本。名《格列姆童话集》。久已风行世界,名驰环球。现在谢颂羔先生,本其十数年从事翻译之经验,译成中文。命名《跳舞的公主》,由本公司发行。同时将英文原著,影印问世,版本与本书同样大小,定价低廉。不及原版十分之一。得此二书,可作英文翻译之楷模,尤为研究英文所不可不读。英文原著《格列姆童话集》每册定价大洋五角。

实际上,至此德语文学的汉译,经常绕过德语原文,这不足为奇。有趣的是,随同汉译,出版社还印出英语原文,赋予译本学习英文的功能。这一方面当然是出于商业的考虑,另一方面也需一定的胆量。因为中英对比,最起码中文来不得删繁就简或滥加枝蔓,对汉译者要求更高。

前及封熙乡译本把童话称为"民间故事",这是个文学分类法上可以争论的问题。翻检格林童话在中国的流传史,还可见到小说与童话并称的例子。比如胡启文译、上海中华书局 1937 年版的《德国短篇小说选》,就收有格林童话《跳舞的公主》,会让严守文类标准的评家感到不适。

格林童话汉译史上另一现象是,人们常把格林童话径直视为德国童话,尽管它们之间是个别与一般的关系。比如上提刘海蓬、杨钟健译《德国童话集》,实际上仅是一部格林童话集。而由许达年译、昆明中华书局 1940 年版的《德国童话集》,基本上也是一部格林童话集。这既是无视个别与一般之关系,也是格林童话话语强势的表征。

许达年译《德国童话集》的《译者小序》写于 1937 年 12 月 1 日,距卢沟桥事变以及"八·一三"事变不久。处于"炮声隆隆,机弹乱轰的氛围"中的译者,竟有翻译和"吟味于儿童乐园的童话"(均为许达年语)之闲心,自己也觉得不那么理直气壮,所以写道:

> 在这兵荒马乱之际,我仍能保持这闲情别致的心情,细琢细磨地写这和身边的环境完全异趣的文字,自己也不知道是我的福气,还是我的无能。在这样的大时代中,这样的作品是不是少年们所需要的,这些我一点儿也不打量,也无心去打量,听凭各位的批判吧。

在国难当头,铮铮男儿抛一腔热血于杀敌前线之际,译者蛰居书屋,专注于时而玉雪可爱、时而云谲波诡的外国童话,是无奈和逃避,抑或审时度势,尽己所能? 就以上所及对"大时代"和"少年们所需要的"思考来看,译者并未独善自养,置天下于不顾,因而道行未输。而且,他翻译这些格林童话的用意还十分深远。许达年在《译者小序》中简述德国战败后又崛起的历史,接着说:

> 可是它虽大败以后,过不了二十年,如今又虎视眈眈,在欧洲大陆上称雄了;比之我们自夸地大物博的中国,老是残息喘喘,翻不起身,真是从那里说起呢?

置此文中对"希特勒元首"的惊羡不论,哀中国之不争的忧愤溢于言表。此文末尾还写道:

> 现在诸君还没有能力研究德国的政治、经济,那么,先看看他们少年所诵读的童话,作为将来更深刻研究的引线,想来也不是一件白耗的工作吧!

译者显然意欲通过研究德国童话,让"在生死存亡中挣扎的同胞"(译者语)结识德国民族及国民性特点,以为中国找到强国之路,也就赋予格林童话在中国的译介另一崭新功能,令人回味。

格林童话较完整、且直接译自德语原文的译本由魏以新完成。1934年,上海商务印书馆出版他的《格林童话全集》。《译者的话》说明:

> 这部《格林童话全集》……共二百一十篇,内有二十一篇是用德国方言写的……德人亦有十分之六不能完全了解,然译者因为日夕在业师德国语言学家欧特曼教授……手下工作,竟得因其口授而完全译出,颇以为幸!

探源索微,格林童话首部全译,竟然出自德国人口授,也是德语文学汉译史上一段值得辑录的史实。

  魏以新的《格林童话全集》1947年还有上海商务印书馆的3版。紧接此后，另有上海永祥印书馆1948年版、范泉的《格林童话集》。范泉在版权页上的身份是"缩写者"，而译本《附记》又称此书"是根据英国伦敦哈拉泼书局出版的英语本《格林童话集》选辑译写而成"的"改写本"。又是"缩写"，又是"选辑译写"，又是"改写"，用词相互扞格，许是当时宽解翻译的一例。无论如何，紧接着魏以新译自德文的全译本的再版，旋即又推出这样一个转译的选本，似非明智。但笔者所见此译版本版权页上白纸黑字，明明白白："中华民国三十七年八月初版"，"中华民国三十七年九月再版"，"中华民国三十七年十月三版"，"中华民国三十七年十月四版"。倘若不是此书发行人陈安镇故弄玄虚，3个月内连印4次，这本《格林童话集》可享"洛阳纸贵"之誉。

四 至尔·妙伦与鲁迅《小彼得》的译序
——兼及几位几已被忘的德语童话作家

  格林童话作为个体，虽不能代表德国童话全部，其中心地位却无可争议。不过在民国时期，它尚能容忍多位其他德语童话作家各领风骚于一时。只是今日，随着"明星现象"对文坛渗透的加剧，有些童话作家或失落处于卑位，或几已被人遗忘。奥地利女作家至尔·妙伦（Hermynia zur Mühlen）属于后者，尽管其作品还曾与鲁迅有过关系。

  《小说月报》19卷3期（1928年3月1日）曾载钱杏邨（阿英）《德国文学漫评》一文。实际仅涉两部作品，居首即是"米伦"（即至尔·妙伦）童话集的英译《劳动儿童的故事》，说它"是一部写出现代的苦闷和光明的创造的童话"，并逐一品评此书收有的《玫瑰花》《小麻雀》《小灰狗》《为什么》四篇童话。不知阿英当时是否知道，此书此前已有汉译？《太阳月刊》第1期（1928年1月1日）先登出汉译《玫瑰花》。上海春野书店又在同年2月出版根据阿英上提书评所据英译本转译的单行本《玫瑰花》，所收即是阿英评过的4篇童话，译者王艺钟。

  至尔·妙伦具社会主义思想，其作品有维护劳动者利益、反抗剥削压迫等特点。王艺钟译《玫瑰花》的《英译原序》中说：

> 你们看见你们周遭的穷人每天吃苦,你们有些也觉得当穷人是何等的艰难。你们知道世界上是有富人的,他们不做工然而他们有生活上的一切好东西。你们也知道你们的父亲做工非常刻苦然而要忧虑到失业后发生的事体。

《原序》最后甚至这样写道:

> 她指示我们,那些不作工只是抑制我们于奴隶地位的富人是我们的敌人,我们世界上的工人,必须联合起来,消灭这些敌人才好。

英译序言诱掖儿童以穷富划分人群,以你死我活的阶级斗争原则荐举儿童文学作品,令人惊愕。这种高昂亢奋的左翼思潮在欧洲思想史上是稍现即逝的一个分支,传入中国,转相述引,白热化后成为主流意识,并进入儿童文学译介领域。

也许正是基于其作品浓烈的左翼文学思想,此后至尔·妙伦的作品在中国文坛频见亮相。其中有:许广平译、鲁迅作序,上海春潮书局1929年版《小彼得》,为"至尔·妙伦"的长篇童话;黄岚译,上海北新书局1930年版《真理的城》,收"缪莲"童话10篇;钱歌川译,上海中华书局1932年版《缪伦童话集》,收童话11篇;许广平译、鲁迅校,译文出版社1940年版《煤的故事》,收"至尔·妙伦"童话6篇;赵纶时译,译文出版社1940年版《奇怪的墙壁》,收"至尔·妙伦"童话6篇。

以上译本,多含译序。钱歌川《缪伦童话集》的《序》是较有特色的一篇。与上提英译版序文相比,其序虽不乏政治色彩,但少了一些对穷富分野的强调,更述及其童话的艺术特色:

> 这书的原作者缪伦少女……是现今一个最成功的童话作家,不像安徒生他们那样,一味传统传说宫女神仙的故事,她却立在现实的方面,将人间的疾苦,奴役的来源,用有趣味的童话体裁,如实地告诉我们。这里不是虚证的梦境,而是真实的人生。小朋友还未堕入染缸以前,固然不可不读,即麻木的大人读起来,也可得到几分反省。

最后一句话讲老少咸宜,开卷有益,几有软广告之嫌。这是另话。

鲁迅为《小彼得》作的序可没这么乐观。他首先坦言,对原作者知之不多,但已注意到,"一切战斗的科学底社会主义的期刊——尤其是专为青年和少年而设的页子上,总能够看见她的姓名"。与常规译序不同,鲁迅此序并未专注于评介作家作品,而是探究其作品不适合中国的原因。"不消说,作者的本意,是写给劳动者的孩子们看的,但输入中国,结果却又不如此。"

其缘由首推为:"劳动者的孩子们轮不到受教育,不能认识这四方形的字和格子布模样的文章。"而且,"即便在受过教育的孩子们的眼中,那结果也还是和在别国不一样"。鲁迅此序的大部分笔墨就花在讲述这个"不一样"上。其要点为:故事到中国后,氛围不同,讥讽已失锋芒;故事发生背景为大多中国读者陌生;童话体裁本身削弱了其战斗力;有些描述太富于柔细的女性色彩;故事所及欧美普通人家的物件,在中国是稀罕物。结论是:

> 总而言之,这作品一经搬家,效果已大不如作者的意料。倘使硬要加上一种意义,那么,至多,也许可以供成人而不失赤子之心的,或并未劳动而不忘勤劳大众的人们的一览,或者给留心世界文学的人们,报告现代劳动者文学界中,有这样的一位作家,这样的一种作品罢了。

鲁迅的分析一如他历来风格,鞭辟入里,一语中的。而且,把这篇译序同钱歌川的序言相比,鲁迅简直就是在对译介至尔·妙伦喝倒彩。也正是如此,他的评论超越凡流,最为触目,也最见功力。希望以外国文学来改造中国社会者,追读一下鲁迅这篇为《小彼得》所写的序,可得多种启发,思考会更近现实。

民国时期,德语童话汉语译坛,犹如璀璨星空,还有不少译作光彩熠熠,夺人目光。比如史班烈(即施皮里)著,狄珍珠译,上海广学会1929年版《赫德的故事》(今一译《海蒂》);索尔顿(即萨尔腾)著,张雪岩、贝厚德译,上海广学会1929年版《林中的生活》(今一译《小鹿斑比》);步耳革(即毕尔格)编,魏以新译,上海华通书局1930年版《闵豪生奇游记》;克斯特涅(Erich Kästner,今译凯斯特纳)著,林雪清译,上海儿童书局1934年版《爱弥儿捕盗记》等。但也有一些,现退居一隅,几已被忘,如上提至尔·妙伦的童话。命运相似者尚有巴塞维茨(Gerdt von Basserwitz)著,伊微译,上海商务印书馆1934年版《小彼得云游记》;波守斯(Waldemar Bonsels)著,段可情译,上海少年读物出版社1939年版《蜜蜂玛雅的冒险》;柏吉尔(B. H. Bürgel)著,顾均正译,上海开明书店1941年版《乌拉波拉故事集》等。个中缘由不一,不容此处细论。

童话,顾名思义,是写给儿童的话语。但愿此非强解。从民国初年一直到中华人民共和国成立,中国战乱不断,国势危殆。那些往往成于炮火连天之际、颠沛流离之途的篇篇译作,足以显出译者的舐犊深情。但是,在与世无争、纯朴自然的故事中开掘童趣,在对弱者的同情和关怀中捕捉生命之真谛,不也是多事之秋的译者排遣愁怀、抗争命运的一种方式? 蕴雯为其独立出版社1946年版《斑比》(即上提《小鹿斑比》)所写的《译者序》,正是这样一段实录:

> 敌人第四次把我们的小家毁了! 劫余的财产剩下了几本破书,一条毛毯,我们从远远的南方,踉跄地到了陌生的重庆。在严重的屋荒之下,我们很幸运的在上清寺的居安旅店里找到了一间小屋子。说到"居安",才真可怜! 床上墙上爬满了臭虫,喧天的叫喊,和那深夜里披了警衣的恶汉们,穷凶极恶的硬诬人是私娼,使得"居安"成为一个滑稽而渺茫的幻景。但是这一切并不能使得我们苦恼;晚上我们俩竞赛着捉那些咬人的虫群,白天就读这本充满了热情的小书《斑比》!《斑比》使得我们激动,兴奋,有时甚至流泪;《斑比》真是弱者的好朋友! 他扫荡了我们潜在着的羞涩颓唐的心理,光复了已经丧失了的自信!

这段译者亡命途中的苦语,读来让人泫然动容。童话,也是写给成人的话语,同为译者困顿之际抛却烦恼的文字天堂。至少德国童话《小鹿斑比》在其于中国的流传史上,具此功能。

五 施托姆的译介和浪漫主义的胜利

施蛰存先生为《中国近代文学大系·翻译文学集》(上海书店1990年版)作《导言》中有言:

> 德国作家史笃姆的中篇小说《茵梦湖》,近年出版的全译本有五万字,而1916年发表在《留美学生季报》上的译文《隐媚湖》,只有四千字。我们能说它是一个译本吗?

诘问首先纠正了一个史料错误:此前中国学界一般以为,郭沫若1921年上海泰东图书局版的《茵梦湖》,是施托姆(Theodor Storm)此书的首次汉译。① 但是,诘问也有些突兀,因为之盎译文相当严格,绝非通常的节译或者编译。试以小说开头为例说明。之盎译文:

---

① 参见邹振环:《影响中国近代社会的一百种译作》,中国对外翻译出版公司,1996年,第294页。杨武能:《施笃姆的诗意小说及其在中国的影响》,载《茵梦湖》,译林出版社,1997年,第7页。实际上,《隐媚湖》的篇目已见载于上海图书馆编:《中国近代期刊篇目汇录》第3卷(上),上海人民出版社,1983年版,第965页。

> 暮秋傍晚，有老者服饰都雅，蹀躞于途，其古式之鞋，为尘垢所蔽，若自散步归者。

再看上海译文出版社 1987 年版《茵梦湖》叶文译文：

> 一个衣冠楚楚的老翁在一个深秋的下午，慢慢地沿着大街走来。他仿佛是在散步后回家走的，因为他的旧式扣鞋上已经盖满灰尘。

之盎以约 30 字忠实地再现了叶文约 50 字的内容。不过，这期《留美学生季报》上的译文仅含原作 10 章中的前 3 章，不是全译。但是，倘若以为这篇《隐媚湖》就是施托姆此书的首次汉译，还会掉入史料错误的陷阱。因为，《世界观》1 期 1—5 卷（1915 年 8 月 28 日—12 月 28 日）上已有司它尔牟著、端书译的《蜜蜂湖》，但这依旧是个未竟的译本。①

施托姆此书全译本 1921 年由上海泰东图书局出版，取名《茵梦湖》，译者郭沫若、钱君胥。到 1931 年的 10 年间，仅在泰东图书局此译再版已达 14 次之多，可见卖点极佳。但数年后围绕着此书的译评或重译，一批中国文坛名家被牵扯其中。有逞示才情的评论，有争先恐后的重译，也有互相攻讦的笔战，更有中外文学的比较等，最终留下一段色彩斑斓的施托姆中国接受史。

郭译《茵梦湖》的序言出自郁达夫之手。其《茵梦湖的序引》先刊于《文学旬刊》15 号（1921 年 10 月 1 日），后收入此译 12 到 14 版中。序言以交代写序缘起开头，即转入对施托姆的生平介绍，插入序作者自己两段施托姆诗歌汉译后，又续介其生平与创作，并极有见地地指出：

> 我们把他的短篇小说来一读，无论如何，总不能不被他引诱到一个悲哀的境界里去。我们若在晚春初秋的薄暮，拿他的《茵梦湖》来夕阳的残照里读一次，读完之后就不得不惘然自失，好像是一层一层的沉到黑暗无光的海底里去的样子。

施托姆以其体察入微、凄婉清丽的笔触，触动了那时敏感热情、又甘心甚至着意尝孤寂和忧郁的一代青年知识分子。而身为作家的郁达夫评判一部外国作品，也自有其不平庸的体味。

郭译甫出，尚未完全铺开之际，上海商务印书馆已在 1922 年推出唐

---

① 参见陈鸣树主编：《二十世纪中国文学大典》（1897—1929），上海教育出版社，1994 年，第 376 页。

性天译本《意门湖》,有与泰东版一争天下之势。《文学旬刊》未左袒任何一方,既已为《茵梦湖》鸣锣,现又为《意门湖》开道。其 36 期(1922 年 5 月 1 日)的《新刊介绍》中说:"意门湖,这是唐性天君所译,研究会丛书之一。与郭沫若、钱君胥二君的译本(即名为《茵梦湖》者)略有不同,而后附有斯托尔姆(此书作者)的传记一篇,极为详细。商务印书馆出版。"

介绍颇为平实。但此译遭到郭沫若在《创造季刊》1 卷 2 期中《批评〈意门湖〉译本及其它》一文的讥评。此举引起西滢的注意,认为有所不公,因为"批评《意门湖》的作者便是《茵梦湖》的译者,旁观者或者疑心为吹毛求疵,有为而作",所以自告奋勇,在《太平洋》4 卷 2 号(1923 年 9 月 5 日)上著文《译本的比较》,详列 19 条,对郭、唐译本比照德语原文进行校勘。其结论是:"草草校对的结果我们可以说唐译的文笔大不及郭译,唐本译者的德文知识不如郭本的译者,但是郭本也有错误,有时反不及唐本。"西滢扮作判官,对受审者各打五十大板,但对唐译下板更重。

而沈雁冰和郑振铎此前对郭沫若的文章反应激烈,几乎是"拍案而起"。两人联袂在《文学旬刊》45 期(1922 年 9 月 1 日)上撰文,打抱不平。沈雁冰以公开的化名"损"作文《半斤 VS 八两》,对用了"党同伐异的劣等精神和卑陋的政客者流不相上下"之语的郭沫若进行"礼尚往来"。郑振铎则以《通讯》形式写出短文,语句稍见平和,但也对郭沫若文章引有"胆大妄为,不复知人间有羞耻事"这样的话深感不悦,说:"但批评自批评,于批评中遭遇夹以辱没人格的谩骂,似乎非正当的批评态度,想亦非向不主张谩骂的沫若兄所忍出诸口的。"字里行间透露的,还是反唇相讥。

如郑振铎上文所说,唐译《意门湖》实际上完成于郭译《茵梦湖》出版之前,并非参考郭译而作,只是出版慢了一拍。真正的重译是朱偰译《漪溟湖》,上海开明书局 1927 年版。《文学周报》4 卷 24 期(1928 年 1 月 15 日)曾刊此书广告。标题《漪溟湖》下"有意的重译"四字赫然在目。广告正文为:

> 施笃谟这本恋爱小说,坊间已有《茵梦湖》和《意门湖》两种翻译。但《意门湖》文句生涩,《茵梦湖》很多错误。……所以朱偰先生要做"有意的重译"。定价极廉,已买过的不妨买一本回去对照,看究竟谁译得忠实。

最后一句当为书店口吻,有让读者掏钱当法官裁定 3 个译本孰优孰劣之意。

《漪溟湖》新书广告中对唐译和郭译发难的话,实际出自朱偰本人,而非书店为排除异己、抢占市场而嵌入。朱偰在自己的译序中,指责唐译"语句滞重,而错误之处复多",也说郭译"有几十处失了真"。举出郭译错误计 15 条后,他补充道,"这不足以尽其错误三分之一",以说明重译理由。唐弢在其书话《茵梦湖》(《晦庵书话》,三联书店,1980 年)中,亦及这段译坛公案,还提到上海北新书局罗牧的英汉对照本。此译序文也对郭译"施以攻击",同样,当时北大德语教授杨丙辰也对郭译颇有微词。详见后文将述及的他的《释滔穆的几首抒情诗》。

撇开偏离学者容人之雅的个别出格用词不论,鉴于郭沫若、西滢、沈雁冰、郑振铎和朱偰等人之间由《茵梦湖》译本引发的论争,反映出当时译坛批评之风相当盛行、意见交换乃为常事之风气。文坛大家由此营造出一片互不护短、直言相对、勇于争胜的活泼的学术氛围,使人赞叹不置。

郭译《茵梦湖》虽然曾是众矢之的,但仍然得到普遍认同。仅从书名翻译,即可证此不谬。继上述几个译本后,施托姆此书仅在 20 世纪 30 年代至少还有张友松、孙锡鸿、王翔和施瑛等 4 部重译,分别由北新书局(1930)、寒微社(1932)、世界书局(1933)和启明书局(1936)出版,却不约而同地沿袭郭译名《茵梦湖》。① 郭译书名就这样得到不断复制,成为不争事实。当然也有过另辟蹊径的尝试。比如梁遇春译、上海北新书局 1940 年版的译作名为《青春》,而巴金译、桂林文化出版社 1943 年版《迟开的蔷薇》中收此书,取名《蜂湖》。这还不是巴金首用。比如陈林率和罗念生译、上海中华书局 1930 年版《傀儡师保尔》的《编者序》中,已有这个译名。但这一切都已无法动摇《茵梦湖》这一译名的霸主地位。

探讨这个译名如何在上提 6 种译名中脱颖而出,知其然,并知其所以然,也颇有兴味。德语 Immensee 是个复合词。Immen 用于地名,应无具体含义,但也会让人注意其可能的词源 Imme。它来自古德语 imbi,指蜂群或蜜蜂。see 是湖的意思。端书用《蜜蜂湖》、巴金用《蜂湖》,即为直译的典范。干净利落,原本不错。只可惜此译除"蜂鸣于湖"一类的意象外,缺乏其他美学上的魅力。

梁遇春的《青春》纯粹是意译,应指作品男女主人公的往日韶华。但

---

① 这 4 部译本的前 3 部笔者未见原书。书目摘自 Wolfgang Bauer,第 163—165 页。下及梁遇春译《青春》书目同出此书。上海北新书局 1931 年有[英]康拉德著、梁遇春译《青春》。经查,此书确为康拉德的书,不是《茵梦湖》的另译。——再版附记

由于和原书书名彻底脱节,不具根基。况且"青春"两字也过于平实,略显乏味。

其余译名均取音义兼顾手法。就音节的和谐来讲,都无可挑剔,语义上则各有不同。

《隐媚湖》中的"隐"为"隐藏","媚"即"美好",但也暗含"讨好"和"巴结"义。即使取其本义,这个动宾结构的译名多少沾有几分俗气。

《意门湖》中的"意门"完全是音译。由于"意"和"门"的抽象和具体间不存在任何亲和关系,显得枯涩,整个译名缺乏艺术感染力。

《茵梦湖》中的"茵"原义为垫褥。李贺《苏小小墓》中就有"草如茵"句。也许从"绿草如茵"中以后又生发出"嫩草"的含义。比如段成式《和徐商贺卢员外赐绯》中有"看欲东山又吐茵"句。在汉语中,"茵"字还常被用作女子姓名。"梦"即"梦幻"。把"茵梦"视为主谓结构,倩女梦湖,奇效即现。把"茵梦"和"湖"之间的关系看作偏正结构,"茵"和"梦"这两处笔致绮丽、蕴含丰富的词也会给湖景平添几分浓郁诗意。

《漪溟湖》中的"漪溟"两字都带水气。"漪"为水波,"溟"为大海,但今天多取其"溟濛"义。与"湖"字放在一起,整个译名造字巧妙,轻雾氤氲,顿生美感。无论从语音还是语义上讲,不妨说这是恰到好处的上佳译法。

但最终《茵梦湖》胜出,实与两种译名所追求或体现的艺术风格有关。"漪溟湖"纯然写景,着眼的是音义形式上的和谐完整,所含的仅是一个偏正结构,虽不乏诗意,但更具古典主义尊重理性、祈求静穆和严谨的品格。而"茵梦湖"译名有人的介入之意味,而且词与词之间的关系若即若离,结构滑动,显示出浪漫主义挣脱束缚、渴望自由和扬情抑理的特点。尤其是"茵梦"两词透射出的女性魅力和梦幻色彩,准确地捕捉到了中国新文学运动后一代青年感伤型浪漫主义追求。[1]

施托姆作品较早得到介绍的还有小说《马尔戴和她的钟》,郁达夫1927年译成,1928年收入他的《奇零集》时题名《马尔戴及她的钟》。郁达夫有为译文加"译者附注"的习惯,交代缘起,解读译作,但对此译除注明

---

[1] 赵景深谈及新文学及性的描写时,对郭沫若的创作特点恰恰用了"性的梦"这类词。此处参见李欧凡:《浪漫主义思潮对中国现代作家的影响》,载贾植芳编《中国近代文学的主潮》,复旦大学出版社,1990年,第77、101页。

出处外仅说:"系他初期的作品,所以细腻得很。"①不注也罢。

《泰东》1 卷 6 期(1928 年 2 月 1 日)上魏仲民译《玛尔特与时钟》应是重译。张威廉则译出其短篇小说《灵魂》(今一译《普绪喀》),上海光华书局 1928 年版。朱偰又译成小说《燕语》(今一译《在圣虞庚院》),上海开明书店 1929 年版。

进入 20 世纪 30 年代,钟宪民率先译出《白马底骑者》,上海光华书局 1930 年版。《译者序言》先提《茵梦湖》,昭彰其作者:"施笃姆在我们中国的文坛上已经介绍过了;大家总还记得他就是《茵梦湖》的作者。"也正是借《茵梦湖》之盛名,施托姆作品汉译规模不断扩大。1931 年,罗念生、陈林率合译其《傀儡师保尔》,由上海中华书局出版。段可情又译成《一位沉静的音乐师》,发表在《文艺月刊》4 卷 6 期(1933 年 12 月 1 日)。他的另一篇施托姆作品汉译《日光中》,则刊于《文艺月刊》7 卷 3 期(1935 年 3 月 1 日)。

1934 年,施托姆另一部中篇名作《双影人,或恋爱与社会》由上海商务印书馆出版,但取名《恋爱与社会》,似有凸显其社会意义的取向。译者李珠写于柏林的《小序》可证其实。文曰:

> 国人评史氏者,恒谓其所作诗,长于抒情,自成一家;所作小说,流利真挚,莫不一往情深。然自其实际言之,史氏之艺术价值宁止于此?观其一生坎坷,十年漂泊,怀乡病深,爱国情热,反抗心切,故《意门湖》……虽系抒情短篇,亦极缠绵婉转之致。余译斯篇,则取其凄情哀感之外,更有愤郁感哀之慨,实为史氏全部五十种小说中代表作也。

这部译作看来颇受欢迎,两年后由商承祖重译,书名取原书名前半部,即《双影人》,南京正中书局 1936 年版。译本不仅含《斯托谟小传》,尚附《斯托谟的文学》和《序言》共 3 篇文章,详介作者生平及创作轮廓。作品评论,各得其妙。

施托姆汉译者中另一名人为毛秋白。他译的《德意志短篇小说集》,上海商务印书馆 1925 年版,也收有"许笃谟"的《杏革莉茄》。

以上译著,或是发表在杂志文集中的单篇,或是仅收一篇小说的薄薄一本。魏以新译《斯托姆小说集》,长沙商务印书馆 1939 年版,则厚达 400 多页。有鹤立之势。书收《淹死的人》《格利斯胡斯克》《哈得斯雷本胡斯的婚

---

① 参见郁达夫:《郁达夫译文集》,浙江人民出版社,1984 年,第 8 页。

礼》和《忏悔》4个中篇。《译者引言》归纳施托姆创作艺术特征,说:"他的作品大都含有'诗的香气'。其文字优美绝伦,无人能及。……我们谈他的作品,也真有林静山幽,万籁俱寂的感觉。"①可谓信言。

施托姆另一个译文集出自巴金之手。其1943年桂林文化生活出版社版《迟开的蔷薇》,除同名小说外,另收《马尔特和她的钟》《蜂湖》,共3篇,90多页。巴金在德语小说中对施托姆作品偏爱有加,在《后记》中真切地说:"我不想把它介绍给广大的读者。不过对一些劳瘁的心灵,这清丽的文笔,简朴的结构,纯真的感情也许可以给少许安慰吧。"这个译本出版后巴金意犹未尽,还在《当代文艺》1卷2期(1944年2月1日)上发表施托姆小说汉译《在厅子里》。此译后被收入茅盾编、文通书局1946年版《现代翻译小说选》。

20世纪40年代,绮纹(即郑超麟)尚译有施托姆的中篇《大学时代》,1946年上海进化书局版。此译未附前言后记,是个缺憾。

值得一提的是,《文汇报》1998年9月12日10版刊钱伯城《翻译家郑超麟》一文,援及此译,但说"德国斯托姆的《大学时代》只在《申报》副刊《自由谈》连载,没有结集出版",显然有误。

施托姆擅写委婉清丽的小说,颇受中国文人欢喜。前引巴金的文字为一例据。其根底是施托姆本人的诗人气质。所以施瑛在其《茵梦湖》的《小引》中,说他此书"可当作散文读,也可当作诗读",言之有理。施托姆确实也是诗人。其诗作民国时期汉译不多,但也有数例可提。

首先是前述郁达夫《茵梦湖的序引》一文。他在文中既介绍作为小说家的施托姆,也称许作为诗人的施托姆,并顺手译出他的名诗《城》,以揭示其小说与诗歌的关系。以后,伴君译其《燕儿曲》,发表在《小说月报》15卷1号(1924年1月10日)上。梁俊青在《文学》148期(1924年11月17日)上译出以《大战后德国的新诗》为题的几首诗,其中有施托姆《德国人的希望》(今一译《一首跋歌》)。译文尚可,但译者选材有误。施托姆1888年去世,此诗也成于1850年,与第一次世界大战后的所谓新诗无关。郭沫若也在其上海创造社1927年版的《德国诗选》中收入《施托姆诗一章:秋的哀词》。

再一例是杨丙辰译《释滔穆的几首抒情诗》,载《莽原》12卷8期(1927年4月25日)。杨丙辰在"译者附记"中交代诗的出处及译介缘

---

① 魏以新在《序言》中,提到施托姆著、余芷湘译《三色继母花》,为笔者未见。

由。出人意料,译诗出自《茵梦湖》一书,而重译原因是他不满郭沫若的译文。兹抄如下:

> 释滔穆是德国近代短篇小说的模范作家,所著短篇小说极多,但是他的抒情诗亦是非常富有精彩趣味的;上边所译的四首本来是散见于他所著的 Immensee(即郭沫若所译出的《茵梦湖》)一篇短篇小说里面的,我因为不满意郭译,所以现在把它们再来重译一遍。

看来,谙熟德语的译家,大都不满郭译。这里又是一例。

但是,郭沫若似乎并不在意,在上海创造社1928年版的《沫若译诗集》中继续推出他译自《茵梦湖》中的3首诗:《今朝》《林中》和《我的妈妈所主张》。

施托姆是最早介绍到中国、又最具影响力的德语作家之一。尤其是他饱含至情的小说《茵梦湖》曾倾倒无数中国文人,其魅力何在?他在中国大受宠爱的原因何在?郑振铎在《文学大纲·十九世纪的德国文学》(《小说月报》17卷9号,1926年9月10日)中认为:"他的小说大都是浴于罗曼主义的柔光中的。"郁达夫的眼光与其相似,他在《茵梦湖的序引》中说:"施笃谟的艺术,是带写实风的浪漫主义艺术",随后又补充:"施笃谟所描写的,都是优美可爱的女人。"分属文学研究会和创造社两个阵营的这两位大师,在对施托姆艺术风格的判断上所见略同。

施托姆本人并非严格意义上的浪漫主义作家,他是一个所谓"诗意现实主义"的代表。但在中国的传播史上,他又的确被视为一位浪漫派大家。"罗曼主义的柔光","浪漫派的艺术","优美可爱的女人",这些既是施托姆作品的艺术特征,也是中国"五四"以后一代作家和青年摹写和寻找的浪漫主义氛围,以从兵燹不断、动荡不安的社会中暂且抽身而出,在艺术中让情感张扬,求得慰藉,安抚心灵。

更重要的也许是其作品富于诗意、长于言情的特点,又同中国诗歌小说中的这一传统有一脉相通处。避开中国文学中一大批如《茵梦湖》般感伤悲怆、讲怨女痴男的作品,且看《漪溟湖》译者朱偰当时在其译本《序》中作的一项比较:

> 《漪溟湖》本是一部言情小说,与中文小说《红楼梦》不相上下;所异者,不过《红楼梦》结构庞大,《漪溟湖》篇幅小点罢了。中文小说类多偏于"内"的描写,长于描写人的心情,尤其于表现个性方面,其方法是由内及外;《漪溟湖》

则由外而内,长于"外"的描写,于自然方面,风景方面,可谓补前者之所不逮;而感情的深挚,思想的高超,尤可与《红楼梦》并驾齐驱,有过之而无不及。

一为德国文学短小篇什,一为中国文学鸿篇巨制,其创作门径不同,格局大异,情调有别,朱偰的比较不可谓不大胆。置其比较的合理性,对"内"与"外"的分析不论,用"言情"二字把两书连在一起,也不可谓毫无道理。只不过"言"法不一。正如王先献当时接着朱偰的话题,撰文《〈漪溟湖〉与〈红楼梦〉》(《开明》2 卷 7 号,1930 年 1 月 1 日)往下发挥的那样:

> 若要谈二书的区别,可说《漪溟湖》是德国式的言情,《红楼梦》是中国式的言情。中国人好矫揉造作,所以黛玉仅是中国美人的代表;德国人喜雄勇不屈,所以莱茵哈德便是德国男子的模范;《漪溟湖》用笔含蓄,有言外之意;《红楼梦》用笔冷削,富文中之情;这是二书差异之点,也就是中德文学的本色。

有同,才能满足阅读期许;有异,才能产生独特魅力。施托姆作品在中国常销不衰,在言情中又饱含异国情调,当为其原因之一。

六 诗杰海涅

> 我熟悉那些歌调与歌词,
> 也熟悉歌的作者都是谁;
> 他们暗地里享受美酒,
> 公开却教导人们喝白水。
>
> 一首新的歌,更好的歌,
> 啊朋友,我要为你们制作!
> 我们已经要在大地上
> 建立起天上的王国。

这是出自海涅(Heinrich Heine)《德国,一个冬天的童话》中的两段诗,其英语译文早在 1901 年上海别发洋行出版的英文著作《尊王篇》中被援引。[①] 此书作者辜鸿铭。这应该说是中国人较早引用并介绍海涅的一

[①] 可参见黄兴涛等译:《辜鸿铭文集》(上),海南出版社,1996 年,第 108、183 页。此处译文引自冯至译:《德国,一个冬天的童话》,人民文学出版社,1978 年,第 8—9 页。

个实例。

关于海涅作品的汉译,湖北教育出版社 1997 年版《中国翻译词典》有关条目说:"最早把海涅介绍给中国读者的是鲁迅先生。早在 1914 年,鲁迅已把海涅《诗歌集》中的两首抒情诗——《从我的眼泪里》和《蓝色的紫罗兰》翻译出来,发表在《中华小说界》月刊第二期上。"

"最早"的说法值得商榷。且不说辜鸿铭的摘引,胡适也已于 1913 年在上海出版的《留美学生年报》第 2 期上发表他的《译亥纳诗一章》。① 而且,应时在他 1914 年 1 月版的《德诗汉译》中,也已译出海涅的诗《兵》。所以,从时间上讲,鲁迅的译诗至少发表在胡适和应时的译诗之后,仅是海涅作品汉译的最早纪录之一。②

郭沫若是踵其步武的后来者之一。他在其 1920 年版的《三叶集》中又译出海涅诗《在静静的海岸旁》(即《新诗集·赛拉芬》的第 2 段)以及《回乡集》的第 16 首《一望无际的海面》。郭沫若在《三叶集》的一首诗中写道:

> 岸舟中睡的那位灰色的少年,
> 可不是我的身体?
> 一卷海涅诗集的袖珍,
> 掩着他的面孔深深地。③

显现出他对海涅诗歌的追慕。可他同时又说:"我怕海涅诗入我国,易招误解,会有人说它是诲淫之品。"④推想起来,这也许是他以后没有过多关注海涅那些哀婉凄艳诗作的原因。

但李之常没有这种疑虑。他据英文译出海涅《情曲》(为《抒情插曲》中的 1—12 首),陆续发表在《文学旬刊》5—9 号(1921 年 6 月 20—30 日)上。译引中他加注道:"他是罗曼派的大诗人,他的词曲,情感浓重,多半是哀怨之音。"这道出了海涅诗歌的一种特点,也传达出此后长时间里,文坛译介海涅诗歌时透露出的审美倾向。这 10 多首诗发表后,招致胡嘉德批评,胡在《文学旬刊》14 号(1921 年 9 月 20 日)中诘问为何删去此歌的"序曲"不译。作为回答,李之常又在《文学旬刊》15 号(1921 年 10 月 1

---

① 今被收入施蛰存主编:《中国近代文学大系·翻译文学集》(1840—1919),上海书店,1991 年。
② 刊登鲁迅译海涅诗的《中华小说界》第 2 期,1914 年 2 月出版。
③ 田汉、宗白华、郭沫若:《三叶集》,上海亚东图书馆,1920 年,第 55 页。上海书店 1982 年影印。
④ 《三叶集》,第 133 页。

日)中译出《〈情曲〉的引词》,并对此作解。文章最后,他激越地说:"我近来受黑暗势力的刺激,心火炎炎,忍不住要大声疾呼,暂搁置我对恋爱文学的努力,多创作血泪作品了。""恋爱文学",这是李之常对海涅诗作、至少是对他部分诗作的理解,这同郭沫若对海涅诗作的印象相距不远。

李之常此言写于枪弹横飞的武昌。这种从个人情爱到社会政治的转向不难理解。此后约两年,成仿吾在《创造日》(1923年)上译出海涅委婉缠绵的《幻景》(即《梦影曲》2)计88行,落笔处是霓虹闪烁的上海,也情有可原。

《创造日》在其短暂的生命中,还刊登过邓均吾译的《绿泪来歌》(即《还乡曲》2《罗累莱》)以及《松》(《抒情插曲》5)。① 两首诗均为海涅抒情诗中的名篇。

20世纪20年代,海涅诗作还曾引起俞平伯的兴趣。他以《译诗二首》为题,在文学研究会编的《诗》2卷2号(1923年5月15日)上发表他译的海涅诗《夜静了,街上静悄悄的》(《还乡曲》23)和《蜜甜甜的爱》(《抒情插曲》34)。译诗引言中他说明,这是根据"缉斋底原译稿""润饰"而成,是"意译",但自信"于原意无甚出入"。对照今译,可见所言大致不差。

1923年似为海涅诗汉译的盛年。《新青年》2期(1923年12月20日)上也有文虎译的《革命》。此译开头一行为"我是宝剑,我是火光"。不用多察,可以知道这实际上是海涅《时事诗》中的33篇《赞歌》。此诗以后很长一段时间在中国脍炙人口,可能得先归功于这份革命刊物。

《新青年》创刊于上海,刊址以后几经迁移,发表海涅诗的那年出版地为广州。差不多同时,林玉堂在北京的《晨报副刊》上连载他译的海涅诗数十首,声势更大。仅就笔者所见,从《给CS的十四行诗第七》(297号,1923年11月23日)起至《春醒第十七》(91号,1924年4月25日),时间上讲延续数月,且跨越年度。

在北京,发表海涅诗的还有沉钟社编的《文艺周刊》。均培在21期和22期(1924年2月19日,2月26日)上分两次译出《Lyrisches Intermesso 选译》,又在30期(1924年4月22日)上译成《海涅〈归乡集〉选》。后者

---

① 《创造日》为《中华日报》副刊(1923年7月21日—10月31日),创造社编,后辑为单行本《创造日丛刊》,今见有光华书局1931年版。

用的名字是"冯至"。

接着,另一位德语文学翻译名家杨丙辰也译出《春日的消息》(《新春曲》序诗6)、《你是如同一朵鲜花般的》(《还乡曲》50)和《洛莱神女》(《还乡曲》2),先后发表在《莽原》1卷10、11和15期(1926年5月25日、6月10日、8月10日)上。鲁迅主编的这份杂志对海涅青眼有加,在2卷2期和5期(1927年1月25日、3月10日)中分别登出胡庭芳译的《恋歌》(《少年的烦恼》小曲5)和《愿她向我一击》(《还乡曲》3)。2卷18期和19期合刊以及20期(1927年10月10日、10月25日)中又推出胡大森译《〈海呐歌集〉的三版诗序》和《梦影》(《少年的烦恼·梦影曲》1)。

同是上海进步文学刊物的《泰东》,在1卷2期(1927年10月1日)中登出公超译《海涅诗选译》,共两首,一是《小手放在我的胸上》(《梦影曲》8),二是《宣言》(《北海》6),都是凄楚感人的情爱诗。

郭沫若在《三叶集》中译过海涅诗后,似不再怎么热心海涅诗的翻译。上海创造社1927年出版、歌德等著、郭沫若等译的《德国诗选》,则打破这一局面。这本仅68页的袖珍小书,除了歌德、席勒等,也收《海涅诗四章》。它们是:《幻景》《悄静的海滨》《〈归乡集〉第十六首》《Seraphiene 第十六首》。与有14首诗的歌德相比,海涅诗所占比例不能算大,但至少也是这本译诗集中第二位译诗最多的作家。作为诗人,海涅在中国稳坐德国诗人的第二把交椅,在此也得到印证。

上海北新书局出版发行的《北新》也刊登过不少外国文学作品。其3卷1号(1929年1月1日)上就有编辑之一石民译《海涅的诗三首》:其一《我愿我能倾吐我一切的悲苦》为《还乡曲》64;其二《我的歌儿满含剧毒》为《抒情插曲》57;其三《亲爱的,试把你的手儿放在我这颗心上》为《少年的烦恼·小曲》8。3首均为抒情诗,但悲苦多于恋情。《北新》3卷22号(1929年11月16日)还有若斯译的《译海涅诗二首》:其一《每晨起来的时候,我祈祷着》是《少年的烦恼·小曲》4;其二《我独自在园中散步》为《抒情插曲》51。

上海北新书局1927年接管创刊于北京的《语丝》,开始阶段编者是鲁迅,后易人。约在李小峰担任编辑期间,《语丝》5卷39期(1929年12月)上登出劳斯译《海涅诗一首》,实为《还乡曲》26。正是上提的一位海涅译者石民,为对这首"哀感顽艳"(石民语)之作纠偏,在劳斯译诗后附上自己另一首海涅诗汉译:《哦,如果你和我作了正式的夫妻》(《还乡曲》78)。

此诗最后两行是:"但是,如果我的诗你竟不说好,/那我就要提出离婚哪,亲爱的。"不乏戏谑之意。①

《语丝》编者在其《发刊辞》中就声明:"想冲破一点中国的生活和思想界的混浊停滞的空气。"或许因此被军阀查禁,被迫从北京迁往上海。《华严》则是一份倾向于"为艺术而艺术"的文学刊物,在1卷5期和6期(1929年5月20日、6月20日)中分别刊出晶萍译的海涅诗《解说》和刘绍基译的《和平》。看来,既有强烈的讽刺批判性,又有浓郁的艺术性的海涅诗,在不同阵营的文学刊物中都能有自己的一席之地。

进入20世纪30年代后,海涅诗歌汉译势头更猛。《小说月刊》1卷4期(1933年1月15日)登出史卫斯译《海涅诗三首》。《矛盾》2卷4期(1933年12月1日)推出朋其译自法语的《长短歌行》,分别来自海涅的《抒情插曲》《还乡曲》,计10页,34首,就篇幅来讲,是当时译诗中的一大手笔。译者在后记中交代,这些诗是他1929年为《白日新闻》周年纪念而译,但报馆被封,译诗也就被"束之高阁"。当时作家或译者,身处环境之动荡,足令今人生慨。

接着,《文学》2卷3期(翻译专号)(1934年3月1日)也刊出刘延陵译《海涅诗三首》,其一《海里有珍珠》实为《北海·船室之夜》的前3段;其二《绵绵》是《还乡曲》28;其三《请告诉我,从前是谁把钟表发明的呢?》译自《新春曲·序诗》25。均属爱情诗。而《春光》1卷2号(1934年4月1日)登出艾思奇译、海涅的政治讽刺长诗《德国,一个冬天的童话》中的第一、二章。海涅诗歌汉译的题材,再次出现个人抒情和时政讽刺并作的局面。

李金发是继鲁迅、冯至等名作家后又一位作家型海涅译者。他译的《归来》《北海之诗》和《海涅的散文诗》,分别刊登在《文艺月刊》6卷3期(1934年9月1日)、4期(1934年10月1日)和7卷4期(1935年4月1日)上。其实,这还不是他首次译介海涅。他在自己的文学史专著《德国文学ABC》(世界书局,1928年)中,已译有3首海涅诗。它们是《我再梦见了老旧的湿梦》(《抒情插曲》58)、《我的心……》(《还乡曲》3)和《龙奈的沙石奔投入海……》(《赛拉芬》15)。其译笔之俊逸和瑰丽,确非普通译者能及。

---

① 以后,石民把这两首诗一起收入他选译的《他人的酒杯》,上海北新书局,1933年。

《文艺月刊》1930年创刊于南京,其编辑和发行者"中国文艺社"接受国民党中央宣传部津贴,尤其在抗战爆发之前,以不谈或少谈政治、执着于艺术追求的面目出现。由中国左翼作家联盟东京分社1934年8月创刊于日本东京的《东流》则有所不同。主编之一林焕平在其创刊号(1934年8月1日)上以《海涅诗抄》为题,译出《我的痛苦和我的悲叹》《灯儿熄灭了》《城镇恐怖时代的回忆》。译作显然更具社会政治色彩。杂志主要撰稿人之一林林在《东流》3卷1期(1936年7月15日)上,还重译《德国——冬天的童话》,批判色彩更浓。林林的选材标准同样体现在他发表在《世界文学》1卷6期(1935年)上的海涅《诗三首》中。它们依次为《赞歌》(即"我是剑,我是火焰")、《决死的哨兵》(即海涅"被窝墓穴"之作《敢死队》)和诅咒普鲁士专制的《织工》。

同年,问世不久就被查禁的《文学丛报》创刊号(1936年4月1日)登出任均译《倾向》。这是海涅又一首政治名诗,充满青年德意志的战斗情绪。而几乎同时,朱湘《番石榴集》(上海商务印书馆,1936年)中收入的3首海涅诗——《一棵松树孤立着》《你好比一朵花儿》和《情歌》又回到海涅诗歌悱恻缠绵的另一面。但是综而观之,30年代,受左翼文学思潮的推动和政治局势动荡的影响,海涅一次比一次更明显地以革命者的身份而非咏情诗人的姿态现身中国译坛。

进入20世纪40年代,刘盛亚在《时代文学》1卷1期(1941年6月1日)上译出海涅的《两兄弟》。虽然出自《少年的烦恼》诗集,同样充满利器的铿锵声和骇人的厮杀声。周学普则译《德意志》和《献给母亲》两首,刊登在《诗创作》7期(1942年1月20日)上。《诗创作》是抗战时期国统区颇有影响的一份诗刊。李文钊写代创刊词《诗底时代》(1941年6月15日)中,就强调"剧烈的民族解放的斗争"。在海涅众多诗作中挑出这两首时政意味浓重的诗,应该说同办刊宗旨有关。《诗创作》8期(1942年2月20日)上,吴伯箫还译出《近卫兵》。这是应时1914年《德诗汉译》中《兵》一诗的重译,再次说明译诗的选择常为政治时事所牵。

《诗创作》纯粹是抗日战争时期的一份文学刊物。另一部直接以《战时文艺》为名的杂志,也发表过海涅诗汉译。那是雷石榆译的《夜思》《女》《海涅故事诗七章》,分别发表在此刊1卷6期(1942年7月1日)、2卷1期(1943年1月1日)和2卷2期(1943年2月1日)中。

同是抗战时期刊物的《文艺阵地》也给予海涅诗作一席之地。其《文阵新缉之二》(1944年2月)上推出李嘉译的《山歌》和孙纬、吴伯箫译的《海涅诗抄(三首)》。抗战时期的另一刊物《青年文艺》新1卷5期(1944年12月20日)则登出于潮译的《并没有打败》。此诗实际为海涅《罗曼采罗》第二部《悲歌·拉撒路》20。原诗题为《最前哨》,于潮译前两句为:"三十年来,我忠诚的守住/自由战争中这被遗弃的岗位。"海涅在此诗中自任为文学"自由战争"中的"最前哨",原本与真正的战争无关。但于潮译诗着眼的,似为此诗战争中永不言败的字面含义。译诗发表在抗战胜利前夕,俨如一曲自信必胜的战歌。

《青年文艺》1942年创刊于桂林。1943年,又有《时与潮文艺》创刊于重庆。看来,抗日战争兵戈频仍,但文化事业并未因之中辍。《时与潮文艺》还是一份特别注重译介外国文学的杂志。谢文适就在其5卷5期(1946年5月15日)中译出海涅《诗七首》。1947年,追求"自由民主"的《诗创造》创刊。李嘉译的《夕阳》(《北海·落日》)和《海洋的歌》(《北海·赞歌》)分别出现在此刊5期(1947年11月)和10期(1948年4月)上。这里涉及的既非缠绵的情爱,也非尖刻的讥讽,而是织入诗人奔放情感的、波澜壮阔的大海景象。而同载《诗创造》10期,廖晓帆译的《亚当一世》仍为出自《时事诗》的一首抨击专制的战斗诗。可见,译家或杂志对海涅诗歌的选择,既受主流思潮的影响,又不完全受其制约。

随着海涅在中国知名度的上升,其诗集的出版在20世纪20年代已呈呼之欲出之势,而一出即蔚为大观。1928年就至少有3部海涅诗集竞相问世。冯至译《哈尔茨山旅行记》3月由上海北新书局出版,段可情译《新春》(系《新诗集》第一卷)7月由上海世纪书局发行,谪瀛译《插乐曲》也在同年由广州受匡出版社推出。1929年同是海涅诗集在中国大获丰收的一年。年初,上海尚志书局印出杜衡译的《还乡集》。此译收诗90首,全书100多页,是当时比较厚实的一部海涅诗集。这年10月,胡大森在上海新弦书社出版译作《抒情的诗》。与上提杜衡译的《还乡集》一样,此译也选自海涅早期创作的《诗歌集》。卢剑波译的《海涅诗选》则由上海亚细亚书局出版。书译自世界语,书末又附语言学家吕叔湘节译的《海涅传略》,两点均引人注目。

就笔者掌握资料来看,海涅译诗集在中国的出版在30年代有断层。许是世事淆乱之际,人们难以专注?直到1942年,李嘉译、桂林新群出版社出版的《梦的画像》才打破这一局面。此书卷首有据日本生田春月的文章改写的《海涅论》一文,看来是日译本的转译。1943 年,雷石榆据日本生田春月的日译本转译的《海涅诗抄》(上集)和"海涅诗抄续集"《奴隶船》由桂林文汇书店出版。两书合计 270 多页,当为那时海涅译诗的集大成者。也在 1943 年,福建永安十日谈社出版周学普译海涅名诗集《德国,一个冬天的童话》。此书的另一译本,艾思奇的《德国——一个冬天的童话》1946 年由上海读书出版社出版。这一年,范纪美重译成《还乡记》(即《还乡曲》,上海木简书屋出版)。唐弢曾在其书话《海涅〈还乡〉》一文中点评这个译本,把它与杜衡的《还乡集》相比后说:"与杜译比较,文字较多修饰虽见雅藻,要非海涅原意。因为海涅的诗以质朴见称,是一点儿没有做作的。"①唐弢这里点出的"修饰"问题,实际上也是汉译德语文学中一个普遍现象,只是此处不宜细论。《还乡记》主要是海涅怀念往日恋人的怀旧之作。1944 年,桂林新天地出版社推出的胡明树译《海涅政治诗》则收诗人不同时期的政治诗近 30 首。与 30 年代社会批判占上风的倾向相比,40 年代的海涅汉译,不同诗风明显呈相持状态。1946 年,上海诗歌新地社印出廖晓帆译《新的诗章》。此书今天罕见人提。而同年由香港橄榄社刊行的林林译《海涅诗选》,现在还为人乐道。② 1949 年,香港人间书屋曾出版林林译另一部海涅诗集《织工歌》,则是一部"社会诗选集"。译者们有意无意间在海涅的恋情诗和政治诗之间寻找某种平衡,此次再得证实。

除了上述海涅诗歌专集,还有一些德国诗歌集中,也收有海涅诗。本节前面所及郭沫若等译的《德国诗选》可为一例。上海创造社出版部 1928 年版的《沫若译诗集》中也收海涅诗 2 首。另外比如还有方闻等译的《罗马哀歌》(点滴出版社,1944 年),收海涅《向着胸膛》等诗 4 首;林凡译《春情曲》(正风出版社,1947 年)收海涅诗达 20 多首。它们与报纸杂志上的单篇译作和作家专集一起,组成海涅诗歌汉译的繁盛阵营。

海涅一生还写过许多关于宗教、哲学和艺术的文论及其他散文类作品。相对其诗歌而言,这部分作品当时介绍不多,但也未湮没不闻。茅盾就从英文译出过他的《英吉利片断》,今见有上海生活书店 1935 年版。傅东华也译过他的《吉诃德先生》,刊于同年的《译文》2 卷 3 期。辛人则译有他《艺术与文学》一文,发表在次年的《东流》2 卷 3 期上。怡然编、华成

---

① 唐弢:《晦庵书话》,三联书店,1980 年,第 373 页。
② 就姜德明《林林与海涅》(《中华读书报》,1997 年 10 月 10 日)一文所述,所谓的"橄榄社"子虚乌有,此书实为香港生活书店的王仿子代印。

书局 1948 年版的《世界名人情书》中,还收有海涅的《致克密儿沙儿敦》。

海涅创作中起初为中国文坛惊叹的,首先该是其诗歌艺术化的语言和浪漫的情调。杨丙辰早在 1926 年的《亨利海纳评传》(《莽原》1 卷 3 期,1926 年 2 月 10 日)中就说:"因为他的诗,音韵的自然,腔调的流利,词句的灿丽轻妙,不仅是德国文学上的稀有珍品,即在世界的文学里亦是罕有其俦的。"段可情在其 1928 年海涅诗集《新春》的《译后》中也说:"偶然读读海涅的诗,便为他美丽的词句,和炽热的情感所诱惑,使我爱不释手地读下去",并且为其"低回委婉的情调,和流水鸟声般的音节"所陶醉。正是由于这种高妙的文字艺术和摄人心脾的情感表达,海涅在中国现代文学史上留下不灭的印记。前引《三叶集》中郭沫若的诗已是一例。鲜为人知的还有李金发的有关创作。他那首《呀我把她杀了》(《文学周报》4 卷 3 期,1926 年 12 月 5 日)诗的引子,就是海涅《诗歌集——抒情插曲》最后一段的德语原文。批评家们在留意他的"哀艳缠绵"[①]和浪漫主义风格的同时,也看到他"要求人类自由的热情"。[②] 北鸥在其《学习海涅》(《杂文》月刊,1935 年 4 号)一文中就提到海涅"从歌颂'蔷薇'走向人类不能缺少的'马铃薯'"的发展过程,并且指出:海涅"决不是意识的社会主义者,连彻底的无神论者也不是;他只是人类的自由和解放的赞美者,是热情的进步诗人"。这种评判今天看来仍是客观的持平之论。但是,随着左翼文学思潮的高涨,海涅在中国越来越被视为一个受压迫的革命斗士。比如林林在《诗的国防论》(《杂文》2 卷 2 期,1936 年 11 月 10 日)一文中,历数犹太民族在德国饱受的"难堪的轻蔑的待遇",并且称是犹太人的海涅为"人类解放的一个士兵"。更具象征意义的是《夜莺》杂志 1936 年的创刊号。其封面上即是俄国爱非莫夫的《海涅入狱》画。画面上海涅犯的是"危险思想及非我族类罪"。杂志第一篇周文的文章《谈傅东华先生的所谓"常人"》,即以海涅一首政治诗《代序》:

> 我看到了什么——我不直说
> 诅咒已把我的嘴唇堵住。
> 只许我说——
> 天老爷,好臭!

[①] 李金发:《德国文学》,第 57 页,载方璧等著《西洋文学讲座》,上海世界书局,1935 年。上海书店 1990 年影印。
[②] 郑振铎:《文学大纲·十九世纪的德国文学》,载《小说月报》17 卷 9 号,1926 年 9 月 10 日。

> ……这日耳曼未来的灵魂
> 臭得厉害,超过了我鼻子所能感触,
> 我也再不能忍受!

此诗出自海涅《德国,一个冬天的童话》26 章的 11 节和 15 节。试比较冯至的译文:

> 我看见了什么,我不泄露,
> 因为我已经宣誓保密,
> 我几乎说不出来
> 啊上帝! 我嗅到了什么气息!
> ……可是这德国将来的气息,
> 超过我的鼻子任何时候
> 所感受到的一切事物——
> 我不能更长久地忍受——①

很明显,周文的《代序》对原作改动较大,尤其是嵌入了德语原文中未出现的"臭"字。而正是译文中的"好臭"和"臭得厉害"赋予译文强烈的抨击力和战斗性。这是中国本土的社会现实需要。

如前所述,周学普也曾译过海涅的这部长诗,取名为《冬天的故事》,约 1943 年由福建永安十日谈社出版。他在《译者序》中联系当时德国政局,曾写下这样的话:

> 德国自身也将重演前次大战的悲剧,希特勒或将为威廉第二而不可得! 我们读海涅的讽刺诗,也多似乎针对现今的德国而说者。海涅地下有知,不知将为其祖国的愚妄的政治而怎样的悲愤而惋惜!

泚笔为文之际,译者一方面借海涅长诗谈德国时政,另一方面在这1943 年的年初,在自己的"避寇患流寓闽中",预告了两年后法西斯的失败。其历史的悟性和前瞻性让人服膺。

七 苏德曼——首位较完整地得到汉译的德国作家

"十八世纪德国文坛最大的人物,是贵推……和希勒尔。……到十九

---

① 引自冯至译:《德国,一个冬天的童话》,人民文学出版社,1978 年。

世纪末,就要数滋德曼……和郝卜特曼……了。"这是陈嘏《十九世纪末德国文坛代表者——滋德曼及郝卜特曼》(《东方杂志》17 卷 15 号,1920 年 8 月 10 日)一文的起首。滋德曼(即苏德曼,Hermann Sudermann),他在中国评论家眼中,至少是德国 19 世纪末出类拔萃的一位作家。似乎有些过誉,但还是近于事实而与妄断无涉。陈嘏接着又说:"他两人底著作,差不多各国都有译本,唯有中国没有,这也是一件憾事。"这项断言放在霍普特曼(即郝卜特曼)身上大致不错,但讲苏德曼当时尚无汉译,略显陈嘏孤陋了。

其实,苏德曼很可能是近代第一位其作品较完整地被译成汉语的德国作家。早在 1904 年,其长篇小说《卖国奴》(又译《猫桥》《猫路》)就被译成汉语,1904 年 8 月至 1905 年 4 月,分 15 次连载在《绣像小说》31—48 期上。寅半生在他《小说闲评》中曾归纳其内容如下:

> 书凡十六回。叙一千八百零六年俄、德两国联灭波兰,法国拿破仑援波兰为名,直压德境,德国史那特男爵私引法兵进境,遂犯众恶,目为卖国奴。子约西谏而不听,乃出亡,易名雅曼投军,擢千总之职。后闻男爵身死,冒险回家,举行葬礼。约西又与教士之女福蔑甚契,至是福蔑心变,与梅克戴订婚,梅愈与约西为仇,屡欲陷害,卒不可得,反隶约西部下出征。约西决意战死,以雪先人之耻,卒如其愿云。①

《小说闲评》刊于 1906—1907 年间的《游戏世界》1—18 期中。可见苏德曼的这部小说当时已受世人关注。

《绣像小说》1903 年创刊,其宗旨是"裨于国""利于民",并缘起于以下思考:"欧美化民,多由小说,博桑崛起,推波助澜。"②刊登这样一部有反侵略色彩的小说,在情在理。1905 年,即歌德等德国文学大家尚未正式在中国得到译介之前,这部根据日本登张竹风日译本转译的小说单行本,已通过商务印书馆在上海先期登陆,译者吴梼。封面上称此为"军事小说"。以后,上海支那书店于 1930 年推出此书成绍宗的重译,取名《猫路》;1933 年上海光华书店重版此书时,更名为《血爱》;1936 年,上海大光书局再版《血爱》,可见此书当时销路颇广。李金发以后在他的《德国文学 ABC》第六章"现代"这一节中,把苏德曼作为第一位德语作家予以介绍,有可能出于对他作品在中国影响的考虑。

---

① 引自马祖毅:《中国翻译史——五四以前部分》,中国对外翻译出版公司,1984 年,第 297 页。
② 商务印书馆主人:《本馆编印〈绣像小说〉缘起》,载《绣像小说》第 1 期,1903 年。

在《卖国奴》单行本出版数年后,不过在上提陈嘏的文章发表之前,上海真美善书店于 1917 年推出虚白等译的《欧美小说》,其中收"苏特门"的《大除夕的忏悔》。接着,北京大学出版一本中国的"文艺复兴"杂志《新潮》。这本由傅斯年等人主编的杂志在 1 卷 2 号(1919 年 2 月)上即登出苏德曼作、宋春舫译的剧本《推霞》。这还是《新潮》创刊后登出的第一部外国文学作品。同期另载李大钊的政论和胡适的诗。可见苏德曼在众多名家眼中绝非等闲之辈。

至此,在对苏德曼的译介方面,南北呼应的局面大致形成。进入 20 世纪 20 年代后似北方主动。潘家洵译的独幕剧《福利慈欣》同样发表在《新潮》2 卷 5 号(1920 年 9 月)上。晋韩的小说《她微笑了》,刊登于北京《晨报副刊·文学旬刊》12 号(1923 年 9 月 21 日)。

但是上海的动作更大。周作人等译、上海商务印书馆 1923 年版的《欧洲大陆小说集》(上)中,收有"兹德曼"作、愈之译的《欢乐的家庭》。胡仲持译出苏德曼的另一部长篇《忧愁夫人》(汉译名另有《妇人之忧》《忧姬》《多愁的母亲》等),1924 年仍由上海商务印书馆出版。胡仲持为此译写下相当详尽的《译序》。他先分析苏德曼同自然主义若即若离的关系,又指出其作品"富于浪漫的气质","乐天的理想"以及"那种含着精微的意义,细腻的幻想,诗的文体"的特点,再谈小说本身。加上此译另附的《苏台尔曼著作一览》,这篇《译序》不仅对理解这部小说大有裨益,简直就是认识苏德曼整个创作的一篇出色导论。

几年之后,创刊于上海的《真美善》杂志在 1 卷 8 号(1928 年 2 月 16 日)上重刊虚白译、"苏特门"的小说《大除夕的忏悔》。文首附有小序,讲:

> 十九世纪的戏剧运动里边推他算一个数一数二的领袖。到了现在虽有许多人批评他是个过去的人物,然而他的作品,尤其是短篇小说,多是用缜密的想象力很精细地织成的,当然要算是欧洲大陆现在的一个大作家。

这篇小说看来甚获宠爱,以后引出 30 年代和 40 年代多篇重译。比如有丽尼译的《除夕的忏悔》,载《小说》14 期(1934 年 12 月 15 日);再有钱歌川译的《除夕的告白》,载其上海中华书局 1935 年版的《青春之恋》;又有周瘦鹃译的《冬夜诉心》,收在他本人的《世界名家短篇小说全集》第二集中,上海大东书局 1947 年版。另外,上海然而社 1935 年版的《世界短篇小说名作选》再次收上述虚白的译文。

苏德曼一生写过几十部剧本。代表作之一为《故乡》，讲一位具有现代思想的女歌手衣锦还乡后，与故乡狭窄环境的冲突。此剧1930年被译成汉语出版，译者李瑾，出版者出人意料，是上海基督教女青年会全国协会编辑部。这大概与此书主人公是青年女子有关。上海世界书局20年代末出过一本《世界名著提要》，已提到此书，但误把它归入小说类，引出墨翟在《介绍世界名著提要》(《文学周报》8卷12期，1929年3月17日)一文中的嘲弄，提供了苏德曼在中国接受史上的一段小插曲。

《故乡》出版次年，席涤尘译出苏德曼的小说《欢快的人》，发表在《当代文艺》1卷5期(1931年5月15日)上。1932年，周颂棣译成苏德曼的小说集《快乐的人们》，由上海中华书局出版。这是第一部汉译苏德曼小说集，收小说3篇，除书名篇，即席涤尘《欢快的人》的重译外，另有《挽歌》和《蒂亚》两篇。译者写于1930年盛夏的译序这样介绍：

> 第一篇《挽歌》是描写一个诚朴的，没有见过世面的少妇的对于爱的憧憬和启示，在心理描写方面，我觉得这篇是很成功的。……
>
> 第二篇《蒂亚》，是一篇充满浪漫和乐观气息的散文。蒂亚是象征所谓灵的，但肉的意味又很浓厚。……
>
> 《快乐的人们》是一篇清隽的随笔，也是一张速写的漫画。像那位父亲这样自得其乐的人，在社会上大概不少吧。他的子女，一群活泼猴子们，令人看了不免要苦笑。

这大致归纳出此书主要内容。译者最后还指出："这三篇东西，都是偏重在技巧一方面的。作者对于每句句子，似乎都经过一度雕琢。"可见译者的选题着眼偏重于艺术美的一方，与《卖国奴》译者的视角迥然有异。

进入20世纪40年代后，苏德曼作品汉译还屡有问世，未见有明显衰势。海藻编、北京益智书店1941年版的《新世纪小说选》中收苏德曼的《挽歌》，宋慧选译，长春开明图书公司1944年版的《德意志短篇小说集》里，又重收这篇小说。胡仲持又译小说《秋》，发表在《文艺生活》光复版8期(1946年9月)上。鲍屡平译《大都会的小故事》(上海商务印书馆，1946年)中收其短篇小说《福》，这其实是《欢快的人》的又一重译。愈之译的《欢乐的家庭》再次被收入周缦云选辑、上海国新书店1947年版的《现代世界小说选》。以上是单篇。独立成书的另有两例。一是施蛰存译剧本《戴亚王》，福建永安十日谈社1945年出版。施蛰存在《后记》中说："在这个剧本中，苏特曼在一个古代戈特人的英勇国王戴亚的悲剧的史实中,表现了死的意义,当然,这就是表现了生的意义!"《后记》收笔于 1942 年 2 月,正是中国国难当头的艰苦时期。译者的感慨和激越,透过戴亚王这个历史题材吐露无遗。二是北芒重译的《忧愁夫人》,上海国际文化服务社 1948 年版。这部苏德曼的代表作,为其民国时期的汉译作了一个较为完满的暂时性收束。

苏德曼已在中国读者对他兴趣盎然的 1928 年逝世。当时国内不少报纸杂志对此报道,以示悼念。在此仅举赵景深在《文学周报》8 卷 5 期(1929 年 1 月 27 日)上的《苏德曼逝世》一文。文章回溯了他一生的创作后这样收尾:

> 严格的说起来,苏德曼远逊于霍普特曼,他没有《织工》那样热情的作品,他谈到有礼貌的社会比无产阶级或小资产阶级要多些。他的布景大半是华丽的会客厅。如今苏德曼逝世,若说是有什么可纪念的地方,大约就是他尊重恋爱的女性的剧本《名誉》与《故乡》了。

置以阶级立场划分作品等级的标准不论,即便是《卖国奴》的反对侵略和抨击背叛、《忧愁夫人》的针砭时弊,在这里还是让位于恋爱故事、女性柔情。这也许体现了德语文学中国流传史的一个特征。

对苏德曼生平创作更详尽的论述可见毕树堂的《苏德曼论》(《中德学志》4 卷 1、2 期,1942 年 3 月、6 月)。但这大致上是一些英语参考资料的综述,与翻译或接受史勾连不多,故略。

八　文学家尼采及其《查拉图斯特拉如是说》

关于尼采(Friedrich Nietzsche)在中国的流传,有人认为梁启超 1902 年的《进化论及革命者的颉德之学说》(《新民丛报》18 期)是开其端的文章。[1] 此文第一次提到"尼志埃"(即尼采)。较早详介其学说的,恐怕是王国维 1904 年《叔本华与尼采》一文。文章不仅赞扬尼采有"旷世的文才",[2]而且译出他代表作《查拉图斯特拉如是说》中的一节。以后,陈独

---

[1] 陈鼓应:《悲剧哲学家尼采》,三联书店,1992 年,第 1 页。
[2] 载《教育世界》84、85 号(1904 年)。引自张芳:《我看尼采——中国学者论尼采(1949 年前)》,南京大学出版社,2000 年。

秀、蔡元培、傅斯年和李大钊等人均著文述其学说。当时,有人称"尼氏为近代思想大家"①,也有人说,尼采"实最配称为现代文学之祖"②。而茅盾在论其《查拉图斯特拉如是说》一书时感慨而言:"尼采实在有诗的天才,与其说他是大哲学家,不如说他是大文豪。"③这在一定程度上代表了中国文坛对他的看法。

实际上,在作出上述评价之前,茅盾在《解放与改造》1卷6、7期(1919年11月15日、12月1日)中,已译出尼采此书中极富批判力的两章:《新偶像》和《市场之蝇》,并在译序中称尼采此书为"文学中少有的书"。有此看法并非茅盾一人。郑振铎在他《文学大纲·十九世纪的德国文学》(《小说月报》17卷9号,1926年9月10日)中也称此书"是德国新时代文学中的杰作"。随后,鲁迅在《新潮》2卷5号(1920年9月1日)上也以笔名唐俟译出《察拉图斯忒拉的序言》。因为尼采的文章"外观上常见矛盾,所以不容易理解",鲁迅又对译文各节作解,表现出他在中国广布尼采的良苦用心。此书较完整的汉译首先由郭沫若完成。自1923年5月至1924年2月,他时断时续地在《创造周报》1—39号上发表他的译文《查拉图司屈拉》。对于翻译的契机,他曾在《创造周报》1号(1923年5月13日)中这样解释:

> 尼采的思想,前几年早已影响模糊地宣传于国内。但是他的著作尚不曾有过一部整个的翻译,便是这部最有名的《查拉图司屈拉》,虽然早有人登了几年的广告要移译他,但至今还不见有译书出来,我现在不揣冒昧,要把他从德文原文移译一遍,在本报上逐次发表,俟将来全部译竟之后再来裒集成书。

可惜郭沫若并未践言,仅译出了此书第一章和第二章的一部分,便草草收场。这些残篇以后以《查拉图司特拉钞》为名,作为单行本1928年由上海创造社出版部出版。

另一位尼采作品的早期译家是林语堂。他先译《Zarathustra语录》,发表在《语丝》55期(1925年11月30日)上,又后译成《市场的苍蝇》,刊登于《论语》56期(1935年1月1日)的"西洋幽默专号"中。译文前有一小段按语,文风颇合"幽默专号"的名称:"——译自萨天师语录,卷一,章

---

① 守常:《介绍哲人尼采》,载《晨钟报》,1916年8月22日。引自《我看尼采——中国学者论尼采(1949年前)》,第54页。
② 余祥森:《二十年来的德意志文学》,载《小说月报》20卷8号,1929年8月10日。
③ 雁冰:《尼采的学说》,载《学生杂志》7卷1号,1920年。

十二。按中国讨论蝇檄,若张咏'骂蝇文'之类颇多,但少寓讽意如尼采此文者。"

在此期间,曾留德的梵澄(徐诗荃)据英文悉数译出《苏鲁支语录》,在鲁迅的极力推荐下,发表在郑振铎主持的《世界文库》8—11辑(1935年)上。译文1936年9月由上海书店出了单行本,但已非首部完整的汉译。1936年3月,上海商务印书馆已捷足先登,抢先推出肖赣也据英文转译的《扎拉图士特拉如是说》。

此书另一汉译题为《查拉杜斯屈拉如是说》,译者雷百韦,由上海中华书局1940年版。书名页上题有"人人可读无人可读之书"字样。也许指尼采本书易见难解的特性。

民国时期此书最后一个汉译本似为高寒的《查拉图斯特拉如是说》,贵阳文通书局1947年版。作于1931年的《译者题记》颇具当时左翼文学的强烈气息和革命者的殉难精神:

> 但现在,查拉图斯特拉总算是有机会出版了,这令我有着将被折断了的一支钢箭,终于有投射出来了那样的欢喜。——所以,在这钢箭的箭端,也还愿意绑扎着投射给这时代的一封短短的消息:哦,我的兄弟们呦!头胎儿子永远是被牺牲的。现在我们便是头胎儿子!

尼采那犀利的批判锋芒,确是当时众多汉译的客观动因。1931年的序和1947年的初版,倘若这都没错,其间该潜伏着一个尼采译介史上不同寻常的故事。

尼采这部名著,既受译家青睐,也获评家推重。赏识之辞太多,这里仅举一例。余祥森在他《二十年来的德意志文学》(《小说月报》20卷8号,1929年8月10号)中就这样说:

> 他的不朽的散文诗集《察拉图斯特剌这样说》虽然未到最伟大诗人所达热烈迫真的至境,但充满着无限的智慧,夹杂着斑驳灿烂的形象与离奇神秘的譬喻,已足引起读者聚精会神,加以豪迈流利的文势,尖锐激刺的辞句,新颖独特的格式,尤足诱人入于惝恍迷离之境。

正是受此文风文势的影响,林语堂早在20世纪20年代已写下一系列题为《萨天师语录》的散文,模仿尼采笔法,讨伐中国传统文化中的种种陋习,传为佳话。

除了《查拉图斯特拉如是说》,尼采作品较早的汉译尚存梵澄译《朝霞》和《快乐的知识》,上海商务印书馆 1935 年和 1939 年版。刘恩久的《看哪,这个人!》则由沈阳文化书店 1947 年推出。同年重庆文通书局推出的译本书名相似,《看哪,这人》,译者高寒。

名人书信也为人所重。尼采不例外。这就有了郁达夫译《超人的一面——尼采给 Madame O. Luise 的七封信》,载《北新》4 卷 1、2 期(1930年 1 月)。郁达夫在其《译者附记》中作注:"洁身自好的尼采,孤独倔强的尼采,在这里居然也留下了一篇宋广平的梅花之赋",让中国读者注意尼采"这一位冷酷孤傲的哲学者"的"柔情"。怡然编、华成书局 1948 年版的《世界名人情书》中也收有尼采的《致一个荷兰少女》。

文学家如郁达夫,显然更注意尼采的诗人气质。而尼采确实也是一位出色的诗人。志希曾译尼采的诗《沙拉煞斯查的夜歌》,发表在《现代评论》6 卷 153 期(1927 年 11 月 12 日)上。这是笔者所见第一首汉译尼采诗。梁宗岱则在《文学》3 卷 3 期(1934 年 9 月 1 日)上发表他译的《尼采底诗》,其中收《流浪人》《秋天》《松与雷》《叔本华》《威尼斯》《最孤寂者(断片)》《醉歌》《最后的意志》和《太阳落了》9 首,近 200 行,是对尼采诗作的一次大规模介绍。记得杨丙辰在他 1926 年写的《亨利海涅评传》(《莽原》1 卷 3 期)中,曾视海涅为歌德之外德国第一位诗人。而梁宗岱在其译序中却宣称:"在德国底抒情诗里,我敢大胆说他[尼采]是歌德以后第一人。"可见一位中国诗人对尼采的钦敬。这 9 首诗在收入梁宗岱上海商务印书馆 1934 年版的译诗集《一切的峰顶》时,除诗序外,诗名也稍有变化。比如《秋天》被改为《秋》,《最后的意志》被改成《遗嘱》。同时收入这部译诗集的也有歌德诗,但仅 7 首。再次可见梁宗岱对尼采的看重。

民国时期尼采诗的另一位主要译者是冯至。他在 1937 年元旦出版的《文学》8 卷 1 号上译出《尼采诗钞》,包括"Ecco Homo"《旅人》《星辰道德》《新的哥伦布》《秋》和《伞松和闪电》6 首。其中最后两首已为梁宗岱译过。同年,冯至还在《译文》新 3 卷 3 期(1937 年 5 月 16 日)上继续发表《尼采诗钞》,含《怜悯赠答》《在南方》《在西司马利亚》《在敌人包围中》和《最后的意志》5 首,与前译无重复,但最后一首也已有梁宗岱译文。冯至译的尼采诗《新的哥伦布》和《秋》,以后还被收入梁孟庚编,山丁选的《近代世界诗选》,由长春满洲图书株式会社 1941 年出版。

值得注意的是,梁宗岱和冯至都译过的那首《松与雷》(冯译为《伞松与闪电》)又被潜初在《战国策》第3期(1940年)上再次重译过。① 可见这首很能表达尼采那孤傲凌空之"超人"形象的诗,颇为中国诗人所好。

辛亥革命前后,特别是五四运动以后,打破旧的偶像,创立新的社会,一直是中国文人追求的目标。而尼采那尖利的笔锋、批判的精神,尤其是他那"超人"的形象,振奋了一代知识分子。"中国民族今日的死症,只有尼采的精神才能根本的医治。如果你们没有这虚荣心,把这圣灵溶化在自己的灵魂里,中国民族永远不能得救。"②黄魂曾借耶稣口吻,这样激励中国民众。正是对于这种批判精神的崇仰,王国维也曾把尼采学说与成吉思汗、拿破仑的惊天事业相提并论。以后或是鲁迅、郭沫若等新文学运动的大师,或是狂飙社、《战国策》这样的社团或刊物,都受其思想文风的滋润与催发。延续至今,对尼采学说的关注,就此文落笔之时来看,在中国已盖过其他所有德国作家,值得学界深思。

九　由《威廉·退尔》带出的席勒译介

李凤苞《使德日记》1878年11月29日的记载中,讲歌德时曾说:"编纂昔勒诗以为传奇。"③这里的"昔勒"应为席勒(Friedrich Schiller)。倘若不错,这很可能也是国人首次提及这位德语文学史上地位同样显赫的作家。另一位中国晚清外交家张德彝在《随使德国记》中,记载他1890年2月3日在柏林看戏,内容是"某甲"被迫箭射亲儿头上之橘,④也许是中国人对席勒名剧《威廉·退尔》的第一次记录。

正是此剧,以后成了席勒第一部汉译剧本,译者马君武。在他获柏林工科博士的1915年,该剧发表在上海中华书局发行的《大中华杂志》创刊号上,自1月20日的1卷1期连载到6月20日的1卷6期上。⑤ 这份由梁启超主编的杂志在创刊号上即以席勒作品开道,非属偶然。同是他主编的《新小说》早在1905年3月的14号上,已刊出席勒画像。梁启超顶

---

① 参见成芳:《尼采在中国——中国学者论尼采(1949年前)》,南京出版社,1993年,第212页。
② 黄魂:《尼采精神与今日中国民族的死症》,载《救国周报》13号,1932年。此处引自成芳:《我看尼采——中国学者论尼采(1949年前)》,南京大学出版社,2000年,第247页。
③ 引自曾纪泽:《使西日记》(外一种),湖南人民出版社,1981年,第45页。
④ 参见钟叔河:《书前书后》,海南出版社,1992年,第201页。
⑤ 可参见《中国近代文学大系·史料索引集》(1840—1919),上海书店,1996年,第91页。

礼席勒,可以说由来已久。这部雄浑刚劲、摧抑豪强的剧作在中国际遇不凡。郑振铎在他《文学大纲·十八世纪的德国文学》(《小说月报》16 卷 12 号,1925 年 12 月 10 日)中称之为席勒最有名的剧本,并说:"当威廉·退尔在射苹果时,或当他们在黎明的红光中报告胜利的消息时,不知怎样的总使读者感到一种莫可言论的感动。"他在文中一再突出主人公"被迫用箭射他自己儿子头上的苹果之事",让人想起张德彝当年观看此剧后做下的记录。足证一个独创性情节的感人魅力。

1925 年,上海中华书局最终推出单行本《威廉退尔》。马君武在《译言》中交代:

> 吾欲译欧洲戏曲久矣。每未得闲。今来居瑞士之宁茫湖边。感于其地方之文明。人民之自由。到处瞻仰威廉退尔之遗像。为译此曲。此虽戏曲呼。实可作瑞士开国史读也。予译此书。不知坠过几多次眼泪。予固虽非擅哭者。不审吾国人读此书。具何种感觉耳。

国人的感觉可在仲民的书评《读了马君武译的威廉退尔以后》(《泰东月刊》1 卷 5 期,1928 年 1 月 1 日)中读到。作者首先坦言自己以前读到此剧德语原文时的感动:

> 好像我周身的血液曾经沸腾了不少的次数,热烈的情绪也时常随着他描写的深浅忽而紧张,忽而驰放。尤其是那从字里行间流露出来的一种自然的爱国心诱出我不少的眼泪。

马君武也好,仲民也罢,都被此剧勾出一掬泪水。可见席勒这个剧本确有动人之处。不过,赞扬非此文主旨。文章的要点是对马君武译文的批评。仲民不时地把马君武的汉译同德语原文对照,言之有据地指出译文中的错误,随意的删减和粗心的脱漏。最后满含讥讽,感慨而言:"译笔奇妙若此,叹观止矣,我不愿多说。"长达 7 页的文章,仍似言犹未尽。批评归批评,马君武的译本到 1941 年,至少还重版 4 次。纠谬补缺的批评,最终湮没在重版的喧嚣声中。

此剧的另一个汉译本 1936 年由上海开明书店出版,译者项子和。他在《译者弁言》中讲述此译缘由。一是他初读此剧德语原文时,"泪为之收,血为之沸,头为之昂,臂为之健",最后对此剧"爱不释手"。二是"偶以[马君武]译本与原文参照,见其所译简略之处颇多,意或译自节本"。项子和为马君武留德时的同学,或许因此,他才出言谨慎。但对马译的不满清晰可读。最后他说:"席勒与歌德齐名,此等世界文字,精神文字,自由文字,爱国文字,不可无足本之华译,因从以洪之意卒译之。"①以"足本"替"节本",这是项子和本意。

《威廉·退尔》还被拍成过电影。据郑振铎《介绍〈威廉·退尔〉》(《文学周报》234期,1926年7月18日)一文所言,这部中文名为《义士退尔》的德国电影于1925年,即马君武译本单行本印行的当年,曾在上海大戏院放映,可惜上座率不佳。他的记录是:"这种动人的戏剧真不能不看。然而当我去看时,却只见寥寥的几个客!"令人沮丧。而宋之的与陈白尘据此剧改编的多幕剧《民族万岁》,却在1938年入川演出中盛极一时。这当然同抗战的背景有关。不过,改编从形式到内容与原作大相径庭,其影响似已不能完全归于席勒原作的功能。②

席勒的另一代表作《强盗》,1926年由杨丙辰译出,上海北新书局以《强盗》和《讨暴虐者》两个书名同时出版。与项子和一样,杨丙辰在《译者自序》中也把席勒与歌德并提。不同的是,他还对席勒同歌德作了极出色的比较:

> 葛德的才思是客观的,写实的,趋外的,八方面的伴奂全备的。释勒的才思是主观的,唯心的,趋内的,深不可识,高不可攀的。葛德是富有渊若大海,一望无际的情感的,释勒是富有灿若日月的哲识理想和奋斗向上的精神的。因此葛德就是一个天生的抒情诗人,释勒就是一个天生的戏剧家。而葛德一生最精纯最出色的作品,就是他的抒情诗。释勒一生的最出色杰作却是他的戏剧。

之所以胪列这段前人的旧评,实在是有感于杨丙辰那今天还颇具说服力的比照和解读。

或许鲁迅也注意到了这部译作? 不管怎样,他主编的《莽原》2卷3期(1927年2月10日)上也发表了杨丙辰译、席勒作的《〈强盗〉初版原序》。但钱杏邨的确熟悉此剧。他在其《德国文学漫评》(《小说月报》19卷3号,1928年3月10日)中把此剧与《水浒传》相提并论,又把席勒笔下的"强盗"比作项羽,对"他们[强盗们]的勇敢,毅力,大无畏的精神",以及

---

① 以洪——陆以洪,项子和的朋友。据此译的《译者弁言》。
② 有关《民族万岁》可参见袁志英:《〈威廉·退尔〉在中国》,载杨武能选编《席勒与中国》,四川文艺出版社,1989年。

"刚毅不屈,对社会不妥协"大加赞赏。评论似有过誉之处,因为席勒的强盗主人公,最后还是妥协了事。剧本的结局实际上是这样:强盗首领卡尔率众盗捉拿其干尽坏事的弟弟法尔茨,后者最后畏罪自缢而死。卡尔的未婚妻阿玛丽娅在森林中认出卡尔,要求他离开群盗。但卡尔不能违背自己当初同他们立下的生死盟约,被迫杀死未婚妻,再向官府自首。一则想为品评以上钱杏邨的赏析提供依据,二则为指出以下的错误做好铺垫。1931年,乐华图书公司出版周梦蝶编《中外文学辞典》,其中收席勒的《强盗》条目,其结尾如下:

> 从尼庵中归来的她[卡尔之未婚妻],竭力怂恿他[卡尔]自作领主,他动心于爱妻的叮嘱,终于打消了强盗的雄心,抛却了武力改造社会的残梦,两口儿便过度着很美满的生活。

汉译已出,词典条目的写作却如此随意粗疏,令人扼腕。也许是受中国传统文学作品大团圆结局的影响所致?这在今天恐怕已不易弄清。

此后,席勒另外几部重要剧作也被译成汉语。1932年,上海商务印书馆出版胡仁源译《瓦轮斯丹》。此剧又由郭沫若重译,题为《华伦斯太》,上海生活书店1936年版。出于"求全的奢望",郭沫若在跋文《译完了华伦斯太之后》中,既肯定剧本的艺术性,也指出席勒在人物塑造方面的破绽。涉及的问题有:对"返之自然"口号的误用,主题在性格悲剧和命运悲剧之间的游移及由此带来的人物性格模糊,体现出译者自身的理论修养及创作观。文章末尾,郭沫若感谢席勒,"替我们中国文艺界介绍了一位西方式的'汉奸'",有意无意把读者拉回中国抵御外敌的现实。

1932年,上海安国栋发行叶善定编译的《奥里昂的女郎》①。在书前的《席勒尔小传》中,译者也把歌德同席勒互做比较,说:"前者是直感的,天籁的,所谓 naive 底诗人,后者却富于沉雄的气韵,而成其所谓 sentimental 底艺术。"译者甚至把席勒比作"吟望低垂的杜子美",把歌德视为"兴酣笔落,诗成啸傲的谪仙翁"。想象力虽强,但考虑到中德作家截然不同的文化背景和才质性情,比较稍显勉强。席勒此剧另有上海商务印书馆1933年关德懋的译本,书名和附件与叶善定译本相同,甚至正文

---

① 上海图书馆另藏有内容完全相同的译本,不过封面为"紫蕴"题字,"席勒尔著,鲁迅译"的《奥里昂的女郎》,无版权页。

页数也同叶译一致。未见原书,不敢做进一步推断。

席勒另一部代表作《阴谋与爱情》1934 年也由上海商务印书馆出版,译者张富岁。此书由胡适题字,书前又有杨丙辰的《杨序》,颇显珍贵。杨丙辰在序言中称赞席勒是个"理智敏捷,念虑深长,想象力极强烈"的人,自 1926 年译《强盗》后,再次显示他对席勒的看重。民国时期,席勒此书另有一部重译,名《恋爱与阴谋》,译者顾仲彝,上海光明书局 1940 年版。

20 世纪二三十年代在中国得到译介的另一部席勒剧本是《狄默特纽斯》(片段)。李金发在其《德国文学 ABC》(1928 年)中,以《德姆特利阿斯》为名,译出这部"片段"中的片段。

席勒还是一位出色的诗人。应时在他的《德诗汉译》(1914 年)中,首次译出他的《质友》(今译《人质》)。随后,唐性天在上海文学研究会主办的《文学旬刊》2、3、4 号(1921 年 5 月 20 日—6 月 20 日)中连续发表《西喇叙事诗三首》,分别是《手套》《姐妹爱》(今译《托根堡的骑士》)和《担保》(即《人质》)。其中第二首似未译完,而且译文最后一段与原文偏差较大。译诗前尚有译者小引,介绍席勒生平及创作特点,特别强调"西喇的叙事诗对于十九世纪艺术的发展很有大功"。接着,徐志摩在北京,在他本人参与编辑的《晨报副刊》47 号(1925 年 8 月 11 日)上发表《译 Schiller 诗一首》。这实际上是上提《托根堡的骑士》中第一段的重译。

上海创造社 1927 年版的《德国诗选》中,收有郭沫若译的席勒诗《渔歌》。1928 年,李金发在《德国文学 ABC》一书中,也曾译出几首席勒诗。一是《理想》,二是《大地之分给》,三为《十九世纪的开始》(今译《新世纪的开始》),均为散文体。

进入 30 年代,席勒诗作的汉译日渐增多。何德明译《世界的末日》,载《现代文学评论》2 卷 3 期和 3 卷 1 期合刊(1931 年 10 月 20 日),一年后又重登在《新时代》2 卷 2—3 期(1932 年 6 月 1 日)中。随后,小默译《世界的分割》,见载于《文学》4 卷 1 号(1935 年 1 月 1 日)。此诗实为李金发译《大地之分给》的重译。又一重译《地球之分割》刊登在《时与潮文艺》1 卷 1 期(1943 年 3 月 15 日)上,译者张嘉谋。这首当时也许重译次数最多的席勒诗,讲宙斯把世界分给众人,剩下诗人沉醉于神的光辉而忘了尘世,只能与神主分享精神,极富想象力和诗意。

到了20世纪40年代,商章孙也加入译者行列。他重译了《托根堡的骑士》,取名《武士涂根堡》,又新译《伊壁古士的鹳鸟》(今译《伊俾科斯的鹳》),分载于《文艺月刊》11卷6期(1941年6月16日)和11卷8期(1941年8月16日)上。张嘉谋又译《大钟歌》,发表在《文艺月刊》11卷9期(1941年9月16日)中,并且配上自己的短论《释勒的〈大钟歌〉》。《大钟歌》是席勒诗歌中的一篇杰作。它把人的一生融在铸钟的过程中叙述,手法奇特,胜意时出。贺麟在其《文化与人生》一书中,先以短短数言,介绍此诗,然后总结说:

> 此诗可代表雏形的"人生现象学",将人的生活现象,依次发展的阶段阐述无余。而后来黑格尔似乎采取此种方式,扩充成为"精神现象学"……黑格尔可以说是深得诗人之旨而发挥之,无怪乎他极爱席勒的《大钟歌》一诗了。①

席勒的诗常常融抒情和思辨于一炉,贺麟所见,当属卓识。

除了席勒的创作,②为纪念席勒"一百三十年卒忌",《文学》4卷1号(1935年1月1日)的"世界文人生卒纪念特辑"中,还刊登过小默译、希尔特(Hilde)作的《德国诗人席勒》。此文是德国友人希尔特女士为这份中国杂志特撰。中德学术界的交流,看来那时已有成果。此外,杨丙辰也译过德国著名学者洪堡(他译为"洪博尔德")的文章《释勒的精神特质》,发表在《文艺者》月刊2号(1944年6月10日)上。

席勒作品民国时期的汉译,从总体上讲数量有限。或许与他不同于歌德的风格有关。其作品常常"充满着雄壮的光辉"③,这在某种程度上并不怎么符合一些文人及读者对外国文学的期待视野。钱锺书在讲李凤苞《使德日记》曾说,歌德名字的出现是沾了美国驻德公使美耶·台勒的光。④ 而席勒作品在中国的传布或许也得益于歌德的大名,因为那时人们说及歌德,就会想到他同时代的好友——伟大文豪西拉。⑤ 不过鉴于席勒的文学成就和贡献,我们恐怕也能说,正是歌德的遐迩声名,一定程度上

---

① 贺麟:《文化与人生》,上海商务印书馆,1947年,第84页。
② 除了戏剧与诗歌,刘思训等译、上海中华书局1931年版的《德国名家小说集》中,还收有席勒的小说《不得已的犯人》。
③ 李金发:《德国文学》,第36页,载方璧等著《西洋文学讲座》,上海世界书局,1935年,上海书店1990年影印。
④ 参见钱锺书:《汉译第一首英语诗〈人生颂〉及有关二三事》,《七缀集》,上海古籍出版社,1985年,第134页。
⑤ 李金发:《德国文学》,第35页。

遮蔽了席勒的熠熠光华。

十 "以性爱为主题"的作家施尼茨勒

施尼茨勒(Arthur Schnitzler)是奥地利著名剧作家和小说家，先以剧本《阿那托尔》享誉中国。这是一部由7个独幕剧连缀而成的所谓"独幕连环剧"，贯穿始终的是男主人公阿那托尔，女主人公则各不相同。茅盾首译此剧第4幕《界石》，发表在《时事新报》副刊《学灯》(1919年8月28日)上。此剧的另一幕《买圣诞礼物》后由西林译成，刊于《太平洋》4卷5号(1924年3月5日)。而此前《阿那托尔》全剧的翻译已由郭绍虞完成，上海商务印书馆1922年版，郑振铎作序。这篇简介作家生平与创作的译序中，有不少对其作品的钦敬之辞。比如下文：

> 好像一个弹琴的高手，琴弦虽只有几条，而经过他的拨弹，则琴音高低抑扬，变化无穷，时如迅雷疾雨，时如清溪小流，时如深夜沉寂中，闻寡妇之哀哭，时如微风过松间，悠然清楚。

郑振铎笔端带情，几有追摹白居易赞琵琶女的雅致。而余祥森在其《二十年来的德意志文学》(《小说月报》20卷8号，1929年8月10日)中对施尼茨勒的印象与此无异，说他具有"维也纳人公具的轻清、愉快的性质"，又"善于用哀感顽艳的辞句，表述愁苦不全的生活。他的特性最初表现于他的独幕剧《阿那托尔》与杂剧《娇媚》"。此话部分地道出施尼茨勒作品的艺术特点，也呈现出中国文坛对德语文学的欣赏点。

余祥森上提《娇媚》，是今译为《儿戏恋爱》的另一剧本。赵伯颜数年后译出此剧，题为《恋爱三昧》，上海乐群书店1929年版。书中还加收施尼茨勒的独幕剧《绿鹦鹉》。林惠元译的剧本《生的时刻》，发表在《北新》3卷10期(1929年6月1日)上。周伯涵译的独幕剧《伴侣》(又译《女伴》)刊登在《小说世界》18卷2期(1929年6月)上。由此可见，施尼茨勒剧本的汉译在20年代末曾极一时之盛。而这一盛况进入30年代后并无减退之势。1930年，上海水沫书店还出版赵伯颜译的施尼茨勒另一部名剧《循环舞》。

施尼茨勒擅长的另一领域是小说创作。这方面最引人注目的汉译者属施蛰存。尚志书屋 1929 年版的《多情的寡妇》即出自他的译笔。① 随后,他还译出《毗亚特丽思》(今译《贝娅特丽丝的面纱》)、《爱尔赛小姐》和《蓓尔达迦兰夫人》,合成一书,取名《妇心三部曲》,1931 年由上海神州国光社出版。施尼茨勒作品的巧妙构思、细腻笔触以及伤感情调无疑扣动了众多读者的心弦。20 世纪 40 年代初,此书中的 3 篇小说分别以《孤零》《私恋》和《女难》为书名,由上海文化出版社和言行社重版或再版。《妇心三部曲》之后,施蛰存又译施尼茨勒最后一部长篇《薄命的戴丽莎》(又译《德莱撒,一个女人一生的历史》),1937 年由上海中华书局推出。施蛰存的译本常常不附译序或后记之类的文字,这次不同。他在此书《译者序》中,分析了奥地利和德国在国民气质及文学上的差异,也介绍了施尼茨勒的生平及写作方式。比如说"每当他在著作的时候,他不愿意有家人去扰乱他,因此他的饮食物都是预先贮藏在书斋里的"。颇有传奇色彩。关于施尼茨勒创作的主题,他总结说:"显尼志勒的作品可以说全部都以性爱为主题的。……但是他描写性爱并不是描写这一种事实或说行为,他大概都是注重在性心理的分析。"同样也是作家,施蛰存的话不失为精当之论。上文曾及关于《多情的寡妇》的书名译法问题。在这篇《译者序》中,施蛰存也不安地对读者说:"本书原名为《戴丽莎:一个妇人的行述》。现在为了我国出版界的方便起见,改成为这个不免俗气的题名,译者觉得很是抱歉。"再次显出译者面对迎合俗众的无奈。但是,出版社依旧印出对自己颇有微词的译序,也表现出它的宽容,或许和译者一样的迫不得已。

　　施蛰存的译作主要在上海出版,1945 年也曾进入福建。这年 8 月,他译的《爱尔赛之死》由福建南平复兴出版社出版。9 月,他译的《自杀之前》又由福建永安十日谈社推出。此书《题记》与《爱尔赛之死》的《题记》无异。从中可知,此译多年前曾以《中尉哥斯脱尔》为名发表在《东方杂志》上。翻检旧译,更名再出,需有一番解释。施蛰存戏引英诗"书不比女人,老了就不行了"自辩。

　　留意上提施尼茨勒汉译者的名字,可见其中不乏中国现代文学史上的名家。② 可补充的还有几位。叶灵凤 1929 年译过"舍里斯勒"的小说

---

① 施蛰存在《爱尔赛之死》(复兴出版社,1945 年)的《题记》中提到此译,说此书原名《蓓尔达·迦兰》,应出版商的庸俗的请求,改为此名。
② 吴晓樵《施尼茨勒与中国结缘》(《中华读书报》,2000 年 6 月 7 日)中还提及:"田汉翻译过他的剧本《最后的假面》。"笔者未见。

《花》,发表在《现代小说》2 卷 1 期中。刘大杰曾译"斯尼支勒"的《独身者之死》,刊登在《文艺月刊》3 卷 5—6 期(1932 年 6 月 30 日)上。同年,上海中华书局还推出他译的单部小说《苦恋》(即《贝尔塔·嘉兰夫人》)。刘大杰在《译者的话》中交代,他在日本留学期间通过英译识此小说,并开始翻译,完稿却在 3 年后的上海,可见他对此书的难舍之情。尤其难能可贵的是,他还为此译附上 10 多页的《显尼支勒与维也纳文学》一文,详介施尼茨勒的创作背景及主要著作。文后的《显尼支勒著作年表》,又列出作家约 30 部代表作的译名和原名。其结束语"主要的作品,想不至有很大的遗漏",今日检视,也非虚言。

创造社元老之一陶晶孙被人遗忘数十年后今日再现。百家出版社 1998 年版的《陶晶孙百年诞辰纪念集》中,介绍他也曾译过施尼茨勒的小说《盲目的极洛尼莫和他的哥哥》,1930 年版收入他的译文集《盲目弟兄的爱》,上海世界文艺书社版。同年,上海光华书局的《世界短篇杰作选》中,收入叶灵凤译的《花》。

施尼茨勒作品的译者中还有林微音。其译作《莱森波男爵的命运》刊登在《现代》5 卷 2 期(1934 年 6 月 1 日)上,之后又被收入陈陟编的《世界名著杰作选》(经纬书局,1937 年)。韦澄芬的重译取名《李山布男爵的命运》,刊登在施落英编、上海启明书局 1937 年版的《中欧小说名著》中。

曾译过海涅作品的段可情则译成施尼茨勒长篇小说《死》,1930 年上海现代书局初版。这部对死亡作哲理思考的书,情调忧郁,但艺术手法极为细腻,把一个人临死前的观念和心理,描写得淋漓尽致。值得一读的还有段可情写的《译后》。文章起首奇崛,不提施尼茨勒的生平,而是先谈他的民族——犹太民族,说:"犹太人在各种学术及政治地位上往往占有最高位置,尤其是在经济地位上,可以影响任何国家的财政。"接着是一个修辞反问:"在上海的经济权,不是一大半都操在英国犹太人哈同的手里吗?"这篇写于 1929 年 6 月的文章,开篇展示出一段上海的历史或犹太人的活动史,以此建立了施尼茨勒与中国的粘连关系,别出心裁。对于这部小说的艺术风格,译者赞不绝口,但对于此书的思想内容,却不愿苟同,并为同仁代言:"我们只欣赏这作品的艺术手腕,而反对那样表现世纪末伤感忧郁的病态的思想,要振作我们新世纪开始的斗争时代的奋斗精神。"几十年后,类似的文学评论方法与视角,曾在中国被推向极致。读此句子,可见它其来有自。

30 年代被译成汉语的施尼茨勒小说,还有《丽娣琪达的日记》(今译《雷德贡达的日记》),可华译,载《矛盾》3 卷 3—4 期合刊(1934 年 6 月 1 日)。丽尼译《沉默的宽恕》发表在《小说》半月刊 1934 年第 6 期上。李志萃则编译了《苦恋》,作为"通俗本世界名著丛刊"一种,1934 年由上海开华书局出版。译者在激赏作品艺术成就的同时,同样不愿漏却对作品社会批评意蕴的提示,在《前言》中说:"《苦恋》在艺术立场上是一部名作,另一方面还含着最悲惨的妇女问题在。"

何文基译《哀尔赛姑娘》,上海大众出版社 1949 年版,可能是"显尼支劳"民国时期汉译的最后一部单行本。

施尼茨勒是为数不多的、在世时已为中国学界关注的德语作家之一。1922 年是他的 60 岁诞辰,西滢就在其评论郭绍虞译《阿那托尔》的文章《显尼志劳的剧本》(《太平洋》4 卷 5 号,1924 年 3 月 15 日)中,介绍德奥两国庆祝他生日的盛况。而其作品从问世到为中国学人注意乃至译成汉语的速度,同样让人赞叹。1928 年,他的最后一部长篇小说《德莱撒,一个女人一生的历史》出版,赵景深立刻以《显尼志劳写灰色小说》为题,对此做报道和评说:

> 最近显尼志劳又写了一部灰色小说《铁丽诗》(Therese),叙铁丽诗当女教师到处漂泊,最后竟得到悲惨的结果。
> 我们在显尼志劳的短篇里,已看到疲倦的浪漫色彩,再织入朦胧的神秘之网,益显出作者对于人类生活的厌恶。这种厌恶在铁丽诗中依旧赤裸裸的不加掩饰。①

1931 年 10 月 21 日,施尼茨勒在他的出生地维也纳去世。1931 年 11 月 16 日出版的《文艺新闻》36 号上,即刻报道《奥国戏剧家显尼志劳逝世》的消息,表达中国文坛对他的悼念。

十一 自然主义的代表作家霍普特曼

德国自然主义戏剧作家的主要代表霍普特曼(Gerhart Hauptmann)是 1912 年的诺贝尔文学奖获得者,这天下闻名,但他还是一位卓有成就的文

---

① 赵景深:《最近的世界文学》,上海远东图书公司,1928 年,第 139 页。

学批评家,这就不是尽人皆知了。不过在中国的译介史上,其第一篇被译成汉语的作品,很可能就是他的文学评论《新德国文学的新倾向》。元枚译,刊登在《小说月报》13卷12号(1922年12月10日)上。其代表作《织工》的汉译约两年后完成,译者陈家骝,1924年由上海商务印书馆出版。钱杏邨曾在20年代著文评论《织工》,对这部以1844年西里西亚织工起义为题材的剧本进行评述。文中既肯定霍普特曼"是德国最重要的剧作家",也指出:"我们从《织工》的结束方面就可以看到,作者至多也不过是对无产者表示一些同情,并不曾在他的作品里确定无产者永久的胜利的生命"[1],明显从无产阶级立场出发,对此剧持保留态度。

但这已不是中国学者对霍普特曼的首次品评。还在此剧汉译本出版以前,陈嘏已在《东方杂志》17卷15、16号(1920年8月10日)上作文《十九世纪末德国文坛代表者——滋德曼及郝卜特曼》,称霍普特曼为"大文豪",说他的《织工》"是一篇社会悲剧,写劳动者与资本家的冲突,对资本主义痛加抨击"。此后,希真(茅盾)在《小说月报》13卷6号(1922年6月10日)上著文《霍普特曼传》,也视他为"德国近代戏剧史上最有名的一个人",并且引一英国批评家的话,说"这篇《织工》已经够和他争一顶'世界的文豪'的头衔",或许是因为他看到,"这篇《织工》在思想上技术上都显出极强烈的反抗精神"。

《织工》汉译刚出,霍普特曼另一部自然主义的代表作、剧本《日出之前》的汉译即至,连载于《小说月报》16卷4—7号(1925年4月10日—7月10日),译者耿济之。同样是希真,他在《霍普德曼的自然主义作品》(《小说月报》13卷6号,1922年6月10日)一文中已做介绍:"这篇剧本说明环境的势力和遗传的势力,最为动人。"而钱杏邨的看法相似。他在《霍甫德曼的戏剧》(《现代小说》3卷3期,1929年12月15日)一文中,结合剧情写道:"很多的写实主义的作家说道:'环境的力量大矣哉'!环境的力量果真大么?《日出之前》就是一个证明,环境只能折服这样柔弱的女性,只能折服这些对环境投机的伪社会主义者。"霍普特曼剧作中是否能提挈出所谓的"伪社会主义者",值得商榷。不过,钱杏邨的评论为当时中国文坛政治环境流风所及,这点当无疑问。

继1924年《织工》、1925年《日出之前》汉译的问世,1927年,上海商务印书馆推出杨丙辰译、"豪布陀曼"的四幕喜剧《獭皮》和四幕悲喜剧

---

[1] 钱杏邨:《织工》,载《小说月报》19卷12号,1928年12月10日。

《火焰》。《獭皮》是一部所谓的"自然主义喜剧"。关于这部剧作的特点，杨丙辰在《译者序》中有很好的说明：

> 文学中的自然主义，向来都为自然派的代表者所视为只能适宜于描写社会中悲惨丑恶的自然状况，而不适宜于讥讽谐谑的文体。但是豪氏居然办到这一步，并且还收了最优良的效果，所以世人就不得不以特别的价值目之了。

《火焰》则是一部悲喜剧，但体裁结构及剧中人物都同《獭皮》有承继关系。这也是杨丙辰几乎同时译出这两部剧作的原因。关于这点，杨丙辰在自己的《译者序》中有详尽的交代，此不赘言。

1928年在霍普特曼汉译史上似乎是个歉年。但到了1929年，上海文献书房又出版赵伯颜、周伯涵合译的《寂寞的人们》。赵伯颜写的《译后》以德语原文诗句开头，汉译为：

> 羁囚黑狱抑郁死，可怜英雄少年亡。
> 为君同胞图奋斗，壮士牺牲好头颅。

显示出一种奋战不屈的战士的悲壮，尽管此剧内容如钱杏邨所说，"是表现着在新旧时代的过渡时期的一种苦闷的新型"，亦即"说明了小资产阶级的知识分子转换方向的不易"[①]。"小资产阶级的知识分子"之类的用语，显然展露出左翼文学批评的典型语汇和解读方法。

此书另有钟国仁的译本，书名与赵、周合译相同，但由上海商务印书馆1930年出版。译者本人未写序跋，仅抄孙俍公《世界文学家列传》中《霍普特曼小传》敷衍。

霍普特曼的另一部名剧是《沉钟》，其汉译紧随钟国仁《寂寞的人们》之后，1932年由上海开明书店出版，译者孙博。1937年，上海启明书局又推出谢炳文的同名重译。孙译附《译者序》，谢译有《小引》。二者在介绍作家生平上稍有变化，但对《沉钟》一剧的解读大致无二，都提到这是两位女性中间一个男性的悲剧，又是作者自身悲剧的体现；也述及此剧与尼采超人哲学的关系，即反对基督教人生观。这种雷同似非偶然，而与数年前谢六逸的评介有关。他在《小说月报》18卷1号（1927年1月10日）的《近代名著百种》栏目中，首先评论的即是《沉钟》。简短的引子后，谢六逸先译出此剧一些片段，然后介绍此剧的数种读法，说：

[①] 钱杏邨：《霍甫德曼的戏剧》，载《现代小说》3卷3期，1929年12月15日。

> 有的说,此剧与霍氏所作的《寂寞的人们》主题一样,是被挟在两个女性之间的一个男性的悲剧。……已绝望的心情,寄托在铸钟师海因里希的艺术的破灭上面。……又有人说,此剧的思想,与尼采的超人思想有关,反抗基督教的庸俗,……

此文发表时,《沉钟》在我国尚无汉译。文章有替此剧在中国的流传开山铺路之功。

霍普特曼以剧作闻名,也擅小说。早年的汉译有《异端》(今译《索阿那的异教徒》),1926 年由上海商务印书馆出版,译者署名"郭鼎堂",即郭沫若。此书讲一年轻的神甫受原始情欲所驱,终于冲破禁区,同一位备受凌辱的牧人之女结合,被逐出教会后同爱人隐居深山的故事。郭沫若在《译者序》中对作者及作品表示出极大的惊讶与敬佩,说:

> 我们假使知道他做出这部小说时已经是行将六十的老人的时候,我们怕谁也是会生惊异的。他的取材是那么大胆,他的表现是那么浓艳,他这决不是我们中国的一些未老先衰的道学大家们所能梦想得到的呢!

译者尤为欣赏的无疑是作品呈现的反禁欲主义精神,并想通过此译,在中国光大这种精神:

> 人本主义与禁欲主义的竞争,虽是欧西文明的局部问题,但是灵肉的竞争,或者是既成道德与人性的本然的竞争,却是人类普遍的,而且是永远的烦闷。这个烦闷的解决,由霍氏的这篇小说提供出一个方法来了,我相信对于我国现代的青年不无相当的援助。

不过,对一部外国作品的主题思想和艺术手段的欣赏是一回事,对作品人物的模仿其实是另一回事。果真按此去做,想来会在现实中碰得头破血流。

上提《异端》又有王实味的重译,取名《珊拿的邪教徒》,上海中华书局 1930 年版。译者在《译者序》中说明,翻译此书,一是自己喜欢,二是因为对"粗疏晦涩"的郭译不满。尽管他自己根据英译重译,还是对郭译大胆挑刺,举例纠错,为防过激,最后替郭译找台阶下,说:"我想郭先生当时也许是为了生活关系,匆匆译过就匆匆卖给书局,所以不免失于粗疏了。"这实际上还是批评,带有挖苦的批评。①

---

① 此译今天可见于岳麓书社 1994 年版"旧刊重译"系列之一《还乡——珊拿的邪教徒》一书。但是对郭译不敬的《译者序》已被撤走。

霍普特曼另一篇汉译小说是《管栅门的弟尔》(今译《道口工梯尔》),被秋白收入他译的《德意志短篇小说集》中,上海商务印书馆1935年版。入选有其偶然性。据秋白在此书《序言》中所言,作为现存作家的代表作,他原想译托马斯·曼的《威尼斯之死》,但全文太长,短的又找不到,最后以霍普特曼代替托马斯·曼。可见在叙事作品领域,霍普特曼的地位,至少在国人眼中,不及托马斯·曼,尽管两人都是诺贝尔文学奖获得者。

这篇偶然被秋白选中的小说,以后却赢得世人多方关注。分别收录在海藻编、北京益智书店1941年版的《新世纪小说选》和宋慧选译、长春开明图书公司1944年版的《德意志短篇小说集》中。

1934年,葛尚德译、上海北新书局版的《湖中的女王》,则是一部童话集,收霍普特曼《罕奈兰的升天》《列浦》和《湖中的女王》3篇童话,由曹聚仁作序。

据现有资料看,霍普特曼的作品1922年12月首次被译成汉语,尽管那是一篇文学评论。不过此前数月,中国学界已给予他很大关注。1922年6月的《小说月报》13卷6号,曾用大量篇幅,刊登希真根据英文资料写就的4篇长文,介绍这位德国作家,它们是:《霍普德曼论》《霍普德曼的自然主义作品》《霍普德曼的象征主义作品》以及《霍普德曼与尼采哲学》。以后,郑振铎、赵景深和茅盾等人都曾对他进行评说。对他尤其着墨较多的是钱杏邨。他曾于1928年写下一篇十分透彻的书评《霍甫德曼的〈织工〉》(《小说月报》19卷12号,1928年12月10日),又在1929年发表长文《霍甫德曼的戏剧》(《现代小说》3卷3期,1929年12月15日)。在这两篇文章中,他一方面肯定作者在德语文学史中的卓越地位和高深造诣,另一方面也批评他"没有把握住什么是劳动文艺,也没有看到无产的劳动者的营垒究竟在什么地方"(《霍甫德曼的〈织工〉》),并且对他的"小资产阶级的立场"(《霍甫德曼的戏剧》)展开批评,给我们留下一份以阶级划分和阶级斗争观念评论德语文学的历史资料。

十二 以"罗曼蒂克作基调"的茨威格

茨威格(Stefan Zweig)是奥地利作家,无疑也是当今中国译坛上最红火的德语作家之一。《小说月报》14卷4号(1923年4月10日)上曾有韦兴译《奥国现代文学》一文,其中提到"兹威格"的几部作品。更详细些的介绍可见于《小说月报》15 卷 8 号（1924 年 8 月 10 日）中沈雁冰的《欧洲大战与文学》。文章说他"是奥国的青年批评家"。这显然有误。又提及他的反战剧本《耶雷米亚》，说："当别人是在那里描写战争的罪恶，叫读者心碎或愤怒的时候，池外西却来预言反抗精神之终得胜利，叫人家不要灰心。"

不过，中国译者首选的并非这部作品，而是他的传记小说《罗曼·罗兰》，译者张定璜，译文连载在《莽原》19—24 期（1926 年 10 月 10 日—12 月 25 日）上。法国作家罗曼·罗兰此前已闻名中国，与他相比，茨威格那时几乎还是无名之辈。因此，译作的选译许是奔罗曼·罗兰而来，而非向着茨威格而去。

茨威格第一部小说的汉译可能是耿济之译的《保姆》（今译《家庭女教师》），载《东方杂志》24 卷 15 号（1927 年 8 月 10 日）。译文后附有作者《奥国施德芳支魏格》的小传，文字精练，兹摘录如下：

> 他所著的作品注重于心理的描写，而不流于枯燥，加以鲜明活泼的幻想，流利畅通的文笔，很能使读者发生兴趣，有不读完不释卷的吸引力。……
>
> 高尔基说他还没有见过艺术家描写妇女生活具有如此尊敬心和温柔性的。他作品的中心题目是一个"爱"字。但他似乎不像那些轻浮的作家所做近于"风流秘史"式的爱情小说，却带着一种使人感动的深厚的思想。

耿济之是俄语文学翻译大家。对高尔基的援及，更清楚地显露了他译介茨威格的中介。耿济之译的另一篇茨威格小说为《黄昏的故事》（今译《夜色朦胧》），载《小说月报》20 卷 1 号（1929 年 1 月 10 日）。从此，茨威格情爱小说的中文译介正式登场。

他的第一部汉译单行本为中篇小说《一个妇人的情书》，译者章衣萍，上海华通书局 1933 年版。次年，孙寒冰译《一个陌生女子的来信》连载于《世界文学》1 卷 1—3 期（1934 年 10 月—1935 年 2 月）。译前絮语介绍茨威格的生平与创作，褒奖中噴有烦言："他攻取现实，只捉住了些零星的外壳。性爱的问题成了他写作的唯一题材。"但同时又指出："他能用罗曼蒂克作基调，通过传奇、心理状态、情趣等等来抚慰读者，换取确立的声名。"介绍点出了茨威格叙事作品题材选择和写作手法之大端。译作发表后想必颇得众爱，1935 年，上海商务印书馆推出此译单行本，而且把它纳入"世界文学名著"丛书，这无疑使此书身价倍增。

紧随其后的是傅尚杲译《亚摩克》（又译《马来狂人》《热带癫狂症患

者》),连载于《文艺月刊》9 卷 5—6 期(1936 年 11—12 月)。这是一篇与《一个陌生女子的来信》齐名的所谓"情欲小说"。可见,我国 20 世纪 80 年代起盛行的茨威格情爱小说翻译热,早在那时已埋下伏笔。

茨威格小说的汉译此后一度波澜不惊。1940 年郑之骧发表在《西洋文学》12 月号 4 期上的《家庭教师》,是上及耿济之《保姆》的重译;而陈占元译、连载于《现代文艺》3 卷 1—6 期(1941 年 4 月 25 日—9 月 25 日)的《马来亚的狂人》,则是傅尚杲《亚摩克》的重译,但是读者反响应该不错,所以又有桂林明日社 1942 年版的单行本。而上海枫叶出版社 1940 年版《枫叶文艺丛刊》(第一辑),收入许念慈译茨威格的《一个教训》。

茨威格一生著述颇丰,除了小说,他还写下不少人物传记和各种散论。福建改进出版社 1940 年曾出版"褚威格"著、许天虹译的《托尔斯泰》。为了纪念陀思妥耶夫斯基诞生 120 周年和逝世 60 年,许天虹还译出茨威格写的人物传《杜思退益夫斯基的生平》,发表在《现代文艺》2 卷 5 期(1941 年 2 月 25 日)上。言文则译出他的政论《沉寂下的痛苦》,刊登于 1941 年《西洋文学》6 月号 5 期中。接着,陈占元又译成他的《赫尔德林的传》,由《诗创作》8 期(1942 年 2 月 20 日)刊出。桂林良友复兴图书印刷公司 1944 年版、王家棫编译的《不能忘怀的人物和经验》,则收有茨威格《钱有什么用》《成功的秘诀》和《莫踌躇》3 篇散文。以后,方敬还译成他的自传体文章《从罗丹得到的教训》,在《人间世》副刊第 5 期(1947 年 7 月 20 日)中印出。

此刻,茨威格在流亡地已不忍目睹法西斯的逞凶肆虐,自杀身亡。方敬在他上面的译文附记中,就报道了茨威格"受希特勒迫害曾入英籍,后自杀于巴西"的消息。柏园也以《茨威格和他的未完成杰作》为题,在《文艺知识》第一集之一(1947 年 4 月 15 日)中,对他表示纪念,也说:"这个小说家,历史家和罕见的传记家,生于奥国,不容于希特勒,入籍英国,然后在六十岁生日过了不几天,自杀于巴西。"文章题目中所谓的"未完成杰作",指的是茨威格的《巴尔扎克传》。柏园说这部未竟之作已由茨威格的朋友续成。此书汉译为几十年后的事,已逸出本书论述年限。

十三 "近代戏曲全部运动的先锋"赫贝尔

郑振铎在《文学大纲·十九世纪的德国文学》(《小说月报》17 卷 9

号,1926 年 9 月 10 日)中对德国作家赫贝尔(Christian Friedrich Hebbel)评价颇高,赐他"近代戏曲全部运动的先锋"的美誉,介绍了他多部剧作,如《犹狄士》(今译《犹滴》)、《基诺委瓦》(今译《日尼薇》)和《赫洛特与马利亚》(今译《黑罗德斯和玛丽阿姆纳》)等之后,郑振铎慨言:这些剧作"都是表现人格的神圣权力与社会秩序之冲突的戏曲"。这是有据之言。郑振铎又说:"他是近代从罗曼派悲观主义的残灰中燃起的个人主义的先驱者",而且"这个个人主义把戏曲的全部潮流都改了方向。十九世纪的文学中,没有比赫倍尔的戏曲更具有原创力的"。

以上称许的是赫贝尔的戏剧作品。而赫贝尔作品在中国的译介乃至闻名,却肇始于他的小说。在郑振铎上述文字发表约 3 年前,唐性天已在《晨报》副刊《文学旬刊》1 号(1923 年 6 月 1 日)上译出"赫勃尔"的短篇小说《牝牛》。作品讲一穷苦的农夫误杀自己的小儿后自杀,尸体又压死雇工、引起大火,烧死妻子和牛的故事。虽然仅为短篇,唐性天此译前有导言,后附短评,颇具特色。导言中说:

> 赫伯尔(1813—1863)是德国第一位的写实家,新的文学是从他起首的,所以他的作品,在文学史上都很有价值的,且他的作品,是很奇异可怕的,很有文学革命的原素在内呵!

在译文后的短评中,唐性天还述及赫贝尔的生活背景及与浪漫派的关系:

> 这篇小说,很可能代表赫勃尔的作品。他最喜欢叙述这类可怕的事,这是由于他的穷困的生活而来的。这里所描写的生活,是浪漫派作家所不愿闻的,然很可能代表写实派的真作品。

赫贝尔是德国 19 世纪最伟大的悲剧作家,其小说也常常带有悲怆的色彩,并且涉及个体生存中面对命运的无可奈何。唐性天以上的点评,颇中要害。

《晨报》副刊《文学旬刊》对赫贝尔的介绍并未就此告绝,在 1923 年 8 月 21 日出版的 9 号中,还登出晋韩译的《司提拉斯堡的一夕》,只是赫贝尔的国籍在此译标题后被误作为"法国"。

民国时期赫贝尔的主要汉译者似为杨丙辰。他先在《沉钟》6 期(1926 年 10 月 25 日)上译出小说《高等卫生顾问官的夫人》,这可能是他移译赫贝尔迈出的首步。约 1 年后,他译的另外几篇赫贝尔小说接踵而至,分别是《马韬》(《莽原》2 卷 18—19 期,1927 年 10 月 10

日)①、《猎人家内一宿》(《未名》1卷8—9期,1928年11月30日)、《安娜》(《文学》3卷2号,1934年8月1日)、《斯特拉斯堡城内的一晚》(《文学评论》1卷1期,1934年8月1日)、《理发师齐德兰》(《文学季刊》2卷1期,1935年3月16日)、《荒岛先生和他的家庭》(《文学月刊》8卷2号,1936年2月1日)、《猎人家内一宿》和《保尔最堪纪念之夜》(同载《中德学志》2卷1期,1940年4月)。如此专注地翻译一个作家,显然不是一时兴起,而自有其规划。果然,1941年,长沙商务印书馆出版杨丙辰译的《赫贝尔短篇小说集》,共收小说14篇,其中半数即以上所提,余者很可能也曾在报纸杂志上发表过,只是因为笔者孤陋,一时无法搜全。《赫贝尔短篇小说集》是一本共计275页的厚实译作,每篇小说汉语译名后附有德语原文,又注明初版日期,这在当时十分罕见,显示出这位德语教授的严谨风范。可惜译本未附任何译者序言或后记,缺少勾勒全书,亦即统率全书的命脉,多少让人感到些许遗憾。

除了杨丙辰等人,赫贝尔的译者中还有毛秋白,他译的《蜡烛》曾被收入张伯符等译、上海中华书局1934年版的《现代随笔集》。

如前所述,赫贝尔实际上首先是剧作家,笔者所见他民国时期被译成汉语的剧作有两部。一是毛秋白译、上海中华书局1934年版的五幕悲剧《季革斯及其指环》。剧本附有千言长序,称"赫伯尔是歌德,席勒以后的德国最大的文豪"。这在当时的中国未必是定论。比如郁达夫在其《歌德以后德国文学举目》(《现代文学评论》2卷3期、3卷1期合刊,1931年10月20日)中举出歌德后11位德语文学代表作家,虽然也称"赫倍尔"为"歌德、薛勒以后的一大悲剧作家,系界在德国新旧时代戏剧之间的一条桥梁,世界文学名著的译丛里,这却是不可少的人物",但仅把他列于11人之外的"追加上去"的名单上。毛秋白在《译者序》中又介绍,"他的剧作的题材,几乎全是关于两性的问题"。着眼点与郑振铎迥然不同。至于写作手段,译序抉发出一个郑振铎未曾提及的要点,即赫贝尔作品中的心理描写:"至于心理描写的精妙细致,可说在德国文学中找不出可与比肩的作品。"毛秋白从作家生平讲到创作,从家庭环境述及文学氛围,从题材选用论及艺术特点,对赫贝尔的生活和创作尽加网罗,撰成斯作,不失为一篇论赫贝尔戏剧创作的优秀导引之文。

---

① 同载这期《莽原》的还有C译赫贝尔的《艺术箴言》6则。

赫贝尔另一部被译成汉语的剧作是《悔罪女》(今译《玛丽娅·玛格达莱娜》),汤元吉、俞敦培译,上海商务印书馆 1936 年版。100 多页的剧本,未收译者留下的任何只言片语,抚摩翻阅之余,总让人有某种缺漏感。也许这与主译者汤元吉是化学家、客串文学翻译但无暇究其底蕴有关。

十四 对托马斯·曼的喜爱或责备

1928 年底,上海启智书局出版托马斯·曼(Thomas Mann)的小说集《意志的胜利》。译本没有序跋,代之以一篇简短的《说明》,其中有:"译者尚有一篇短序介绍这个作者的身世,现未缮就。"译序尚未完成,译本就被匆匆推出,译者章明生和这家出版社是否心有灵犀一点通,知道托马斯·曼次年将获诺贝尔文学奖?

《意志的胜利》也许还是托马斯·曼作品在中国的首译。译本收短篇小说《一个畸形人的惨败》《滑稽的天才》《意志的胜利》和《失望》4 篇,译本的《说明》绕过这 4 篇小说,这样介绍作者"汤谟斯曼":

> 这位作者⋯⋯是新古典主义者,现在还生存着。他的著作极富,最著名是"主人与狗","怪异的山岳","家族的衰落","奇异的儿童"及这几篇短篇小说。单就这几篇小说而言,已经翻印九十余版了。

上提"怪异的山岳"显然就是今译的《魔山》,而"家族的衰落"应为《布登勃洛克一家——一个家庭的没落》,"奇异的儿童"就是今译的《神童》了。

如果说此译确为国人对这位德国作家产生兴趣的一个信号,那么《朝花》1 卷 4、5 期(1929 年 7 月 1 日、7 月 11 日)上连载的闵予译《托尔斯太》,看来主要冲托尔斯泰去。译文既未附任何对托马斯·曼的介绍,甚至没把他的名字译成汉语。

就在这年,托马斯·曼荣获诺贝尔文学奖,中国文坛被惊而起。消息 1929 年 11 月 13 日由瑞典科学院公布,赵景深在 1929 年 12 月 1 日印行的《文学周报》9 卷 2 号上已作报道。鉴于当时的通信条件,反应当属快捷,只是说"他的得奖作品似是最近的《初恋》"有误。[①] 同样在 1929 年 12 月

---

① 就是到了 1940 年,欧阳竟在其《壁橱》(《西洋文学》4 期)译者按中也说:"使他得到诺贝尔奖金的是他的小说《魔山》。"可见那时的信息毕竟还不十分通达和明确。

15日出版的《新文艺》1卷4号上,"文坛消息"栏目也报道"托马斯曼获诺贝尔奖金",但对其获奖作品也语焉不详,仅说:"他的作风的特点是复杂的结构和精细的心理分析。但是在思想上他却是一个布尔乔亚阶级的拥护者,与他的哥哥亨利曼恰恰相反,虽然这也许是他获得了诺贝尔奖金的主要的原因呢。"言语中明显带有对托马斯·曼保守或"资产阶级"立场的责备。

赵景深更详细的报道发表在1929年12月10日印行的《小说月报》20卷12号上。说报道,似不确,因为《托马斯·曼——一九二九年诺贝尔文学奖金的得者》,实为一篇根据英文资料撰成的数千字长文。为配合此文,同期的《小说月报》还刊出托马斯·曼两篇作品的汉译。一是《对镜——托马斯·曼的自传》,译者江思;二是《衣橱》,译者段白莼。当时学界反应之快、译者和编辑效率之高,能让今人愧叹不如。《小说月报》对托马斯·曼的介绍尚未结束,在1930年6月10日的21卷6号上,又发表施蛰存译小说《脱列思丹》,段白莼的《神童》①和《到坟园之路》。如此集中的介绍,当然还是和他获奖有关。这项主要是欧美文学大奖的权威性,看来那时已被中国文坛认可。除了《小说月报》,《真美善》5卷2号(1929年12月16日)发表虚白译《一次火车的险遇》,应该也是受托马斯·曼获诺贝尔文学奖鼓动所致。

为诺贝尔文学奖所带起的热潮已过,托马斯·曼在中国的译介变得岑寂。就译作而言,笔者仅见约6年后段可情在《文艺月刊》9卷6期(1936年12月1日)上译出的小说《殴打》,以及仲持译《托马斯曼论日耳曼文学》(《文学》6卷5号,1936年5月1日)。不过后者是文学评论,这或许与评论界对他褒贬不一有关。

郑振铎在其《文学大纲·十九世纪的德国文学》(《小说月报》17卷9号,1926年9月10日)中曾称赞托马斯·曼的小说:"特别是《在委尼司之死》是不可及的美丽与淡泊的。在这个时代所写的散文,没有比他更高贵的了。"而沈雁冰在他的《欧洲大战与文学》(《小说月报》15卷8号,1924年8月10日)中,则批评托马斯·曼对战争的态度:"老小说家托玛司·曼尤其荒谬。他积极地替德国的军国主义辩护,他要证明德国的宣战是合理的正义的。"批评并非无中生有,因为托马斯·曼的确肯定过德国挑起的第一次世界大战。而徐霞村在其《现代文坛杂说》(《小说月报》18卷

---

① 此译后被收入然而社编:《世界短篇小说名作选》,上海然而社,1935年。

11号,1927年11月10日)中更明确地表示:"我不爱汤姆曼,虽然他也是一个好的作家",看来出于类似的原因。倘若以上评论来自他获奖之前,因为人们对他了解不够而情有可原,那么看此后中国学界的评论,就知道事出有因。他始终是个有争议的人物。比如汪倜然就托马斯·曼的获奖答词在其《汤麦斯曼底自传》(《现代文学评论》1卷2期,1931年5月10日)中说:

> 照理,曼应当有若干的谦虚,以表惶愧之意才好;但不然,曼非但不客气,他简直神气活现地说他早已料到诺贝尔奖金要落到他身上的,语气之间,大有"舍我其谁"的"真命天子"坐金銮殿的气概。这种态度不能不说是太傲慢一点的了,因此不免引起若干的反感。

但是,诺贝尔文学奖的光环太耀眼了。评论界可以对他表示不满,但已无法对他置之不理。《青年界》1卷2期(1931年4月10日)"文坛消息"栏目中杨昌溪的《托马斯·曼描写催眠术》一文,就报道了他的新著《玛绿与魔术家》。尤其是他迫于法西斯的压力踏上流亡之途后,出于对受迫害者的同情,中国文坛对他的报道日渐增多。《文艺月刊》4卷1期(1933年7月1日)的"文艺情报"栏目中,杨昌溪介绍他正在写小说《约瑟及其兄弟》,说这是"他最近离开了言论不自由的德国后"写的书。此刊5卷1号(1934年1月1日)又刊登杨昌溪《托马斯·曼素描及其对德国文学的观察》,对他表示进一步的关注。《文学》2卷1号(1934年1月1日)上《汤玛斯·曼的三部曲》虽是介绍这部作品出版情况的一段补白,但起首句就是:"德国老小说家汤玛斯·曼于去年三四月间,受希特拉派的压迫,被逐出普鲁士文艺院,逐去瑞士暂避……"《文学》5卷1号(1935年7月1日)上一则补白的题目则是:《托马斯·曼被开除国籍》。这段补白寥寥数语,但说"四十九个犹太人"、一个"社会主义作家"与他"同遭厄运"的用词,透出中国文坛对他命运的关切。马津译、连载于《西洋文学》1、2期(1940年)的《我们的父亲——汤马士曼》,看似一篇儿女对慈父的印象记,但《译者识》中的介绍,同样赋予文章浓厚的政治色彩。短文这样开头:"林语堂先生在《国际笔会》中曾说过:'世有汤马士曼其人,暴君不得安宁。'"①再清楚不过,这是对托马斯·曼作为反法西斯战士的颂扬。

---

① 此处引述林语堂,事出有因。《西洋文学》本是林语堂出资创办,由张艺联在叶公超、郑振铎、李健吾、巴金和赵家璧等人协助下出版。林语堂还任编辑顾问。参见张芝联:《五十五年前的一次尝试》,载《读书》1995年第12期。

较为沉寂的托马斯·曼作品的汉译,此后被《西洋文学》打破。在第 4 期(1940 年)上,欧阳竟译出小说《壁橱》。译者按语中也有"希特勒不容他存在于德国"的字样。夏楚又以《爱人归来》为译名,在《西洋文学》4 月号 8 期(1941 年)上,介绍托马斯·曼的小说《绿蒂在委玛》。《西洋文学》这一期中还刊有欧阳竟译的小说《幻灭》,但又出两期后即告停刊,一则因为资金困难,二则因为编者在"战争年代,还有比宣扬西洋文学更重要的事要做",[①]结束了与托马斯·曼译介的一段因缘。

除了创刊于上海的《西洋文学》,40 年代介绍托马斯·曼的还有创刊于桂林的《野草》。杜宣曾在此刊 3 卷 1 期(1941 年 9 月 15 日)上译出"汤麦斯·曼"的《向墓地去的路上》。创刊于重庆的《文艺先锋》在其 12 卷 3、4 期合刊(1948 年 4 月 25 日)上登出薛甡生译的《火车的失事》,当为虚白 1929 年译《一次火车的险遇》后的重译。译后语曰:"原作者托玛斯曼生于一八七五年,为德国杰出小说家,曾得诺贝尔文学奖金(大概一九〇几年),其代表作推长篇小说《布登不洛克斯》及短篇小说《死在威尼斯》,自希特勒登台后,即被迫流亡,今仍在美国。"对托马斯·曼获奖年代的模糊再次表现出战时信息的阻绝不畅;而对他受法西斯迫害而流亡的述及,也再次呈示出中国文坛当时的反法西斯主义立场。

十五 "新罗曼派作家"霍夫曼斯塔尔

霍夫曼斯塔尔(Hugo von Hofmannsthal)是奥地利诗人和剧作家。1929 年 10 月出版的《现代小说》3 卷 1 期中,"现代文坛"栏目中有醒目消息:《戏剧家贺甫曼斯塔尔的死》。文章这样开头:"Hugo von Hofmannsthal 逝世了,他活着的时候没有得到一般的中国人的相知,死后替他介绍一下,不见得是无意义。"言下之意,霍夫曼斯塔尔在中国是个陌生的名字。其实不然。差不多就在霍夫曼斯塔尔去世后约两个星期和上文发表前,朱维基曾在《南国月刊》1 卷 4 期(1929 年 8 月 1 日)上译出他的《伊兰脱拉》。而在评论界,他更非无名之辈。

《小说月报》12 卷 8 号(1921 年 8 月 10 日)中,海镜译《近代德国文学

---

① 参见张芝联:《五十年前的一次尝试》,载《读书》1995 年第 12 期。

的主潮》第八节即是"霍夫曼斯塔尔——新罗曼派作家"。文章翔实地介绍了他的独幕剧《窗前女》。厂晶译、载同一期《小说月报》的《"最年轻的德意志"的艺术运动》一文,又评说他的剧作《耶列克特拉》的表现主义色彩。《小说月报》14卷12号(1923年12月10日)中又有无明译《现代德奥两国的文学》,其中第七节为"奥大利的三大家","荷夫曼塔尔"位居第二。文章说他"是敏感的诗人,又是戏曲家",提到他的剧作《昨日》《痴人与死》《提尺安》《窗户之女》和《白扇》等"剧诗名作",又说"荷夫曼塔尔的诗,大概是象征诗,是技巧的东西。剧诗多把诗作为对话用的"。介绍大致无错。随后,郑振铎在其《文学大纲·十九世纪的德国文学》(《小说月报》17卷9号,1926年9月10日)中,也提到霍夫曼斯塔尔的名剧《愚人与死》,并说:"他的名望……已是世界的,但他的作品,却不大容易译。因为他们——译者——不能够把他的诗的光彩、神秘,及魔术同样的译出。"此时,霍夫曼斯塔尔的作品似乎尚未被译成汉语。不知郑振铎的"不大容易译"是经验之谈或是从西方译家或评论家那里撷拾而来的泛泛之论。

此后,霍夫曼斯塔尔的名字继续不断地出现在中国评论家笔下。徐霞村在《小说月报》18卷11号(1927年11月10日)的《现代文坛杂话》中,在述及"维耶那的唯美派"时,一并提到"霍夫曼斯达"及其"许多美丽的诗"。而余祥森《二十年来的德意志文学》(《小说月报》20卷8号,1929年8月10日)中的评述更加详细,亦属简约,兹摘录如下:

> 在奥国称雄的是和夫曼兹塔尔,他是现代最精进的作家之一;他的感受与摄取的天才,几乎笼驾时流;所作的章句,无不动心悦耳,朗朗可歌。年未弱冠,即以文名驰国内外,他的诗最佳的诗集有《诗歌与小戏剧》。读者对此几忘烦恼的世界,如入于和谐,他如《云》,《春前》,《阅历》,《园丁之女》皆极悱恻缠绵,伤心惨目。他的诗剧最佳的是《昨日》,《替戚安之死》,《愚人与死》,《窗内妇人》。不啻是四篇如怨如诉,如慕如泣的史诗。他如《皇帝与妓女》,《法伦矿山》,亦皆所谓抒情诗之变音。他的散文作品,亦清新娇艳,饶有诗意。从前之《夜与其他故事》与挽近之《无影夫人》尤称佳构。①

《小说月报》中诸文对霍夫曼斯塔尔的介绍不可谓不丰,推崇也不可谓不高,但其作品汉译的确不多。继朱维基的译文后,简又文曾据英

---

① 余祥森此文提到霍夫曼斯塔尔作品时,还附有德语原文,此处略去。

译转译出他的诗《歌》,发表在《人间世》3 期(1934 年 5 月 5 日)上。此诗由一段男女对话组成,讲男人的任性不轨和女人的谦让体谅。译诗为五言体,计 20 多行,诗尾的《译后跋》却长达近千言。译者借题发挥,大谈"妇人控制男人"的"秘诀",着眼点似非霍夫曼斯塔尔的名声及其文学创作。

约两年后,陈占元在《新诗》3 期(1936 年 12 月 10 日)中译出霍夫曼斯塔尔的论诗之作《昌多斯爵士的信》。① 冯至则在《新文学》1 卷 2 期(1944 年 1 月 1 日)上译成他的文学论文《德国小说》。此译又见载于《文学杂志》2 卷 4 期(1947 年 8 月),文字略有改动。至此,笔者所见霍夫曼斯塔尔作品汉译告终。可见,其文学作品的汉译情况不尽如人意,尤其是同介绍的规模不成正比。个中因由,难道真如郑振铎前面所言,"他的作品,却不大容易译"吗?这颇值得一番细检。

十六 "乡土艺术家"黑塞

无明译、日本生田春月作的《现代德奥两国的文学》(《小说月报》14 卷 12 号,1923 年 12 月 10 日)把黑塞(Hermann Hesse)归在"乡土艺术家"一类,说:"赫塞是优秀的诗人。他的大作《彼得卡门泰德》发表之后,他的身价就决定了。"这是较早传达给中国读者的一条黑塞信息。而中国文坛起先对他予以特别关注,似源自其反战态度。沈雁冰在《欧洲大战与文学》(《小说月报》15 卷 8 号,1924 年 8 月 10 日)中写道:

> 德国的老作家几乎是全体一致的拥护军阀的,可是我们也不要忘记还有一个老作家赫尔曼·黑珊是例外。从战争开始,他就超然不屈,反对破坏欧洲文化的战争。他在一九一四年十一月三日发表了一篇文章,请求欧洲的文艺家和思想家合力来救济尚可挽救的一点儿和平,不要再用他们的笔去加入破坏欧洲的将来。

沈雁冰上提那篇文章应为黑塞发表在《新苏黎世报》上的著名反战论文《啊,朋友们,不要用这种腔调!》。不过对于黑塞的文学作品,沈雁冰此文除

---

① 据《译者附记》,陈占元还译有霍夫曼斯塔尔的《论诗》一文,载《大公报文艺》1935 年 7 月 28 日。笔者未见。

了旁及他一首名为《祈祷和平》的诗,未置他词。这个任务留给了他人。

几年之后,余祥森在《二十年来的德意志文学》(《小说月报》20卷8号,1929年8月10日)中的"印象派"一节中,花了不少笔墨评价黑塞及其创作:"他是个恬静,平和,充满德意志精神的短篇小说家,尤能曲达旁通,惟肖惟妙。"说他是"短篇小说家",似不确,但对他写作特点的归纳,颇为紧凑传神。文章接着提到"写瑞士农家子漫游失意之后,归家竟得慰安之境"的小说"《彼得卡门辛特》","写愁苦的童子初虽战胜环境,终亦不免做环境的牺牲者"的小说"《车轮下》",以及"写战前青年的发展与时代的影响"的短篇小说"《得米安》"。余祥森最后总结说:"这三本都是赫塞最得意的杰作,而最后这篇尤为赫氏最成功的不朽名著。他如短篇小说集《这边》,《邻居》,《克林索之最后之夏》也都是甚佳的。"①

余祥森此文发表于1929年,提到了黑塞此前的大部分代表作,但未及黑塞1927年的另一部长篇名作《草原狼》。可见余祥森掌握的资料还滞后于德国文坛的变化。而赵景深在《小说月报》21卷1号(1930年1月10日)的《最近的德国文坛》一栏中,已提到这本译为"《草原狐》"的长篇小说。也就在这年,黑塞发表新作《纳尔齐斯和戈尔德蒙德》。赵景深即在《小说月报》22卷9号(1931年9月10日)《最近的德国小说》一文中专辟"赫塞"一节,详介这本他译为"《纳尔西斯与哥尔孟》"的小说:"这部书与他的旧作《草原狐》一样,也是以灵肉冲突为主题的",即"有知识的僧人纳尔西斯代表灵,孩子哥尔孟代表肉"。

比赵景深更早一些注意此书的是汪倜然。他曾在《现代文学评论》1卷3期(1931年6月10日)的"现代世界文坛新话"中,以《赫尔曼海斯再写灵肉冲突》为题,写下关于这本他译为《纳昔斯与哥尔特蒙》小说的书评。他在文中写道:"《草原狐》写的是灵与肉的交涉,灵与肉的对峙;这部小说也是写灵与肉的交涉,灵与肉的对峙",又说:"哥尔特蒙就是'肉'的象征","纳昔斯便是'灵'的代表"。这看上去很像赵景深上文用词的出处。

至此,黑塞迄至那时发表的主要著作均为中国评家谈及,但是这些作品的汉译始终阙如。1931年8月,段白莼终于在《现代文学评论》1卷4期中发表黑塞的小说《作家晚会》的汉译。这可能是黑塞作品汉译的开端。1936年10月,上海商务印书馆出版黑塞作品单行本《青春是美好

---

① 原文中附有作品的德语原文,引文中略去。

的》,收短篇《青春是美好的》和《大旋风》两篇。可惜译者在此书中未留下交代此译背景的前言或后记,是个缺憾。此译发表之后,黑塞作品汉译似乎暂告段落,仅见宋慧选译、长春开明图书公司 1944 年版的《德意志短篇小说集》中收有他的《大旋风》。1946 年,黑塞荣获诺贝尔文学奖,一下又成了文坛瞩目的中心。天行借此良机,译成诗歌《昨夜的歌》,发表在《青年界》新 2 卷 4 号(1947 年 1 月 1 日)上。译诗前有一小引,兹录如下:

> 赫塞是本届得诺贝尔文学奖金者。他是瑞士人,生于德国,现年六十九岁,以前为神学家。所著小说诗文,在文学界流传不广。这首诗是我从德国出版的一种世界语刊物《静静的河流》中译出来的。全诗情意逼真,大有民歌味。

从小引中可见,译者对黑塞了解并不完整。黑塞幼时上过修道院,但从未当过"神学家",其作品也非"流传不广",译者介绍他的契机,可能仅为获奖一事。紧接着《昨夜的歌》,天行还在《文艺春秋》4 卷 1 期(1947 年 1 月 15 日)上译出黑塞的文艺散文《柏拉图的梦》,又在《文艺复兴》3 卷 3 期(1947 年 5 月 1 日)上发表黑塞短篇小说《失去了的星儿》的汉译。在此译的题注中,天行又附言:"海斯(又译作赫塞),前届诺贝尔文学奖金的得奖者,现年七十岁。"再次表明他译黑塞的起因。还是 1947 年,林凡译、正风出版社出版的德国诗集《春情曲》中,也收入黑塞的诗《春情曲》,虽然与在此译中的 20 首海涅诗相比,黑塞的 1 首诗在数量上微不足道,但这本诗集偏偏以他的这一首诗作为全书题名,也足见译者对他的钦仰。

十七 雷马克及其战争文学

1914 年,欧洲大陆刀兵又起。19 世纪施托姆笔下那柔情画意随即成为不归往事。连天的炮火夺走生灵无数,也炸出一批受战争洗礼的反战作家。德国人雷马克(Erich Maria Remarque)是个中翘楚。这个弹痕在身的老兵,战后从小贩做到石匠,又从风琴手做到画报编辑,突然觉得有必要咀嚼前尘,写就小说《西线无战事》,几经磨难,1929 年 1 月正式发表。没过多久,此书发行量竟飙升到 800 万册,[①]书界一片惊呼:不可思议。这

[①] 参见 Wolfgang Beutin u. a.: *Deutsche Literaturgeschichte*, Stuttgart: Metzler 1979, S.291。

个统计当时不知是否包括汉译?

中国翻译界以往大多重视德国古典作家,这次例外。《新月》2卷6/7号合刊(1929年9月10日)上已刊出此书汉译出版预告:"《西线无战事》,洪深、马彦祥合译,上海平等书店发行。定价一元五角。"《现代小说》3卷1期(1929年10月)也以《关于西线无战事》为题,报道此书在国内外出版和翻译的盛况,并透露:"听说本书的中文译本已经由洪深、马彦祥两位着手翻译。"雷马克在中国即刻走红行俏。

至少就版权页看,这个译本1929年10月由上海平等书店出版。就原书问世到汉译本发行的速度看,此译当时在德语文学汉译史上很可能创下纪录。问题是,这是否首译?

《新文艺》在其创刊号(1929年9月15日)上也曾介绍"一部震动全世界的小说:《西方前线上平静无事》",并在1卷2号(1929年10月15日)上宣布:"《西部前线平静无事》中译即将出版",并说:"这部书已由林疑今先生译出,由水沫书店出版,现在正在赶印,大约本期《新文艺》出版时,该书亦可以送达到读者的书斋了。"

此非虚言。林译《西部前线平静无事》的确于1929年10月由水沫书店出版。两册版权页上均写1929年10月初版的译本,究竟谁先谁后?《现代小说》3卷2期(1929年11月15日)上《西部前线平静无事》一文可以解惑。文曰:"中译本最先预告出版译者是洪深与马彦祥两君,但是这册译本在预约不曾出版的期中,水沫书店却突然揭开了林疑今君译本出版的广告。"此文换行后又续:"洪马两君的译本一直到今天还没出版,此刻所有的译本只有林译的一种。"此外,周伯涵载《现代文学》1卷2号(1930年8月16日)《批评与介绍〈西线无战事〉》一文,也视林译为首译,洪、马译本后次,证明上述说法不谬。

林疑今的译本《西部前线平静无事》由其叔林语堂作序。序文结构平稳,分析有序,但用词不乏尖刻,倒也符合这位已留美留德,获哲学博士学位而风华正茂的青年学者的身份。其《序》已为此书定位开头:

> 《西部前线平静无事》一书已经轰动全球,公认为大战以来最伟大的战争小说。这已成定论,无庸我再来赘述了。幸而中国出版界,逐渐进步,在去德文原书出版九月以后,中国的读者,也可以读到这书的译本,总算是一件可喜之事。

接着他对与战争有关的文学作品进行分类。其一是"歌颂武功,追述英雄,替历代帝王及其走狗留下其黩武扬威狰狞面目的印象"的作品。举例为"自从诗人尹甫吉以至喜作什么东征赋,武军赋的汉魏诗人"。其二是"描写小百姓,在兵戈战乱时期,受尽颠沛流离之苦"的作品。举例是"自从国风许多叙述士女旷怨的诗人以至作《新丰折臂翁》的白居易,及作《石壕吏》的杜甫"。其三为"战争的哲学家"如尼采对于战争的喊叫或"如坐在交椅上的新闻主笔"那"慷慨激昂满纸杀气的社论"。凡此种种,因为"纸上谈兵","都未能获得战争二字意义之精要"。而雷马克此书所以能获得轰动性效果,就是因为他作为"丘八","能把战争的真相,及丘八的感想活跃的赤裸裸的描写出来",亦即能把战争的残忍和恐怖袒示在读者眼前,"比如用枪尾刀戳人,须戳在腹部,不在胸部,刀尖较不易夹在对方的排骨中,灵动不来"。林语堂夹叙夹议,以其发人深省的思考和鲜活犀利的语言,既传达了译本内容和要旨,同时也表明了他本人对历史的看法和非战的呼吁:

> 以前为了某姓刘的某姓宋的历代帝王万世子孙之业,现在为了某某汽油大王,某某资本大家,去杀你对面素不相识的,同有妻子的,只有制服不同的一个人,都是怎么一回事呢?

悠悠古今,被窥破的历史还是这样重复续演,可称命运。不管怎样,林语堂入木三分的思考、锋芒迸现的语言,有与译本相得益彰之效。

而马彦祥则自写序言,似乎更加自信,也用力更勤。《序言》以李白《战城南》中的句子作引,有为译本作伏笔之意:

> ……烽火燃不息,征战无已时。野战格斗死,败马号鸣向天悲,乌鸢啄人肠,衔飞上挂枯树枝。士卒涂草莽,将军空尔为!乃知"兵者是凶器,圣人不得已而用之"。

烽火烟尘,悲鸣阵阵。十几句诗,有缩小中德文学间距之奇效。

《序言》然后分上、中、下三篇。上篇正文起首便引英国著名比较文学家波斯奈特语:"文学是根据于当时代的生活与思想的",展开自己对战争文学的回顾和考索。莎士比亚、屠格涅夫乃至左拉等大作家的名字间或出现,俨然一篇有分量的比较文学短论。中篇介绍雷马克其人其书,启用的还是比较之法,尤其是引中国旧剧《双沙河》中番邦公主和中原小将间的一段对话,与《西线无战事》中"非战"的一段对话互相比堪,令人叫绝:

"我们交锋打仗仅为的是什么?"

"为的是江山。"小将答。

"江山是你坐,是我坐?"

"你我都不能坐。"

"那么你我为什么打仗? 散了吧!"

此段对话与前引林语堂关于战争的思考实有异曲同工之妙。都给出理想主义破灭的一点轮廓。

此篇文章以下面的话收束:"但是读了这部描写大战的巨著,尤其是在目前的中国,东北方正在和邻国炮火连天地剧战的时候,我们将引起怎样的感想呢?"马彦祥序言的落款是"一○·二八,离沪之前记"。1929年夏秋之际,那是中苏中东铁路之争炮声正隆的时候。序言下篇讨论翻译问题。起首一段话,实为圈内人语,足以引起今日译者共鸣:

> 翻译本不是一件容易的事情,其难,在某一种意义上,也许是甚于创作。因为创作时,可以随自己的意思置置,要说什么便说什么,想得到不妨多说几句;想不到就少说几句也未始不可。翻译则不同,不但处处受着原作的文字的束缚,而且因为思想情感,各人不同,欲求逼肖无异,确是势所难能。

接着他又抉发出翻译的 3 个难点:一、"对于外国生活的隔膜",二、"意义虽了解而无适当的名词可译",三、"同一个字而有几种解释"。明白于此,译作质量大体上应该有保证了。①

这是篇长达 16 页,深思熟虑而非倚马可待的译序。洪、马译本迟出,会不会受此拖累?

《西部前线平静无事》和《西线无战事》两个译本问世,不仅在上海文坛掀起波澜,还在剧坛上和影院中激起涟漪。

李无文(陶晶孙)在《大众文艺》2 卷 3 期(1930 年 3 月 1 日)上撰文《剧本〈西线无战事〉——小说,脚本,公演的介绍》,先谈小说本身,再及日本村山知义改编的剧本,并提到陶晶孙已把剧本译出,"江南书店把它在十天内印出,目下已在排演了。"就人们今天所知,剧本汉译未曾公开发表。② 演出是否也是空话? 看来不是。同期的《大众文艺》上已有通讯:

---

① 对于翻译理论的思考,看来对译作确有帮助。仅就书名看,《西线无战事》与《西部前线平静无事》相比,前者简练,后者累赘。以后重译,一般都取前者,颇说明问题。

② 参见《陶晶孙选集》编者按:"陶晶孙改译的《西线无战事》剧本未见公开出版。"人民文学出版社,1995 年,第 315 页。

《艺术剧社第二次公演〈西线无战事〉》。凌梅在《读书月刊》1卷1期（1930年11月1日）上的《雷马克与〈西线无战事〉》一文，也作了真实记录："今年春天，艺术剧社将它改编成剧本（陶晶孙编）在上海北四川路东洋演艺馆公演过。"文章还留下另一珍贵历史记录："最近在上海的南京大戏院公演着它的影片了。每天卖座极盛，连演了4天，还是拥挤不上。"雷马克在上海的声望，由此可概见，原因何在？凌梅此文给出两个答案，均及大众的心态底蕴。一是好奇，没有火线经历的人，想一讨究竟。二是厌战，雷马克以亲身经历公布战争罪恶，触动了公众感情。

上海有着外国租界的特殊地理环境，曾允许不同的阶层、党派、团体在上海办报、出书、演戏和进行各种文化活动。在别处可能就不一样。雷马克在中国的接受史中，就有这么令人啼笑皆非的一例。

当时德国的魏玛政府，曾一度禁止本国开映根据雷马克此书改编的电影，还照会各有外交关系的国家，要求全面禁止放映《西线无战事》。而中国广州的公安局接到此项公文后，居然认真执行，禁止在自己的辖区内放映这部电影。①

舞台演出和电影公映推涛作浪，《西线无战事》译本更加风靡。仅由重版次数可见一端：林疑今译本到1930年10月的1年内已再版7次；洪深、马彦祥译本至1932年11月的约3年中已印9版。良好的市场效应引向各种重译及编译。其中有过立先的《西线无战事》，上海开华书局1934年版；钱公侠的同名译本，上海启明书店1936年版；凌霄、吴璇玲同名译本，上海经纬书局版（译序写于1936年）；另有徐翔、邝光沫的同名6幕剧本，上海神州国光社1934年版。

过立先译本的《序言》用功程度无法同林语堂及马彦祥相较，但迟出几年，"九一八"事变爆发，整个东北百日内全部沦陷；文化重镇上海也经历"一·二八"事变。战争已是赤裸裸的现实。过序便这样收尾："现在，战争的恐怖正弥漫在中国的各地，正如世界大战复活似地开展在我们的面前，在这时来读这部世界大战的记录，我们又将引起怎样的梗概来？"《西线无战事》译本在中国以其超前品质，的确赢得了更多的读者。而这篇序言中"由德国政治方式的变更，原著者也因为站不住脚而流离在他乡"的话，也透露出中国文坛对雷马克本人命运的关注。

---

① 参见杨昌溪：《〈西线无战事〉与〈战归〉》，载《青年界》1卷2期，1931年4月10日。

钱公侠的《译序》在理论上似更有深度。作者没有随众一味否定战争,而是讨论了战争在人类文明史上的正反作用,亦即介绍了主战和非战理论的要端,最后把结论留给读者自己去做,倒也符合雷马克这部小说的宗旨:

> 这本书所写的,既非颂扬战争,也不是驳斥战争,它不过以一个战士地口说出战争底真面目而已。战争是什么呢? 是手榴弹,轰炸机,毒瓦斯,壕沟,饥饿,疯狂,照明伞,雷似的炮声,啄木鸟似的机关枪声,扑杀,刺刀,看护,太平间。你说它野蛮,说它破坏文明也可,说它能使优秀的人长存,使卑劣的人消灭,而使世界进步不受阻碍也可。这是各人底主观,无论如何争不出一个结果来。可是战争底本身却是一个客观的物体。作者一幕一幕地拉开来给我们看,不说声好也不说声坏,一任我们看完了自己去判断。

译序最后笔锋也转向此书原作者:"本书在德国是禁止发行的。本书底作者雷马克,也被逐出德国……流浪在外",同样表达了对一位受迫害作家的关切。

以上所及译序,除了对译本的介绍,也包括了评论。还有一些书评则散见在一些报纸、杂志上。较早的一篇由梁实秋所写。他在《新月》2 卷 6/7 号合刊(1929 年 9 月 10 日)的《西线无战事》一文中,先介绍此书内容,然后说,此书"有一个缺点,这书是似乎没有一个连贯的有组织的布局,换言之,结构不大好"。对一部外国名著的结构挑刺,需要一定胆识。"但是作者描写的手段的确极能动人,他写枪林弹雨中兵士的恐惧,放荡,戏谑,友谊,都写得深刻,他写伤兵的痛苦,慈母的悲哀,都能打动读者的至情。"这是对原作写作手法的赏识,确也合乎情理。梁实秋接着写道:"作者并没有公开的提倡和平,并不直率的诅咒战争,作者还能充分的保持客观描写的态度,这大概也就是这本书所以能胜过普通一般肤浅的'非战文学'吧?"这段文字主旨与上引钱公侠译序中的话大致无二。这种读法,实际上也是世界文坛雷马克评论中的一种定评。中国的外国文学评论,事实上从一开始就被牵入世界性话语范畴,只是缺少交代出处的传统,分清你我,相当困难。

《现代小说》3 卷 2 期(1929 年 11 月 15 日)上对《西部前线平静无事》的书评,则已带有左翼文论的色彩。文章也及雷马克此书的"缺点",但认为这与结构无关,与写法有涉:"这部书的缺点是在作者虽然写出了两方面兵士对于战事的同等的厌恶,但是不曾明白的揭出造成这个战争的帝国主义和资产阶级的罪恶。他的缺点是缺乏阶级的觉悟。"这显然过于苛求这位现实生活中以"不问政治"自居的德国作家了。

但这也非中国特有论点,似乎同是舶来品,1931年10月20日的《文艺新闻》上曾有通讯《雷马克,一个轻薄的和平论者在俄国大不流行》,引一苏联评论家说:"雷马克在本质上是个和平论者,在意德沃罗基①上是不足取的轻薄者,他一点也没有阶级斗争的观点。"又引另一位苏联评论家说:"雷马克的书是以和平主义的思想来毒害苏联的秩序的,应该彻底追究刊行俄译本的当事者的责任。"

以上引文清楚展现了20世纪二三十年代左翼文论对雷马克的态度。翻检那时对雷马克的评论,还在《世界文学》1卷2期(1934年12月1日)的336页上发现一条丧人名节的补白,题为《德国对于〈西线无战事〉的一个评语》。全文如下:"这部使人不快的书的作者,在德国某家银行有过存款,因为受到暗中提取的嫌疑,他的全部存款被政府扣留没收了。他的真名不是雷马克(Remarque),而是克雷墨(Kramer),并且他是一个犹太人。所以他从战争中看不见什么,除了恐怖和污垢。"雷马克既受法西斯主义的诬陷迫逐,又遭共产主义的批驳诘难,在世界文学史上也应属一例悖谬。

雷马克继《西线无战事》后,另有续著《归途》。此书在中国的译介,也颇值一谈。杨昌溪先在《现代文学》创刊号(1930年7月16日)上撰文《雷马克的续著及其生活》。此文起首用语生动,形象地描绘出雷马克一鸣惊人的景象:

> 在一九二九年度中轰动全世界文坛,抓着全世界读者的心使他们战栗,使六架印书机和十架装订机为一部小说而忙碌……的人是谁?那便是不到半年间全世界巨销二百万本的诺贝尔文学奖候补者,《西线无战事》的作者德国青年军人雷马克了。

文章接着追踪他此后的创作动态,说:"雷马克的续著在德国夏季可以成功,名字还没有定。"

数月后,杨昌溪换了一家杂志,在《读书月刊》创刊号(1930年11月1日)上著文《雷马克底新著》,做进一步报道:"现在这书的内容,大约是描

---

① 即为意识形态。

写战后兵士们的生活的一切,已决定名为《同伴》。"在一部外国小说尚未出版之前,中国文坛就开始追踪报道,这在当时应不多见。

雷马克此书 1931 年初正式出版,但题名不再是以前拟定的《同伴》,而是《归途》。这次汉译速度更快。1931 年 3 月,上海开明书店已出沈叔之译《战后》上册,下册则于同年 8 月出版。1931 年 3 月,上海开华书局也推出袁文彰、冯次行译《退路》,附张资平序,但笔者今天仅见上册,下册阙如。1931 年 4 月,上海神州国光社又赶紧出版林疑今、杨昌溪译本,取名《西线归来》。1931 年 10 月,上海光华书局又出版杨若思、王海波译的《战后》。其中沈叔之据日译,袁文彰、冯次行据英译,林疑今、杨昌溪也据英译,杨若思、王海波则据德语原文。看来,译者依靠自己会的外语,八仙过海,各显神通。

这还不是短时间内此书的全部汉译,同样在 1931 年面世的,至少还有以下两个版本:一是南京《中央日报》社版、华蒂译《后方》,二是上海平等书店版、张资平译的《归来》。①

一部德国小说,发表的当年,不下 6 个译本排闼而来,而且其中 5 个译本出版地是上海,中外文学交流史上恐怕难觅旁例。译者的热情和出版社的敏捷,今天也令人难以想象。其背景应是中国大众对于战争的焦虑,比在《西线无战事》出版时更有理由的焦虑。林疑今写于 1931 年 3 月 15 日夜的《译者后记》,能让人扪摸到此中的脉搏:

> 在这世界的第二次大战的前夜,多翻译一些非战小说,在我觉得是很有意义的事;虽则中国的老百姓向来是"和和平平"的;但是谁能担保中国不是世界第二次大战的战场呢?

他的担心不久被证明并非空穴来风。

贺扬灵为杨若思、王海波译本作《写在〈战后〉前面》一文,同样充满世人对于第二次世界大战的忡忡忧心:

> 第一次世界大战的创伤,还未全愈,而第二次世界大战,又在摩拳擦掌中准备了。各帝国主义统治下的群众,又将要抖着一身的血肉到战场上去牺牲了……这种预兆,已给予各国的民众以极大的不安和恐惧。

---

① 未见原书。参见 Wolfgang Bauer: *German Impact on Modern Chinese Intellectual History: A Bibliography of Chinese Publications*. Wiesbaden: Steiner, 1982, S.157。

此文的结尾,更是鬼影幢幢,凄惨骇人,让人不堪卒读:

> 当此家家雨的黄梅时节,我独坐在研究室里翻看雷马克的小说,傍晚静听着檐下雨滴的声音,却有一种无名的恐怖暗袭着,好像书中有多少冤鬼游魂,聚集在窗外烦怨而鸣咽着——呵!
>
> 新鬼烦怨旧鬼哭,天阴雨湿声啾啾!

前途堪忧,贺杨灵 1930 年 5 月 20 日的预感没错。一部《归途》,凝聚着多少中国文人悲天悯人之情。

《归途》的发表,使雷马克又成为文坛焦点人物。中国文坛不仅以最快速度译出此书,也以莫大兴趣对其人其书作跟踪报道。杨昌溪就在《青年界》1 卷 5 期(1931 年 7 月 10 日)上作文《雷马克新作获得佳评》,叙述雷马克如何"成了时代的宠儿",欧美报刊又如何评论。

易康在《现代文学评论》1 卷 2 期(1931 年 5 月 10 日)上的《西线归来之创造》一文,主要是记者对雷马克的访谈录。1931 年 4 月 30 日的《文艺新闻》则以《西线归来的大战——雷马克将被逐离德》为题,报道他此书发表后所受的压力,说"雷马克在受祖国人攻击之下,将来或许又须赴国外一游也"。1932 年 6 月 20 日的《文艺新闻》中一则通讯证明此言不假。短讯题目就是《雷马克走头有路——昨年文坛骄子,今日无处为家》,报告他受法西斯迫害,被迫流亡瑞士的消息。

赞美或关切,这是评论界或新闻界面对雷马克其人其书的主流态势。不能忘了依旧还有批评。方芥生在《北斗》1 卷 3 期(1931 年 10 月 20 日)上《〈西线归来〉的翻译》一文,就是一例。文章对一片叫好的中国文坛泼一瓢冷水,说:

> 本质上讲,这书照例的是一种战后"和平主义"的战争小说,资本主义下面的新闻杂志将它捧上天空,结果是要用这种"和平主义"的糖浆,而使一般读者辨不出滋味地吞下了准备第二次世界大战的那种已经让人讨厌了的药料。可是我们的译者(们)呢,却好像都已经将它看成真的反战文学的代表作了!

撇开业已提及的左翼文评眼光不说,彰明雷马克此书可能本意与评论家赋予它的衍生意之间的差别,当为有益的识见。但此文的要点是谈翻译。它一一举例,挑出林疑今、杨昌溪译本约 20 处错误后说:"我可以大胆地断定,本书的译者对原文完全不能理解,只是将认识的单字拼在一

起,然后不管一切凑成一句。"批评十分尖锐。方芥生点出的译坛另一问题也非常醒目:

> 中国译坛自从"手势戏"以来,这一类的笔墨官司已经不很多打。原因,大概是我们贵国人气度太大,所以看到要不得的译品,也只一笑付之,而谁也不愿意起来,"严酷地谈论。"因之,在一九三一年的现在,居然还有这样的翻译出世,居然还有书店愿意接受,居然还在报上登起"译笔流畅"云云的廿行广告,居然还能两版出书,而使读者们的铜板角子洋钱滴溜溜的流进"翻译家"和"出版家"的口袋里面。

中国人崇让不崇争,这是事实,对商业利润的追求,也是乱译滋生的土壤。但就其众人皆醉我独醒的口吻而论,方先生可能有些失于孤陋,因为二三十年代,中国译坛敢于挑刺、公开批评的大有人在。前述关于施托姆《茵梦湖》译本的评论可为例证。

方芥生文章起首还正襟危坐,末尾已渐趋油滑。紧接着上一段引文的是下面几句话:

> 假使仿一仿上海小热昏的口吻,我很可以编出一曲《十希奇》的小调。譬如:一希奇不懂原文居然可以译书,二希奇,书店出书居然可以不看原稿,三希奇几千几万个读者居然没人讲话,等等,等等。

文章落款"在天津",似乎有坐北朝南,讥讽上海人不学无术、投机取巧之意。

1946年,雷马克另一部长篇小说《凯旋门》出版,汉译速度依然惊人。当年12月,朱葆光率先推出节译本《凯旋门》,由上海中外出版社出版。1947年4月,香港芭蕉社出版另一同名节译本,译者署名"林友兰"。《译者前言》第一句话是:"《西线无战事》出版后,雷马克的作品介绍到中国来的,并不多见。"有显译者寡闻。此书第三个译本、亦即第一个全译本由朱雯完成,1948年上海文化生活出版社出版。据译者《译后记》介绍,译本曾请教过钱锺书和傅东华两位,并且"得到他们很宝贵的帮助"。钱锺书曾为译成一部德国小说助一臂之力,也是有价值的史实记录。1948年末,上海文化生活出版社还出版了朱雯译、雷马克的另一个长篇《流亡曲》。

1950年前,雷马克共发表长篇小说5部,其中4部以上已及,亦即已有汉译。另一部是《三个战友》,1937年首版。何文介曾在《宇宙风》39期(1941年2月16日)上撰书评《雷马克之〈三同志〉》。文章兼叙兼议,兼引兼评,从雷马克的小说谈到曹雪芹的《红楼梦》。就他看来,二者均属"佳妙的小说"。但又有不同。一类如《红楼梦》是"无所谓之小说",二类如《三同志》为"有所为之小说"。前者"故事纤巧,惜多有男女闲事为主",后者"或以悲天悯人之心境写可歌可泣之故事,或以世界近况为背景,出之以曲折之叙述,对人类作深刻之讽刺"。分析颇有文学理论方面的情趣,又从德国小说中欺负从良妇女的铅管匠转到揩难民油的中国贪官污吏,兼借题发挥之意图。文章引小说段落不少,且引得十分到位,有诱人拜读全书的魅力,最后一句话却是:"爱读的自己去翻吧,不俱引了。"但此书那时似无汉译。倘若不是笔者寡见少闻,那么他文章的尾句就有打趣读者之意了。

与在中国已经盛行的歌德、海涅、施托姆或施尼茨勒等人相比,雷马克的作品无论从题材到风格自是不同。他关注的不怎么是文人们"剪不断理还乱"的情丝恋事,而是战乱中理性的沉沦和人性的挣扎。他在中国自 20 世纪 20 年代末一直到 40 年代末声誉独卓,既与那个时代中国译家和读者对内忧外患的切身体会有关,也凸显出中国读书界审美心态的另一面,应该说是更成熟的一面。

十八 "火线后方"的描摹者格莱塞尔

20 世纪 20 年代末到 30 年代,中国大陆上战乱频仍,国势阽危,雷马克和雷恩的德国战争文学在中国颇孚声名。与他们同一时代的德国作家格莱塞尔(Ernst Glaeser)也于 1928 年发表了他的自传体反战小说《一九〇二年级》,随着《西线无战事》和《战争》等作品被介绍到中国。赵景深在《小说月报》21 卷 1 号(1930 年 1 月 10 日)的《最近的德国文坛》一文中,就提到"一个青年名叫格莱塞尔在《一九〇二年级》里描写大战时战线后小学生所受的痛苦"。

《一九〇二年级》的一个片段《拘捕》随后就由施蛰存译出,发表在《新文艺》2 卷 2 号(1930 年 4 月 15 日)上。此书全译次月由上海东华书局出版,译者施蛰存在《译者致语》中说:"雷马克底《西部前线平静无事》及雷恩的《战争》是描写大战本身的,他们所真实地记载的是火线上的情形,而这里所要介绍给读者的格莱塞底《一九〇二年级》是真实地记载大战时德国火线后方的诸种社会状况的。"此言道出了格莱塞尔此书与另两部著名反战小说的不同处。这篇《译者致语》然后转向中国的现实:"在我们中国,虽然大战底恐怖不曾使每个人都感到,但这未来的或许是不可免的大战难免不降临在我们这块大地上。"这道出了当时人们对于战争的忧虑,于今视之,也对中国历史此后的发展做了准确预言。此书在中国文坛的反响应该不错,所以又有上海新生命书局1932年版的同名重译,译者黄源。

格莱塞尔的战争文学作品在中国也就渐渐地拥有自己的一份天下。徐懋庸接着就在《文学》1卷6号(1933年12月1日)上译出"格莱塞"的短篇小说《谛尔西的缝工》。故事讲一位被战争弄得神经错乱的退伍老兵,主题与《一九〇二年级》基本一致。

就在《一九〇二年级》汉译本问世的1930年,格莱塞尔在德国出版他的另一部长篇小说《和平》。《文学》1卷3号(1933年9月1日)上一段题为《格莱塞的新著》的补白,介绍的就是此书。文中说:"他在这小说中描写一九一八年的革命,剥去那和平的假面具。"这大体道出此书的主旨。《和平》的汉译3年后在《文学》7卷1—6号(1936年7月1日—12月1日)上连载。译者屈轶(王任叔)对此写有一篇小引,对《和平》和《一九〇二年级》互做比较:

> 《一九〇二级》是无情地描写并抉别孕育战争底危机的德国,跟那起了战争后的社会的各方情形。而《和平》则是暴露那应该用括号括起来的所谓和平底真实姿态。他是以德意志李卜克纳西所组织的斯巴尔达凯底革命事件为中心,描出当时德国社会之动态,由此而给予今日苦恼着的德国大众以决定的"批判"。

介绍显然比前述那段补白更为详尽。小引还从小说的内容转入小说形式,提到德国文学从印象主义到表现主义,又到所谓的"新写实主义"的转变,最后在所谓的"报告小说"背景上谈《和平》一书的写作特点:

> 格莱塞优越之处,却又能在其作品的实践中,很巧妙地应用这方法:这就是把报告者混入在一极其混乱的场面里不见了,而报告者又能走出这场面而指出其混乱中的机构,予以正确的批判。因之,作品的感人力量,十分强大。

评论为阅读提供了可资参考的视角。

这段小引提到的两个日译本和格莱塞尔的另一部作品《阿尔塞斯的土地》,都曾在《文学》1卷3号中那段补白中出现过,再加上行文措辞的相似,可以推见,3年前的那段补白《格莱塞的新著》很可能同出屈轶之手。

屈轶的《和平》汉译,作为由郑振铎等人主编的"大时代文艺丛书"的一种,1939年由上海世界书局出版单行本。《译者序》的前半部分即是《文学》杂志连载此书时的小引,中间有一部分文字转述德国马克思主义文艺评论家"席莱尔"对法西斯主义文艺思想的批判。文末描绘的是译者在那个动荡年月翻译此书时的种种艰辛,以及译者借助"非战"文学对法西斯表示抗议和为抗战出力的译书动机,今日读来,让人陡生万分感慨。兹录部分文字如下,聊作此节收束:

> 八一三战争未发生之前,我是想弄一本德文原本,托人来对勘一下的。曾经托在东京的金学诚兄设法购买,但回答是绝版了。向日译者借,又不曾成功。从虹口逃出来的时候,什么书籍都没有带出。只有一箱别人作译的稿子,和自己的一部分旧稿,几本《文学》是带出来了,而那所根据的译本,却不曾带出,这使我想重新校勘一遍都不可能。辗转托朋友往"内山书店"去购头,最初的回答,要往日本去配,最后的回答,也是"绝版了"。为了法西斯国家对于文艺作家和作品的压迫的毫无理性,这使我更有勇气把这即便有错译误译的作品出版作为猛烈的抗议!我不羞怯地敢于说,我将以这来说明法西斯侵略者的无耻与残暴,正也是我抗战工作之一。

书籍常被作为商品推出,但这本《和平》无疑被译者视作武器,他想借此表示对侵略的抗议,对抗战的呼吁。

十九 "神秘派文学家"霍夫曼

同大多数德国著名作家一样,霍夫曼(E. T. A. Hoffmann)也在20年代被介绍到中国。《小说月报》13卷12号(1922年12月10日)上《今年纪念的几个文学家》专栏中,借纪念他逝世100周年之际,有专节介绍他,把他定位于"德国的一个神秘派文学家",又说"霍夫曼是天生的一副尖锐的观察力,尤能看出人体上的不合理所在,抓住了人身上的一二处可笑的地方,用滑稽而尖刻的笔墨形容出来,是他唯一的才能"。这大致点出霍夫曼作品奇异怪诞的特性。《小说月报》14卷12号(1923年12月10日)上无明译《现代德奥两国的文学》也称他为"鬼才",更加深了人们对这位风格独特作家的印象。

霍夫曼作品的汉译可能始于冯至。他在《沉钟》特刊(1927年7月10日)上曾译出霍夫曼的小说《Artus厅堂》,①同时发表长文《谈 E. T. A. Hoffmann》。文章下分4节:一、霍夫曼在柏林,说他在柏林的生活及创作,酗酒的嗜好和最后的离世。二、霍夫曼的流徙生活,讲他在几个城市间的迁移和贫困的境遇。三、"面貌相似的人"和"第六感官",谈他作品中的"两重世界",自我分裂的表征和梦幻世界。四、霍夫曼和他的时代,论他在浪漫主义群体中的位置,并总结道:

> 他在罗曼派的作家中是唯一爱着生活的人,他不曾追逐"蓝花"(Eine blaue Blume),也不曾去听取森林的寂寞(Waldeinsamkeit);在他的窗外是市场的喧哗,——他在真实的后面发现了伟大的惊奇的阴影。他以滑稽的Ironie,以嘲讽的微笑,加在他从生活中所感到的悲哀上边。

冯至以诗人的敏感和细心,道出了霍夫曼与大多浪漫主义作家的区别、亦即他创作的主要特点。

在我国,人们常说霍夫曼是名声仅次于歌德、席勒和海涅的德国作家。② 只是霍夫曼作品在民国时期汉译的数量与此评价不甚合拍。笔者所见20世纪30年代仅另有小说《法龙的矿山》,载刘思训译《德国名家小说集》,上海中华书局1931年版;毛秋白译的《史姑娘》(今译《斯居戴里小姐》),上海中华书局1935年版。毛秋白为自己的译本写了一篇详尽的译序,题为《霍夫曼小传》。此文起首是个十分欧化的句子:"亚马丢斯·霍夫曼是与美国的亚伦·坡、法国的波特莱尔共同构成一个特殊的星座在文学的世界上放着异样的光芒的奇特的作家。"此处笔者还略去了3位作家的西文原名,不然句子更长。就对霍夫曼作品的例数与介绍来说,此文

---

① 王印宝、冯令仪译《霍夫曼短篇小说选》(湖南文艺出版社,1996年)《译序》中有:"据有关资料记载,霍夫曼作品最早的汉译本是亚东书局1928年出版的《欧洲近代二百年名人情书》。"这项"记载"有误。《欧洲近代二百年名人情书》的《译者序言》交代,此书由一个叫霍甫曼(Camil Hoffmann)的人1912年编成。可见此 C. 霍甫曼非彼 E. T. A. 霍夫曼。况且后者早在1822年去世,不可能在1912年再编这本收有1890年情书的《名人情书》,这似为上提《译序》忽视。另外,《霍夫曼短篇小说选》的《译序》显然把译本第一篇《亚塔尔官》视为"首次被译成汉语"。其实,冯至的这篇译作与这篇《亚塔尔官》是异名同篇。

② 可参见王印宝、冯令仪译:《霍夫曼短篇小说选》,《译序》,湖南人民出版社,1996年。另可参见张威廉、韩世钟译:《封·丝寇黛莉小姐》,《译本序》,上海译文出版社,1988年。

介绍了霍夫曼另几部名作,比如《恶魔的灵液》(今译《魔鬼的迷魂汤》)、《夜谭》(今译《夜曲》)、《砂鬼》(今译《沙人》)、《家督相续异闻》(今一译《古堡恩仇》)和《塞雷匹翁俱乐部》(今译《谢拉皮翁兄弟》)等。文章最后以评论霍夫曼的未竟之作《牡猫穆儿的人生观》收尾:"霍夫曼借了穆儿的口吻,用辛辣的讥讽、轻妙的诙谐攻击社会的恶俗与启蒙主义的肤浅,痛骂似是而非的艺术家,赞美睿智与恋爱。是表露着霍夫曼的人生观及艺术观的作品。""启蒙"两字就是在中国新文学运动时也是一个褒词。众多进步作家视对大众的启蒙为自己的天职。上文中"启蒙主义的肤浅"的用词,不啻大胆,简直就是今天所谓"后现代主义"批判启蒙的先声。

又是音乐家的霍夫曼,其作品在民国时期的译介似注定还要有个最后的音符。这可能由梁宗岱译《圣史威斯特之夜底奇遇》奏出。译文收在华胥社1943年版的《交错集》中。

二十　同中国左翼作家遥相呼应的雷恩

赵景深在其《小说月报》21卷1号(1930年1月10日)上《最近的德国文坛》一文中,曾提到"路特维希伦的《战争》也都是可尊敬的,不能忘的"。《战争》是德国作家雷恩(Ludwig Renn)1928年出版的又一部反战名著,后由魏以新译出,上海华通书局版。写于1930年5月的《译者前言》交代,此书的翻译曾得到译者的德国老师欧特曼教授"解释疑难,叙述德国军队制度及兵士生活情形"。如此认真的译作,当时并不多见。译文紧扣原文,有时不免生硬难解,译者因此在译文中加入用括号括起来的按语。这种做法,更为鲜见。

此书另有麦耶夫(林疑今)依英语的同名译本,上海东华书局1930年7月版。《译序》文字颇具活力,这样开场:

> 《战争》此书与雷马克的《西部前线平静无事》,E. Glaesser的《一九〇二级》,及使法国少女用嘴唇来亲的《四兵士》,同称为战后德国文坛的四大杰作,像《默示录》的四骑士一样,马蹄过处万里战栗!

译者的反战情绪和译本的功利目的更可由下列引文展示:

> 这本书若能喊醒几个在战场上"爱国热"的同志,译者的希望也就够了;

同时还希望几位专门躺在女人的裤裆里,抽大烟,打麻雀,口口声声主张"战争"的大人先生们将朦然的醉眼放开点,究竟你们赶同胞冲上去的"爱国运动"其实是怎么一回事。

《战争》一书 20 世纪 30 年代还有两部汉语重译。一是袁持中的译本,上海世界书局 1932 年版。二是王公渝的重译,上海启明书局 1937 年版。王公渝的译本附《小引》,称此书"伟大的精神,实寄托在揭破'爱国狂'的幻灭,与描写战争的残酷和惨烈上面。它把战争的结果清算给读者,使读者惊心震魄,宛如眼见到一幅毒气杀人,大炮轰城的图画一样"。此译出版时,希特勒已经上台,雷恩也身遭迫害,《小引》对此作出反应:

> 路易·棱以真挚的笔调刻画战争的惨酷,当然对于希特勒这个战争放火者,是极其不利的。他不啻在德国大众中,替希特勒唱了个倒彩,甚至把他那狰狞的面貌,也用素描揭示出来了。为此,《战争》于国社党上台后,即被禁止,而且连路易·棱所有的著作亦均被付之一炬。听说路易·棱还下了狱,受了卐字号刽子手的鞭笞。

关于雷恩受法西斯迫害的消息,当时曾引起中国文坛的很大关注。《文艺月刊》4 卷 1 期(1933 年 7 月 1 日)"文艺情报"栏目中《德国作家近日之厄运》一文写道:"《战争》的作者棱被关在狱中。"炳薯在《光明》1 卷 3 期(1936 年 7 月 10 日)上则发表短文《路特维许·棱——健斗如昔》。文首有言:

> 长篇小说《战争》和《战后》的作者路特维许·棱自从一九三三年二月德国国会纵火事件当时被捕之后,已经很久没有消息了。去年,还曾听到过路特维许被杀的消息,但是,他还生存,而且还像当年一样地在那儿争斗!

中国的进步文人,显然把雷恩视为同道,甚至战友。这不无缘由,因为他还亲自声援过中国革命。下面是一件今天几已煙没无闻的史实。

中国左翼作家联盟机关杂志《前哨》1 卷 2 期(1931 年 8 月 5 日)上曾有两篇《世界无产阶级革命作家对于中国白色恐怖及帝国主义干涉的抗议》,其第一篇即是"德国革命作家路特威锡·棱"1930 年 12 月 12 日写给中国同道的信,译者非是旁人,而是鲁迅。全文如下:

> 我以德国无产阶级革命作家联盟之名,反对刽子手蒋介石的白色恐怖。我们尤其对德国的官僚以及别的法西斯蒂的东西的帮凶,想要用血来镇压中国的革命。这些德国的法西斯蒂们,不肯劳动的寄生流氓,好像以为他们对

于鲁尔,明辛和马拉的暴动和革命运动的行为还不够,他们还得来染染中国的农民,劳力和工人的血。然而虽有这些(白色)恐怖,中国的农民群众在中国工人的领导之下,却仍要夺取政权,因为这是人类的进步的路。

译文还附有德语手写原信的影印件,在上角盖有雷恩的通信地址章,右下角是他的亲笔签名,确为当年中德革命作家互相支持的珍贵实录。

炳著上文所及的《战后》,是雷恩1930年又发表的一部反战名著。未见当时有汉译,但有相当详细的报道和介绍。《现代文学评论》1卷3期(1931年6月10日)的"现代世界文坛新话"栏目中,曾有《路特味格棱之〈战后〉》的书评。文中写道:"书中记的是他在大战休止之后的惶乱的数月中的经验。这些经验虽然是用了插话的形式说出,而全书似乎有相当的结构,但这部书实在不能算作小说。"介绍中夹有评论,而批评的口吻在下文中更加清晰:"《战后》是忠实的记录,是处处可信的记录。但因为如此,这部书不免是沉闷的;到了叙述琐碎的时候,读起来更觉费力。这就是作者缺乏艺术手腕和个性的缘故。"

另外,1932年5月23日的《文艺新闻》文学版中,也刊登了署名"白天"写的《路德维希棱——〈战争〉与〈战后〉的作者》一文。文章先介绍作家的出身,一直到决定走"康冈立兹姆"之路的成长过程,然后说:

> 他的《战争》是在这个最后的决心之前出版的。所以在这本书中,他的态度还不很明显。棱恩自己也说:"国家主义者之所以喜欢我这本书,正就是因为我的态度不明显。他们所需要的路德维希棱,便是盲目地服从他们而自己毫无伟大目的的人。"在《战后》中,他的态度却不同了。这是一部真正的康冈立斯特的创作,它指出了每个为真理而战的人,每个脱离了自己的阶级而与普罗列塔利亚连接在一起了的人所必须经过的道路。

两篇书评,一篇着眼于作品的艺术技巧,一篇注重其社会功能,褒贬不一,评判不同,是很自然的事。《战争》一书仅在20世纪30年代就有不下4部汉译,《战后》在民国时期似未被译成汉语。这也许同中国文坛对它在评判上有争议不无关系。

二十一　咏物诗人里尔克

在无明译《现代德奥两国的文学》(《小说月报》14卷12号,1923年

12月10日)中,里尔克(Rainer Maria Rilke)仅被在谈戴默尔时一笔带过。而在《小说月报》15卷1号(1924年1月10日)的"海外文坛消息"《德国近况》里,已有对他较详细的报告:

> 利尔克是近代德语文学史中所谓"青年柏拉格派"的现代的首领。他是波西米亚人,故作品内多描写本乡的人情风物。他的心像一面镜子,不特能映照出风景,并且能映照出灵魂的颤动。他是一个梦想者,对于人生问题常常不断的考虑。他以为近代的产业文明的生活是贼害个人的灵魂的。

郑振铎在其《文学大纲·十九世纪的德国文学》(《小说月报》17卷9号,1926年9月10日)中,在讲格奥尔格时,也提到他:"李尔克也是一个重要的诗人,曾在巴黎为大雕刻家罗丹的书记。他的诗形式极秀美整齐,而有神秘的意味,为后来一班少年表现主义的抒情诗人的先生。"

正是在郑振铎发表以上文字的1926年底,里尔克逝世。中国文坛当时就有报道。赵景深著、上海远东图书公司1928年版的《最近的世界文学》一书中,就收有《德国诗人列尔克》一文,说他"一九二七年孤寂的死在瑞士"。日期有误,但文章还是写得十分到位,说:

> 他有一个怪癖,凡一切自然的他都不爱,一切不自然的,人工的,他都喜欢。因此他的诗中从来不见波涛汹涌,松涛狂啸,甚至连一朵迎风吹动的野花都不邀他的荣宠。反而神游于大教堂,五色玻璃窗,人工喷水池,拗折的花木这一些东西。

这实际上讲里尔克"咏物诗"的特点,只不过文章作者掌握的资料中,可能未出现这个中心词。

以上是对里尔克其人其作品的概述,具体作品涉及不多。上提《德国近况》中,曾提及他的《奥斐司之歌》(今译《献给奥尔弗斯的十四行诗》)。而余祥森在他的《二十年来的德意志文学》(《小说月报》20卷8号,1929年8月10日)中则谈到里尔克的多部作品:

> 他的《画像集》堪称不朽之作,其中以"骑士","最后之人"为最精湛。其余诗集,与《梦中加冕》,《自庆》,与《新诗集》和《新诗别集》皆极佳妙。里氏亦颇工于散文作品,短篇小说《巴格剌地方的两故事》尤是铮铮的。[①]

就在1929年,上海世界书局出版新文化学社编译的文集《慈母的悲

---

① 原文附有作品的德语原文,引述时略去。

哀》,内收里尔克的小说《屋顶老人》。此后里尔克的译者首推冯至。1932年10月至12月,他分别在《沉钟》14、15、18期上译出其散文《布里格随笔》、诗歌《豹》和另一篇散文《论山水》。随后,卞之琳也加入里尔克译者的行列。他在上海商务印书馆1936年版的《西窗集》中,发表据法译本转译的里尔克诗《旗手》。1936年,正是里尔克逝世10周年整。这年12月,《新诗》第3期辟出一个"里尔克逝世十年祭特辑",里尔克在中国享受到了他逝世时未曾享有的荣耀。

举行这次纪念活动的主角应为冯至。他在特辑中推出他译的《里尔克诗钞》,除上提《豹》之外,另收《Pietá》《一个女人的命运》《啊朋友们这并不是新鲜》《Orpheus》和《啊诗人你说你作什么》等5篇。同时他还附上纪念文章《里尔克——为10周年祭日作》,称里尔克"已经观察遍世上的真实,体味尽人与物的悲欢,后来竟达到了与天地精灵相往还的境地",可谓深得里尔克作品之真谛。冯至接着分析里尔克与18世纪末期浪漫诗人的差别:

> 在诺瓦利斯(Novalis)死去,荷尔德林(Hölderlin)渐趋于疯狂的年龄,也就是从青春走入中年的路程中,里尔克却有一种新的意志产生。……
>
> 他开始观看,他怀着纯洁的爱观看宇宙间的万物。他观看玫瑰花瓣、罂粟花;豹、犀、天鹅、红鹤、黑猫;他观看囚犯、病后的与成熟的妇女、娼妓、疯人、乞丐、老妇、盲人;他观看镜、美丽的花边、女子的运命、童年。

冯至凭借诗人特有的敏锐眼光,伏婉多姿的笔墨,描述了里尔克那独特的咏物诗的产生与特性。在这些诗中,"再也看不见诗人叙说他自己,抒写个人的哀愁;只见万物各自有它自己的世界,共同组成一个真实、严肃、生存着的共和国"。如此深切入微的评点,仅靠参考资料恐怕无法写出。兼诗人与译家于一身的冯至,再显其常人很难企及的资质。

1938年,长沙商务印书馆出版冯至译的《给一个青年诗人的十封信》,似为民国时期里尔克作品中唯一的一部单行本。冯至的《译者序》写得同样诗意荡漾,情感真挚。冯至说明,他译此书,"为的是寄给不能读德文的远方的朋友",与青年朋友共同思考愁苦人生的意愿清晰可见。

20世纪30年代也译过里尔克的是梁宗岱。上海商务印书馆1934年版的梁宗岱译《一切的峰顶》中,收有里尔克的诗《严重的时刻》(今译《沉重的时刻》)和《这村里……》(今译《村子里立着最后一幢屋》)。

作为象征主义诗人的梁宗岱,不仅喜欢里尔克的诗歌,也钟情于他的散文作品。在 1943 年由华胥社出版的《交错集》中,他译的是里尔克的 4 篇散文作品,它们是《老提摩斐之死》《正义之歌》《欺诈怎样到了俄国》和《听石头的人》。说这些篇什为散文作品,并不十分确切,其中有的能被称为小说,但又非传统意义上的小说。梁宗岱在此书的《译者题记》中做了如下解释:

> ……它们有一个共同点,就是它们底内容,既非完全一般小说或戏剧所描写的现实;它们底表现,又非纯粹的散文或韵文;换句话说,它们多少是属于那诗文交错地境域的。

20 世纪 40 年代里尔克汉译者中还有林凡。正风出版社 1947 年曾出版他译的德国诗集《春情曲》,其中收有里尔克的诗歌 5 首,依次为:《爱情》《先知》《寂静》《少女之祷(1)》《少女之祷(2)》。而另一位译者是陈敬蓉。他在《诗创造》10 期(1948 年 4 月)中译出《少女的祈祷及其他》,其中包括里尔克的诗 5 首。它们分别是:《少女的祈祷》《民歌》《无题》《天使们》和《青春的梦》。译诗后有译者长长的附言,说里尔克"有诗人中的贝多芬之称"。而其余对里尔克及其创作的评价,基本是前述冯至那篇关于里尔克文章的转述。故不赘言。

此节对里尔克诗作在民国时期汉译的介绍,缺漏定有①。尽管如此,与有过数本汉译诗集的海涅相比,他对中国现代文学的影响,可能有过之而无不及。冯至的诗歌创作中有他的影子,卞之琳的诗作也与他有不解之缘。罕为人知的还有徐迟同他的关系。未见徐迟当时译过里尔克,但他却写过一篇声情并茂的《里尔克礼赞》,刊登在《时与潮文艺》创刊号(1943 年 3 月 15 日)上。他承认:"我只读了他很少的诗和一本书简和另外几封信。"但结果呢?

> 是里尔克,使我第一次感到我的童年的幸福,在他启示了我以后,我更听懂了巴哈的乐曲。是里尔克,使我第一次感到恋爱的幸福,在他启示了我以后,我才懂了女人的可爱。是里尔克,使我第一次懂得了寂寞的幸福,在他启示了我以后,我才懂得了我的情感中最宝贵的一部分。

---

① 据《吴兴华诗文集·文卷》(上海人民出版社,2004 年,第 298 页),吴兴华另译有《黎尔克诗选》,由北京中德学会 1944 年推出。

简而言之,是里尔克使这位当时 30 岁不到的中国青年诗人懂得了人生,体味了幸福,可能也激发了他的诗兴。

里尔克那摄人心魄的魅力也可见于吴兴华《黎尔克的诗》(《中德学志》5 卷 1—2 期,1943 年 5 月)一文。作者同样写道:"他的诗篇,散文及信札多年来就是我欢乐与忧愁中最亲切的伴侣。"在把里尔克的诗与英美现代诗放到一起后,吴兴华甚至说:"和他一比起来,我曾一度心醉的现代英美诗是如何的浅薄而不值一提?"一去一取,足见里尔克当时走俏中国文坛之景象。

结束此节前,觉得有必要纠正关于里尔克作品中国接受史资料中一个小错误。张威廉主编《德语文学词典》(上海辞书出版社,1991 年)的附录《中文译本目录·合集》中,录有毛秋白译《德意志短篇小说集》(上海商务印书馆,1935 年)。此译目录中有"里尔克的《沉默的议员》"。这里的"里尔克"有误。原书此篇作者实际上不是"里尔克",而是"李尔"。毛秋白此译《序》中附有李尔的德语原名。此"李尔"其实非彼"里尔克"。

二十二 表现主义作家托勒尔

托勒尔(Ernst Toller)是德国著名表现主义作家。《小说月报》15 卷 1 号(1924 年 1 月 10 日)"海外文坛消息"的《德国近况》一文中,称他为"现在德国文坛上'青年的一辈'"的"最年轻的代表,现年三十岁,一个革命的信徒",并且谈及他的剧作《变化》《群众》和《机器下的鬼》,尤其对第二部剧本作了详介:

> 这部剧本也是描写一个爱国的个人主义者在德国革命时所起的心理的变化;然而这个爱国的个人主义者并不是剧中的主人翁,而他的心理变化也不是全剧的描写的主点。这篇剧作所要描写的主点是群众心理,剧本的真主人是群众;土勒自称他的艺术是"无产阶级的艺术",在本剧引言上,他说明"无产阶级的艺术"的要点即在以无产阶级的智识界及灵魂界为描写的主点,务要取那震动全人类的变动(如革命)为题材,旧时专注重描写个人福祸得失的剧本是"有产阶级的艺术",已成为过去的陈迹了。

托勒尔是德国魏玛共和国时期的所谓无产阶级作家。他在中国新文学运动中以其所谓的无产阶级创作倾向为人瞩目,是极为自然的事。

也正是这部政治倾向尤为浓厚的剧作,数年后被译成汉语,以《群众＝人——二十世纪社会革命剧七场》为名,连载于《创造月刊》2—3期(1928年9—10月)上。译者李铁声在译文后附言,称"托列尔〔……〕是德意志表现派〔……〕的戏曲的一个巨星",介绍"他曾参加〔……〕Spartakus团,并做过赤军的指挥"。短文还提到托勒尔的另几部剧作,如《转换》《机器破坏者》《杏克满》《解放了的伏坦》,而且说明,"他有名的作品差不多都是在狱中产生的"。托勒尔作为一个受迫害的革命作家的形象愈加具体和丰满。

进入20世纪30年代,赵景深也写过一篇书讯《托勒尔的自叙传》,发表在1931年7月的《小说月报》22卷7号上。文章主要报道他的文集《横亘过去》。此书今译《周游和讲演》,发表于1930年。中国文坛次年就有回响,反应不能说慢。赵景深还告诉读者,此书"引起警察当局的注意,像一九一九年五月似的,出一万马克的赏格来捕拿他",使书讯更具当前性。

希特勒上台后,身为犹太人和反法西斯战士的托勒尔境遇更糟。杨昌溪也曾在《文艺月刊》5卷6期(1934年6月1日)上著文《德国剧作家托勒的自传与新剧》,追踪他的发展,报道他的近况:"在希特勒党执政后,因为排犹和取缔自由主义作家的关系,托勒自然早在排斥之列,又何况他有一种激烈思想的倾向呢？"文章首先介绍的是赵景深报告的同一本书:"托勒早三年时曾写了一卷美国和新俄的印象记,另外凑上些自传的文字,曾出版了《横亘过去》〔……〕但是,正宛如美国不要他上岸似的,他的书遭受了警察的注意。"文章接着报道他的新作,自传体散文作品《德国一青年》。此书原文出版于1933年,中国文坛的反应亦属快捷。杨昌溪在此文结束前写道:

> 托勒在幼年时曾被日耳曼的儿童们骂为"污秽的犹太人",现在世界上尽有不少的国家有排犹的运动或残虐的事发生,但这位生在日耳曼波兰的犹太小孩的戏剧,在国外还不曾遭受禁止,或许为了反希特勒的关系,他们的作品反而流行起来。

托勒尔在中国受到眷顾的原因,应该也主要是他的革命者立场和受法西斯迫害的遭遇。

关注托勒尔的还有允怀。他曾在1935年的《世界文学》1卷5期上作文《戏剧作家韬勒》,品评了托勒尔多部代表作品,诸如《变形》《机器之捣毁者》《啊,这就是生活》,乃至那时很少为人提及的诗作,比如《囚徒之歌》《无产者的日子》。不过,文章重点谈的还是他的代表作《群众与人》。与前述评论稍有不同的是,此文注意到这个剧本的艺术手段:"作者所用的手法,使这部作品在表现派艺术中,占着一个很崇高的位置。人物只是象征,并不具有人格[……]其动作往往是团体而不是个人的。语白断续而简短,但同时仍蕴藏着浓郁的感情。"另外,文章还使用了"对于机器文明之诅咒","人类之挣脱物质文明且桎梏之热望"一类的语句。鉴于当时中国社会,尤其是工业发展的落后状况,这显然是在欧洲社会背景上生发出的感慨。无论如何,这种对现代工业文明的拒斥,表现出对启蒙辩证法的意识,并非今日学术界的专利。

也许是社会的动荡、时代的亢奋,往往让人无暇顾及长篇大作。更也许是短篇政论更适合那样一种氛围。不管怎样,托勒尔的剧作汉译在30年代似无后继。得到汉译的却有两篇文学散论。

一篇是抨击法西斯的《现代作家与将来之欧洲》一文。载《文艺风景》1卷2期(1934年7月1日)。译者施蛰存在译文后附言:

> 托莱尔[……]是一个犹太族的德国作家。他的戏剧《群众》与《煤气》①已成为很著名的现代欧洲杰作了。自从希特勒秉政以后,犹太人在德国大受虐害,托莱尔于是也只得像爱因斯坦及其他犹太族的科学家文学家一样地流亡到外国去。

可见,遭希特勒迫害,这是中国文坛关注托勒尔的重要缘由。附言结尾可视为对他的声援:

> 从托莱尔这篇短文中,我们可以看出一个为文化争取自由的著作家正在怎样地大声疾呼,希图以他的微弱的力量来挽回一个危险的时代。是的,他的呼声正是异常之微弱的,然而我相信它却会得永久地在崇尚理智,尊重自由的人们底耳朵边鸣响着。

面对强权政治,文学家的正义呼声,其力量从来就是微弱的,但会被尊重理性、爱好自由的人们铭刻在心,会被历史记住。

另一篇是姚克译的《文字》,载《译文》新2卷4期(1936年12月16

---

① 《煤气》应为凯泽尔所作,不是托勒尔的作品,似误。

日)。这是托勒尔 1936 年 6 月在伦敦的国际作家会议上所致的开幕词,讲文字的力量,既批判法西斯独裁者利用文字蛊惑人心,也呼吁作家们使用文字制造抵抗"精神瘟"的血清,同样具有鲜明的政治倾向。

托勒尔不仅是剧作家,其实还是一位很不错的诗人。这在上述允怀的文章中已有提及。不过,倘若不是下面将叙述的一例译诗,中国的一般作者恐怕无缘认识他的诗才。1935 年,《世界文学》1 卷 5 期上还曾刊出段薇杰译的托勒尔的长诗《燕子书》,共 38 节,计约 730 行。译者眼力颇佳,因为此诗属于托勒尔最出色的诗作。诗的背景是一对燕子在托勒尔当时住的牢房里筑巢和哺育它们的雏燕,给托勒尔带来了生命的喜悦。听着燕子的呢喃私语,看着燕子的飞进飞出,诗人写下了自己对于生命和自由的渴望,也录下了对于死亡的恐惧。全诗诗意真切,诗情感人。

在上提《文字》的讲演末尾,托勒尔曾铿然说道:"我们自己是命运的创造者。我们要真实,勇敢,而有'人气'。"可惜此后 3 年,他自己在生活和事业都严重受挫的情况下,自缢身亡,令人唏嘘。不知当时中国报刊有无报道或发悼念文章。

二十三　"薄命天才"克莱斯特

仲云在《读近代文学》(《小说月报》15 卷 1 号,1924 年 1 月 1 日)中,谈到歌德和席勒以降的三大德国爱国诗人,其中一位就是"克拉伊斯脱",即克莱斯特(Heinrich von Kleist)。稍后两年,郑振铎在《文学大纲·十九世纪的德国文学》(《小说月报》17 卷 9 号,1926 年 9 月 10 日)中,已有对他较详细的介绍,但视角与仲云不同:

> 克莱斯特[……]的戏曲乃是这时期的光荣。他于很年轻的年龄时,即自杀而死,留下不少精美的剧本与中篇小说。他是十九世纪德国第一个大戏剧家,可与席勒相比,引起了新的国民的自觉心。他开手作了《西洛芬斯顿的家族》[……],十八世纪的"狂风暴雨"是染上了罗曼的色彩而复活了;他的《洪堡王》[……]是一篇历史剧,普鲁士的国民的戏剧,《海曼斯拉特》[……]是一部悲剧,穿上远古的衣服,而有力的表现出当代的真实之政治冲突的。克莱斯特还写了一部很好的小说,《科尔赫士》[……]写十六世纪的一个故事,对于克莱斯特死后二年之反抗拿破仑的运动很有影响。

正是郑振铎以上评论发表的次年,李和庭在《东方杂志》24 卷 14 号(1927 年 7 月 1 日)上,译出克莱斯特的小说《弃儿》。

此后,郁达夫在《歌德以后的德国文学举目》(《现代文学评论》2 卷 3 期,1931 年 10 月 20 日)上,也提到"克拉衣斯托",称他为"薄命天才",述及他的 3 部剧作,其中两部为郑振铎上文已及的《浑堡亲王》和《赫尔曼战役》,另一部为《海尔布隆的小卡塔琳娜》。

正是这部以上被重复提到的《浑堡亲王》,成了克莱斯特首部被译成汉语的剧作。1935 年 9 月,上海中华书局出版毛秋白译《浑堡王子》。译本带有 10 多页的译序,勾勒出克莱斯特的生平和创作,当为我国首篇全面介绍克莱斯特,并且列出他大多数作品的长文。尤其对这部《浑堡王子》,译者褒扬有加,称其为"克来斯特的第一杰作",并用极富诗意的语言推举如下:

> 全篇的堂堂的姿容与美丽的血肉堪称无比。人物以简素的笔致描写得极其生动。内心的微妙的移动,历历如画。全篇都飘流着像高原的湖水一般的舯淡的感情。

尤其醒目的是毛秋白对这种艺术性的追源。他接着说:

> 这是从尊敬普遍性的诗人的心坎里渗透出来的。在绚烂的魅力底下却有使人感到一种沉寂的冰冷的心情的地方。这是克来斯特所独有的特质,这种静寂的观照,客观性,正是他虽在外面的生活上不绝地感到动摇失望,而在内面的生活上却已营了魂灵的净化的结果。

这显然是知人论事之批评方法的实践。

《浑堡亲王》是克莱斯特首部被译介到中国的剧作,但不一定是他第一部被译成汉语的作品。同由毛秋白译、同是上海商务印书馆 1935 年 9 月版的《德意志短篇小说集》中所收的第一篇小说即是克莱斯特的《智利地震》。写于这年 5 月的《序》,称克莱斯特为"德国创制短篇小说的始祖",并归纳其艺术特点如下:

> 他的文体,有一种特异的魄力,压缩得非常简洁的文句,强劲有如能把大理石刻为人像的凿子一般。他向着目的短刀直入,像数学的公式一样展开情节。他用与在戏剧上所用的同一方法,描写小说中人物的性格,不像普通的小说家一般,对于人物的性格作详尽细致的描写,只随着事件的展开,显露出各个人物的性格来。

这似也搔到克莱斯特小说创作的"痒处"。

除了毛秋白,民国时期另一位喜译克莱斯特的是商章孙。他先重译了《智利地震》,发表在《民族文学》1卷2期(1943年8月7日)上,然后在《时与潮文艺》2卷3期、4期(1943年11月15日、12月15日)中分别译出他的小说《音乐之魔力》和《珞珈诺之女丐》。接着,还在《文艺先锋》4卷1期(1944年1月20日)和5卷1、2期合刊(1944年8月20日)上分别发表译作《在圣多明阁之婚约》和《侯爵夫人鄂氏》。在《音乐之魔力》的译文后,商章孙也曾对克莱斯特的小说创作作出精到的评价:

> 任何的一个故事,他纯粹以叙述的笔法把它讲述出来,绝对地站在客观冷静的立场,不容有丝毫主观之见或情感的作用渗合其间,这便是他的小说极少对话之故,也确是克莱斯小说的独特风格。

这段评语,与毛秋白的文字有相得益彰之处。

商章孙对克莱斯特的专注非同一般。这集中体现在他发表在《学原》1卷2期(1947年)上《柯莱斯之平生及其创作》一文中。这是一篇近两万字的长篇论文,其篇幅在当时十分罕见。文章的内容题目已经点出,兹不多述。这里仅介绍商章孙对克莱斯特的总体评价:"他禀赋之奇特,创作之超卓,与时下一般作者迥然不同,他是十八与十九世纪之交,德国文坛上一位奇才。"文章的结尾则是:"他今日在德国文学所占的地位直可与歌德和释勒互相媲美,而无丝毫的逊色。"不管这是商章孙本人为克莱斯特的定位,抑或是对某一位德国评论家的转述,学术界对克莱斯特的赏识程度之高,于此可见。

克莱斯特是一位有浪漫主义特点的作家。商章孙此文尤其对如何认识克莱斯特与同道的差别,有一段警醒的文字:

> 许多浪漫派诗人于青年时代便不能奋发自强,抗拒伟大的命运,只有替自己哀歌,甘自屈服,终至毁灭而后已。[……]柯莱斯的生活却不然,他在人生的舞台上扮演一个名实相符的斗士,拿铁一般的意志,豪迈不可一世的,气吞山河的气概反抗自己时乖运蹇的遭际,要挣脱时代的束缚,但是,其结果反而加速了个人生活的悲剧;他奋斗的生活展开在我们的眼前确是一幕纯戏剧的人生大悲剧。

此为信言。

二十四　报告文学的先驱——基希

曾为中国左翼作家联盟机关刊物之一的《拓荒者》1 卷 2 期（1930 年 2 月 10 日）上有冯宪章译、日本川口浩著的《德国的新兴文学》一文，介绍的一位德语作家名叫"奇首"。倘若文中没有出现他的德语原名，可能很难弄清，他就是今天我们所译的"基希"（Egon Erwin Kisch）。

同是中国左翼作家联盟刊物之一的《大众文艺》2 卷 3 期（1930 年 3 月 1 日）载陶晶孙译、日本中野重治作的《德国新兴文学》一文，也提到一位德语作家"刻羞"。假如下文不继续交代他是"所谓报告文学的元祖"，后人可能也很难知道，这是基希的又一译名。

两篇译文告诉我们，德国左翼文学，又是绕道日本，敲开中国文坛大门。而基希是先入者之一。上提冯宪章译文该是我国较早详介基希的文字，故不惮辞费，照录如下：

> 埃·埃·奇首
> 一八八五年生于布拉格。有《女牧羊者》[今译《女领班》]，《布拉格的冒险》，《被盗了的街》，《布拉格军团的兵士》等长篇小说；但是他的本领，在为普罗列塔[利]亚新闻记者的随笔及纪行文中。
>
> 从长年的新闻记者生活，他创造出了一个新的文学形式。这是所谓"列波尔达知埃"。① 即以新闻记者的简洁的话，将生起的事件依原状留在纸上。他这种形式广及了文学的领域。《狂速的通讯员》[今一译《怒吼的新闻记者》]，《狩于时代之中》[今一译《时间的追逐》]等是他代表的作品。
>
> 他自然也不能说是纯粹的社会主义者；但是他不混空想夸张等主观要素的"列波尔达知埃"，今后将给普罗列塔利亚贡献许多的东西吧。事实上他的作品有小说以上的趣味与煽动力。

报告文学作为一个文学类型，前身是探险记录或报告。19 世纪末，随着新闻媒体的发展，又成为现代新闻报道的一种手段。而基希无疑是真正使它成型的代表作家。所以，上文说他"创造出了一个新的文学形式"，

---

① 应为 Reportage，即报告文学的译音。

大致无错。"普罗列塔利亚"即无产阶级的音译。文章强调了基希的阶级立场,也合事实。他作为一名进步记者和作家,不仅参加过维也纳的工人士兵苏维埃行动,也曾是奥地利共产党员,还是德国无产阶级革命作家联盟的创始人之一。中国左翼作家有理由把他引为同道。

基希的作品,在他的代表作《秘密的中国》尚未落笔,遑论在中国发表之前的年月里,已在中国流传。其中之一是其理论文章《报告文学之社会的任务》。袁殊作《报告文学论》(《文艺新闻》,1931 年 7 月 13 日)和阿英著《从上海事变说到报告文学》(南强书店,1932 年)均引此文。袁殊在引"其休"话后,提挈出基希意义中报告文学家的必要素质三条:"一,敏锐的感觉与正确的生活的意志;二,对社会的强有力的感情;三,和被压迫者阶级紧密的团结的努力。"报告文学作为一种文学类型,本身无阶级性可言。但它的主要创立者基希是具有鲜明无产阶级立场的左翼作家,报告文学在 20 世纪 30 年代初入中国之际,其阶级性也就得到中国左翼作家特别的张扬。

10 余年后,胡仲持的归纳当同出此源。他在《论报告文学》(《文艺学习讲话》,智源书局,1949 年)中也说:"德国报告文学家认为报告应当具备三项必要的条件,就是(1)严格地忠实于事实;(2)强烈的社会的感情;(3)对被压迫大众的密切的联系。"

中国文坛对基希的莫大兴趣,也许让基希冥冥之中感到了召唤。这位足迹已遍布欧美及非洲大陆的报告文学家,决定叩访中国,并事先拟好了一项写作计划。1932 年,他经西伯利亚大铁道,秘密潜入中国,从 5 月到 8 月在上海、北京和南京作了共 3 个月的停留,[①]写出了他的传世名著《秘密的中国》,1933 年在柏林发表。据说,此书的不少资料还是鲁迅提供的。戈宝权在《鲁迅在世界文学上的地位》(陕西人民出版社,1981 年)中就说:"远在一九三二年'一·二八'战事之后不久,用德文写作的捷克著名报告文学家基什……来到上海访问,看来他是经过史沫特莱的介绍同鲁迅相见,据说他后来写成的《秘密的中国》一书,其中不少资料是鲁迅

---

① 戈宝权在《谈鲁迅和吉须(基希)——并纠正〈三月的租界〉注释中的一个误注》(《徐州师范学院学报》1977 年 4—5 期合刊)中认为:"从时间上看,基希在'一·二八'战争期间到了上海,大概一直住到五月为止,六月在北京,七月在南京,在中国停留了半年左右的时间。"此处取德国日耳曼学家 Fritz Gruner 之说。参见 Egon Erwin Kisch und China. In Adrian Hsia und Sigfrid Hoefert (Hg.): *Fernöstliche Brückenschläge*, Bern 1992, S.179。

提供的。"①

《秘密的中国》问世伊始,即遭纳粹焚毁,但其影响已越出国界。在中国,上海由部分左翼作家创办的《文学界》杂志,特邀周立波将此书译成中文,并在1936年6月5日的创刊号上为此译广告天下。编者附言曰:

> 埃贡·爱尔文·基希……是德国的最著名的报告文学家——是一个所谓快步的报告文学家。他在他的作品里面,很活泼地把事实通过了望远镜和抒情的想象,艺术地编配起来,形成了今日盛行世界的报告文学的最优秀的标本。以前,他的作品,因几位热心提倡报告文学者的介绍,在中国见到过一些,已为文坛所珍视。九一八事变发生后,他曾来过上海,写了不少新作品,《秘密的中国》……就是他最近编集成功的一种,凡所记述的"秘密",都不是一个寻常的外国人所能知道,就连我们中国人自己,也不易发现的。现在我们约立波君把全部译出,按期发表一二篇。

此文既介绍了基希其人其书,也交代了译作背景:此为周立波的"应命之作"。这也难怪,《文学界》是当时中国左翼作家联盟解散后,一部分左翼作家另办的文学刊物,尤其提倡具有现实政治意义的报告文学。上提曾经是中国左翼作家联盟机关刊物的《拓荒者》(1930年5月后被国民党政府查禁)对基希的推举,可谓后继有人。

这篇编者的按语行文也颇有趣,显出参考外文的痕迹。比如"快步的报告文学家"的原文无疑是上引冯宪章译文中"狂速的通信员"的同一词: Der rasende Reporter, 今一译"怒吼的新闻记者"。此为基希一代表作的书名,后成为他本人的别名。而文中"已为文坛所珍视"句,也透露出了此前基希作品已有汉译。的确如此。章铁民早在《现代文学》创刊号(1930年7月16日)上,已译出基希的报告文学《卓别灵访问记》,周立波在《申报周刊》1卷13期上也曾发表过《秘密的中国》中《黄包车!黄包车!》一篇。② 而基希1935年在国际作家保卫文化大会上的讲演《一种危险的文

---

① 基希是否真的曾与鲁迅见面,笔者未见确凿资料可证。但是他在上海与史沫特莱见面应为事实。可参见 Ruth Werner: *Sonjas Rapport*, Berlin 1977, S.103. 而鲁迅也确实在《且介亭杂文未编·三月的租界》中提到基希:"……假如'有人'说,……吉须不该早早逃亡外国,如果坐在希忒拉的集中营里,他将来的报告文学当更有希望。倘使有谁去争论,那么,这人一定是低能儿。"

② 周立波在其《谈谈报告文学》(《读书生活》3卷12期,1936年4月25日)的注解中首及此译:"《Secret China》不久也许有中文全译本。1卷13期《申报周刊》上的《黄包车!黄包车!》就是该书中的一篇。"

学样式》,其汉译也于 1936 年 5 月 1 日刊登在《文学丛报》2 期上,译者胡风,又一位中国现代文坛的卓荦人物。

《文学界》关于《秘密的中国》"按期发表一二篇"的承诺未完全兑现。在创刊号上登出《士兵墓地的吉原》和《污泥》两篇后,1 卷 2 号(1936 年 7 月 1 日)上又有《纱厂童工》一篇。1 卷 3 号(1936 年 8 月 10 日)登出《死刑》。但 1 卷 4 号未设"报告文学"栏目,而这竟是杂志的终刊。

"报告文学",这是汉译为《秘密的中国》定下的体裁名称。但实际上此书体裁为"通讯报道"(Bericht),而非"报告文学"(Reportage)。汉译两者往往不分。顺提一二。

周立波的译文立刻引起反响。苏蒙在《中流》1 卷 3 期(1936 年 10 月 5 日)上作文《略谈〈秘密的中国〉——兼论立波的译文》。文章用语活泼,思路清晰,以对读者的呼吁开篇,顿见生气:

> 朋友,假使你没有看过基希的《秘密的中国》,你赶快找一本来看吧!假使你不懂德文,那么现在这书已经有了很好的英译本,不久也许就有全部的中译本。但无论如何,你不要错过了《秘密的中国》。

文章接着对基希此书的形式和内容展开讨论。关于此书的视角,文章这样叙述:

> 像鹰一样,《秘密的中国》的作者腾在中国的上空,用他闪电般的眼睛鸟瞰着下面。他视线的焦点也许是落在一伙从前清宫的太监身上,或者一个比地狱更惨酷的疯人院里,可是他的视野所及的是整个的中国。

关于此书内容,文章这样总结:

> 基希在这本书里暴露了帝国主义者在中国争夺市场和贱价的劳力的狰狞面目,揭破了腐败的封建势力粉饰太平下面的丑恶和卑劣,素描了中国民众在帝国主义和封建势力双重压迫之下惨不忍睹的痛苦和挣扎。大胆,深刻,尖锐,幽默,讽刺,在每一字每一行里闪烁着,但整个书中所透露的是对于被压迫者的热的,伟大的,同情。

尤其颇具匠心的是对基希艺术手法的透视:"基希所描写的大半不是'要事'——至少不是大人先生们所认为的'要事'——让他所抓住的却没有一个不是'要点'。而最使人佩服的是他从琐碎的事实中间暗示着造成这种事实的因素和动力,使你完全明白了整个的情形。"

以上是文章对《秘密的中国》一书的评论。但别忘此文还拖了一个副标题"兼论立波的译文"。苏蒙接着借助自己手头的英译本——周立波使用的同一英译——对《文学界》上前3篇基希作品汉译中他自认为"可疑的地方"做了对勘，找出18个疑点，提出商榷并作校正，最后说："希望有一本比较忠实确当的译本的出现，若有精于德文的人直接从原文译成中文，那是我所最热望着的。"这再次辖射出当时译坛的批评风气甚浓。可惜的是此后周立波的译文一版再版，来自德语原文的译本至今未现。

周立波《秘密的中国》虽未在《文学界》上刊完，但全书1937年已在上海译成校完。译者的《译后附记》落笔是这年7月8日。但随着上海的沦陷，使此书的出版地由上海转到汉口，所以又有了一个1938年3月31日写于汉口的《再一个附记》。中华全国文艺界抗敌协会会刊、汉口的《抗战文艺》1卷3期(1938年5月10日)上曾刊出书讯：

《秘密的中国》德国基希作　立波译

基希是今日世界最大的报告文学家，此书是一二八抗战中国的忠实记录。有淞沪大战动人的图画，上海和平社会的深刻的透视，留华外侨的生活的描绘，其中包含着中国人应该知道而很难知道的许多惊人的秘密。它的明白而有力的笔触，可以使从事文艺工作的青年，从这里窥见现代新型文学的典范，关心今日中国社会的人，更可以增进无限新的知识。其书最新出版，实价每册国币六角。

《抗战文艺》瞩目此书的出版，自有其足够的原因：此书最初的铅板就是1937年在上海毁于"八一三"事变日军的炮火中；无独有偶，这个以帝国主义对全中国侵略和欺压为背景的译本，首篇又是《吴淞废墟》，描述日本侵略者在上海制造"一·二八"事变后的惨景。

在《秘密的中国》单篇译文发表和全书印出之间，中国左翼作家创刊于日本的《文艺科学》创刊号(1937年4月10日)登过基希另一篇作品《火车上的苏联》，译者戈菲。胡风编辑、抗战初期的重要文学刊物《七月》4集3/4期合刊(1939年10—12月)上则印出塞尔维亚巴克为纪念基希50诞辰而作的《基希及其报告文学》的汉译，译者张元松。不过，最具影响力的当推《秘密的中国》一书。

罗荪《谈报告文学》(《读书日报》1卷12期)引述了他的《纱厂童工》；刘丰《报告文学与报告文学者》(《文艺生活》创刊号，1944年1月)评骘此书中的《黄包车》《巴格达的犹太资本家的故事》《军火贸易》《一个革命冲洗出来的污泥》《纱厂童工》等篇,何其芳写于"一九四六年十一月二十七日深夜"的《报告文学纵横谈》(《关于现实主义》)则说:

> 基希的《秘密的中国》诚然是好的。但好处主要在于他写出了某些中国的"秘密",连我们许多中国人都未必清楚的"秘密"。就是说,还是以内容胜。至于他那些形式上的花样,老实说,倒显出了做作与卖弄的痕迹。①

基希的报告文学作品,一般没有分析,不做评论,凭借纯熟的语言技巧和独特的叙事方式,深入玄机,让人合卷以思。恰恰由于技巧有时过于纯熟,时而的确也露出过于刻意的凿痕。何其芳敢于用批评眼光对这个为众人喝彩不断的著名作家品头评足,言人人殊,在主流思潮之外提供一种个别视角,颇可称道。寥寥数语,褒贬各有,可见他心中自有定见。

据现有资料,在《秘密的中国》单行本发表之后,基希作品的汉译并未绝迹,正如高潮过后,常有低潮续涌一样。方正译的3篇作品,《一九一八年西线》《法兰西革命》和《歌德》可为例证。它们均载于爱伦堡等著、高扬等译的《战争与文学》一书,由上海海燕书店1941年出版。

二十五　反法西斯作家沃尔夫

思明曾在《前哨·文学导报》1卷4期(1931年9月13日)上作文:《德国无产阶级革命文学运动的概况》,文中有言:"戏剧作品没有什么好的可数,只有F. Wolf的几本排演过。作得本来不怎么好,但是经辟史卡多(Piscator)导演出来,倒可以叫座的。"可见文章虽然提及沃尔夫,但评价不高。这也许同其作品迟迟未见汉译有关。所以,到了1936年7月,洪为济、陈非璜译《马汉姆教授》的《跋》中,还称沃尔夫(Friedrich Wolf)"在中国还是一个极为陌生的名字"。

其实,恰好在这个译本出版之前,沃尔夫的名字已频繁地出现在中国的杂志上。《东流》2卷4期(1936年4月1日)上登出陈达人的《德国亡命作家沃尔夫的戏曲〈麦汉姆教授〉》。《杂文》5—6号合刊(1936年6月

---

① 以上数例均可见于俞元桂主编:《中国现代散文理论》,广西人民出版社,1983年。

15日)中也推出"渥尔夫作、梦迥译"的《曼海牟教授》。剧本译名后还拖有一个副标题"西欧民主政治的悲剧",似为译者对此剧的解读。此译既有小引,介绍剧本在东欧、巴勒斯坦,甚至在日本的演出盛况,又有附记,先介绍沃尔夫其他剧作,接着说明,译本"为了国内上演的便利起见把原剧本两个最激进的分子,劳动二人,省略了"。折射出当时国内文坛严峻的政治空气。

发表此译的同一期《杂文》上,还刊有日本秋田雨雀的《曼海牟教授》一文,总结剧情如下:

> 这戏曲所表现的,是曼海牟教授,在"拿欺斯"政权确立的当时,以柏林公立外科病院院长的资格享有盛名,并主张着医学的研究及治疗应许其离开任何的政治问题而保有其尊严的独立,但因为是犹太人的原故便受了"拿欺斯"政权的迫害,权力被人剥夺,他不忍抹杀自己的良心,便终于自杀。

概括相当精要,为后面的译文作了很好的导引。

此剧单行本稍后不到一个月,已由上海新路出版社出版,即为上提洪为济、陈非璜译的《马汉姆教授》。译本的《跋》中有言:"在文化被暴力摧毁而必须叫出反抗的怒吼的今日,将这介绍给中国的观众,不会不是一件没有意义的事吧。"译本特定的政治指谓在此明晰可见。

1939年,上海潮锋出版社也出过一本沃尔夫剧本的汉译,名为《希特勒的杰作》,译者署名吴天、陈非璜。此译实为《马汉姆教授》的校正本。从《译序》中可以得知,出版《马汉姆教授》的所谓新路出版社,原是陈非璜从日本回国后,在上海成立的一个出版社,而《马汉姆教授》是这个出版社出版的第一本、也是最后一本书。另外,在这个校正本问世之际,陈非璜在这动荡不安的时代里已不知去向。由沃尔夫这部剧作汉译所引出的这么个故事,读来让人深感那时的人事无常,译事艰辛。吴天(看来与洪为济是同一人)此番把书名改为《希特勒的杰作》,明显把矛头直指德国法西斯头目,表达了对饱受迫害的犹太人的声援。《译序》中确实也写道:"反犹太人是希特勒的拿手好戏,这儿算是毕露了个淋漓尽致。我们在这儿看到他如何以欺骗,奸诈,污蔑来获得政权,这儿描写的全是活生生的事实。"20世纪30年代末,中国国内政局自身处于极度的骚动中,文坛有人极目远眺,抨击德国法西斯的猖獗,对犹太人的迫害,是被压迫民族互相支援的值得珍视的一例。

《笔谈》第3期(1941年10月1日)上曾经有过关于《希特勒的杰作》

一书的书评,特别对"杰作"两字作了注解,颇值一读:

> 什么是希特勒的"杰作",就是反犹太人。希特勒主义"成功的秘诀,主要在于利用小资产阶级对于资本主义的憎恨和大资产阶级对于共产主义的畏惧",然而他上台之初即利用极端偏狭的民族心理,煽动反犹太人的毒焰,以刺激那些满腔愤恨不平而又满脑子糊涂的德国小市民的狂热,却也是他初年成功的秘诀之一。

此番话语作于法西斯节节胜利的1941年,希特勒残害犹太人的许多细节也尚未大白于天下,然而中国评家目光之敏锐、词锋之犀利,很值得让人赞叹。《笔谈》1941年9月创刊于香港,所以,书评中还透露,此剧将在香港上演。不知这最后是否落实。

沃尔夫至20世纪40年代有多种剧本问世,并取得成功。但当时的汉译,似主要集中在《马汉姆教授》这部上。1942年,重庆文林出版社还出过一部此剧重译,取名《马门教授》,译者肖三。几个月后,肖三在同一出版社,还译出沃尔夫的另一部剧作《新木马计》。

沃尔夫也写小说,这方面的汉译,笔者见有绿原译、"乌尔夫"著的《朱雷》。此译先登在《天下文章》2卷2期(1944年3月)"国际反侵略小说特辑"上,后被收入茅盾主编的《现代翻译小说选》,上海文通书局1946年版。茅盾在此书"绪言"中介绍德国的流亡文学,历数多名流亡作家,"伍尔夫"列末席。另有"瓦尔夫原著""柳无垢译注"的《裘儿——一个法国集中营的故事》,1944年由桂林远方书店出版,为"英汉对照文艺丛书"的一种。那时的许多书不注明印数。此书似为例外之一,写明"初版3 000册"。在那时,在抗战尚未胜利的动荡岁月,应该不是小数。

二十六　瓦塞尔曼在中国的际遇

沈雁冰在《小说月报》12卷7号(1921年7月10日)上撰写"海外文坛消息",其中的第"七十九则"标题为《战后德国文学的第一部杰作》,介绍的就是"华萨尔曼"的长篇小说《克里斯蒂安·万沙费》。但沈雁冰根据英译,把书名译成"《世界的幻想》"。详述此书内容后,沈雁冰把它同陀思妥耶夫斯基的"《卡拉玛淑夫兄弟》"相比较,结论是"我们都是一个更大的人底一部分。我们谁有优点,这优点也不是某个人的,是大家都有份的;谁犯了罪,这罪也不是某个人犯的,是大家都有责任的。"这是从普遍人性角度出发对作品的解读。此外,短文还旁及瓦塞尔曼(Jacob Wassermann)另一部代表作"《小雄鹅》"(今译《牧鹅少年》)。

稍迟,海镜译、山岸光宣作《近代德国文学的主潮》(《小说月报》12卷8号,1921年8月10日)提及"起初以崇拜左拉自称","不久也变成了反对左拉党的首领"的"华斯曼";厂晶译、金子筑水著《〈最年轻的德意志〉的艺术运动》(同上)在谈表现派"重要的先驱者"时,也述及"华失尔曼"。

以上两篇论文译自日文。韦兴《奥国的现代文学》(《小说月报》14卷4号,1923年4月10日)则译自英文。文章谈到"瓦塞曼"的另一部作品"《喀斯帕豪塞》"(今译《卡斯帕·豪泽尔》)。瓦塞尔曼的作品至此似乎尚无汉译,但其人其书已越来越频繁地出现在中国文人笔下。

沈雁冰在《小说月报》15卷2号(1924年2月10日)的"海外文坛消息"的第"一九八"则中,讲《三个德国小说家》,居首的又是瓦塞尔曼,但此次译名为"淮失尔曼",说他的"《乌列克》","讲的是四十年前的欧洲人生。淮失尔曼造出一个女子来,作为大战前的无灵魂的人类的象征;他用鲜艳的色彩描写大战前的腐朽的人生,批评家都说这本新著比淮失尔曼从前的任何著作都要好些"。

对他更详细的介绍可见余祥森载《小说月报》20卷8号(1929年8月10日)的《二十年来的德意志文学》一文。文章说"他的前期的作品颇不足观,但他的后期的作品却很有意识,很有法度,很冷静,很有伦序",并且介绍了他的"《卡斯帕豪则》""《厄尔文赖涅的假面具》""《守鹅人》""《克利斯当·完沙斐》""《黄金鑑》""《德意志的人品与事件》""《回归线》"和"《和恩犹斯》"等作品。

而郁达夫在其《歌德以后的德国文学举目》(《现代文学评论》2卷3期、3卷1期合刊,1931年10月20日)中,则举出他的另外两部著作:《齐恩多夫的犹太人》和《年轻的蕾娜特·富克斯的故事》,称瓦塞尔曼"是几乎可与汤麦斯曼并列的小说作家"。倘若我们今天浏览一下德国的文学史著作,可以发现瓦塞尔曼名字的出现频率很低。相比之下,那时中国文坛对他的评价似乎有些过誉。

瓦塞尔曼作品的汉译最早可能出现在1929年,那是张润卿译的短篇小说《兽》,刊登在《现代小说》2卷1期上。译者附言曰:"华苏曼[……]

生于一八七三年,是德国现代独树一帜的一位小说家。他的长篇小说《世界的幻象》是一部使他成名的杰作。"稍后不久,这篇小说由虚白重译,取名《野兽》,发表在《真美善》5 卷 3 号(1930 年 1 月 16 日)上。

1933 年是瓦塞尔曼 60 华诞,也是靠迫害犹太人起家的希特勒上台的年份。深知"他也是犹太系的作家,在德国本国大概不会有什么庆祝盛会的",《文学》1 卷 5 号(1933 年 11 月 1 日)上刊出一条补白:《德国小说家发塞曼的六十诞辰》,对这位德国进步作家的生日表示祝贺,并随带介绍了他的多部作品。

约两个月后,即 1934 年 1 月 1 日,杨丙辰在《文艺月刊》5 卷 1 期上译出"斯太芬·来格"作的论文《论雅谷华赛曼》,进一步显示出中国文坛对他的兴趣。恰恰也正是在同一天,瓦塞尔曼忧愤交加,离开人世。杨昌溪曾在《文艺月刊》5 卷 2 期(1934 年 2 月 1 日)上以《华塞曼客死奥地利》立刻报告这一消息,表示悼念。文中也说:"因为是犹太系作家,他的诞辰只是无声无息的过去了。现据维也纳报纸的消息,说他因在本国感受刺激太深而客死于奥地利的斯特里尼。"虽然他的作品在中国译介不多,但中国文坛对他的关注却可圈可点。

一个月之后,傅东华在《文学》2 卷 3 号(1934 年 3 月 1 日)上译出他的另一篇小说《琉卡狄思》。译文前附有小引,其中说他"有'德国的巴尔扎克'之号。希特勒秉政后,瓦氏受刺激甚深,遂于去年冬季客死于奥地利"。可见译文有对死者表示哀悼和纪念的用意。这篇译文以后至少两次被重译和选入其他文集。一是傅东华译《琉卡狄思》,载他选译的《化外人》,上海商务印书馆 1936 年版;二是王统照重译的《琉卡狄思》,收在柳无忌编的《世界短篇小说精华》中,重庆正风出版社 1948 年版。另外,赵家璧还曾译出他的文学论文《近代德国小说之趋势》,发表在《现代》5 卷 2 号(1934 年 6 月 1 日)上,以后又收入他《今日欧美小说之动向》(上海良友图书印刷公司,1935 年)一书中。值得一提的是,此文的最后一节题为"犹太作家考夫加",证明卡夫卡(即考夫加)在 20 世纪 30 年代的中国,已非无名之辈。

二十七　凯泽的译介及其他

凯泽(Georg Kaiser)是德国著名剧作家。日本山岸光宣作、程裕青译的《德国表现主义戏曲》(《小说月报》12卷8号,1921年8月10日)是我国较早介绍德国表现主义的译文。此文第五节专述凯泽,称其《卡兰之市民》(今一译《加来市的居民》)为"表现主义中最优美的剧本",并详述此剧内容。3年后,沈雁冰(茅盾)在其长文《欧洲大战与文学》(《小说月报》15卷8号,1924年8月10日)中也谈及凯泽,称赞的同是这部剧作,但说它"是大战的疯狂的废墟里所产生的第一朵美丽的新希望之花",此言费解。因为《加来市的居民》完成于1912至1913年间,1914年首版,与"大战"即一战了无干系。细读上下文才豁然开朗,原来沈雁冰这里把作品的产生年份定于1920年,从而想当然地把一战作为比衬此剧的剧情背景。且看上述引文的下文:"一九一九年停战了,德国作家发表剧本更加自由了,于是就有最著名的[……]表现主义戏剧《海战》出世[……]翌年又有凯萨的《卡兰的市民》出世。这一篇剧本写创造的事业之新英雄精神与破坏的战争之旧英雄精神奋斗,而终之以新精神的胜利,可说是大战的疯狂的废墟里所产生的第一朵美丽的新希望之花。"《加来市的居民》原本宣扬的是为拯救家乡的自戕式牺牲精神,鼓吹的是非暴力观点,在这段文字中,成了一部反战之作。沈雁冰这里的误读,关键是弄错了作品产生的年份。究其根底并非他本人的舛误,而是由以上山岸光宣文章所致。此文(译文?)就把"《卡兰之市民》"的出版年份注为"1920"。

稍后3年不到,郑振铎在其《文学大纲·新世纪的文学》第五节(《小说月报》18卷1号,1927年1月10日)中也瞩目凯泽,赞赏的同是这部"《加列的市民》",说它"不仅为表现主义的名作,也是新世纪德国戏曲中不常有的剧作",并概括剧情:

> 凯撒在这剧里,写出新旧英雄之精神的争斗。英法交战,法军失败。被英军包围着的加列市忽然来了一个英使,说,如果加列能够牺牲市民六人,在明天送到英王那里,便赦免全市的人民。加列人民为了这事召集市参议会。一个代表军国主义的军官,力斥英王的提议是不名誉,情愿大家战死。一个代表人道主义的参事会员爱斯泰修却从更高尚的立足点,主张接受英军的条件,且自愿为这六人中的一个。旁的人为他所感动,也都要为市民而牺牲,这样的自愿牺牲者共有七人。爱斯泰修提议,第二天早晨在某处集合,来得最后的一个牺牲者,便留在市中,不必去。第二天,六个都来了,只有爱斯泰修不来。大家都疑惑着。不久,代替爱斯泰修而来的却是他的尸体。这六人十分感动的上牺牲之路走去。但英军却因英王诞生王子,表示祝意把六个市民赦了。

这段话从故事梗概到遣词用句,都十分眼熟。这里不殚辞费,把上提山岸光宣的文章撮抄如下,以供对勘。请看程裕青译文:

> 这一本戏曲[……]写出创造的事业之新英雄精神与破坏的战争之旧英雄精神奋斗。英法两国的战争,法军败了,被英军包围着卡兰市,忽然来了个英军遣来的媾和使节,说:卡兰市能够牺牲市民六人,在明天送到英王那里,便赦免全市的市民[……]卡兰市为了这事,召集市参事会。会议的时候,一个代表军国主义的军官,力斥英王的提议是不名誉的条件,情愿大家拼个洁净的战死。对这个议论,有个代表人道主义的参事会员爱斯泰修从较高尚的站脚点,怂愿容纳英国的条件[……]他自愿为牺牲的一人。当时,旁的参事会员,也被他高尚的决心所感动,愿去牺牲,一时报告共有七人[……]爱斯泰修便提议翌日早晨,在预定的市场上齐集,谁来得最后,便不认他有担负牺牲名誉的资格,留在市中。到了明天一定的时刻,自愿牺牲的人,多在一个寺院前的市场上集合,却只有爱斯泰修一人不来。这时候大家不免疑惑他的心事,那知不到一刻,爱斯泰修竟与尸而至[……]其他六人,因着爱斯泰修的激励,便从容而上牺牲的路[……]因英军阵中,恰于昨夜诞生了一个王子,英国因要表示祝意的缘故,特地把六个市民赦了。

两相对比,可知始末。郑振铎的文字,除了少许变动,大体囿于山岸光宣的文章。再回顾前引沈雁冰品评此剧时"创造的事业之新英雄精神与破坏的战争之旧英雄精神的奋斗"的句子,可见它也摭拾此文。继续推论,沈雁冰和郑振铎在谈凯泽时,不约而同地仅欣赏《加来市的居民》,而对凯泽其他作品未置一词,也非偶然。因为山岸光宣这篇文章在讨论凯泽时,也仅涉及这一部作品。与此文刊于同期《小说月报》的尚有山岸光宣另一论文《近代德国文学的主潮》,曾被郑振铎列入他《文学大纲·新世纪的文学》的参考书目。此文也谈起"凯撒",至于其剧作,同样仅提及"《加列市民》"(这应是郑振铎此剧译名的来源)。

其实,在前引《欧洲大战与文学》和《文学大纲·新世纪的文学》发表之前,凯泽的另一部名剧《从早晨到夜半》已由陈小航[①]据英语译成汉语,而且正是发表在沈雁冰和郑振铎主编(从 12 卷起)的《小说月报》14 卷 1 号(1923 年 1 月 10 日)上。尽管如此,他们仍满足于复述他者归纳,而不读已有译文,另做评述,使人费解。《从早晨到夜半》未受沈雁冰和郑振铎

---

① 陈小航(1898—1971),一名罗稷南,著名翻译家,参加过北伐战争。详见倪墨炎《翻译家罗稷南》,载《文汇读书周报》,2002 年 11 月 29 日。

所重,却为张传普(即张威廉先生)注意。他在其《德国文学史大纲》(中华书局,1926年)中就提及"《自晨至夜半》""以富于感情胜",但也说"论结构以《卡兰司之居民》[……]一剧最慎密完美,有轶出其他表现派戏剧之概"。不过张先生此书"系参考德国有名文学史多种编辑",评语似不属编者判词。郁达夫则不同。他先在《文学上的阶级斗争》(《敝帚集》,上海现代书局,1928年)中说:"葛奥尔格喀衣直尔[……]的戏剧《喀来的市民》[……]是表现正义和残虐的斗争",然后在其《歌德以后的德国文学举目》(《现代文学评论》2卷3期,1931年10月2日)中再谈"客衣裁"的"《喀来的市民》",但未漏《从早晨到夜半》",说:"这一位表现主义作家的这两篇戏剧,原也很好,不过若想把表现主义的戏剧几种合起来出一册的时候,则《喀来的市民》可以不要。"取舍之间,他偏爱《从清晨到夜半》,耐人寻味。

陈小航译本发表约10年后,梁镇从德语原文重译此剧。译名改一个字,为《从清晨到夜半》。此书由中华书局1934年出版,附有一篇颇有分量的《译者序》。梁镇对凯泽此剧褒奖道:"他把时代推进得更远,在戏剧史上画出一个新纪元。"具体分析是:"恺撒运用着朴素的线条,连续不断的富有生力动作,经济到不能再经济的语句,抓住全部人生,表现给我们看。"关于他和表现主义的关系,这次也有了明确的说法:"他创立了表现派,同时又站在表现派圈子以外",因为,"和别的表现派一些断续的呐喊比较,你那里能找出一种技巧像恺撒那样把'他'和'他的意愿'表现得更自然更明爽的呢?"说凯泽"创立了表现派",有过誉之嫌,但对他与表现派主流创作之区别的明示,甚堪称道。《从清晨到夜半》讲一个银行小职员力图追求爱情,摆脱被金钱势力笼罩的庸俗世界,最后又被所谓的爱情背叛、被金钱势力吞没的故事。《译序》没有用这种主题概括引导阅读,而是以问代述:"它是描写现代都市的腐蚀生活的文学吗?它是在抨击社会,在嘲弄拜金主义吗?恺撒在这里是不是写成功了一个人的灵魂的展开?你是不是在这一群纷扰着的人物的动作中,见到这位诗人对于大自然的一种浑然的醒觉?假如你说这剧里的语调滑稽,觉得真好笑,那是不是你自己也给取笑了在里面?"提问叩击题旨,开人思路。

检视手头资料,20世纪二三十年代,关注凯泽其人其书的中国作家,除上提沈雁冰、郑振铎和郁达夫等人,还有郭沫若。他在《创造十年》(上海现代书局,1932年)中甚至说:"凯惹尔的《加勒市民》,是我最欣赏的作品。"无汉译的《加来市的居民》,而非有汉译的《从清晨到夜半》成为这几位文坛名家共同的聚焦点,揆情度理,当与他们接触到的,尤其是来自日本的参考文献有关。19世纪末20世纪初,西学蜂拥而至,德国文学夹杂其间,而日本是中转站。它对西学能在中国成为主潮,作用非常。且不说郭沫若上海泰东图书局1922年版的《少年维特之烦恼》译自日语,就是刘大杰上海北新书局1928年版的《德国文学概论》也写自日本资料(两书的《序引》和《序》均作于日本)。再有,《小说月报》12卷8号中曾设"德国文学研究"专栏,收文4篇,令人惊讶地全部译自日语。足见当时日本德国文学研究对中国德国文学研究的导引力(其中两篇即上提对沈雁冰和郑振铎影响明显的《德国表现主义戏曲》和《近代德国文学的主潮》)。这个中转站弥补了中国德语人才的不足,加速了德国文学在中国的译介,往往也限定了中国文坛认识德国文学的视野,甚至造成谬误流传。凯泽在中国的遭遇,仅是一例。

那个时期中国学人的几部德语文学史著作中不时也能见到对凯泽的提及,比如上引张威廉先生的《德国文学史大纲》、刘大杰的《德国文学概论》。较详细的是余祥森《二十年来的德意志文学》(《小说月报》20卷8号,1929年8月10日)一文。他既称"《卡来的市民》""尤其精到","作者于此盖表现德意志具有实行的精神最后转到士特麟柏喜剧式的戏剧",也说"最成功的是《从早晨到夜半》,是写近世大都市扰扰攘攘的情景"。所言剀切。此文还简述或提及了包括"《瓦斯》"在内的十多部凯泽剧作,实为民国时期对凯泽作品一次较完整的检阅。

第三章

德语文学汉译史史实的形成过程,与德国在中国的影响进程多有关联,而中国社会的历史地域境况、文化氛围、译者对外语的掌握情况、审美趣味及一些偶发因素,亦参与其事。

一 中国的德国观及德语文学译介在中国的特点

西学东渐之一大变局,肇端于 1840 年的鸦片战争。不过,从天朝大国迷梦中蓦然醒悟的中国,起先关注的是逼迫自己签下《南京条约》《望厦条约》和《黄埔条约》的英、美、法等国。作为后起的帝国主义国家,德国约 20 年后才派出军舰,组成"东亚远征队"来华,于 1861 年同样胁迫清政府与其签订《中德通商条约》。以后,德国在华势力才迅速扩张,其在华文化影响滞后于英、美、法等国,在乎情理之中。

普法战争后,德国于 1871 年完成内部统一,国势大振。而鸦片战争后,中国在世界上衰象毕现,任人宰割。往日睥睨四夷的中国朝野,多有受辱胯下之感,这时恰恰在依靠强大的民族向心力、战胜敌国和取得统一的普鲁士德国身上,看到了自己重振国力的希望。1873 年,王韬辑撰的《普法战纪》刊行,不失时机地从军事、政治和社会诸方面揄扬普鲁士德国获胜的原因,即衬有这样的背景。书中译出的德诗《祖国歌》,以其"俾我侪心志雄兮臂力强,/尽心爱此宗帮兮志之衷藏"的咏叹,实有鼓舞中国民众争取国家独立、民族富强之意。

德国的成功,尤其让力主变革的洋务派人士钦羡不已。李鸿章就曾有言:"该国近来发奋为难,其军政修明,船械精利,与英俄各邦并峙。"[①]由此,晚清政府在军队训练和武器装备上,逐渐将仿英转向仿德,只是在德国步其他帝国主义后尘,加紧侵略中国并犯下杀戮之罪后,才一度从"以

---

① 李鸿章:《李文忠公全集·奏稿》,台湾文海出版社,1974 年影印版,卷 27。引自乔伟等:《德国克虏伯与中国的近代化》,天津古籍出版社,2002 年,第 8 页。

德为师"又转向"以日为师"。但德国一直还是晚清政府效仿和谋求外援的重要对象。这种趋势到了民国时期愈加显豁。比如孙中山就视德国为"世界上最具活力的国家",欣赏俾斯麦以武力统一德国和在社会福利方面的举措。他不仅大力推举联德,甚至把德国经验纳入自己三民主义之一"民生主义"的理论中:"俾斯麦实行的是一种国家社会主义","这一原则就是我们所说的民生主义"。① 蒋介石虽说早年留日而非留德,但对德国表示出更多的尊敬,不仅自己曾致力研习德语,并在送次子留德时这样说:

> 中国应该向一个稳健扎实而不是充满幻想的国家学习,我们不能凭幻想办事,从日本人那里,我们没什么可学的——他们的产品制作太低劣了,美国人太爱幻想,英国人太迟钝。德国是唯一可以从中学到一点东西的国家。②

1927年,中苏在中东铁路事件后断交。为填补苏联军事顾问团留下的空缺,国民政府不顾英、美、法等国的觊觎,于1928年正式邀请德国军事顾问团来华。这不能不说是以蒋介石为首的国民党政府对日耳曼民族的景仰所至,而其结果也赫然在册。比如"八一三"淞沪战役中,顽强抵抗日本侵略军的中方军队,即经德式训练,配有德国装备,故有人称此役为"德国战争"。③

这些外交及中外军事史方面的史实,提升了德国在中国的声望地位,也为德语文学在中国渐为人重视提供了一定的外部条件。当然,与老牌帝国主义国家,如英、美、法等国的文学相比,或与受中国左翼革命思潮热烈拥抱的俄苏文学相较,德语文学在中国译介的规模毕竟稍逊一筹。以贾植芳、俞元桂主编《中国现代文学总书目》"翻译文学卷"所录晚清至民国时期的外国文学汉译本为例,其中俄苏文学译作约1 010部,英国文学约780部,法国文学约620部,美国文学约490部,日本文学近270部,德国文学约260部。也就是说,德国文学汉译本数目在俄苏、英国、法国、美国和日本文学之后,居第六。就此而言,德语文学在中国的知名度,显然

---

① 张其昀:《国父思想与德国文化》。引自马振犊、戚如高:《友乎? 敌乎? ——德国与中国抗战》,广西师范大学出版社,1997年,第8—9页。
② 《柯伟林采访蒋纬国记录》(1978年1月5日)。引自柯伟林:《蒋介石政府与纳粹德国》,中国青年出版社,1994年,第180页。
③ 参见《友乎? 敌乎? ——德国与中国抗战》,第300页。另外,抗战初期,中国存有的对日作战物资80%来自德国。参见《中国现代史论集》,台北联经出版事业公司,1982年。

不及其军事制度或武器装备对中国的撼动。而德语文学汉译在中国际遇的一大特点是,肇始之初,人们更关心的似乎是其文学中所含德意志民族精神,而非其文学特征或美学魅力。① 王韬 1783 年译《祖国歌》,蔡锷 1902 年的转录是如此,应时 1914 年刊其《德诗汉译》时,也有此意。对此,本书前有所及,此不赘述。这种假道文学识其国民性,并以此为鉴改造中国的希冀,一直到德语文学已大量进入中国的 20 世纪 30 年代,也未见衰势。刘大杰当时在他的《德国文学大纲》中就明确说:

> 德国的文学,我们可以看出德国的国民性来,……世界大战后,宣告破产的德国,经这几年国民一致的努力,竟能挽回国运,渐渐地又有凌驾诸国而上之势,这是世人所周知的事。我们要研究德国,要理解德国的国民性,要理解德国内部的精神,我们必得去研究德国文学,必得充分了解德国文学。②

德国经 1871 年统一后的繁荣,曾因第一次世界大战的战败暂失往日风采,但在魏玛共和国时期的重新快速崛起,使人又见其奋发向上的民族震撼力。以文学为媒,去"理解德国的国民性","理解德国内部的真精神",以为国势日亟的中国寻求一种革故鼎新的范式,不仅在晚清,即使在民国时期也是译介德语文学的重要基点。以上刘大杰的话可作佐证。

二 出版之都上海在汉译德语文学史上的地位及影响

晚清德语文学渐入中国,同中国近代期刊事业的发展关联颇大。

中国人自办报刊,约始自 19 世纪 70 年代。尤其甲午战争失败后,中国知识分子救亡图存的意识日渐增强,创办一系列适应改良之需的报纸杂志。以"远摭泰西之良规,近挹海东之余韵"③为主旨的《绣像小说》是其中之一。杂志 1903 年创办于上海,从第 3 期(1903 年 7 月)起,续及第 4、7、10、11、14、16 期(1904 年 1 月),分 7 次译出德国小说《小仙源》,又从第 5 期(1903 年 7 月)起,续及第 11、13—14、18—25 期(1904 年 5 月),分

---

① 此处未顾及可能随着《伊索寓言》等更早进入中国的德语童话或寓言类作品。不过,即使此前有比如《格林童话》被译成汉语,想来它们尚无"德语文学"的标识。
② 刘大杰:《德国文学大纲》,上海中华书局,1934 年,第 1 页。
③ 《本馆编印〈绣像小说〉缘起》,载《绣像小说》1 期,1903 年。

12次译出另一部德语小说《环瀛志险》。此后不久,这份杂志又从第31期(1904年8月)起,续及第32—33、37—48期(1905年4月),分15次刊出德语小说《卖国奴》。事实上,上海的这份《绣像小说》由此也拉开了汉译德语长篇小说的序幕,在中德文学交流史上作用不凡。

晚清至民国时期德语文学在中国得以流布,更得益于出版社的倡导。《绣像小说》其实就由上海商务印书馆发行。1905年,该出版社同时出版《小仙源》《环瀛志险》和《卖国奴》的单行本,可说对德语文学的汉译出版有筚路蓝缕之功。

民国成立以前,另有5家出版社推出以下6部德语文学作品。它们是:

编号	作家	作品	译者	出版社	出版时间
1.	苏虎克	《大除夕》	徐卓呆	上海小说林社	1906
2.	摩哈孙	《虚无党真相》	芳草馆主人	上海广智书局	1907
3.	廖抗夫	《夜未央》	李石曾	广州革新书局	1908
4.	佩克伦司	《醋海波》	铁浪	上海改良小说社	1909
5.	摩洛女士	《情狱》	江余园	上海改良小说社	1910
6.	冒京	《破天荒》	徐凤书、唐人杰	上海东方书局	1910①

值得注意的是,这6部译作中的5部出版地为上海。而这种情况在民国成立后的近10年间,也几无变化。就本书掌握的资料,从1911年至1920年,约有以下德语文学汉译本刊行(重版不计):

编号	作家	作品	译者	出版社	出版时间
1.		《德诗汉译》	应时	浙江印刷公司	1914
2.	鲍姆拔黑	《双婿案》	陈牧民	上海进步书局	1915
3.		《德国军事侦探谈》	叶农生译述	上海中华书局	1915
4.	威斯	《瑞士家庭鲁滨孙》	张莘农编注	上海中华书局	1916
5.	雷瑰特	《比德临阵笔记》	许金源	上海有正书局	1917
6.	[格林]	《红帽儿》	孙毓修编撰	上海商务印书馆	1917
7.	鲁斗威斯	《鹣巢记》	林纾、陈家麟	上海商务印书馆	1920

---

① 其中第二至第六本书的原作者待考。

以上7部译著,第1部实际属自费刊行,其余6部出版地也是上海。这当然是由上海在西书汉译史上独执牛耳之地位所决定的,同上海是中国近代出版之都有关。且看以下统计:中国近代以文学为主的期刊共有90种,75种在上海出版,占总数的83.3%。民初出版的文学期刊有59种,其中55种在上海出版,占全国总数的93.2%。而晚清出版的小说加上翻译小说计1 207种,884种在上海出版,至少占全国总数的73.2%。[①] 鉴于上海翻译出版业在全国更是位居要津,在上海出版的外国文学译著比例肯定更高。这种状况至少到"八一三"战役后、上海沦陷之前,未有大的变化。先看20年代德语文学汉译的出版地情况。

上海

编号	作家	作品	译者	出版社	出版时间
1.	嘉米琐	《失去影子的人》	鲁彦	上海光华书局	1929
2.	谠恩	《费德利克小姐》	杨丙辰	上海商务印书馆	1923
3.	福沟	《涡堤孩》	徐志摩	上海商务印书馆	1923
4.	夫赖塔格	《新闻记者》	柯一岑	上海商务印书馆	1928
5.	歌德等	《德国诗选》	郭沫若等	上海创造社	1927
6.	歌德	《少年维特之烦恼》	郭沫若	上海泰东图书局	1922
7.	歌德	《少年维特之烦恼》（校正本）	郭沫若	上海创造社出版部	1926
8.	歌德	《少年维特之烦恼》	黄鲁不	上海创造社	1928
9.	歌德	《狐之神通》	君朔译述	上海商务印书馆	1926
10.	歌德	《浮士德》	郭沫若	上海创造社出版部	1928
11.	歌德	《史推拉》	汤元吉	上海商务印书馆	1925
12.	歌德	《克拉维歌》	汤元吉	上海商务印书馆	1926
13.	歌德	《哀格蒙特》	胡仁源	上海商务印书馆	1929
14.	格林	《德国民间故事集》	封熙乡	上海开明书店	1928
15.	格列姆	《格列姆童话集》	赵景深	上海崇文书局	1928（?）
16.	格列姆	《灰娘》	俞艺香	上海春泥书店	1929
17.	霍脱迈	《织工》	陈家骝	上海商务印书馆	1924

---

① 参见陈伯海、袁进主编:《上海近代文学史》,上海人民出版社,1993年。另可参见王文英主编:《上海现代文学史》,上海人民出版社,1999年。邹振环:《20世纪上海翻译出版与文化变迁》,广西教育出版社,2000年。

18.	豪布陀曼	《獭皮》	杨丙辰	上海商务印书馆	1926
19.	豪布陀曼	《火焰》	杨丙辰	上海商务印书馆	1926
20.	霍普特曼	《异端》	郭鼎堂	上海商务印书馆	1926
21.	霍菩提曼	《寂寞的人们》	赵伯颜、周伯涵	上海文献书房	1929
22.	海涅	《哈尔次山旅行记》	冯至	上海北新书局	1928
23.	海涅	《新春》	段可情	上海世纪书局	1928
24.		《海涅诗选》	剑波	上海亚西亚书局	1929
25.	海涅	《抒情的诗》	胡大森	上海心弦书社	1929
26.	海呐	《还乡集》	杜衡	上海尚志书屋	1929
27.	海泽	《梦幻与青春》（原名《洛蒂加》）	程鹤西	上海春潮书局	1929
28.	克拉	《仇之恋》	周学普	上海金屋书店	1929
29.	莱森	《莱森寓言》	郑振铎编译	上海商务印书馆	1925
30.	汤谟斯曼	《意志的胜利》	章明生	上海启智书局	1928
31.	尼采	《查拉图司屈拉钞》	郭沫若	上海创造社出版部	1928
32.	雷马克	《西部前线平静无战事》	林疑今	上海水沫书店	1929
33.	雷马克	《西线无战事》	洪深、马彦祥	上海平等书店	1929
34.	索尔顿	《林中的生活》	张雪岩、贝厚德	上海广学会	1929
35.	许雷	《威廉退尔》	马君武	上海中华书局	1925
36.	释勒	《强盗》	杨丙辰	上海北新书局	1926
37.	释勒	《讨暴虐者》	杨丙辰	上海北新书局	1926
38.	显尼志劳	《阿那托尔》	郭绍虞	上海商务印书馆	1922
39.	显尼志劳	《恋爱三昧》	赵伯颜	上海乐群书店	1929
40.	显尼志勒	《多情的寡妇》	施蛰存	上海尚志书屋	1929
41.	史班烈	《赫德的故事》	狄珍珠	上海广学会	1929
42.	施笃谟	《茵梦湖》	郭沫若、钱君胥	上海泰东书局	1921
43.	斯托尔姆	《意门湖》	唐性天	上海商务印书馆	1922
44.	施托谟	《漪溟湖》	朱契	上海开明书店	1927
45.	施笃谟	《灵魂》	张威廉	上海光华书局	1928
46.	施笃谟	《燕语》	朱契	上海开明书店	1929
47.	苏台尔曼	《忧愁夫人》	胡仲持	上海商务印书馆	1924
48.	卫德耿	《春醒》	汤元吉	上海商务印书馆	1928

49.	鲁斗威司	《鹩巢记》(上下册)	林纾、陈家麟	上海商务印书馆	1920
50.	至尔·妙伦	《玫瑰花》	王艺钟	上海春野书店	1928
51.		《德国诗选》	郭沫若等	上海创造社	1927
52.	刺外格	《萝蔓罗兰》	杨人楩	上海商务印书馆	1928
53.	廖抗夫	《薇娜》	茞甘、石曾	上海开明书店	1928

其他地区

54.	格尔木兄弟	《格尔木童话集》	王少明	开封河南教育局编译处	1925
55.	格利姆	《德国童话集》	刘海蓬、杨钟健	北京文化学社编辑所	1928
56.	海涅	《插乐曲》	谛嬴	广州受匡出版部	1928
57.	雷兴	《军人之福》	杨丙辰	北京林社	1927
58.	施园	《人世地狱》	杨敬慈	北京晨报社	1924

20年代，全国共出版德语文学汉译58部，其中53部出版地为上海，占总数的91.4%。再看30年代的情况。

上海

编号	作家	作品	译者	出版社	出版时间
1.	[巴塞维茨]	《小彼得云游记》	伊微	上海商务印书馆	1934
2.	波守斯	《蜜蜂玛雅的冒险》	段可情	上海少年读物出版社	1939
3.	步耳革	《闵豪生奇游记》	魏以新	上海华通书局	1930
4.	[步耳革]	《海外奇谈》	赵馀勋译述	上海少年书局	1933
5.	霭沈都夫	《荒唐游记》	绮纹	上海亚东图书馆	1934
6.	埃贤朵夫	《饭桶生涯的片段》	廖辅叔	上海商务印书馆	1934
7.	爱痕多夫	《游荡者的生活》	毛秋白	上海中华书局	1935
8.	里奥·福克脱凡格	《忆莫斯科》	黄立	上海前卫书店	1938
9.	佛棱克	《特棱克》	绮纹	上海商务印书馆	1930
10.	里昂哈特·弗兰克	《卡尔与安娜》	盛明若	上海中华书局	1931

11.	佛郎克	《灵肉的冲突》	于在春	上海正午书局	1936
12.	盖斯戴客	《小家之伍》	郁达夫	上海北新书局	1930
13.	格莱赛	《一九〇二年级》	施蛰存	上海东华书局	1930
14.	格莱赛	《一九〇二年级》	黄源	上海新生命书局	1932
15.	格莱塞	《和平》	屈轶	上海世界书局	1939
16.	歌德	《赫尔曼与陀罗特亚》	周学普	上海商务印书馆	1937
17.	歌德	《歌德名诗选》	张传普选译	上海现代书局	1933
18.	歌德	《少年维特之烦恼》（英汉对照）	罗牧	上海北新书局	1931
19.	歌德	《少年维特之烦恼》	傅绍光	上海世界书局	1931
20.	歌德	《少年维特的烦恼》	达观生	上海世界书局	1932
21.	歌德	《少年维特之烦恼》	陈斅编译	上海中学生书局	1934
22.	歌德	《少年维特之烦恼》	钱天佑	上海启明书局	1936
23.	歌德	《少年维特之烦恼》	杨逸声译述	上海大通图书社	1938
24.	哥德	《哥德自传》	张竞生	上海世界书局	1930
25.	歌德	《歌德自传》	思慕	上海生活书店	1936
26.	《高特谈话》	（高特忌辰百年纪念）	曾觉之	上海世界书局	1935
27.	爱克曼著	《哥德对话录》	周学普	上海商务印书馆	1937
28.	歌德	《威廉的修业时代》	伍蠡甫	上海黎明书局	1933
29.	歌德	《维廉迈斯特》	伍光健	上海商务印书馆	1936
30.	歌德	《迷娘》	余文炳	上海现代书局	1932
31.	歌德	《浮士德》	伍蠡甫编	上海新生命书局	1934
32.	歌德	《浮士德》	周学普	上海商务印书馆	1935
33.	歌德	《铁手骑士葛兹》	周学普	上海商务印书馆	1935
34.	格林	《跳舞的公主》	谢颂羔编	上海文华美术图书印刷公司	1930
35.	格林	《三羽毛》	章肇均	上海开明书店	1931
36.	格林	《雪婆婆》	张昌新	上海开明书店	1932
37.	格林	《跛脚老人》	陈俊	上海开明书店	1932
38.	格林	《白蛇》	赵景深	上海北新书局	1933
39.	格林	《格兰姆童话》	李宗法	上海商务印书馆	1933
40.		《格林童话全集》	魏以新	上海商务印书馆	1934
41.	格林	《猛鹰》	赵景深	上海北新书局	1937
42.	格黎牧	《海兔》	赵景深	上海北新书局	1937
43.	霍布门	《珊拿的邪教徒》	王实味	上海中华书局	1930

44.	霍普德曼	《寂寞的人们》	钟国仁	上海商务印书馆	1930
45.	霍普特曼	《沉钟》	孙博	上海开明书店	1932
46.	霍普特曼	《湖中的女王》	葛尚德	上海北新书局	1934
47.	霍普特门	《沉钟》	谢炳文	上海启明书局	1937
48.	赫伯尔	《季革斯及其指环》	毛秋白	上海中华书局	1934
49.	黑贝尔	《悔罪女》	汤元吉、俞敦培	上海商务印书馆	1936
50.	海涅	《英吉利断片》	茅盾	上海生活书店	1935
51.	贺尔曼·黑式	《青春是美好的》	绮纹	上海商务印书馆	1936
52.	霍夫曼	《史姑娘》	毛秋白	上海中华书局	1935
53.	恺撒	《从清晨到夜半》	梁镇	上海中华书局	1934
54.	爱丽斯克斯特涅	《爱弥儿捕盗记》	林雪清	上海儿童书局	1934
55.	刻勒	《三个正直的制梳工人》	李且涟	上海中华书局	1935
56.	克莱斯特	《浑堡王子》	毛秋白	上海中华书局	1935
57.		《德国寓言》	章任光编	上海商务印书馆	1934
58.	列普曼	《地下火》	朱雯	上海万叶书店	1939
59.	丽洛·琳克	《动乱年代》	于熙俭	上海生活书店	1936
60.	芦特维喜	《人之子》	孙洵候	上海商务印书馆	1937
61.	海里门	《蓝天使》	徐培仁	上海正午书局	1931
62.	尼采	《苏鲁支语录》	梵澄	上海生活书店	1936
63.	尼采	《扎拉图士特拉如是说》	肖赣	上海商务印书馆	1936
64.	裴斯泰洛齐	《贤伉俪》	何炳松	上海商务印书馆	1937
65.	雷马克	《西线无战事》	过立先编译	上海开华书局	1934
66.	雷马克	《西线无战事》（剧本）	徐翔、邝光沫	上海神州国光社	1934
67.	雷马克	《西线无战事》	凌霄、吴璇玲	上海经纬书局	(1936)
68.	雷马克	《西线无战事》	钱公侠	上海启明书局	1936
69.	雷马克	《退路》	袁文彰、冯次行	上海开华书局	1931
70.	雷马克	《西线归来》	林疑今、杨昌溪	上海神州国光社	1931

71.	雷马克	《战后》(上下册)	沈叔之	上海开明书店	1931.3—8
72.	雷马克	《归来》	张资平	上海平等书店	1931
73.	雷马克	《战后》	杨若思、王海波	上海光华书局	1931
74.	路易·棱	《战争》	魏以新	上海华通书局	1930
75.	雷恩	《战争》	麦耶夫	上海东华书局	1930
76.	路易林	《战争》	袁持中	上海世界书局	1932
77.	路易棱	《战争》	王公渝	上海启明书局	1937
78.	[洛克]	《西班牙的斗争》	巴金	上海平民出版社	1938
79.	席勒	《威廉退尔》	项子和	上海开明书店	1936
80.	席勒尔	《奥里昂的女郎》	叶善定编译	上海安国栋发行	1932
81.	席勒	《奥里昂的女郎》	关德懋	上海商务印书馆	1933
82.	丰席勒尔	《瓦轮斯丹》	胡仁源	上海商务印书馆	1932
83.	席勒	《华伦斯太》	郭沫若	上海生活书店	1936
84.	显尼志勒	《循环舞》(对话剧十篇)	赵伯颜	上海水沫书店	1930
85.	显尼志劳	《死》	段可情	上海现代书局	1930
86.	显尼志勒	《妇心三部曲》	施蛰存	上海神州国光社	1931
87.	显尼支勒	《苦恋》	刘大杰	上海中华书局	1932
88.	显尼支勒	《苦恋》	李志萃编译	上海开华书局	1934
89.	显尼志勒	《薄命的戴丽莎》	施蛰存	上海中华书局	1937
90.	史碧丽	《小小的逃亡者》	蒯斯曛	上海世界书局	1933
91.	[施笃姆]	《茵梦湖》	张友松	上海北新书局	1930
92.	[施笃姆]	《茵梦湖》	王翔	上海世界书局	1933
93.	施笃姆	《茵梦湖》	施瑛	上海启明书局	1936
94.	施笃姆	《白马底骑者》	钟宪民	上海光华书局	1930
95.	施笃谟	《傀儡师保尔》	罗念生、陈林率	上海中华书局	1931
96.	史笃谟	《恋爱与社会》	李珠	上海商务印书馆	1934
97.	苏德曼	《故乡》	李瑾	上海基督教女青年全国协会编辑部	1930
98.	苏德曼	《猫路》	成绍宗	上海支那书店	1930
99.	苏德曼	《快乐的人们》	周颂棣	上海中华书局	1932
100.	苏德曼	《血爱》	成绍宗	上海光华书局	1933

101.		《重洋怪杰》	容复初	上海商务印书馆	1934
102.	乌尔夫	《马汉姆教授》	洪为济、陈非璜	上海新路出版社	1936
103.	乌尔夫	《希特勒的"杰作"》	吴天、陈非璜	上海潮锋出版社	1939
104.		《瑞士鲁滨孙家庭漂流记》	彭兆良	上海世界书局	1933
105.		《瑞士家庭鲁滨孙》（上、下）	甘棠译、徐应昶校	上海商务印书馆	1933
106.	威斯	《瑞士鲁滨荪家庭漂流记》	沈逸之	上海启明书局	1939
107.	缪莲	《真理之城》	黄岚	上海北海书局	1930
108.	缪伦	《缪伦童话集》	钱歌川	上海中华书局	1932
109.	至尔·妙伦	《小彼得》	许遐	上海联华书局	1939
110.	蔡格	《一个妇人的情书》	章衣萍	上海华通书局	1933
111.	萨伐格	《一个陌生女子的来信》	孙寒冰	上海商务印书馆	1935
112.	W. H. Riehl 等	《德国名家小说集》	刘思训	上海中华书局	1931
113.		《德意志短篇小说集》	毛秋白	上海商务印书馆	1935
114.	柴诃等	《德国短篇小说选》	胡启文	上海中华书局	1937
115.		《德国作家选集》	徐沉泗编选	上海万象书屋	1939
116.	廖抗夫	《前夜》	巴金	上海启智书局	1930

其他地区

117.	基希	《秘密的中国》	周立波	汉口天马书店	1938
118.	裴斯泰洛齐	《贤夫人》	郑若谷	北平著者书店	1933
119.	雷马克	《后方》	华蒂	南京《中央日报》社	1931
120.	里尔克	《给一个青年诗人的十封信》	冯至	长沙商务印书馆	1938
121.	[施笃姆]	《茵梦湖》	孙锡鸿	北京寒微社	1932
122.	斯托谟	《双影人》	商承祖	南京正中书局	1936
123.	施托姆	《施托姆小说集》	魏以新	长沙商务印书馆	1939

20 世纪 30 年代全国出版德语文学译著约 123 部。其中 116 部在上海出版,占总数的 94.3%。另外 7 部中的两部分别于 1938 和 1939 年由商务印书馆在长沙出版,基希的《秘密的中国》也由上海转到汉口出版。至少这 3 部译作异地出版,无疑同日军占领上海有关。

到了 20 世纪 40 年代,情况发生重大摈转。请看以下列举。

上海

编号	作家	作品	译者	出版社	出版时间
1.	柏吉尔	《乌拉波拉故事集》	顾均正	上海开明书店	1941
2.	歌德等	《春情曲》	林凡	上海正风出版社	1947
3.	歌德	《野蔷薇》	罗贤	上海正风出版社	1948
4.	歌德	《少年游》	刘盛亚	上海云海出版社	1946
5.	格林姆	《格林姆童话》	林俊千译述	上海晓光书局	1940
6.		《格林童话全集》	魏以新	上海商务印书馆	1934
7.		《格林童话集》	范泉缩写	上海永祥印书馆	1948
8.	郝福	《艺术桥畔之女丐》	商章孙	上海正中书局	1948
9.	海涅	《德国——一个冬天的童话》	艾思奇	上海读书出版社	194?
10.	海涅	《怀乡纪》	范纪美	上海木箭书屋	1943
11.	海涅	《新的诗章》	廖晓帆	上海诗歌新地社	1946
12.	海才	《俏皮姑娘》	毛秋白等	上海启明书局	1941
13.		《格林童话全集》	张亦民	上海启明书局	1949
14.	凯司特涅	《小学生捕盗记》	林俊千译述	上海文光书局	194?
15.	史蒂芬·罗兰	《囚徒日记》	徐柏堂	上海长风书店	1948
16.	尼采	《查拉杜斯屈拉如是说》	雷白韦	上海中华书局	1940
17.	雷马克	《凯旋门》	朱葆光	上海中外出版社	1946
18.	雷马克	《凯旋门》	朱雯	上海文化生活出版社	1948
19.	雷马克	《流亡曲》	朱雯	上海文化生活出版社	1948
20.	洛克尔	《萌芽》	春飞	(上海)艺种社	1947
21.	洛克尔	《六人》	巴金	上海文化生活出版社	1949
22.	显尼志勒	《孤零》(妇心三部曲之一)	施蛰存	上海文化出版社	194?

23.	显尼志勒	《私恋》(妇心三部曲之二)	施蛰存	上海言行社	1941
24.	显尼志勒	《女难》(妇心三部曲之三)	施蛰存	上海言行社	1941
25.	显尼支劳	《爱尔赛姑娘》	何文基	上海大众出版社	1949
26.	斯威布	《希腊的神话和传说》	楚图南	上海书报联合发行所	1949
27.	约翰那·斯派蕾	《海地》	杨镇华	上海大东书局	1948
28.	斯托谟	《大学时代》	绮纹	上海进化书局	1946
29.	苏德曼	《忧愁夫人》	北芒	上海国际文化服务社	1948
30.	至尔·妙伦	《煤的故事》	许广平	上海译文出版社	1940
31.	至尔·妙伦	《奇怪的墙壁》	赵纶时	上海译文出版社	1940
32.	歌德等	《春情曲》	林凡	上海正风出版社	1947
33.	嘉禄米	《鬼窟歼魔记》	胡兴粤	上海幼慈印书馆	1947
34.	嘉禄米	《血染金山》	虹影	上海幼慈印书馆	1949
35.	嘉禄米	《计劫虎头门》	罗嘉	上海幼慈印书馆	1949
36.	席勒	《恋爱与阴谋》	顾仲彝	上海光明书局	1940

福建

37.	歌德等	《罗马哀歌》	方闻等	福建点滴出版社	1944
38.	海涅	《冬天的故事》	周学普	福建永安十日谈社	1943
39.	显尼志勒	《爱尔赛之死》	施蛰存	福建南平复兴出版社	1945
40.	显尼志勒	《自杀之前》	施蛰存	福建永安十日谈社	1945
41.	褚威格	《托尔斯泰》	许天虹	福建改进出版社	1940
42.	苏特曼	《戴亚王》	施蛰存	福建永安十日谈社	1945

重庆

43.	歌德	《赫曼与窦绿苔》	郭沫若	重庆文林出版社	1942
44.	歌德	《歌德小曲集》	罗贤	重庆四维出版社	1946
45.	歌德	《少年迷》	刘盛亚	重庆群益出版社	1944
46.	利尔克	《罗丹》	梁宗岱	重庆正中书局	1943
47.	海泽	《泼姑娘》	方殿森	重庆晨光书局	1943

48.	罗顿贝尔格	《战争的插曲》	侍桁编译	重庆商务印书馆	1944
49.	萨尔丹	《森林里的悲喜剧》	胡仲持	重庆大时代书局	1943
50.	沙尔顿	《斑麖》	方安	重庆商务印书馆	1943
51.	卢特威克	《罗斯福传》	周竞中等	重庆青年书店	1942
52.	梅立克	《莫扎特——普拉格之旅》	白禾	重庆自立书店	1944
53.	尼采	《看哪这人》	高寒	重庆文通书局	1947
54.	史必烈	《海地》	林雪清	重庆正中书局	1943
55.	沃尔夫	《马门教授》	肖三	重庆文林出版社	1942
56.	华尔夫	《新木马记》	肖三	重庆文林出版社	1942

桂林

57.	卡罗萨	《引导和同伴》	姚可昆	桂林开明书店	1944
58.	海涅	《梦的画像》	李嘉译	桂林新群出版社	1942
59.		《海涅诗抄》（上集）	雷石榆	桂林文汇书店	1943
60.		《奴隶船》（海涅诗抄续集）	雷石榆	桂林文汇书店	1943
61.		《海涅政治诗集》	胡明树	桂林新大地出版社	1944
62.	凯司特涅	《学生捕盗记》	程小青	桂林南光书店	1943
63.	卢特威克	《罗斯福传》	黄嘉厉	桂林西风社	1943
64.	安娜·赛该尔斯	《第七名逃犯》	徐迟	桂林学艺出版社	1944
65.	倭尔夫	《裘儿——一个法国集中营的故事》	柳无垢	桂林远方书店	1944
66.	施托姆	《迟开的蔷薇》	巴金	桂林文化生活出版社	1943
67.	支维格	《马来亚的狂人》	陈占元	桂林明日社	1942

长沙

68.	葛德	《亲和力》	杨丙辰	长沙商务印书馆	1941
69.	葛德	《葛德论自著之浮士德》	梵澄	长沙商务印书馆	1940
70.	赫贝尔	《赫贝尔短篇小说集》	杨丙辰	长沙商务印书馆	1941
71.	爱伦斯·邬戴特	《战乱之翼》	陶在湄	长沙中西文化印书馆	1943

香港

72.	歌德	《女性和童话》	胡仲持	香港智源书局	1949
73.		《海涅诗选》	林林	香港橄榄社	1946
74.	海涅	《织工歌》	林林	香港人间书屋	1949
75.	雷马克	《凯旋门》	林友兰	香港芭蕉出版社	1947

其他地区

76.	歌德	《歌德童话》	李长之	成都东方书社	1945
77.		《德国童话集》	许达年	昆明中华书局	1940
78.	尼采	《查拉斯图拉如是说》	高寒	贵阳文通书局	1947
79.	尼采	《看哪,这个人!》	刘恩久	沈阳文化书店	1947
80.	沙尔顿	《斑比》	蕴雯	南京独立出版社	1946
81.		《德意志短篇小说集》		长春开明图书公司	1944

根据本书统计,20世纪40年代全国约有81部德语文学汉译本问世,其中不到一半在上海出版,具体为36部,占总数的44.4%。从20世纪30年代的123部降到20世纪40年代的81部,在上海出版数由94.3%降到44.4%,这两个数字后面隐藏着的是中国历史的强烈震荡,特别是上海政局的骤然巨变。

1937年"七七"事变和"八一三"事变后,日本侵略军发动全面侵华战争,中国的出版重镇上海,继"一·二八"事变后,又一次陷于日军炮火中。毁于战火的不仅有工厂、商店、学校、医院,也有出版社和印刷厂。比如当时全国最大的出版机构,也是出版外国文学作品最多的商务印书馆,"总计被毁之建筑,及一千余部之机器,巨量之书籍、仪器、纸张等,损失达千万元"①。再比如另一家大出版社,世界书局,其在虹口的总厂竟然被日军占为军营。在日伪统治的险恶环境中,上海的出版事业遭受重创,德语文学译作数量锐减,成为定势。实际上,20世纪40年代德语文学译作出版受挫,其迹象早在日军占领上海后的1938和1939年已历历在目。在这两年中,这方面的译作出版数量已经屈指可数。到了40年代,在上海虽然

---

① 上海档案馆编:《日本帝国主义侵略上海罪行史料汇编》(上编),上海人民出版社,1997年,第32页。

仍有 36 部德语文学汉译本问世,但其中至少 21 部在日军投降,即 1945 年后才正式出版。德语文学汉译本在上海的刊行,遭日本侵略军的摧残,元气大伤。

据本书统计,20 世纪 40 年代全国约 81 部德语文学译作中的约 45 部在上海以外的省市或地区出版,约占总数的 5.56%。这其实主要同上海一大批出版社的避敌迁移有关。居"九省通衢"要地的武汉在上海和南京等地沦陷后首先在战时中国出版领域一时称盛。基希著、周立波译的《秘密的中国》,就是上海的天马书店在沪被炸、铅版被毁后,1938 年在汉口印出的。1938 年 8 月,日军以 35 万兵力沿长江两岸逼近武汉;10 月,武汉三镇相继失守,不少出版社重迁重庆等国统区。

抗战中期,陪都重庆在中国出版界蔚成势力。根据笔者统计,40 年代有 14 部德语文学作品在重庆出版,占总数 81 部的 17.3%。可见,作为当时政治、军事和经济要地的重庆,出版业虽然兴旺发达,但声势远不能与战前的上海相比。原因之一是,由于战时特殊的政治和经济等条件,各地已形成相对独立的出版中心,另一方面德语文学汉译的出版阵容,变得浪峰叠起。

比如桂林。1938 年 10 月,广州、武汉弃守后,大批出版机构撤到联结重庆和港澳的交通枢纽桂林。所以,从 1938 年底到 1944 年夏秋之间,桂林成为人才荟萃的战时文化城和出版要地。本书统计 40 年代 80 部汉译德语文学作品中,有 11 部曾在桂林付梓。

再如福建。福建地理环境复杂。那里山势险要,地形多变,难攻易守,虽然日军曾于 1941 年 4 月侵入,但数月后即被赶走,所以受战乱影响较小。40 年代以永安为中心,福建成为东南各省的出版重地。就本书统计,40 年代约有 6 部德语文学汉译本在福建面世。这也不足为奇。

又如长沙。上海、南京和武汉失守后,也有一部分出版社转移到湖南,其中就有商务印书馆。它在从长沙又退往重庆之前,至少出版了 5 部德语文学汉译本(其中两部分别于 1938 和 1939 年出版)。继上海、重庆、桂林和福建后,长沙也就成了抗战期间德语文学汉译本的另一个重要产出地。

尽管由于日寇的恐怖统治,上海的出版界被逼入尴尬,但是倘若对"孤岛"(1937 年 11 月—1941 年 12 月)和全部沦陷(1941 年 12 月—1945 年 8 月)时期的德语文学汉译数量做一统计,可以发现,上海在出版德语文学作品方面不仅没有因之中辍,相反在全国依然续领风骚。请看 1938—1944 年间上海出版德语文学汉译作品的书目:

编号	作家	作品	译者	出版社	出版时间
1.	波守斯	《蜜蜂玛雅的冒险》	段可情	上海少年读物出版社	1939
2.	里奥·福克脱凡格	《忆莫斯科》	黄立	上海前卫书店	1938
3.	格莱塞	《和平》	屈轶	上海世界书局	1939
4.	歌德	《少年维特的烦恼》	杨逸声译述	上海大通图书社	1938
5.	海才	《俏皮姑娘》	毛秋白等	上海启明书局	1941
6.	列普曼	《地下火》	朱雯	上海万叶书店	1939
7.	尼采	《查拉杜斯屈拉如是说》	雷白韦	上海中华书局	1940
8.	洛克尔	《西班牙的斗争》	巴金	上海平民出版社	1938
9.	乌尔夫	《希特勒的"杰作"》	吴天、陈非璜	上海潮锋出版社	1939
10.	威斯	《瑞士鲁滨荪家庭漂流记》	沈逸之	上海启明书局	1939
11.	至尔妙伦	《小彼得》	许遐	上海联华书局	1939
12.		《德国作家选集》	徐沉泗编选	上海万象书屋	1939
13.	柏吉尔	《乌拉波拉故事集》	顾均正	上海开明书店	1941
14.	格林姆	《格林姆童话》	林俊千译述	上海晓光书局	1940
15.	海涅	《怀乡纪》	范纪美	上海木箭书屋	1943
16.	显尼志勒	《孤零》(妇心三部曲之一)	施蛰存	上海文化出版社	194?
17.	显尼志勒	《私恋》(妇心三部曲之二)	施蛰存	上海言行社	1941
18.	显尼志勒	《女难》(妇心三部曲之三)	施蛰存	上海言行社	1941
19.	[施托姆]	《青春》	梁遇春	上海北新书局	1940
20.	至尔妙伦	《煤的故事》	许广平	上海译文出版社	1940
21.	至尔妙伦	《奇怪的墙壁》	赵纶时	上海译文出版社	1940
22.	席勒	《恋爱与阴谋》	顾仲彝	上海光明书局	1940

共计 22 部。[①] 可以看到,即使地处狼烟四起的沦陷区,上海出版的德语文学译作数量也远远超出同时期其他城市或地区。

---

① 未计比如上海天马书店 1940 年重印的《秘密的中国》等重印书。

上海是近代中国的文化中心,又是中西文明的折冲樽俎之地。众多学界名人或文化才俊在这里经历了他们那绵长久远的精神追寻。尤其在出版领域,上海在全国实有先导地位。抗日战争全面爆发和上海陷敌后,虽然一部分出版社撤向后方或深入敌后,以免遭战火,出版业有式微之势,但也有一部分出版社采取各种应变措施,或利用租界的有利条件,或留下分社、门市部,坚持自己的文化道统,使"孤岛"上海持留为中国的一个出版要冲,同时也持留为德语文学汉译本的出版中坚。①

上海既是中国德语文学汉译的要冲,上海自身的文化氛围当然也会对这种译介造成鼓荡。

综观中国传统文化的发展史,从地域来看,北京、西安、苏州、扬州等地区曾各得风气之先。而近代以后,至少到民国时期,这个中心移位上海。作为中国的第一个现代化都市,上海在文化方面海纳百川,形成多元的性质。就文学而言,在晚清和民国时期,缀述恋情、遣人情怀的都市通俗小说的空前繁盛,无疑是其文化的重要特征。严复为林纾译《茶花女》所生发的感叹,"可怜一卷《茶花女》,断尽支那荡子肠",脱开上海这样一个亦中亦西、亦土亦洋的商业化都市,缺少依赖这样一个通商口岸生存的、在集体性主体之外培养趣味和求得排闷的芸芸众生,恐怕无法想象。回观德语文学汉译史,恰恰是恋情激荡的《少年维特之烦恼》和伤春悲秋的《茵梦湖》(两书在民国时期各有约 10 个译本,基本在上海出版)独占鳌头,在中国市场几有横决天下之势,不能不说与上海那被繁华风流的温柔之风吹"软"的文坛深有关涉。那些本土的所谓"鸳鸯蝴蝶—《礼拜六》派"小说不时遭到正统评家义正词严的道德讨伐,被斥为"半封建半殖民地十里洋场的畸形胎儿",②而越洋而来的亦雅亦俗的情爱作品,因为附有也是评家赋予的所谓追求个性解放、控诉礼教纲常等冠冕堂皇的理由,获得一种合法性,在学界一片叫好声中凯歌高奏。译家、出版商,都可以放开手脚重译重印,名利兼收。

类似的情况在施尼茨勒和茨威格身上也可见到。尽管其作品不离男

---

① "孤岛"时期,上海甚至还建立了一些新的出版社。比如出版列普曼《地下火》的上海万叶书店,出版显尼志勒《私恋》和《女难》的言行社,出版乌尔夫《希特勒的"杰作"》的上海潮锋出版社,以及出版《恋爱与阴谋》的光明书局。可参见叶再生:《中国近现代出版通史》(第三卷),华文出版社,2002 年,第 594—597 页。
② 参见范伯群主编:《中国近现代通俗文学史》(上卷),江苏教育出版社,1999 年,《绪论》第 2 页。

女情爱,情欲的描绘往往还相当露骨,但与上海现有的文化氛围一拍即合。更由于其作品堂而皇之地穿有"心理分析的典范""现代创作的手法"等甲胄,《恋爱三昧》也好,《多情的寡妇》也罢,更有《一个妇人的情书》,在上海粉墨登场之后左右逢源,取得了一种正当性,也赢得了远比在自己家乡更令人羡慕的成就。上海,是上海的特殊文化氛围,让这些作品找到了自己的契合点,造就了这些作品在中国译介的盛况。

当然,在多事之秋的上海,人们饱受战乱之苦,雷马克和雷恩等人的反战作品,也蔚为大观,与那些感伤旖旎的情爱作品几有分庭抗礼之势,尽显上海文化坚毅刚强之另一面。

三 德语文学汉译所据语言、译者和作者

探究德语文学汉译史,不难发现,尤其同英美文学相比,德语文学初入中国,常常通过其他语言的转译。主要是英语和日语。比如,《绣像小说》1903 年至 1904 年载威斯的《小仙源》转道英语;1904 年至 1905 年登的《卖国奴》来自日语。而上海《小说林》总编辑部 1906 年版苏虎克的《大除夕》,似也译自日语。到了民国时期,这种情况亦无多大改观。德语文学汉译先驱者之一马君武,曾留学德国,可他 1914 年版《马君武诗稿》收歌德的两首诗,就所附原文看,至少其中一首所据还是英语。1916 年,上海中华书局版、张莘农编注的《瑞士家庭鲁滨孙》,同样源于英语。

英国是最早迫使晚清王朝对其正式开埠的老牌殖民主义国家,英语又是世界上使用最广的语言。明治维新和"脱亚入欧"后的日本,也曾是中国许多志士仁人着意模仿的国家。这两种强势语言对德语文学在中国的译介起到了推动作用。

廓清有多少和哪些德语文学作品在晚清和民国时期被译成汉语,工程繁难,但尚具一定的操作性。但是,认定其中有多少作品由英语、日语或其他外语转译,难度更大。因为那时大多译作所据版本不清,让人难以对勘。问题可能会长久地处于渺茫雾霭中。这里我们仅就单部译作(作者身份不明者不计),依靠译本书前书后较准确的信息,作一简略统计。

在本书以上所列书目框架内,20 世纪 20 年代约有 58 部德语文学作

品被译成汉语。初步可确定,其中至少 11 部译自英语,1 部译自世界语。①

译自英语

编号	作家	作品	译者	出版社	出版时间
1.	福沟	《涡堤孩》	徐志摩	上海商务印书馆	1923
2.	夫赖塔格	《新闻记者》	柯一岑	上海商务印书馆	1928
3.	歌德	《狐之神通》	君朔译述	上海商务印书馆	1926
4.	莱森	《莱森寓言》	郑振铎编译	上海商务印书馆	1925
5.	雷马克	《西部前线平静无战事》	林疑今	上海水沫书店	1929
6.	雷马克	《西线无战事》	洪深、马彦祥	上海平等书店	1929
7.	索尔顿	《林中的生活》	张雪岩、贝厚德	上海广学会	1929
8.	显尼志劳	《阿那托尔》	郭绍虞	上海商务印书馆	1922
9.	显尼志勒	《多情的寡妇》	施蛰存	上海尚志书屋	1929
10.	鲁斗威斯著	《鹞巢记》	林纾、陈家麟	上海商务印书馆	1920
11.	至尔·妙伦	《玫瑰花》	王艺钟	上海春野书店	1928

译自世界语

编号	作家	作品	译者	出版社	出版时间
1.		《海涅诗选》	剑波	上海亚西亚书局	1929

20 世纪 30 年代约有 123 部德语文学汉译本出版,其中译自英语的至少 29 部,日语 6 部,世界语 1 部,法语 1 部。

译自英语

编号	作家	作品	译者	出版社	出版时间
1.	里昂哈特·弗兰克	《卡尔与安娜》	盛明若	上海中华书局	1931

---

① 施蛰存本人曾坦言:"有一段时间,我极热衷与显尼志劳的小说。我不懂德文,但英法译本我是一本都没错过。"转引自李欧凡:《上海摩登——一种新都市文化在中国 1930—1945》,北京大学出版社,2001 年,第 180 页。施蛰存有的显尼志劳汉译本未注所根据的版本。笔者在书中视其为来自英译本。

2.	佛郎克	《灵肉的冲突》	于在春	上海正午书局	1936
3.	歌德	《少年维特之烦恼》	罗牧	上海北新书局	1931
4.	歌德	《少年维特的烦恼》	达观生	上海世界书局	1932
5.		《维廉迈斯特》	伍光建	上海商务印书馆	1936
6.	格林	《跳舞的公主》	谢颂羔编	上海文华美术图书印刷公司	1930
7.	霍布门	《珊拿的邪教徒》	王实味	上海中华书局	1930
8.	霍普德曼	《寂寞的人们》	钟国仁	上海商务印书馆	1930
9.	霍普特门	《沉钟》	谢炳文	上海启明书局	1937
10.	海涅	《英吉利断片》	茅盾	上海生活书店	1935
11.	基希	《秘密的中国》	周立波	汉口天马书店	1938
12.	列普曼	《地下火》	朱雯	上海万叶书店	1939
13.	丽洛·琳克	《动乱年代》	于熙俭	上海生活书店	1936
14.	海里门	《蓝天使》	徐培仁	上海正午书局	1931
15.	尼采	《扎拉图士特拉如是说》	肖赣	上海商务印书馆	1936
16.	裴斯泰洛齐	《贤伉俪》	何炳松	上海商务印书馆	1937
17.	裴斯泰洛齐	《贤夫人》	郑若谷	北平著者书店	1933
18.	雷马克	《西线归来》	林疑今、杨昌溪	上海神州国光社	1931
19.	雷恩	《战争》	麦耶夫	上海东华书局	1930
20.	显尼志勒	《妇心三部曲》	施蛰存	上海神州国光社	1931
21.	显尼支勒	《苦恋》	刘大杰	上海中华书局	1932
22.	显尼志勒	《薄命的戴丽莎》	施蛰存	上海中华书局	1937
23.	苏德曼	《故乡》	李嬹	上海基督教女青年全国协会编辑部	1930
24.	苏德曼	《快乐的人们》	周颂棣	上海中华书局	1932
25.	威斯	《瑞士家庭鲁滨孙》（上，下）	甘棠译、徐应昶校	上海商务印书馆	1933
26.	威斯	《瑞士鲁滨荪家庭漂流记》	沈逸之	上海启明书局	1939
27.	蔡格	《一个妇人的情书》	章衣萍	上海华通书局	1933
28.	萨伐格	《一个陌生女子的来信》	孙寒冰	上海商务印书馆	1935
29.	柴诃等	《德国短篇小说选》	胡启文	上海中华书局	1937

译自日语

编号	作家	作品	译者	出版社	出版时间
1.	格莱塞	《和平》	屈轶	上海世界书局	1939
2.	雷马克	《战后》(上下册)	沈叔之	上海开明书店	1931
3.	乌尔夫	《马汉姆教授》	洪为济、陈非璜	上海新路出版社	1936
4.	乌尔夫	《希特勒的"杰作"》	吴天、陈非璜	上海潮锋出版社	1939
5.	缪莲	《真理之城》	黄岚	上海北海书局	1930
6.	至尔妙伦	《小彼得》	许遐	上海联华书局	1939

译自世界语

编号	作家	作品	译者	出版社	出版时间
1.	施笃姆	《白马底骑者》	钟宪民	上海光华书局	1930

译自法语

编号	作家	作品	译者	出版社	出版时间
1.	廖抗夫	《前夜》	巴金	上海商务印书馆	1930

20世纪40年代,全国约有81部德语文学汉译本出版。其中译自英语的至少21部,日语7部,法语3部。

译自英语

编号	作家	作品	译者	出版社	出版时间
1.	柏吉尔	《乌拉波拉故事集》	顾均正	上海开明书店	1941
2.		《格林童话集》	范泉缩写	上海永祥印书馆	1948
3.	海泽	《泼姑娘》	方殿森	重庆晨光书局	1943
4.	凯司特涅	《小学生捕盗记》	林俊千译述	上海文光书局	194?
5.	凯司特涅	《学生捕盗记》	程小青	桂林南光书店	1943
6.	雷马克	《凯旋门》	朱葆光	上海中外出版社	1946

编号	作家	作品	译者	出版社	出版时间
7.	雷马克	《凯旋门》	林友兰	香港芭蕉出版社	1947
8.	雷马克	《凯旋门》	朱雯	上海文化生活出版社	1948
9.	雷马克	《流亡曲》	朱雯	上海文化生活出版社	1948
10.	洛克尔	《六人》	巴金	上海文化生活出版社	1949
11.	萨尔丹	《森林里的悲喜剧》	胡仲持	重庆大时代书局	1943
12.	沙尔顿	《斑糜》	方安	重庆商务印书馆	1943
13.	沙尔顿	《斑比》	蕴雯	南京独立出版社	1946
14.	显尼志勒	《孤零》（妇心三部曲之一）	施蛰存	上海文化出版社	194?
15.	显尼志勒	《私恋》（妇心三部曲之二）	施蛰存	上海言行社	1941
16.	显尼志勒	《女难》（妇心三部曲之三）	施蛰存	上海言行社	1941
17.	显尼志勒	《爱尔赛之死》	施蛰存	福建南平复兴出版社	1945
18.	显尼志勒	《自杀以前》	施蛰存	福建永安十日谈社	1945
19.	苏特曼	《戴亚王》	施蛰存	福建永安十日谈社	1945
20.	歌德等	《春情曲》	林凡	上海正风出版社	1947
21.	史必烈	《海地》	林雪清	重庆正中书局	1943

译自日语

编号	作家	作品	译者	出版社	出版时间
1.		《德国童话集》	许达年	昆明中华书局	1940
2.	海涅	《梦的画像》	李嘉	桂林新群出版社	1942
3.		《海涅诗抄》(上集)	雷石榆	桂林文汇书店	1943
4.		《海涅诗选》	林林	香港橄榄社	1946
5.	海涅	《织工歌》	林林	香港人间书屋	1949
6.	至尔妙伦	《煤的故事》	许广平	上海译文出版社	1940
7.	至尔妙伦	《奇怪的墙壁》	赵纶时	上海译文出版社	1940

译自法语

编号	作家	作品	译者	出版社	出版时间
1.	洛克尔	《萌芽》	春飞译	（上海）艺种社	1947
2.	嘉禄米	《血染金山》	虹影	上海幼慈印书馆	1949
3.	嘉禄米	《计劫虎头门》	罗嘉译	上海幼慈印书馆	1949

倘若把 1920 年到 1949 年约 30 年的德语文学汉译本相加,[①]得到的总数是 262 部,其中基本可以确定来自非德语的转译共 80 部,占总数的 30.5%,几近三分之一。而事实上,来自非德语的转译数量肯定远不止这些。晚清和民国时期,曾从事过德语文学汉译的译者超过 400 人,[②]考虑到那时德语的普及程度,其中通晓德语的译者人数应该不会多。今天,这些译者的身世大多不见经传。我们这里仅以生平能考的几位译家为例,以示其译作经由非德语转译的可能。

至尔・妙伦译《缪伦童话集》(上海中华书局,1932 年)的钱歌川早年留学英国,为著名英语文学研究者和翻译家。

译爱痕多夫《游荡者的生活》(上海中华书局,1935 年)、赫伯尔《季革斯极其指环》(上海中华书局,1934 年)等多部德语文学作品的毛秋白为日本东京帝国大学文学士。

译克斯特涅《爱弥儿捕盗记》(上海儿童书局,1934 年)、史必烈《海地》(重庆正中书局,1943 年)的林雪清主要是日本文学译者。

译格莱塞《一九〇二年级》(上海新生命书局,1932 年)的黄源年轻时留日。

译歌德《哀格蒙特》(上海商务印书馆,1929 年)、席勒《瓦轮斯丹》(上海商务印书馆,1932 年)的胡仁源曾留学日本和英国。

译海涅《新春》(上海世纪书局,1928 年)、显尼志劳《死》(上海现代书局,1930 年)等多种德语文学作品的段可情早年留学苏联。

译霍尔发斯《第三帝国的兵士》的黎烈文留学法国。

更有许多单篇作品的译者,其履历中缺少他们掌握德语的信息。

如果我们把上提 1920 年到 1949 年这 30 年中来自非德语的 80 部转译细分的话,那么可知其中译自英语的有 61 部,占这 30 年译作总数 262 部的约 23.3%。而来自日语的转译仅 13 部,占总数的 5%。鉴于中国近代,西潮多来自东瀛,尤其是德语文学,往往转道日本进入中国,这个百分比比我们想象的要少,事实情况应非如此。就在我们以上并非刻意列举的 7 位译者中,已有 4 位同日语有这样或那样的牵连,颇能说明问题。另外,就现有材料看,即使有些标明译自德语的文学作品,也常受日语"搀扶"。

---

① 此处未把晚清和民国初年的译作计算在内,因为那时不少作品原作者身份还不明。
② 根据本书书目所含译者名字所作的统计。

比如郭沫若。他在民国时期至少译出 8 部德语文学作品,其中《少年维特之烦恼》和《茵梦湖》等译作至今魅力未减。但他的德语是在日本学的,他还在其《浮士德》译后记中坦言,译本曾参照了日译本:"其次,我在翻译时曾经参考过两种日文译本,一本是森鸥外的,另一本是樱井政隆的。这些在了解上都很帮助了我。"①此外他在自己译霍普特曼《异端》的《译者序》中也说:

  此书英译和日译本都有,可惜英译本在上海书肆里不能寻出。日译者是中岛清氏,我现在整理我的旧译稿时,曾将中岛氏的一本来作过一度的参证。书中的注解大多取借于后者。②

民国时期曾译过约 10 部德语文学作品的周学普,同日语也大有渊源。他在其《浮士德》《译本序》中明言,他这个译本除英译本外,也曾参照"森鸥外、秦丰吉、樱井正隆等日译本而译成"。③而他译克拉的《仇之恋》,虽然没有说明以何种文字为底本,但其《译者序》的落款是:"一九二七,十一,十五,于日本京都。"④

郭沫若毕业于日本帝国大学,周学普则在日本京都大学完成学业,两人似都无留德经历,日语应强于德语。日本又在明治维新后,如饥似渴地借鉴包括其整个法律体系在内的德国文化,又将大量德语文学作品译成日语。所以,不管是郭沫若,还是周学普,日语在他们的德语文学汉译本中,作用非常。民国时期德语文学汉译者中,类似例子还不少。除了上及毛秋白、林雪清、黄源、胡仁源等,还有鲁迅、林林(东京早稻田大学肄业)、郁达夫(留学于多所日本大学)等。不能说晚清和民国时期,中国的德语文学汉译事业曾依赖日语,但日语的确在中国译者"别求新声于德国"的过程中,有过莫大的中介或摆渡之功。

与此同时,也有一批留德学生或国内德语专业毕业生参与译事,渐成中坚。其中有梵澄(留学海德堡和柏林)、冯至(海德堡大学博士)、刘盛亚(法兰克福大学)、汤元吉(慕尼黑大学博士)、刘思慕(法兰克福大学、奥地利维也纳大学)、宗白华(柏林大学)、姚可昆(柏林大学、海德堡大学)、魏以新(同济大学德文专业)、商章孙(北京大学德文专业)。而译事自身,也悄然发生变化。比如魏以新译路易・棱的《战争》(上海华通书局,1930

---

① 郭沫若译:《浮士德》(第二部),人民文学出版社,1983 年,第 387 页。
② 郭鼎堂译:《异端》,上海商务印书馆,1925 年,第 3 页。
③ 周学普译:《浮士德》(上),上海商务印书馆,1935 年,第 36 页。
④ 克拉著,周学普译:《仇之恋》,上海金屋书局,1927 年。

年)和《格林童话全集》(上海商务印书馆,1934 年),均由其德国老师欧特曼校阅。廖辅叔译埃贤朵夫《饭桶生涯的片段》(上海商务印书馆,1934 年),也得到外国友人的辅佐。更有些译作完成于原语国。译者在文化体味和名物诠释方面显然条件更佳。比如汤元吉在慕尼黑译成歌德的《史推拉》(上海商务印书馆,1925 年),李珠在柏林译就史笃谟的《恋爱与社会》(上海商务印书馆,1934 年)。① 译坛这类现象的显露,于德语文学汉译对英、日等语言的依傍形成冲击,并逐渐把转译推向边缘,使译著更得原作之实,当为德语文学汉译史上一令人可喜之现象。

就本书所列译作统计,晚清和民国时期,原名或生平大致清楚地得到译介的约 180 名德语作家中,包括了德国近现代文学史中的不少名家,但也有相当一部分人今天罕见人及。以民国时期余祥森著《德意志文学史》(上海商务印书馆,1933 年)为例。此书介绍从发微伊始至表现主义时期的德国作家约 198 人(据书后人名索引)。本书上及大致能考的 180 名作家中,只有约 71 人,即约 39.4%此书有载。余下约 109 人,即约 60.6%的作者未见此书述及。倘若翻检目前德国较常用的《德语作家词典》②,我们也可发现,这 180 人中约有 38 人,即约 21.1%的作家未被收入。这说明,德语文学初入中国之际,中国译者对原本的选择或甄别远非今日这般严格。虽说原作者的盛名足以让一大批译者"趋之若鹜",比如对歌德一人的译介频率,远在其他任何一人之上,但还是有一大批名不见经传的德语作家,不顾名家们那咄咄逼人的气势、姓氏上露出的霸主身份和经典地位,通过种种偶然或非偶然的渠道,被介绍给中国读者。比如文献书房 1929 年版"世界新兴文学选集"的《桥》一书中,楼建南译德国"爱弥儿根凯尔"的《失业者》,描绘普通工人失业的遭遇,批判资本主义对工人的剥削,不像是成名作家的作品。再比如陈南士在《诗》1 卷 2 期的《杂译诗二十首》中,一次性译出 10 位德语诗人,而对其中一半以上的诗人,此后至今,中国译坛上再无他人问津。这可能由译者当时不设规矩的因素促成。也正是多亏这种选择上的豁达和随意,不少甚至在德国国内碌碌无闻的作家的作品,远渡重洋,来到中国,使德语文学汉译译坛森罗万象,与以后那种趣味趋同、模式相近的状况迥然不同,也许也更贴近德语文学的真实。

---

① 可参见这些译作的译序。
② Gero von Wilpert: *Deutsches Dichterlexikon*. Stuttgart, Kröner, 1988.

除了原名或生平清楚的 180 名作家,晚清和民国时期,还有一大批原名漫漶不清(本书统计约 50 多名)的德语作家及其作品在中国得到译介。详见下表:

原作者身份不明的译作

编号	作家	作品	译者	杂志	出版时间
1.	维也纳爱孙孟	《环瀛志险》		《绣像小说》5—25 期	1903.7.24—1904.5.15
2.	鲁德耳虎马尔金	《空中战争未来记》	亚琛重译	《远东见闻录》1—3 号	1907.7.19—9.5
3.	播吕氏亚译意	《死里逃生》(小说)	徐显荣润词	《中西教会报》复刊 223—232 册	1911.3—12
4.	哈乃士	《孤岛因缘》	曾天宇	《独立周报》2 年 1—4 期(15—18 期)	1913.1.12—2.2
5.	维尔虎次	《飞人》	冰心	《进步杂志》7 卷 3 号	1915.1
6.	喀兰德笔述	《愿为同命鸳鸯》(小说)	鸯	《小说时报》25 期	1915.9.1
7.		《德意志兴国少年》	朱世溙	《小说时报》25—31 号	1915.9.1—1917.4
8.	侃尔那	《化石缘》(原名《赫恩司哈衣凌克峰》)	李直	《礼拜六》43 期	1915.3.27
9.	汉勃尔	《清夜钟声》	江东老虬、莹如	《空中语》	1915
10.	威廉葛盖琴	《大母遗言》	江东老虬、莹如	《空中语》	1915
11.	亚夸勒斯	《正当之后嗣》	无着、莹如	《空中语》	1915
12.	培立至	《徐格忽烈特》	江东老虬、莹如	《中华小说界》2 卷 6 期	1915.6.1
13.	希曼士地曼	《故乡愁》(新派剧本)	瘦蝶	《民国杂志》2 卷 9—11 号	?—1916.4.10
14.	小说家孚凌	《犹太工人》(寓言小说)	红冰	《南洋华侨杂志》1 卷 2 期	1917.4.15
15.	麦悭那著	《不堪回首》	红冰	《南洋华侨杂志》1 卷 3 期	1917.5.15

16.	陆军大尉哈克尔	《战线中》（军事小说）	立人、天笑	《小说大观》9—10期	1917.3.30—6.30
17.		《德国诗集》（短篇小说）	徐赋灵女士	《小说画报》16号	1918.9.1
18.	柏尔姆	《回音》	刘半农	《先施乐园日报》	1918.9.27
19.	遮尔慈曼	《恶教育》	佚名	《教育报》5—10期	1919.1.10—？
20.		《译德文〈古诗无名氏〉一首》	林玉堂	《晨报副刊》18号	1924.4.9
21.	希烈	《美的忠诚》	孟津、王心	《晨报副刊》23号	1924.1.11
22.	维列赛也夫	《此路不通》	蒋光慈	《拓荒者》2期	1930.2.10
23.	亚柏斯	《伐克鲁克怎样订了婚的》	林尔	《文艺杂志》3卷2期	1944.1.1
24.	保罗·兴勃隆	《仇恨》	李束丝	《文艺杂志》3卷2期	1944.1.1
25.	卜累德	《喀喀》	忆明	《天下文章》2卷2期	1944.3

编号	作者	书名	译者	出版社	出版时间
26.	爱孙孟	《环瀛志险》	谢鸿赉、徐少范	上海商务印书馆	1905
27.	摩哈孙	《虚无党真相》	芳草馆主人	上海广智书局	1907
28.	佩克伦司	《醋海波》	铁浪	上海改良小说社	1909
29.	摩洛女士	《情狱》	江余园	上海改良小说社	1910
30.		《德国军事侦探谈》	叶农生译述	上海中华书局	1915
31.	苏尔池	《和影子赛跑》	潘怀素	上海创造社	1928
32.	富尔德	《深渊》	钟宪民	上海现代书局	1928
33.	狄尔著	《高加索民间故事》	郑振铎	上海商务印书馆	1928
34.	休美特邦	《幸福的船》	载刘大杰编译《碧色的国》	上海启智书局	1929
35.	祁理吾	《培灵故事》	H.连普安	上海广学会	1931
36.	Hvbert Dail	《可歌可泣》	莫凭兰	上海正午书局	1931
37.	巴生	《将来之世界大战》	周修仁	南京国府路闰阁祠军学研究所	1931

38.	陶哀屈烈克梯村	《美的证据》	程小青	载[美]来特辑,《世界名家侦探小说集》,上海大东书局	1931
39.	白涅德夫人	《小白爵》	杨镇华	上海世界书局	1933
40.	海伦凯勒	《海伦凯勒自传》	应运淘	上海青年协会书局	1934
41.	戈恬	《超越的爱》	古有成	上海大光书局	1935
42.	阿卜	《山大王》	赵少侯	上海商务印书馆	1935
43.	冯·塞克特	《一个军人之思想》	厉零士	上海正中书局	1936
44.	威丁柏克	《象……》	黎烈文	载纪德等著,《邂逅草》,上海生活书店	1937
45.	易格兰	《一个德国间谍的自白》	艾龙	上海奔流书店	1940
46.	鲁许尼格	《希特勒征服欧洲》	蒋学模	重庆大时代书局	1941
47.	E.F 著	《希特勒遇刺记》	白明	重庆大时代书局	1941
48.	史丹克	《一个空中战士的日记》	胡伯琴	成都铁风出版社	1941
49.	文勒特	《巴塞隆那之夜》	芳信	载(苏)爱伦堡等著、高扬等译《战争与文学》,上海海燕书店	1941
50.	瓦尔适	《逃出黑暗》(一个国际秘密工作者的自由)	吴奚真、刘圣斌	重庆时与潮社	1941
51.	格兰	《法国的间谍》	艾龙	远东书局	1941
52.	莱逊	《英雄儿女》	李东丝	成都群益出版社	1942
53.	B.拔拉希	《莫扎特》	沙蒙	桂林集美书店	1942
54.	利顿	《谁无儿女》	兰雯	重庆大时代书局	1943
55.	H.赖普	《海上魔旗》	崔亮	北京中德学会	1943
56.	尼司蓓蒂	《出卖心的人》	陈伯吹	重庆中华书局	1944
57.	梅安尼	《谟罕默德的女儿》	苏冠明主编	澳门慈幼印书馆	1945

虽然尽力收录,笔者还无法悉数网罗这部分书目,尤其是目前还不能揭示这些作家作品隐晦深藏的真身。俟来日能廓清迷雾,拨开尘埃,说明这些作家和作品的本相,德语文学汉译史的秩序当更加清晰,德语文学汉译史的阵容会益发丰富。

附 录

德语文学汉译及评论书目

原著者/中文译名	作　　品	译者	出版社/杂志及期号	出版(初版)/刊载时间	备　注
Arndt, Ernst Moritz (1769—1860) 阿恩特					
	《祖国歌》,见《普法战纪》卷一	王韬	中华商务总局	1873	诗名原文:"Des Deutschen Vaterland"。
	《祖国歌》,见蔡锷《军国民篇》		《新民丛报》11号	1902	
	《普鲁士爱国歌》	王韬	《小说世界》14卷15号	1926.10.8	
昂德	《爱国歌》《莱拍齐格之战》,见《德国的两个爱国诗人》	侯佩尹	《文艺月刊》6卷1期	1934.7.1	
扬恩德	《战歌》,见《英法德美军歌选》	商章孙	商务印书馆	1939	
Auerbach, Berthold (1812—1882) 奥尔巴赫					
奥艾袚赫	《在高处》(词条),见周梦蝶编《中外文学名著辞典》		乐华图书公司	1931	

（续表）

原著者/中文译名	作 品	译者	出版社/杂志及期号	出版(初版)/刊载时间	备 注
Bahr, Hermann (1863—1934) 巴尔					
Hermann Bahr	《他底美丽的妻》	禾石	《奔流》2卷4期	1929.8.20	短篇小说
Hermann Bahr	《美丽的女人》	彤孙	《论语》58期	1935.2.5	短篇小说
黎锦明	《奥国三大剧作家》		《青年界》5卷5期	1934.5	介绍 Hermann Bahr, Arthur Schnitzler 和 Hugo von Hofmannsthal。
可玉	《黑尔曼·巴尔之死》		《现代》5卷2期	1934.6.1	
Basserwitz, Gerdt von 巴塞威茨					
Basserwitz	《小彼得云游记》	伊徵	上海商务印书馆	1934.2	童话。书名原文："Peterchens Mondfahrt"。附译者题记。
Baum, Vicki (1888—1960) 鲍姆					
杨昌溪	《德国小说家巴姆》		《青年界》1卷2期	1931.4.10	介绍德国女作家 Vicki Baum。作者在同一期另有《西线无战事与战归》《托马斯曼描写催眠术》《德国的历史小说热》。
菲姬·宝蛮	《大饭店》	段可情	《文艺月刊》5卷1—4期	1934.1.1—4.1	
段可情	《宝蛮女士与〈大饭店〉》		《文艺月刊》5卷1期	1934.1.1	短文介绍 Baum 的处女作《大饭店》。

(续表)

原著者/中文译名	作　品	译者	出版社/杂志及期号	出版(初版)/刊载时间	备　注
Baumbach, Rudolf (1840—1905) 鲍姆拔赫					
鲍鲍姆拔黑	《双婿案》	陈牧民	上海进步书局	1915.5	妒情小说
	《金龟婿》	高华	《清华周刊》113、117、120、124期	1917.9.27、1917.11.1、1917.11.22、1918.1.3	
Becher, Johannes Robert (1891—1958) 贝希尔					
J.贝塞尔	《饥饿之城》	小默	《译文》1卷3期	1934.11.6	诗1首
J.贝塞尔	《从德国来的快车》	思慕	《译文》新3卷3期	1937.5.6	诗1首
贝赫尔	《总清算之歌》	焦菊隐	《诗创造》7期	1942.1.20	诗1首
贝赫尔	《德国人的来茵》	周学普	《诗创造》7期	1942.1.20	诗1首
贝赫尔	《二兵士的歌》	邹绿芷	《诗创造》13期	1942.8.25	诗1首
Benedix, Roderich (1881—1920) 贝内迪克斯					
	《好的预兆》	余正湘	《东方杂志》20卷6—7号	1923.3	戏剧
Bierbaum, Otto Julius (1865—1910) 比尔鲍姆					
	《痛苦是一个铁匠》	陈南士	《诗》1卷2期	1922.2.15	诗1首

(续表)

原著者/中文译名	作品	译者	出版社/杂志及期号	出版(初版)/刊载时间	备注
Binding, Rudolf Georg (1867—1938) 宾丁						
鲁多夫·宾汀	《牺牲行》	姚可崑	《世界文艺季刊》1卷2期	1946	短篇小说
Blummer, Rudolf 布鲁默尔						
沈雁冰	《狂飙诗人勃伦纳尔的绝对诗》		《小说月报》12卷12号	1921.12.10	海外文坛消息1则
Böhme, Jacob (1575—1624) 波姆						
波姆	《怖》《爱的颂歌》(1—4)，见《春情曲》	林凡	上海正风出版社	1947	
Boelitz, Martin (1874—1918) 白也里迟						
白也里迟	《马利亚摇篮歌》	王光祈	《西洋音乐与诗歌》	1924	
Bonsels, Waldemar (1881—1952) 波守斯						
波守斯	《蜜蜂玛雅的冒险》	段可情	上海少年读物出版社	1939.9	长篇童话故事，书末附译后记。书名原文："Die Biene Maja und ihre Abenteuer"。
毕树堂	《近世德国文人列传——朋色斯》		《中德学志》5卷4期	1943.12	

(续表)

原著者/中文译名	作品	译者	出版社/杂志及期号	出版(初版)/刊载时间	备注
Brecht, Bertolt (1895—1956) 布莱希特					
布莱希特	《奸细》	戈宝权	《学习与生活》3卷5期	1935	系《第三帝国的恐怖与灾难》中的片段。
布莱希特	《告发者》		《宇宙风乙刊》13期	1939.9.16	
布莱希特	《告密的人》	天蓝	《解放日报》1941年8月24—26日	1941.8.24—8.26	系《第三帝国的恐怖与灾难》中的片段。
布莱希特	《两个面包师》	戈宝权	《新华日报》1942年8月6日	1942.8.6	短剧
Broch, Hermann (1886—1951) 布洛赫					
汪倜然	《现代世界文坛新讯——德国小说家赫尔曼劫洛格》		《现代文学评论》2卷3期，3卷1期合刊	1931.10.20	介绍 Hermann Broch 的"Die Schlafwandler"。
Bulow, Margarethe von (1860—1886) 碧萝芙					
碧萝芙	《茇尔菲斯村的幸福钟》	段可情	《现代文学评论》1卷1期	1931.4.10	短篇小说
巴斯特	《德国短命女作家碧萝芙的小说》	段可情	《现代文学评论》1卷1期	1931.4.10	
Burckhardt, Carl Jacob (1891—1974) 布克哈尔德					
	《亚历山大》	关琪桐	《中德学志》4卷3期	1942.9	

(续表)

原著者/中文译名	作 品	译者	出版社/杂志及期号	出版(初版)/刊载时间	备 注
Bürgel, Bruno Hans (1875—1948) 柏吉尔					
柏吉尔	《乌拉波拉故事集》	顾均正	上海开明书店	1941.10	科学童话集。包括《小水点》《火柴和蜡烛》《月球上的一日》《世界的末日》《太阳请假的时候》《金刚石和他的弟弟》《奇异的世界》等15篇。据英译本 Oola — Boola's Wonder Book 转译。卷首附《原序—给成人的话》《关于乌拉·波拉博士》。
Bürger, Gottfried August (1747—1794) 毕尔格					
裴尔格	《义土歌》,见《德诗汉译》	应溥泉(应时)	浙江印刷公司	1914.1	诗1首
步耳革	《闵蒙生奇游记》	魏以新	上海华通书局	1930.2	长篇讽刺小说,卷首附[德]欧特曼为汉译本写的序,简介作者和本作品。汉译本经欧特曼曼校订。书名原文:"Wunderbare Reisen zu Wasser und Lande, Feldzüge und lustige Abenteuer des Freiherrn von Münchhausen"。
	《海外奇谈》	赵馀勋译述	上海少年书局	1933.10	原名《闵希豪生男爵的自述》。

(续表)

原著者/中文译名	作品	译者	出版社/杂志名及期号	出版(初版)/刊载时间	备注
Busch, Wilhelm (1832—1908) 步史					
歆克曼	《幽默家的诗人——步史》	崔亮	《中德学志》3卷1期	1941.3	德文原文名:"Dichter als Humoristen-Wilhelm Busch"。
Büsching, Johann Gustav (1783—1829) 蒲斯清格					
蒲斯清格	《瓦尔特伯爵和海根达夫人》,见《德国短篇小说选》	胡启文	上海中华书局	1937.1	短篇小说
Busse, Carl (1872—1918) 婆塞					
婆塞	《春天的别离》	郁达夫	《洪水》3卷28期	1927.3.1	诗,今收在《郁达夫译文集》。
	《我们和骚子都是由上帝创造出来的》,见《笑的短篇小说》(第一集)	克让	上海自力书店	1929	
Sylva, Carmen (1843—1916) 栖尔法					
卡门·栖尔法	《和平之国》	余祥森	《小说月报》16卷4号	1925.4.10	
Carossa, Hans (1878—1956) 卡罗萨					
卡罗萨	《麦耶尔牧师》	姚可昆	《民族文学》1卷2期	1943.8.7	短篇小说

(续表)

原著者/中文译名	作品	译者	出版社/杂志及期号	出版(初版)/刊载时间	备注
卡罗萨	《在东战线》	姚可崑	《新文学》1卷3期	1944.2.1	随笔
卡罗萨	《引导与同伴》	姚可崑	桂林开明书店	1944.4	小说,书前有译者序。书名原文:"Führung und Geleit"。
毕树棠	《近世德国文人列传——卡罗萨》		《中德学志》5卷4期	1943.12	
Chamisso, Adelbert von (1781—1838) 沙米索						
夏迷莎	《长人的玩具》,见《德诗汉译》	应溥泉(应时)	浙江印刷公司印刷	1914.1	诗1首
嘉米琐	《失了影子的人》	鲁彦	上海光华书局	1929.1	中篇小说,书名原文:"Perter Schlemihls wundersame Geschichte"。
卡米苏等	《彼得·须莱米耳》,见《德国短篇小说选》	胡启文	上海中华书局	1937.1	中篇小说,书名原文:"Perter Schlemihls wundersame Geschichte"。
Chiavacci, Vincenz (1847—1916) 契万西						
文新·契万西	《母亲》	柔石	《朝花》1卷7期	1929.8.1	短篇小说,文后有作者介绍。
Cornelius, P (1824—1874) 柯逎聊时						
柯逎聊时	《携手借游明月下》,见《西洋音乐与诗歌》	王光祈	上海中华书局	1924	

（续表）

原著者/中文译名	作品	译者	出版社/杂志及期号	出版（初版）/刊载时间	备注
Dahn, Felix (1834—1912) 达恩					
诡恩	《费德利克小姐》	杨丙辰	上海商务印书馆	1923.5	五出喜剧，卷首附蔡元培序及译者序。书名原文："Als Kurier nach Paris"。
Dauthendey, Max (1867—1918) 道滕代					
	《我们的眼睛这样绝望》	陈南士	《诗》1卷2期	1922.2.15	诗1首
Dehmel, Richard (1863—1920) 德默尔					
檀曼尔	《海里的一口钟》	沈雁冰	《民国日报》副刊《觉悟》	1921.9.4	
Richard Dehmel	《我的饮酒歌》	刘复	《语丝》138期	1927.7.2	诗1首，诗名原文："Mein Trinklied"。
李冶特代迈儿	《我俩的黄昏时候》	郁达夫	《大众文艺》1卷2期	1928.10.20	诗1首
Döblin, Alfred (1878—1916) 德布林					
	《叙事文艺作品底结构》	杨丙辰	《文艺月刊》9卷3、5期	1936.9.1—11.1	
Ebnei-Eschenbach, Marie von (1830—1916) 埃布纳-埃申巴赫					
爱丝巴侯	《犯罪的女人》	段可情	《现代文学》1卷6期	1930.12.16	

(续表)

原著者/中文译名	作　　品	译者	出版社/杂志及期号	出版(初版)/刊载时间	备　　注
Eckstein, Ernst (1854—1900) 埃克斯泰因					
	《神经病》，见 M. Kenny 等著《短篇小说集》	余祥森	上海商务印书馆	1926.2	
Edschmid, Kasimir (1890—1966) 埃德施米特					
德爱冰斯密德	《曼冬梨的婚礼》	段可情	《现代文学评论》1卷3期	1931.6.1	短篇小说
I. L. Ehrlich	《各有所长》	马彦祥	《现代文学评论》1卷4期	1931.8.10	一幕喜剧
Eichendorff, Joseph Freiherr von (1788—1857) 艾兴多夫					
爱攀陶尔夫	《懒惰虫的生活》(词条)，见周梦蝶编《中外文学名著辞典》		乐华图书公司	1931	
谒沈都夫	《荒唐游记》	绮纹	上海亚东图书馆	1934.3	中篇小说，书名原文："Aus dem Leben eines Taugenichts"。
埃贤朵夫	《饭桶生涯的片断》	廖辅叔	上海商务印书馆	1934.9	中篇小说，卷首附译者题记。书名原文："Aus dem Leben eines Taugenichts"。

(续表)

原著者/中文译名	作品	译者	出版社/杂志及期号	出版(初版)/刊载时间	备注
爱恨多夫	《游荡者的生活》	毛秋白	上海中华书局	1935.2	中篇小说，书前有译者序，简介作者生平与创作。书名与原文："Aus dem Leben eines Taugenichts"。
Ernst, Paul (1866—1933) 恩斯特					
爱斯特	《寂寞》	段白纯	《小说月报》22卷3号	1931.3.10	短篇小说
保尔·爱伦斯特	《人性的》	周伯涵	《语丝》5卷48期	1930.2.10	短篇小说
Ettlinger, Karl (1882—1946) 艾特林格					
	《博爱主义》	颂皋	《太平洋》4卷10号	1925.6.5	
	《利他主义》	仲持	《东方杂志》18卷16号	1921.8.25	
Falke, Gustav (1853—1916) 法尔克					
法尔该	《祷告》	郁达夫	《大众文艺》1卷3期	1928.11.20	诗1首
Fallada, Hans (1893—1947) 法拉达					
	《德国的失业小说》		《文学》2卷1号	1934.1.1	短讯，简介 Hans Fallada 的 *Little Man, What Now?*（《小人物，怎么办?》）。

(续表)

原著者/中文译名	作 品	译者	出版社/杂志及期号	出版（初版）/刊载时间	备 注
毕树堂	《近世德国文人列传——发拉达》		《中德学志》5卷4期	1943.12	
H. Fallada	《就业记》	大文	《艺文杂志》2卷10期	1944.10.1	短篇小说
Feuchtwanger, Lion (1884—1958) 福伊希特万格					
里奥·福克脱凡格	《忆莫斯科》	黄立	上海前卫书店	1938.9	
Flaischlen, Cäsar (1864—1920) 弗莱施莱因					
	《罪过》	陈南士	《诗》1卷2期	1922.2.15	
Fougué, F. de la M. (1777—1843) 富凯					
福沟	《涡堤孩》	徐志摩	上海商务印书馆	1923.5	童话故事，据英译本转译。卷首附译者的引子，简介著者和此作品。著者据《引子》著录。书名原文："Undine"。
西滢	《涡堤孩》	陈旭轮	《太平洋》4卷6号	1924.4.5	
	《蜗堤孩》，见《世界近代文学类选》		上海世界书局	1930.5	
福沟	《涡堤孩》（词条），见周梦蝶《中外文学名著辞典》		乐华图书公司	1931	

（续表）

原著者/中文译名	作　品	译者	出版社/杂志及期号	出版(初版)/刊载时间	备　注
Frank, Bruno (1887—1945) 弗兰克					
佛兰克	《特棱克》	绮纹	上海商务印书馆	1930.5	长篇历史小说，书末附作者简介。书名原文："Trenck"。
	《手提箱》，见《君子之风》	毕树堂	上海大众出版社	1949.2	
Frank, Leonhard (1882—1961) 弗兰克					
里昂哈特·弗兰克	《卡尔与安娜》	盛明若	上海中华书局	1931.4	中篇小说，据英译本转译。书名原文："Karl und Anna"。
夫兰克	《灵肉的冲突》	林疑今	《现代文学评论》1卷2期	1931.5.10	中篇小说，书名原文："Karl und Anna"。
佛朗克	《灵肉的冲突》	于在春	上海正午书局	1931.7	中篇小说，书名原文："Karl und Anna"。
Frenssen, Gustav (1863—1945) 弗伦生					
汪倜然	《现代世界文坛新话——十二，德国乡土作家弗伦生》		《现代文学评论》1卷2期	1931.5.10	
	《最近的德国小说——十二，夫楞森》		《小说月报》22卷9号	1931.9.10	
毕树堂	《近世德国文人列传——傅连森》		《中德学志》5卷4期	1943.12	

(续表)

原著者/中文译名	作　品	译者	出版社/杂志及期号	出版(初版)/刊载时间	备　注
Freytag, Gustav（1816—1895）夫赖塔克					
夫赖塔格	《新闻记者》	柯一岑	上海商务印书馆	1928.8	四幕剧,书名原文:"Die Journalisten"。
Geibel, Emanuel（1815—1884）改白尔					
改白尔	《为音乐而作》《孟察那莱河岸旁》,见《西洋音乐与诗歌》	王光祈	中华书局	1924	
Geiger, A（1882—1965）盖格尔					
	《圣母画像》	陈南士	《诗》1卷2期	1922.2.15	诗1首
Gellert, Christian F.（1715—1769）格勒尔特					
	《妻子的病》	哥夫	《论语》34期	1934.2.1	
George, Stefan（1868—1933）格奥尔格					
郭欧尔格	《岛主》《断片》《爱之篇》(1)、(2),见《春情曲》	林凡	上海正风出版社	1947.11	诗歌
Gerstäcker, Friedrich（1816—1872）格斯泰格尔					
盖斯戴客	《盖默尔斯阿护村》	郁达夫	《奔流》1卷6期	1928.11	
盖斯戴客	《小冢之伍》	郁达夫	上海北新书局	1930.5	另收《幸福的摆》(林道)
盖斯戴客	《废墟的一夜》,见《达夫所译短篇集》	郁达夫	上海生活书店	1935	短篇小说

附　录　**215**

（续表）

原著者/中文译名	作　品	译者	出版社/杂志及期号	出版（初版）/刊载时间	备　注
Gessner, Salomon (1730—1788) 吉斯纳					
吉斯纳等	《洪水》，见《德国短篇小说选》	胡启文	上海中华书局	1937.1	
Glaeser, Ernst (1902—1963) 格莱塞					
格莱赛	《拘捕》——（一九零二级断片）	施蛰存	《新文艺》2 卷 2 号	1930.4.15	
格莱赛	《一九零二级》	施蛰存	上海东华书局	1930.5	长篇小说，书前附译者致语。书名原文："Jahrgang 1902"。
格莱赛	《一九零二级》	黄原	上海新生命书局	1932.7	长篇小说，分上下篇。上篇：《暴风雨》；下篇：《战争》。版权页从书题名为"世界新文艺名著译丛"。书名原文："Jahrgang 1902"。
格莱塞	《谛尔西的缝工》	徐懋庸	《文学》1 卷 6 号	1933.12.1	短篇小说
格莱塞	《和平》	屈铁	《文学》7 卷 1—6 号	1936.7.1—12.1	长篇连载
格莱塞	《和平》	屈铁	上海世界书局	1939.7	长篇小说，据日译本转译。卷首附译者序。书名原文："Frieden"。
格莱赛	《格莱赛主张双手卫护苏联》		《文艺新闻》23 号	1931.8.17	
于海	《读书顾问：〈一九〇二级〉的革命性》		《文艺新闻》26 号	1931.9.7	

(续表)

原著者/中文译名	作品	译者	出版社/杂志及期号	出版（初版）/刊载时间	备注
小默	《格莱塞的新著》		《文学》1卷3号	1933.1.1	
	《〈一九〇二级〉及其任务》		《文学》3卷4号	1934.10.1	介绍《一九〇二级》的续篇《和平》。
Glassbrenner, Adolf（1810—1876）格拉斯布雷纳					
	《两个卖酒的人》，见《笑的短篇小说》（第一集）	克让	上海自力出版社	1929	
Goering, Reinhard（1887—1936）格林					
戈林	《海战》（词条），见周梦蝶编《中外文学名著辞典》		乐华图书公司	1931	
Goethe, Johann Wolfgang（1749—1832）歌德					
戈德	《鬼王》，见《德诗汉译》	应溥泉（应时）	浙江印刷公司	1914.1	
贵推	《阿明临海岸哭女诗》《威特之怨》《米丽答歌》（即《迷娘》）摘译），见《马君武诗稿》。	马君武	上海文明书局	1914.6	
歌德	《对月》《游客夜歌》《所得》	性天、许震寰	《时事新报·文学旬刊》18号	1921.11.1	
歌德	《贵人底侍者与磨坊女》	耿式之	《文学旬刊》57期	1922.12.1	

（续表）

原著者/中文译名	作品	译者	出版社/杂志及期号	出版（初版）/刊载时间	备注
歌德	《歌德五首》	孙铭传	《文学旬刊》67期	1923.3.11	诗5首：《湖上》《山上》《少年与磨坊之流》《牧羊人的悲哀》《不同的惊恐》。
歌德	《迷娘歌》	郭沫若	《创造周报》第1号	1923.5.13	诗歌
歌德	《莹箧引》（即《弹竖琴者》）、《迷娘》	冯至	《文艺周刊》18期	1924.1.6	诗2首
歌德	《漂流者的晚歌》	抱荻	《晨报副刊·文学旬刊》24期	1924.1.21	
歌德	《Erkönig》	冯至	《文艺周刊》31期	1924.4.29	即《魔王》。
哥德	《爱尔王》，见《西洋音乐与诗歌》	王光祈	中华书局	1924	
歌德	《弹琴者之歌》	郭沫若节译	《洪水》1卷3期	1925.10.16	诗歌
葛德	《葛德诗二篇》	陈铨	《学衡》57期	1926.9	《笑勒国王》《鬼王》
歌德	《掘宝者》	冯至	《沉钟》5期	1926.10.10	
歌德	《Reflections》	韵铎转抄	幻洲》1卷6期	1926.12.16	

(续表)

原著者/中文译名	作　品	译者	出版社、杂志及期号	出版(初版)/刊载时间	备　注
歌德	《歌德诗十四章》，见《德国诗选》	郭沫若、成仿吾等	上海创造社出版部	1927.10	《湖上》《五月歌》《牧羊者的哀歌》《放浪者的夜歌》《对月》《艺术家的夕暮之歌》《迷娘歌》《弹竖琴者》《渔夫》《屠勒国王》《掘宝者》《少年与磨坊的小溪》《浮士德》选译、《维特》序诗
瞿德	《题〈沙恭达伦〉》，见《苏曼殊全集》	苏曼殊	上海北新书局	1928	诗1首
歌德	《漂泊者的夜曲》	张新爵	《北新》3卷1期	1929.1.1	即《浪游者的夜歌》。
歌德	《牧童哀歌》，见《独清译诗集》	王独清	上海现代书局	1929	诗1首
歌德等	《碎玉》	朱蒙昌	广州良友公司	1929.7	诗集，收入茺夫、霍夫曼、海涅、歌德及其他人的诗共10余首。
哥德	《流浪者之歌》，见《华胥社文艺论集》	梁宗岱	上海中华书局	1930.2	
歌德	《歌德诗三首》	宗白华	《诗刊》2期	1931.4.20	《湖上》《游行者之夜歌》《对月吟》
歌德	《歌德名诗选》	张传普	上海现代书局	1933.11.15	收歌德诗24首，每首都有注解、附译后记。
歌德	《少年维特之烦恼》	吴宓	《人间世》15期	1934.11.5	译诗

(续表)

原著者/中文译名	作　品	译者	出版社/杂志及期号	出版(初版)/刊载时间	备　注
哥德等	《一切的峰顶》	梁宗岱	上海商务印书馆	1934	诗集，译有歌德诗6首：《流浪者之夜歌》《对月吟》《流浪者之歌》《迷娘歌》《守望者之歌》《神秘的和歌》以及散文1篇：《自然》。
哥德	《普洛米修士》	傅东华	《译文》1卷6期	1935.2.6	诗1首
歌德	《无题》	我	《东流》1卷5期	1935.4	诗1首
戈忒	《夜歌》，见《番石榴集》	朱湘选译	上海商务印书馆	1936.3	
哥德	《再会》《幽林与深岩》《玛利浴场哀歌》	梁宗岱、冯至	《新诗》5期	1937.210	诗3首
哥德	《游子的夜歌》，见张越瑞选辑《语体诗歌选》	张漱石	上海商务印书馆	1937.5	诗1首
哥德	《漠罕默德礼赞歌》	梁宗岱	《抗战文艺》6卷1期	1940.3.30	
歌德	《献诗》，见梁孟庚编、山丁选《近代世界诗选》	开页	长春满洲图书株式会社	1941.1	
歌德	《旅人的夜歌》，见梁孟庚编、山丁选《近代世界诗选》	雪莹	长春满洲图书株式会社	1941.1	另收海涅和尼采的诗。
哥德	《短歌四首》	立波	《文艺月报》14期	1942.2.15	

(续表)

原著者/中文译名	作品	译者	出版社/杂志及期号	出版(初版)/刊载时间	备注
哥德	《哀弗立昂》	冯至	《文艺陈地——文阵新辑之二》	1944.2	诗
歌德等著	《罗马哀歌》《日记》《小玫瑰》，见《罗马哀歌》	方闻等译	福建点滴出版社	1944.3	另收歌德、席勒、海涅的诗。
歌德	《歌德小曲集》	罗贤	重庆四维出版社	1946.1	诗歌集，收短诗80余首。
歌德	《泪底安慰》《幸福与梦》《不死》《情人迩》《回忆》《死之跳舞》《初次底损伤》《海行》《山上》《有所得》《赠丽娜》《小花与蜜蜂》《草原上的玫瑰》，见《少年游》	刘盛亚	上海云海出版社	1946.6	另收海涅、尼采、斯笃谟、席勒、荷尔德林、乌兰德等人的诗。
歌德等	《普柔梅琴斯》《玫瑰》《牧童哀歌》《永恒的思想》，见《春情曲》	林凡辑译	上海正风出版社	1947.11	诗集。另收歌德、席勒、海涅、郭欧尔格、波倍、孟恩、里尔克、海赛、里特郝斯等人的诗40多首，据英译本转译。附译者题记。
歌德	《野蔷薇》	罗贤	上海正风出版社	1948.12（3版）	诗集，初版年月不详。附卷头语，献词等。内容与重庆四维出版社1940年版《歌德小曲集》同。

（续表）

原著者/中文译名	作　品	译者	出版社/杂志及期号	出版（初版）/刊载时间	备　注
贵推	《驯狮》，见《欧美名家短篇小说丛刻》	周瘦鹃	上海中华书局	1917.2	
歌德	《最短之小说——衫》	仲辉	《小说月报》11卷4号	1920.4.25	
歌德	《少年维特之烦恼》	郭沫若	上海泰东图书局	1922.4	书信体长篇小说，卷首有译者序引。书末附注释。书名原文："Die Leiden des Jungen Werthers"。
歌德	《少年维特之烦恼》（校正本）	郭沫若	上海创造社	1926.6	卷首仍收入1922年4月初版的《序引》，另附译者写于1926年4月的《后序》。
歌德	《少年维特之烦恼》	黄鲁不	上海创造社	1928	
歌德	《少年维特之烦恼》	罗牧	上海北新书局	1931	英汉对照本
歌德	《少年维特之烦恼》	傅绍光	上海世界书局	1931	
哥德	《少年维特之烦恼》	达观生	上海世界书局	1932.12	卷首附译者自序及《题自己译的〈少年维特的烦恼〉》（诗）。
哥德	《少年维特之烦恼》	陈叟编译	上海中学生书局	1934.5	节译本，卷首附前言。
哥德	《少年维特的烦恼》	钱天佑	上海启明书局	1936.5	附小引

（续表）

原著者/中文译名	作　　品	译者	出版社/杂志及期号	出版(初版)/刊载时间	备　　注
歌特	《少年维特的烦恼》	杨逸声译述	上海大通图书社	1938	书末附《编者补述》。
歌德	《少年维特之烦恼》（词条），见周梦蝶编《中外文学名著辞典》		乐华图书公司	1931	
歌德	《浮士德》片段	郭沫若	《时事新报·学灯》增刊	1919.10.10	《浮士德》第一部的一段开场白。
闻天	《哥德的浮士德》		《东方杂志》19卷15、17、18号	1922.8—1922.9	连载。
歌德	《浮士德》	莫甦	上海启明书局	1926	诗剧（第一部），书名原文："Faust"。
歌德	《浮士德》	郭沫若	上海创造社	1928.2	诗剧（第一部），书末附注释及《译后》。
歌德	《浮士德》（第一部一夜），见陈旭轮编《世界历代文学类选》	张鹤群	上海世界书局	1930.5	
Hayter Preston & Henry Savage	《浮士德》	古有成	上海正午书局	1931.10	
歌德	《浮士德》	伍蠡甫编	上海新生命书局	1934.3	叙述《浮士德》的故事梗概。

（续表）

原著者／中文译名	作　品	译者	出版社／杂志及期号	出版（初版）／刊载时间	备　注
茅盾	《歌德的〈浮士德〉》，见《汉译西洋文学名著》		上海中国文化服务社	1935	共介绍32位作家，其中两位德人作品：十三、歌德的《浮士德》；十四、席勒的《强盗》。
哥德	《浮士德》（上、下册）	周学普	上海商务印书馆	1935.8	系《浮士德》全译本，上册卷首有钟敬文序和译者序。
歌德	《浮士德》（第一部——夜），见方璧等著《西洋文学讲座》	张鹤群	上海世界书局	1935	
	《歌德的〈浮士德〉中的浮士德》	以上译述	《东流》2卷4期	1936.4.1	
葛德	《葛德论自著之浮士德》	梵澂	长沙商务印书馆	1940.12	内分《葛德关于第一部浮士德之言论》和《葛德关于第二部浮士德之言论》两部分。书之名原文："Goethe über seinen Faust"。
	《浮士德》	刘盛亚编译	重庆文风书店	1942.6	本书系根据歌德原著编译的话剧剧本。
歌德	《浮士德》	梁宗岱	《时与潮文艺》5卷5期	1946.5.15	
歌德	《浮士德》	梁宗岱	《宇宙风》146—152期	1947.1.1—8.10	
歌德	《浮士德悲剧选译》	梁宗岱	《文学杂志》2卷7期	1947.12	

(续表)

原著者/中文译名	作品	译者	出版社/杂志及期号	出版(初版)/刊载时间	备注
H. Lichtenberg	《浮士德研究》	李辰冬	重庆商务印书馆	1945.10	本书对《浮士德》的创作和内容进行了详细的叙述与研究。卷首附译者序言。书名原文:"Étude sur Faust"。
泼来斯登·萨凡奇	《浮士德故事》	潘纯兰	上海商务印书馆	1948	
歌德	《史推拉》	汤元吉	上海商务印书馆	1925.8	五幕剧,附译者序。书名原文:"Stella"。
歌德	《克拉维歌》	汤元吉	上海商务印书馆	1926.2	五幕剧,附译者序。书名原文:"Clavigo"。
歌德	《兄妹》	俞敦培、谢维耀	《小说世界》13卷20—21期	1926.5.14—5.21	剧本,连载两期
歌德	《哀格蒙特》	胡仁源	上海商务印书馆	1929.10	五幕悲剧,书名原文:"Egmont"。
哥德	《铁手骑士葛兹》	周学普	上海商务印书馆	1935.11	五幕剧,书名原文:"Götz von Berlichingen"。
歌德	《赫曼与窦绿苔》	郭沫若	《文学》8卷1—2号	1937.1.1—2.1	连载
哥德	《赫尔曼与陀罗特亚》	周学普	上海商务印书馆	1937.2	附译者序,书名原文:"Hermann und Dorothea"。

（续表）

原著者/中文译名	作　　品	译者	出版社/杂志及期号	出版（初版）/刊载时间	备　　注
歌德	《赫曼与窦绿苔》	郭沫若	重庆文林出版社	1942.4	长篇叙事诗，卷末有译者的"书后"。
歌德	《狐之神通》	君朔（伍光健）译述	上海商务印书馆	1926.8	据英译原著为叙事长诗。汉译本改译为故事。英译本书名为："Reynard the Fox"，卷首附译者序。
歌德	《歌德童话》	李长之	成都东方书社	1945.4	内收《新的巴黎王子的故事》和《新的鱼人梅露心的故事》两篇。丰子恺插图。
歌德	《女性和童话》	胡仲持	香港智源书局	1949.1	此书以故事形式探讨文艺问题和妇女问题。附录《带灯的人》（童话）。卷首附译者前记。
葛德	《亲和力》	杨丙辰	长沙商务印书馆	1941.9	长篇小说，书名原文："Die Wahlverwandtschaften"。
葛德	《邻家》	杨丙辰	《风雨谈》10期	1944.3	
歌德	《迷娘》	余文炳（郭沫若校）	上海现代书局	1932.9	系长篇小说《威廉·迈斯特的学习时代》中关于少女迷娘的故事选译而成。附译者序。
歌德	《威廉的修业时代》	伍蠡甫	上海黎明书局	1933	
哥德	《维廉迈斯特》	伍光建选译	上海商务印书馆	1936.1	英汉对照本。书名原文："Wilhelm Meister"。

（续表）

原著者/中文译名	作品	译者	出版社/杂志及期号	出版（初版）/刊载时间	备注
歌德	《少年迷》	刘盛亚	重庆群益出版社	1944	译自《威廉·迈斯特》。
	《哥德文艺思想的断片》	唐得源译述	《清华文艺》	1926.6.5	
	《歌德与中国小说》	实秋	《新月》2卷8期	1929.10	
哥德	《随感录钞》	沉	《骆驼草》19期	1930.9.15	译自《歌德谈话录》。
歌德	《歌德的谈话》	张月超	《中国文学》1卷2期	1934.3.1	"Gespräch mit Goethe"的节译本。
J. P. Eckermann	《哥德谈话录》	黄源选译	《世界文学》1卷1—6期	1934.12—1935.5.1	"Gespräch mit Goethe"连载。
	《歌德谈话摘录》		《文学》5卷1号	1935.7.1	
爱克尔曼（J. P. Eckermann）	《哥德对话录》	周学普	上海商务印书馆	1937.5	卷首附译者序、著者序，书末附《哥德简略年表》。书名原文："Gespräch mit Goethe"。
歌德	《单纯的自然描摹·式样·风格》	宗白华	《文学》5卷1号	1935.7.1	
哥德	《哥德自传》	张宽生	上海世界书局	1930.2	本书为歌德《诗与真》的节译本，附译者导言。
歌德	《歌德自传》（上、下册）	（刘）思慕	上海生活书店	1936.12—1937.4	据德文原文并参照英、日译本译出，上册卷首附译序。

(续表)

原著者/中文译名	作品	译者	出版社/杂志及期号	出版(初版)/刊载时间	备注
歌德	《歌德至吓姆特极其夫人的信》	毅作桢	《中国文学》2卷1期	1934.7.1	
歌德	《致斯台夫人》,收在程涛编《中外名人书信》		上海春明书店	1948.4	
歌德	《致伯仓推佩汀》《维特致绿蒂》,收在怡然编《世界名人情书》		华成书局	1948.8	
歌德	《简单的自然之仿效·形象·风格》	吴寿彭	《中国文学》1卷6期	1934.6.1	
歌德	《论自然》	张大麟	《文学评论》1卷1期	1934.8.1	
大桥新太郎	《可特传》,见《德意志文豪六大家列传》	赵必振	上海作新社	1903.7	文长5 000余字,对歌德的生平、著作及在文学史上的地位,都作了相当详细的介绍。
Shakama	《歌德诗中所表现的思想》	田汉	《少年中国》1卷9期	1920.3.15	
熊络芳	《读了少年维特之烦恼以后》		《时事新报·学灯》	1924	此见黄人影编《郭沫若论》,上海光华书局1931年版。
杨丙辰	《葛特和德国文学》		《猛进》14—17期	1925.6.5—6.27	连载
徐志摩	《一个译诗的问题》		《现代评论》2卷38期	1925.8.29	

(续表)

原著者/中文译名	作品	译者	出版社/杂志及期号	出版(初版)/刊载时间	备注
朱家骅	《关于一个译诗问题的批评》		《现代评论》2卷42期	1925.10.3	
徐志摩	《葛德的四行诗还是没有翻好》		《晨报副刊》1285号	1925.10.7	
成仿吾	《弹坚琴者的翻译》		《现代评论》2卷48期	1925.11.7	
李竞何	《关于哥德四行诗问题的商榷》		《现代评论》2卷50期	1925.11.25	
沫若	《少年维特之烦恼增订本后序》		《洪水》2卷20期	1926.7.1	
长虹	《〈少年维特的烦恼〉与〈强盗〉的比较及其他》		《狂飙》11期	1926.12.19	
病夫	《哥德的绿蛇》		《真美善》1卷3号	1927.12.1	介绍歌德的童话《绿蛇》。
Archer Taylor	《少年歌德》	柳无忌编译	上海北新书局	1929	
	《歌德的房子》		《新文艺》1卷3号	1929.11.15	
卜德	《哥德的生活艺术》	沈来秋	《真美善》6卷2号	1930.6.16	
黎青主	《哥德》		上海商务印书馆	1930.10	概述歌德的生平和主要作品。
法国莫洛怀	《少年歌德之创造》	西滢	上海新月书店	1927.11	
林易	《歌德死忌百年祭》		《读书月刊》2卷3期	1931.6.16	

（续表）

原著者/中文译名	作　品	译者	出版社/杂志及期号	出版(初版)/刊载时间	备　注
宗白华	《诗圣歌德百年纪念》		《文艺新闻》	1931.10.20	短讯
	《歌德之人生启示》		《大公报》文学副刊220—222期	1932.3.21、3.28、4.4	
	《追纪歌德百年祭》		《文艺新闻》	1932.4.4	
魏以新	《歌德的生平及其著作》		《新时代》2卷2—3期，歌德纪念号	1932.6.1	
毛一波	《科学家哥德》		《新时代》2卷2—3期，歌德纪念号	1932.6.1	
尹若	《邮片上的歌德》		《新时代》2卷2—3期，歌德纪念号	1932.6.1	
潘修桐	《国外文坛消息》		《新时代》2卷2—3期	1932.6.1	(1)魏玛尔举行哥德纪念会之盛况;(2)霍普特曼等得歌德纪念章;(3)苏俄的歌德百年纪念。
华蒂	《国际文坛新讯—歌德百年纪念之新意义》		《北斗》2卷3—4期合刊	1932.7	
郁达夫	《歌德以后的德国文学举目》		《现代文学评论》2卷3期	1931.10.20	
魏以新	《歌德著作编年录》		《新时代》3卷1期	1932.9	

（续表）

原著者/中文译名	作　　品	译者	出版社/杂志及期号	出版(初版)/刊载时间	备　　注
魏以新	《歌德著作版本》		《新时代》3卷1期	1932.9	
芳韦德	《关于〈诗人歌德的死〉》		《新月》4卷4期	1932.11.1	
周辅成（冰若）、宗白华编辑	《歌德之认识》	宗白华等著译	南京钟山书局	1933.1	辑收有关歌德的文章21篇。全书分5部分：《歌德的人生观与宇宙观》《歌德的人格与个性》《歌德的文艺》《歌德与世界》《歌德纪念》。卷首附编者前言及冰心的诗《向往》。
	《歌德评传》		上海神州国光社	1933.1	分12章评述歌德的生活和创作道路。附宗白华序及作者自序。末附歌德生平与著作年表、关于歌德的重要英文参考书、关于歌德的中文书籍。
张月超	《歌德及其恋人》		《新时代》3卷5—6期	1933.1.1	
陈普扬	《歌德》		上海大众书局	1933.5	本书讲述歌德一生中的20多个故事。
储儿学编	《歌德之生平及其作品》		《新月》4卷7期	1933.6.1	介绍罗伯特生的《歌德之生平及其作品》。
荪波	《少年维特之创造》		《新月》4卷7期	1933.6.1	短讯介绍法国莫洛著、西谛译的《少年维特之创造》。

(续表)

原著者/中文译名	作　　品	译者	出版社/杂志及期号	出版(初版)/刊载时间	备　注
李常之	《歌德之认识》		《新月》4卷7期	1933.6.1	介绍宗白华等合著的《歌德之认识》。
徐仲年	《哥德小传》		上海女子书店	1933.8	本书分4个时期概述歌德的一生。
陈淡如编	《歌德论》		上海乐华图书公司	1933.8	本书辑收18篇有关论述歌德的著作和译作。
	《歌德研究两篇》	刘勋卓、张露薇	《矛盾》3卷1期	1934.3.15	皮·渥尔著，刘勋卓译《歌德戏剧中文艺复兴与baroque之文风之影响》；卡夫·陶马著，张露薇译《文艺批评家的歌德》。
杨昌溪	《诗人哥德与希特勒党》		《文艺月刊》5卷5期	1934.5.1	
A.纪德	《歌德论》	陈占元	《译文》1卷6期	1935.2.16	
M.左勤克	《少年维特之烦恼》	金人	《译文》2卷4期	1935.6.16	
国际联盟世界文化合作院编	《高特谈话——高特诞辰百年纪念》	曾觉之	上海世界文化合作中国协会筹备委员会出版，世界书局发行	1935.7	附译者弁言。
宗白华等著，周辅成编	《歌德研究》		上海中华书局	1936.8	本书内容与《歌德之认识》完全相同，系用该书纸型重印。

（续表）

原著者/中文译名	作　品	译者	出版社/杂志及期号	出版（初版）/刊载时间	备　注
甘粕石介	《对于〈浮士德〉下部应有的态度》	李辰冬	《光明》2卷10期	1937.4.25	
毛尹若	《作为写实主义者的哥德》	周学普	《文学》8卷5期	1937.5.1	
	《歌德之妻》		《逸经》	1937.5.5	
陈铨	《浮士德的精神》		《战国策》1期	1940.4.1	
杜贝尔	《一个新的世界影像建立者——歌德》	关琪桐	《中德学志》3卷3期	1941.9	
李辰冬	《〈浮士德〉第二部的雏形》		《文艺月刊》11卷9期	1941.9.16	
恩格斯	《哥德论》	曹葆华、严一烟	《文艺月刊》12卷14期	1942.2.15	
曹京实	《评〈赫尔曼与陀罗特亚〉》		《中德学志》4卷1期	1942.3	
臧云远	《叙事诗的模范（评歌德的〈赫曼与窦绿台〉）》		《文坛》25期	1942.6.30	
L. Mühlbach	《歌德与席勒》	杨丙平	成都藏新书局	1942.10	介绍18世纪德国文学家歌德和席勒的生平。
罗曼罗兰	《歌德与悲多汶》	梁宗岱	桂林华胥社	1943.2	包括《歌德与悲多汶》《歌德底绩歌》《歌德与音乐》《贝婷娜》，卷首有《序曲》。

(续表)

原著者/中文译名	作　品	译者	出版社/杂志及期号	出版（初版）/刊载时间	备　注
商章孙	《少年维特之烦恼者》		《时与潮文艺》创刊号	1943.3.15	
歌德	《少年维特之烦恼》《威廉迈斯特》，见郑学稼、吴苇合编《欧美小说名著精华（卷一）》		中国文化服务社	1943.10	
蕙迪丝汗蜜顿	《歌德与〈浮士德〉》	叶大羊	《戏剧时代》1卷6期	1944.10.11	
河汉	《拿破仑与歌德》		《万象》4卷7期	1945.6.1	
君培	《歌德与人的教育》		《世界文艺季刊》1卷2期	1946	
郑敏	《诗二首》		《世界文艺季刊》1卷2期	1946	《读歌德 Selige Sehnsucht 后》《献给贝多芬》
柳无忌	《少年歌德与新中国》，收在《西洋文学研究》		上海大东书局	1946	
高宇	《歌德及其玛剧场》		《文艺先锋》8卷4期	1946.4	
娄塘	《〈浮士德〉及其中译本》（人书放谈）		《文艺知识连丛》第一集之二	1947.5.15	
郭沫若	《〈浮士德〉简论》		《中国作家》1卷1期	1947.10.1	

(续表)

原著者/中文译名	作品	译者	出版社/杂志及期号	出版(初版)/刊载时间	备注
冯至	《歌德的〈西东合集〉》		《文学杂志》2卷6期	1947.11	
冯至	《歌德论述》		上海正中书局	1948.8	包括《歌德与人的教育》《歌德〈威廉·迈斯特的学习时代〉》《浮士德里的魔》《从浮士德里的"人造人"略论歌德的自然哲学》《歌德的〈西东合集〉》《歌德的晚年》的附序,附录为《画家都勒》。
巴金	《浮士德的路》		《文艺春秋》8卷2期	1949.3.15	
Gottschalck, Friedrich (1772—?) 哥兹却尔克					
哥兹却尔克	《诺布加》,见《德国短篇小说选》	胡启文	上海中华书局	1937.1	短篇小说
Graf, Oskar Maria (1894—1967) 格拉夫					
Oskar Maria Graf	《忧郁——一个完结了的人的故事》	邵灵芬	《文学》7卷5号	1936.11.1	短篇小说
Gresshoner, Maria 格莱斯霍纳					
Maria Gresshoner	《没有太阳的世界》	史美钧	《世界文学》1卷4期	1935.4	短篇小说

附录 235

(续表)

原著者/中文译名	作品	译者	出版社/杂志及期号	出版(初版)/刊载时间	备注
纪善勃赉希	\<\<引港者\>\>,见\<\<德诗汉译\>\>	应时	浙江印刷公司	1914.1	诗1首
Grimm, Jacob (1785—1863) & Grimm, Wilhelm (1786—1859) 格林					
格列姆	《格列姆童话十二篇》		《东方杂志》6卷7—8期,6卷10—12期,7卷1、3、7期	1909、1910	
克利姆	《玫瑰女》	江东老虬	《空中语》	1915	
克利姆	《万能医生》	小草	《礼拜六》44期	1915.4.3	单篇格林童话
克林	《白雪公主与七倭人》		《妇女日报》19期	1916.8	
	《猫鼠朋友》	安愚	《民众文学》9期(《小说世界》附刊)	1923.1—1929.12	
	《小妖和鞋匠》	干之	《晨报副刊》221号	1923.8.27	
	《狐狸的尾巴》	CF	《晨报副刊》297号	1923.11.22	
	《十二兄弟》	CF	《晨报副刊》303号	1923.11.29	
	《圣母玛丽的孩子》	劳信	《晨报副刊》146号	1924.6.26	
	《狼与七匹小羊》	劳信	《晨报副刊》167号	1924.7.18	

(续表)

原著者/中文译名	作　品	译者	出版社/杂志及期号	出版(初版)/刊载时间	备　注
格尔木兄弟	《格尔木童话集》《德国格尔木童话》第一集	王少明	开封河南教育厅编译处	1925.8	内收《六个仆人》《苦儿》《铁韩斯》《兄弟三人》《大萝卜》《裁缝游天宫》《雪姑娘》《小死衣》《鬼的使者》《月亮》10篇。选译自"Kinder- und Hausmärchen der Brüder Grimm"。
格列姆	《格列姆童话集》	赵景深	上海崇文书局	1928	内收《水神》《乌鸦》《秘密室》《十二弟兄》《熊皮》《妖怪和白熊》6篇童话。
格列姆	《德国童话集》（一）	刘海蓬、杨钟健	北京文化学社编辑所	1928.5	内收《白雪娃》《金山王》《慈惠大太》《十二猎夫》《一个妖怪和他的祖母》《一个犹太人在荆棘中》《三纺妇》《聪明的葛利特》《小红帽》9篇童话。
格列姆	《灰娘》	俞艺香	上海春泥书店	1929.10	内收《灰娘》《雪白和玫瑰红》《神圣的明琴》《青灯》《蜜蜂女王》《怪名的小裁缝》《牛皮靴》《金鸟》《冬母》《勇敢的铁匠》11篇。
格列姆	《跳舞的公主》《格列姆童话集》)	谢颂羔	上海文华美术图书印刷公司	1930.11	内收《跳舞的公主》《金鹅》《和尔妈妈》《忠诚的约翰》《牧童与王》《三种职业》《音乐妙手》7篇。

(续表)

原著者/中文译名	作品	译者	出版社/杂志及期号	出版(初版)/刊载时间	备注
格林	《三种工作》	赵景深	《当代文艺》1卷1号	1931.1.15	格林童话1篇
格列姆述	《小红骑巾》	鲍淮湘	《开展》10—11期	1931.7.25	
格林	《三羽毛》	章肇钧	上海开明书店	1931.12	内收《三羽毛》《恶作剧》《金鹅》《金雨》《祖父和他的女孙》《渔夫和他的妻子》《蛙王子》等20篇童话故事。卷首附顾均正的《格林童话集序》。
格林	《雪婆婆》	张昌圻	上海开明书店	1932.4	童话故事集。内收《勇敢的小裁缝》《黄金鸟》《灰姑娘》《贪心的铁匠》《睡美人》《牛皮靴》《狼与七只小山羊》《跳舞鞋》《雪婆婆》《独眼,双眼,三眼》10篇。卷首附顾均正的《格林故事集序》。
格林	《跛老人》	陈骏	上海开明书店	1932.10	内收《四位音乐家》《白玫瑰与红玫瑰》《蓝光灯》《宝琴》《林中径屋》《拇指儿》《红斗篷姑娘》《三根金发》《蜂王》《跛老人》10篇童话故事。卷首附顾均正的《格林童话故事集序》。

（续表）

原著者/中文译名	作 品	译者	出版社/杂志及期号	出版(初版)/刊载时间	备 注
格林	《白蛇》	赵景深	上海北新书局	1933.10	内收《狐狸和他教子的母亲》《狼与人》《兔新娘》《小人的礼物》《三羽毛》《十二猎人》《神秘室》《白蛇》《赛棒雪》《无手女郎》《妖怪和白熊》12篇。
格林姆	《格林姆童话》（4册）	李宗法	上海商务印书馆	1933.10	1册：《乌鸦》《佛米慈和他的朋友》《妖林》《熊皮》《普替拉和派提勒的遭遇》《无手女郎》；2册：《矮树丛中的犹太人》《强盗新郎》《和尔妈妈》《加鲁木桶》《聂潘齐鲁》《聪明的多丽斯》《罗兰和他的妻》《兄和妹》；3册：《勇敢的裁缝》《生命水》《白蛇》《青光》《水神》《汉斯和他的妻儿利图尔》；4册：《皮威》《金须巨人》《不会发抖的少年》《黎丽与狮》《猜谜》《跳舞鞋》。
Brüder Grimm	《格林童话全集》（上、下册）	魏以新	上海商务印书馆	1934.8	本书是1949年以前我国最全的格林童话的汉译本，共收入210篇。卷首附译者的话及德尔加斯特的《格林兄弟传》。书名原文："Kinder- und Hausmärchen"。

(续表)

原著者/中文译名	作品	译者	出版社/杂志及期号	出版(初版)/刊载时间	备注
格利姆	《三根小鸡毛》	王少明	南京正中书局	1936.9	内收《光亮的太阳把它弄明》《三根小鸡毛》《林屋》《聪明的小裁缝》《狼和七只小羊》等13篇童话。
格利姆	《小红帽》	王少明	南京正中书局	1936.9	内收《小红帽》《没有毛的故事》《匪婿》《闾王爷》《六号鸫》等9篇童话。
格利姆	《草驴》	王少明	南京正中书局	1936.9	内收《鹅婢》《小怪人》《飞茄儿鸟》《小径面的人同小猫》《二友人》《穷磨面的人同小猫》《荆棘林里的犹太人》《草驴》等11篇童话。
	《格林童话》第二、十五、十六、二十、六三一、四四、四五、四六、五一、六十、一二三六	于道源	《歌谣周刊》2卷25—29期,39—40期	1936.11.21—12.19,1937.3.20—3.27	
格林	《跳舞的公主》,见《德国短篇小说选》	胡启文	上海中华书局	1937.1	
格林	《猛鹰》	赵景深	上海北新书局	1937	
格黎牧	《海兔》	赵景深	上海北新书局	1937	未见书,据目录著录。
格列姆	《格列姆童话选》	谢颂羔选编	上海广学会	1939.5	内收《跳舞的公主》《白雪公主》《十二兄弟》等9篇。

(续表)

原著者/中文译名	作　品	译者	出版社/杂志及期号	出版(初版)/刊载时间	备　注
格林等	《德国童话集》	许达年	昆明中华书局	1940.1	内收《裁缝老公公》《长鼻子小孩》《太阳马》《白蛇》《奇妙的兵士》《狐的审判》《魔法笛》7篇童话集，其中大部分选自格林童话转译。据甲田正夫的日译本转译。卷首附译者小序。版权页题原著者：甲田正夫。
格林姆	《格林姆童话》	林俊千译述	上海晓光书局	1940	
J. W. 格林	《格林童话集》	范泉缩写	上海永祥印书馆	1948.4	内收《大拇指》《金鸟》《汉萨和葛兰姗》《拾子·驴子·棍子》《白雪和红玫瑰》《老雾母》6篇。据英译本转译。书末附范泉附记。
格林	《渔人之妻》，见《君子之风》	毕树堂	上海大众出版社	1949.2	
格林	《格林童话全集》	张亦明	上海启明书局	1949.3	
Gross, G. 格罗斯					
G. 格罗斯	《艺术都会的巴黎》	茹纯	《译文》1卷1期	1934.9.16	随笔
格罗斯	《艺术都会的巴黎》，见《译丛补》	鲁迅	鲁迅全集出版社	1939	随笔

(续表)

原著者/中文译名	作品	译者	出版社/杂志及期号	出版(初版)/刊载时间	备注
	Groth, Klaus Johann (1819—1899) 克鲁堤					
克鲁堤	《我犹识归途》，见《西洋音乐与诗歌》	王光祈	上海商务印书馆	1924	诗1首
	Häckel, Ernst (1834—1919) 赫克尔					
赫克尔	《灵异论》(诗)	刘叔雅	《新青年》6卷2号	1919.2.15	
赫克尔	《真理》(《宇宙之谜》之一章)	吴康	《新潮》1卷5号	1919.5.1	
	Hagen-Thurman, Carl 海根塞璐					
海根塞璐	《孤燕儿》，见《世界名家短篇小说全集》	周瘦鹃	上海大东书局	1947	
	Hartleben, Otto Erich (1864—1905) 哈尔特列本					
哈尔特列本	《彩色鸟》	段白莼	《小说月报》21卷4号	1930.4.10	
	Hasenclever, Walter (1890—1940) 哈森克雷费尔					
哈森克雷维	《黑死病》(表演派电影剧)	适夷	《现代小说》3卷5—6期	1930.3.15	
	Hauff, Wilhelm (1802—1827) 豪夫					
好夫	《骑士朝歌》，见《德诗汉译》	应溥泉(应时)	浙江印刷公司	1914.1	诗1首

（续表）

原著者/中文译名	作　品	译者	出版社/杂志及期号	出版（初版）/刊载时间	备　注
蒙夫	《蒙夫童话》（上、下）	青主	上海商务印书馆	1934.2	收入"小学生文库"第一集。童话约9篇。
郝福	《艺术桥畔之女丐》	商章孙	上海正中书局	1948.8	长篇小说，卷首附《郝福之生平及其创作》，书名原文："Die Bettlerin von Pont des Arts"。
Hauptmann, Gerhart（1862—1946）霍普特曼					
霍脱迈	《新德国文学的新倾向》	元枚	《小说月报》13卷12号	1922.12.10	
霍脱迈	《织工》	陈家陶	上海商务印书馆	1924.3	四幕剧，书名原文："Die Weber"。
赫卜特曼	《日出之前》	耿济之	《小说月报》16卷4—7期	1925.4.10—7.10	剧本，连载。
豪布陀曼	《火焰》	杨丙辰	上海商务印书馆	1926.2	四幕剧，附译者序。写于1924年。书名原文："Der rote Hahn, Tragikomoedie"。
豪布陀曼	《癞皮》	杨丙辰	上海商务印书馆	1926.2	四幕剧，附译者序，写于1923年。书末附注释。书名原文："Der Biberpelz"。
霍普特曼	《异端》	郭鼎堂（郭沫若）	上海商务印书馆	1926.5	中篇小说，卷首附译者序。书名原文："Der Ketzer von Soana"，今译《索阿那的异教徒》。

（续表）

原著者/中文译名	作　品	译者	出版社/杂志及期号	出版(初版)/刊载时间	备　注
谢六逸	《沉钟》		《小说月报》18卷1号	1927.1.1	书评，书名原文："Die versunkene Glocke"。
钱杏邨	《霍甫德曼的〈织工〉》		《小说月报》19卷12号	1928.12.10	此为《织工》的书评。
霍普提曼	《寂寞的人们》	赵伯颜、周伯涵	上海文献书房	1929.5	五幕剧，附译后，书名原文："Einsame Menschen"。
霍卜门	《珊拿的邪教徒》	王实味	上海中华书局	1930.4	中篇小说，据英译本转译。书前附译者序，批评郭沫若译本晦涩粗疏。书名原文："Der Ketzer von Soana"。
霍普特曼	《寂寞的人们》	钟国仁	上海商务印书馆	1930.10	剧本，据英译本"Lonely Lives"转译。卷首附《霍普特曼小传》。书名原文："Einsame Menschen"。
霍普特曼	《沉钟》	孙博	开明书局	1932.5	五幕诗体童话剧，附译者序。书名原文："Die versunkene Glocke"。
霍普特曼	《湖中的女王》	葛尚德	上海北新书局	1934	书前有曹聚仁序和译者序。收童话《罕奈兰的开天》《列浦》《湖中的女王》3篇。
霍普特曼	《管栅门的笨尔》，见《德意志短篇小说集》	毛秋白选译	上海商务印书馆	1935.9	

(续表)

原著者/中文译名	作 品	译者	出版社/杂志及期号	出版(初版)/刊载时间	备 注
霍甫特门	《沉钟》	谢炳文	上海启明书局	1937.4	五幕诗剧,附钱公侠、谢炳文前言及译者序。书名原文:"Die versunkene Glocke"。
霍普特曼	《管栅门的第尔》,见《俏皮姑娘》(《德国小说名著》)	毛秋白	上海启明书局	1941.7	短篇小说
霍普特曼	《管栅门的弟尔》,见海藻编《新世纪小说选》		北京益智书店	1941.9	
霍普特曼	《管栅门的弟尔》,见《德意志短篇小说集》	宋蕙选译	长春开明图书公司	1944.9	
霍普忒曼	《致高尔基书信》,见《中外名人书信》	程淘编	上海春明书店	1948.4	
陈嘏	《十九世纪末德国文坛代表者一滋德曼及郝卜特曼》		《东方杂志》17卷15号	1920.8.10	评介苏德曼和豪普特曼。
	《豪普德曼与尼采哲学》	希真	《小说月报》13卷6号	1922.6.10	
希真	《豪普德曼传》		《小说月报》13卷6号	1922.6.10	介绍作家生平和创作。
希真	《豪普德曼的象征主义作品》		《小说月报》13卷6号	1922.6.10	
希真	《豪普德曼的自然主义作品》		《小说月报》13卷6号	1922.6.10	

(续表)

原著者/中文译名	作　品	译者	出版社/杂志及期号	出版(初版)/刊载时间	备　注
赵景深	《霍普特曼的新史诗》，见《最近的世界文学》		上海远东图书公司	1928	
	《霍普特曼是伪善者》	ABC	《大江》创刊号	1928.10.15	
钱杏邨	《霍普德曼的戏剧》		《现代小说》3卷3期	1929.12.15	短讯，介绍《黑假》《巫女的骑乘》。
	《霍普特曼的两个独幕剧》		《现代文学》1卷1号	1930.7.16	
	《霍浦特曼评传》《〈现代戏剧大纲〉第十章》	春冰	《戏剧》2卷2期	1930.10	
	《沉钟》《织工》《可怜的汉利》《碧珀跳舞了》《鼠》（词条），见周梦蝶编《中外文学名著辞典》		乐华图书公司	1931	
	《霍蒲特曼的最后一本剧》		《现代》1卷2期	1932.6.1	
潘修桐	《霍蒲特曼得歌德纪念章》		《新时代》2卷3期	1932.6.1	短消息
潘修桐	《霍浦特曼新作〈日落之前〉》		《新时代》2卷3期	1932.6.1	
	《霍浦特曼的〈日落之前〉出版》		《新时代》2卷6期	1932.8.1	
卢那卡尔斯基	《霍卜特曼的从日出到日落——为纪念霍卜特曼七十寿辰而作》	陈冰翱	《文学杂志》1卷3、4期	1933.7.31	

(续表)

原著者/中文译名	作　品	译者	出版社/杂志及期号	出版(初版)/刊载时间	备　注
潘家洵	《被自然感化的人》	吴琦	《文艺月刊》8卷4期	1936.4.1	
	《近代西洋问题剧本(中)——以各阶级间之不平等为题材的作品》		《西洋文学》2期	1940.10	评郝卜曼的《织工》。
卢那察尔斯基	《霍普特曼论》	周行	《青年文艺》5期	1943.5.15	
Hebbel, Christian Friedrich (1813—1863) 黑贝尔					
赫勃尔	《牝牛》	唐性天	《文学旬刊》1号	1923.6	短篇小说
赫贝尔	《司提拉司堡的一夕》	晋韩	《文学旬刊》9号	1923.8	
	《三个希望》	觉止	《文学旬刊》46号	1924.9	短篇小说
赫贝尔	《高等卫生顾问官的夫人》	杨丙辰	《沉钟》6期	1926.10.25	短篇小说
	《艺术箴言》	C	《莽原》2卷16期	1927.8.25	
赫贝尔	《马韬》	杨丙辰	《莽原》2卷18—19期	1927.10.10	小说连载
	《猎人家内一宿》	杨丙辰	《未名》1卷8—9期	1928.11.30	
赫贝尔	《安娜》	杨丙辰	《文学》3卷2号	1934.8.1	短篇小说
赫贝尔	《斯特拉斯堡城内的一晚》	杨丙辰	《文学评论》1卷1期	1934.8.1	

(续表)

原著者/中文译名	作　品	译者	出版社/杂志及期号	出版(初版)/刊载时间	备　注
赫伯尔	《季革斯及其指环》	毛秋白	上海中华书局	1934.9	五幕悲剧，卷首附译者序，简介作家生平和作品。书末附注释。书名原文："Gyges und Sein Ring"。
赫伯尔	《蜡烛》，见张伯符等译《现代随笔集》	毛秋白	上海中华书局	1934.12	散文，赫克菁黎等著。
赫贝尔	《理发师齐德兰》	杨丙辰	《文学季刊》2卷1期	1935.3.16	短篇小说
赫贝尔	《荒岛先生和他的家庭》	杨丙辰	《文学月刊》8卷2号	1936.2.1	短篇小说
黑贝尔	《悔罪女》	汤元吉、俞敦培	上海商务印书馆	1936.5	三幕剧，书名原文："Maria Magdalena"。
赫贝尔	《猎人家内的一宿》	杨丙辰	《中德学志》2卷1期	1940.4	
赫贝尔	《保尔最堪纪念之夜》	杨丙辰	《中德学志》2卷1期	1940.4	
赫贝尔	《赫贝尔短篇小说集》	杨丙辰	长沙商务印书馆	1941.4	内收《理发师齐德兰》《高等卫生顾问官底夫人》《斯特拉斯堡城内的一晚》《红宝石》《两位浮浪人》《施诺可》《我们时代上的一种家庭》《马韬》《荒岛先生和他的家庭》《安娜》等14篇短篇小说。书名原文："Erzählungen"。

(续表)

原著者/中文译名	作品	译者	出版社/杂志及期号	出版(初版)/刊载时间	备注
Heine, Heinrich（1797—1856）海涅					
亥纳	《译亥纳诗一章》	胡适	《留美学生年报》2期	1913	诗1首
哈因南	《兵》，见《德诗汉译》	应溥泉（应时）	浙江印刷公司印刷	1914.1	诗1首
海涅	《海涅的诗》	鲁迅	《中华小说界》2期	1914.2	诗1首
海涅	《在静静的海岸旁》《回乡集》中第16首诗，见《三叶集》	郭沫若	上海亚东图书馆	1920	
海涅	《情曲》	李之常	《文学旬刊》5—9号，15号	1921.6.20—6.30	即《抒情插曲》中的一到十二首及"引词"。
海涅	《幻景》	成仿吾	《创造日丛刊》，341—348页	1923	光华书局1931年版，《梦影》第二首。
海涅	《松》	邓均吾	《创造日丛刊》，80—81页	1923	光华书局1931年版，《幻影》即今译《北方有一棵松树》。
海涅	《绿泪来歌》	邓均吾	《创造日丛刊》，446页	1923	光华书局1931年版。
海涅	《译诗两首——德国 Heinrich Heine 原作》	俞平伯	《诗》2卷2号	1923.5.15	
海涅	《革命》	文虎	《新青年》第2期	1923.12	诗1首

（续表）

原著者/中文译名	作　　品	译者	出版社/杂志及期号	出版（初版）/刊载时间	备　注
海呐	《给CS的十四行诗第七》《哀歌序言》1—2、《世态》1《春醒第十五》1—2《激鼠歌》《窘夫拉城进香》1—2	林语堂	《晨报副刊》297号《晨报副刊》308号《晨报副刊》311号《晨报副刊》316号《晨报副刊》320号	1924.11.23 1923.12.5 1923.12.8 1923.12.14 1923.12.18	
	《窘夫拉城进香》续3《春醒集》第八《西拉飞恩》1—2《窗前故事》1—2《春醒第十七》		《晨报副刊》321号《晨报副刊》328号《晨报副刊》22号《晨报副刊》23号《晨报副刊》91号	1923.12.19 1923.12.27 1924.2.2 1924.2.3 1924.4.25	
海涅	《Lyrisches Intermezzo》选译	均培	《文艺周刊》21—22期	1924.2.19—2.26	诗1首
海涅	《海涅(归乡集)选》	冯至	《文艺周刊》30期	1924.4.22	
海涅	《我欲乘风飞翼》《卿似一枝花》，见《西洋音乐与诗歌》	王光祈	上海中华书局	1924	
海纳	《春日的消息》	杨丙辰	《莽原》1卷10期	1926.5.25	
海涅	《你是如同一朵鲜花的》	杨丙辰	《莽原》1卷11期	1926.6.10	
海涅	《洛莱神女》	杨丙辰	《莽原》1卷15期	1926.8.10	
海纳	《恋歌》	胡庭芳	《莽原》2卷2期	1927.1.25	

(续表)

原著者/中文译名	作　品	译者	出版社/杂志及期号	出版(初版)/刊载时间	备　注
海涅	《愿他向我一击》	胡庭芳	《莽原》2卷5期	1927.3.10	
海涅	《海涅诗选译——〈小手放在我的胸上〉、〈宣言〉》	公超	《泰东月刊》1卷2期	1927.10.1	
海呐	《〈海呐歌集〉的三版诗序》	胡大森	《莽原》2卷18—19期	1927.10.10	
海呐	《梦影》	胡大森	《莽原》2卷20期	1927.10.25	
海涅等	海涅诗四章:《幻景》《悄静的海滨》《归乡集》第十六首、《Seraphiene》第十六首,见《德国诗选》	郭沫若、成仿吾	上海创造社出版部	1927.10	诗4首
海涅	海涅诗二首:《悄静的海滨》(《归乡集》第十六首、《打渔的姑娘》,见《沫若译诗集》	郭沫若	上海创造社出版部	1928	
海涅	《海涅的诗三首》	石民	《北新》3卷1号	1929.1.1	
海涅	《解说》	晶萍	《华严》1卷5期	1929.5.20	
海涅	《和平》	刘绍苍	《华严》1卷6期	1929.6.20	
海涅等	《碎玉》	朱梦昙	广州良友公司	1929.7	诗集,内收抗夫、霍夫曼、海涅、歌德等人的诗10余首。

(续表)

原著者/中文译名	作品	译者	出版社/杂志及卷号期号	出版(初版)/刊载时间	备注
海涅	《译海涅诗二首》	若斯	《北新》3卷22号	1929.11.16	《每晨起来的时候》《我独自在园中闲步》
海涅	《海涅诗一首》	若斯	《语丝》5卷39期	1929.12	《还乡曲》26
海涅	《等你做了我的妻子》	石民	《语丝》5卷39期	1929.12	
海涅	《海涅诗三首》	史卫斯	《小说月刊》1卷4期	1933.1.15	
海涅	《长短歌行》	朋其	《矛盾》2卷3—4期	1933.12.1	
海涅	《海涅诗三首》	刘延陵	《文学》2卷3期(翻译专号)	1934.3.1	《海里有珍珠》《绵绵》《请告诉我,从前是谁把钟表发明的呢?》
海涅	《德国,冬天的童话》	艾思奇	《春光》1卷2号	1934.4.1	
海涅	《海涅诗抄——〈我的痛苦和我的悲叹〉、〈灯儿熄灭了〉、〈城镇恐怖时代的回忆〉》	王焕平	《东流》创刊号	1934.8.1	
海涅	《归来》	李金发	《文艺月刊》6卷3期	1934.9.1	
海涅	《卿貌如花兮》	刘麟生	《世界文学》1卷2期	1934.12.1	
海涅	《北海之歌》	李金发	《文艺月刊》6卷4期	1934.10.1	

(续表)

原著者/中文译名	作品	译者	出版社/杂志及期号	出版(初版)/刊载时间	备注
海涅	《英吉利片断》	茅盾	上海生活书店	1935.7	《世界文库》第3册
海涅	《海涅的散文诗》	李金发	《文艺月刊》7卷4期	1935.4.1	
海涅	《诗三首——〈赞歌〉〈决死的哨兵〉〈织工〉》	林林	《世界文学》1卷6期	1935.9.15	
海涅	《吉诃德先生》	傅东华	《译文》2卷3期	1935.5.16	
海纳	Ein Eichbaum steht einsam, Du bist wie eine Blume,《情歌》,见《番石榴集》	朱湘选译	上海商务印书馆	1936.3	
	《英吉利断片》,见《回忆·书简·杂记》	茅盾辑译	上海生活书店	1936	
海涅	《艺术与文学》	辛人	《东流》2卷3期	1936.2.1	
海涅	《倾向》	任钧	《文学丛报》诞生号	1936.4.1	
海涅	《德国——冬天的童话》	林林	《东流》3卷1期	1936.7.15	
海涅	《一个海涅童话》	刘盛亚	《笔阵》13期	1939.10.15	
海涅	《两兄弟》	刘盛亚	《时代文学》1卷1期	1941.6.1	诗1首

(续表)

原著者/中文译名	作　品	译者	出版社/杂志及期号	出版(初版)/刊载时间	备　注
海涅	《倾向》《遗言》，见梁孟庚编，山丁选《近代世界诗选》	扬骚	长春满洲图书株式会社	1941.11	
海涅	《德意志》《献给母亲》	周学普	《诗创作》7期	1942.1.20	
海涅	《可怜的彼得》	黄既	《文艺月报》14期	1942.2.15	
海涅	《近卫兵》	吴伯箫	《诗创作》8期	1942.2.20	诗1首
海涅	《哈兹山旅行记》	吴伯箫	《谷雨》1卷4期	1942.4.15	
海涅	《夜思》	雷石榆	《战时文艺》1卷6期	1942.7.1	
海涅	《女》	雷石榆	《战时文艺》2卷1期	1943.1.1	诗1首
海涅	《海涅故事诗七草》	雷石榆	《战时文艺》2卷2期	1943.2.1	
海涅	《山歌》	李嘉	《文艺阵地—文艺新辑之二》	1944.2	
海涅	《向着胸膛》《向着我底躺着》《我永远爱你》，见《罗马哀歌》	方闻等	福建点滴出版社	1944.3	
海涅	《并没有打败》	于潮	《青年文艺》新1卷5期	1944.12.20	
海涅	诗七首	谢文适	《时与潮文艺》5卷5期	1946.5.15	

(续表)

原著者/中文译名	作品	译者	出版社/杂志及期号	出版(初版)/刊载时间	备注
海涅	《序曲》《亲爱的女郎》《我的歌是有毒的》《海里有珍珠》《啊,可爱的捕鱼女郎》《丰满的月儿升起了》《坐在一起,亲爱的》《人们不会凑趣》《我爱的只有你》《再会》《航》《为什么是苍白的,这些蔷薇》《凤暴》《就好像一朵花儿》《说啊!她到哪里去了》《旧欢人梦》《我是青而又紫》《时间是一条跛脚的蛇》《黄昏》《尾声》,见《春情曲》	林凡辑译	上海正风出版社	1947.11	
海涅	《夕阳》	李嘉	《诗创造》5期	1947.11	诗1首
海涅	《海洋的欢颂》	李嘉	《诗创造》10期	1948.4	诗1首
海涅	《亚当一世》	廖晓帆	《诗创造》10期	1948.4	
海涅	《哈尔茨山游记》	冯至	《文讯》8卷2—5期,续9卷1期,9卷5期	1948.4.15—5.15、1948.7.15、1948.12.15	连载

（续表）

原著者/中文译名	作　品	译者	出版社/杂志及期号	出版（初版）/刊载时间	备　注
海涅	《致克密儿沙儿歌》，见《恰然编世界名人情书》		华成书局	1948.8	
海涅	《哈尔茨山旅行记》	冯至	上海北新书局	1928.3	散文游记，书名原文："Die Harzreise"。
海涅	《新春》	段可情	上海世纪书局	1928.7	即海涅第二部诗集《新诗集》第一卷，附后记。
海涅	《插乐曲》	滴瀛	广州受匡出版部	1928	诗集
海涅	《还乡集》	杜衡	上海尚志书屋	1929.1.1	诗集，内收 90 首短歌，为海涅第一部诗集 "Buch der Lieder" 中的一卷，总题 "Die Heimkehr"，引言。
海涅	《海涅诗选》	剑波	上海亚细亚书局	1929.3	据世界语本转译，书末附吕叔湘节译爱理思《海涅传略》及译者后记。
海涅	《抒情的诗》	胡大森	上海心弦书社	1929.10.22	内收 60 余首，系海涅 "Buch der Lieder" 的选译。
海涅	《梦的画像》	李嘉	桂林新群出版社	1942	收诗 50 多首，据日译本转译，卷首附"海涅论"（据日本生田春月的文章改写）。
海涅	《还乡纪》	范纪美	上海木简书屋	1943.6	收诗约 90 首，书名原文："Die Heimkehrer"。

(续表)

原著者／中文译名	作　品	译者	出版社/杂志及期号	出版(初版)/刊载时间	备　注
海涅	《海涅诗抄》(上集)	雷石榆	桂林文汇书店	1943.8	内收诗歌56首，据日本诗人生田春月《社会诗集》中的"时事诗篇之部"转译。卷首附译者序。
海涅	《奴隶船》(海涅诗抄续集)	雷石榆	桂林文汇书店	1943.8	分"故事诗篇""诗集补遗""史诗""哀歌""最后的诗集"等5辑，计约50首。
海涅	《冬天的故事》	周学普	福建永安十日谈社	1943	原诗名："Deutschland, ein Winter Märchen"
海涅	《德国——一个冬天的童话》	艾思奇	上海读书出版社	1943	原诗名："Deutschland, ein Winter Märchen"
海涅	《海涅政治诗集》	胡明树	桂林新大地出版社	1944.1	内收海涅不同时期政治诗29首，附译者序。
海涅	《海涅诗集》	林林	上海橄榄社	1946.11	内收40首恋诗，分上下两辑，书末附译者后记。
海涅	《新的诗草》	廖晓帆	上海诗歌新地社	1946.11	诗集，内收短诗数10首，分"新的春天""罗曼采曲""时事诗篇"3辑。书前附译者小传。
海涅	《织工歌》	林林	香港人间书屋	1949.2	社会诗选集，分4部分，共43首。卷首附静文的长篇序文，评介作者生平和创作，书末附译者后记。

（续表）

原著者/中文译名	作　　品	译者	出版社/杂志及期号	出版(初版)/刊载时间	备　　注
杨丙辰	《亨利·海纳评传》		《莽原》1卷3期	1926.2.10	
赵景深	《海涅那个人》，见《最近的世界文学》		上海远东图书公司	1928	
林易	《海涅纪念碑》		《读书月刊》2卷3期	1931.6.10	
北鸥	《学习海涅》		《质文》4号	1935.12.15	
舟木重信	《德国的革命底政治诗人》	杨骚	《质文》2卷2期	1936.11	文首摘译海涅"新亚历山大"诗中的两段。
舟木重信	《政治诗人海涅》	杨骚	《文学》8卷1号	1937.1.1	
梅林格	《革命文豪——海涅》	唐苏	《青年文艺》新1卷5期	1944.12.20	
乔治·勃兰兑斯	《海涅评传》	侍桁	上海国际文化服务社	1948.10	评述海涅的生活、思想及作品。
Hesse, Hermann (1877—1962) 黑塞					
黑塞	《作家晚会》	段白莼	《现代文学评论》1卷4期	1931.8.10	误将黑塞称为德国作家。
贺尔曼·黑塞	《青春是美好的》	绮纹	上海商务印书馆	1936.10	包括短篇小说两篇：《青春是美好的》《大旋风》。据英译本转译。
赫塞	《大旋风》，见《德意志短篇小说集》	宋蕙选译	长春开明图书公司	1944.9	《青春是美好的》，据英译本转译。

(续表)

原著者/中文译名	作　品	译者	出版社/杂志及期号	出版(初版)/刊载时间	备　注
瑞士海斯	《昨夜的歌》	天行	《青年界》新二卷4号	1947.1.1	诗1首
海斯	《柏拉图的梦》	天行	《文艺春秋》4卷1期	1947.1.15	
H. Hesse	《失去了的星儿》	天行	《文艺复兴》3卷3期	1947.5.1	短篇小说
海赛等	《春情曲》,见《春情曲》	林凡	上海正风出版社	1947.11	另收歌德、席勒、海涅、里尔克等人的诗。
汪倜然	《现代世界文坛新话——十四赫尔曼海斯再写灵肉冲突》		《现代文学评论》1卷3期	1931.6.10	称其为德国作家,介绍其"Narziss und Goldmund"。
威尔赫谟·孔徹	《赫尔曼黑赛评传》	段可情	《现代文学评论》1卷4期	1931.8.10	
	《最近的德国小说——三,赫塞》		《小说月报》22卷9号	1931.9.10	
毕树堂	《近世德国文人列传——黑瑟》		《中德学志》5卷4期	1943.12	

Heyse, Paul (1830—1914) 海泽

原著者/中文译名	作　品	译者	出版社/杂志及期号	出版(初版)/刊载时间	备　注
Heyse	《梦幻与春》(原名《洛蒂加》)	程鹤西	上海春潮书局	1929.7	中篇小说
海才	《俏皮姑娘》,见《德意志短篇小说集》	毛秋白选译	上海商务印书馆	1935.9	短篇小说
海才	《俏皮姑娘》,见《俏皮姑娘》(德国小说名著)	毛秋白	上海启明书局	1941.7	短篇小说

(续表)

原著者/中文译名	作　品	译者	出版社/杂志及期号	出版(初版)/刊载时间	备　注
海才	《俏皮姑娘》，见《德意志短篇小说集》	宋慧选译	长春开明图书公司	1944.9	
海泽	《波姑娘》	高殿森	重庆晨光书局	1943.11	英汉对照本
Hochsteller, Castar 霍赫斯泰勒					
	《偷来的祈祷》，见《美的短篇小说》(第一集)	克让	上海自立书店	1929	
Hoffmann, Ernst Theodor Amadeus (1776—1822) 霍夫曼					
冯至	《谈 E. T. A. Hoffmann》		《沉钟》特刊	1927.7.10	
霍夫曼	《Artus 厅堂》	冯至	《沉钟》特刊	1927.7.10	短篇小说
霍夫曼等	《碎玉》	朱梦昌	广州良友公司	1929.7	诗集，收人抗夫、霍夫曼、海涅、歌德及其他人的诗共 10 余首。
霍夫曼等	《法龙的矿山》，见《德国名家小说集》	刘思训辑译	上海中华书局	1931.10	
霍夫曼	《史姑娘》	毛秋白	上海中华书局	1935.3	中篇小说，卷首附霍夫曼小传。书名原文："Das Fräulein von Scuderi"。
贺夫曼	《圣史威斯特之夜底奇遇》，见《交错集》	梁宗岱	桂林华胥社业书	1943	

(续表)

原著者/中文译名	作　品	译者	出版社/杂志及期号	出版(初版)/刊载时间	备　注
Hoffman von Fallersleben, August Heinrich (1798—1874) 霍夫曼・封・法勒斯莱本					
霍福民	《德国人的歌》《我的祖国》,见俞大纲、商章孙、徐仲年编选《英法德美军歌选》	商章孙	上海商务印书馆	1939	
Hofmannsthal, Hugo von (1874—1929) 霍夫曼斯塔尔					
Hugo von Hofmannsthal	《伊兰脱拉》	朱维基	《南国月刊》1卷4期	1929.8.1	
何辅民士陶	《歌》	简又文	《人间世》	1934.5.5	诗歌1首,附译后跋。
贺富曼斯塔尔	《昌多斯爵士的信》	陈占元	《新诗》3期	1936.12.1	
霍夫曼斯塔尔	《德国的小说》	冯至	《新文学》1卷2期	1944.1.1	此文系霍夫曼斯塔尔受德国 Insel 出版社之托,为一部小说集所写的序文。
霍夫曼斯塔尔	《德国的小说》	冯至	《文学杂志》2卷4期	1947.9	
	《戏剧家贺甫曼斯塔尔的死》		《现代小说》3卷1期	1929.10	

（续表）

原著者/中文译名	作品	译者	出版社/杂志及期号	出版(初版)/刊载时间	备注
霍夫曼斯泰尔	《窗前女》词条，见周梦蝶编《中外文学名著辞典》		乐华图书公司	1931	
黎锦明	《奥国三大剧作家》		《青年界》5卷5期	1934.5	介绍 Hermann Bahr、Arthur Schnitzler 和 Hugo von Hofmannsthal。
Hölderlin, Johann Christian Friedrich（1770—1843）荷尔德林					
	《泰西诗选》二	碧三	《山雨》1卷5期	1928.10.16	
季羡林	《德国近代伟大抒情诗人薛德林早期诗的研究》		《文学评论》1卷2期	1934.10	
Holz, Arno（1863—1929）霍尔茨					
	《德国诗人何尔兹逝世》		《小说月报》20卷10号	1929.10.10	
	《德国文坛巨匠霍尔支逝世》		《新文艺》1卷3号	1929.11.15	短讯
Horvath, Ödön von（1901—1938）霍尔法特					
霍尔发斯	《第三帝国的兵士》	黎烈文	《现代文艺》1卷4—6期，2卷1—6期	1940.7.25—1941.3.25	
霍尔发斯	《第三帝国的兵士》	黎烈文	上海文化生活出版社	1949	小说
Huch, Ricarda（1864—1947）胡赫					
	《德国老女作家许克》		《文学》2卷2号	1934.2.1	短文介绍作家及其作品。

(续表)

原著者/中文译名	作　品	译者	出版社/杂志及期号	出版(初版)/刊载时间	备　注
毕树棠	《日耳曼现存的一位老女作家》		《文艺月刊》5卷5期	1934.5.1	短文介绍作家。本期另刊有《希特勒奖励日耳曼民歌》《诗人哥德与希特勒党》。
	《近世德国文人列传——胡赫》		《中德学志》5卷4期	1943.12	
Kästner, Erich (1899—1974) 凯斯特纳					
爱丽斯克斯特涅	《爱弥儿捕盗记》	林雪清	上海儿童书局	1934.11	长篇小说,书名原文:"Emil und die Detektive"。
凯斯特涅	《小学生捕盗记》	林俊千译述	上海文光书局	194?	长篇小说,据英译本转译。书末缺页。出版年月不详,卷首译者前记写于1940年7月。书名原文:"Emil und die Detektive"。
凯司特涅	《学生捕盗记》	程小青	桂林南光书店	1943.8	长篇小说,据英译本转译。卷首译者前记。书名原文:"Emil und die Detektive"。
Kaiser, Georg (1878—1945) 凯泽尔					
开塞	《从早晨到夜半》	陈小航	《小说月报》14卷1号	1923.1.10	剧本,书前有译者序。书名原文:"Von Morgens bis Mitternachts"。
恺撒	《从清晨到夜半》	梁镇	上海中华书局	1934.9	剧本,书前有译者序。书名原文:"Von Morgens bis Mitternachts"。

(续表)

原著者/中文译名	作 品	译者	出版社/杂志及期号	出版（初版）/刊载时间	备 注
凯塞尔	《从早晨到夜半》《卡莱的市民》（词条），见周梦蝶编《中外文学名著辞典》		乐华图书公司	1931	
Kampf, Leopold（1881—1913）廖抗夫					
廖抗夫	《夜未央》	李石曾	广州革新书局	1908	书名原文："Am Vorabend"
廖抗夫	《薇娜》	芾甘,石曾	上海开明书店	1928.6	收小说《薇娜》和剧本《夜未央》
廖抗夫	《前夜》	巴金	上海启智书局	1930.4	书名原文："Am Vorabend"
廖抗夫	《夜未央》	巴金	上海文化生活出版社	1937.2	书名原文："Am Vorabend"
Kantorowicz, Alfred（1899—1979）康多洛维支					
康多庐维支	《德国作家联盟在国外的五年》	陈适怀	《文艺阵地》3卷3期	1939.5.16	
塔陀路维支	《五年来的日耳曼作家联盟》	白明	"新中国文艺丛刊"第一辑	1939.5.1	
康托罗唯兹	《上西线》，见爱伦堡等著，高扬等译《战争与文学》	锡金	上海海燕书局	1941	
康多洛维支	《到西线去》	马耳	《文艺杂志》1卷2期	1942.2.15	

(续表)

原著者/中文译名	作　品	译者	出版社/杂志名及期号	出版(初版)/刊载时间	备　注
康多洛维支	《到西线去》，见《故国》	马耳	重庆建国书店	1942.12	
康多洛维支	《到西线去》，见《情爱》	马耳	上海建国书店	1946	
Keller, Gottfried (1819—1890) 凯勒					
甘勒	《逝者如斯》，见《欧美名家短篇小说丛刻》	周瘦鹃	上海中华书局	1917.2	
克拉	《仇之恋》	周学普	上海金屋书店	1929.6	中篇小说，卷首有译者序，介绍作者生平与创作。书名原文："Romeo und Julia auf dem Dorfe"。
刻勒	《三个正直的制梳工人》	李日涟	上海中华书局	1935.8	短篇小说，卷首附秋白的序，介绍作者的生平和创作。书后附李尔的短篇小说《沉默的议员》。书名原文："Die drei gerechten Kammacher"。
开拉	《欧格娆》，见《德意志短篇小说集》	毛秋白选译	上海商务印书馆	1935.9	
凯勒	《本性难移》	崔岚	《中德学志》2卷2期	1940.7	
Kellermann, Bernhard (1879—1951) 凯勒曼					
刻勒曼	《隧道》，见《近代名小说述略》	张威廉	上海光华书局	1930	

(续表)

原著者/中文译名	作　品	译者	出版社/杂志及期号	出版(初版)/刊载时间	备　注
Kenny, M 坎尼					
坎尼	《十年》	WT	《春声》6 期	1916.6.30	
	《十年后》,见 M. Kenny 著《短篇小说集》	文范邨	上海商务印书馆	1926.2	
Keyserling, Eduard Graf von (1855—1918) 凯泽林					
Keyserling	《郊游》	沈采秋	《真美善》6 卷 4 号	1930.8.16	短篇小说
凯赛林	《凯丝达》,见杰克·伦敦等著,许天虹等译《虹之尾》	施蛰存	福建永安十日谈社	1945	
爱德华·封·开塞林伯爵	《凯丝达》	施蛰存	《文讯》9 卷 1 期	1948.7.15	短篇小说
Kisch, Egon Erwin (1885—1948) 基希					
吉须	《卓别灵访问记》	章铁民	《现代文学》1 卷 1 号	1930.7.16	
	《一种危险的文学样式》	胡风	《文学丛报》2 期	1936.5.1	
基希	《土兵墓地的吉原》《污泥》	立波	《文学界》创刊号	1936.5.1	《秘密的中国》中的单篇作品。
基希	《纱厂童工》	立波	《文学界》1 卷 2 号	1936.7.10	《秘密的中国》中的单篇作品。
基希	《死刑》	立波	《文学界》1 卷 3 号	1936.8.10	《秘密的中国》中的单篇作品。

(续表)

原著者/中文译名	作品	译者	出版社/杂志及期号	出版(初版)/刊载时间	备注
基希	《火车上的苏联》	菲戈	《文艺科学》创刊号	1937.4.10	报告文学集,收入《吴淞废墟》《一个罪人的丧礼》《金融危机》《一个印度人指挥交通》《"黄包车!"》《纱厂童工》《感化寺》《南京》等23篇作品,据英译本转译。书末附译后附记。作者系捷克德语作家,因用德语写作,书上误题其国籍为德国。书名原文:"China geheim"。
基希	《秘密的中国》	立波	汉口天马书店	1938.4	
基希	《一九一八年西线》《法兰西革命》《歌德》,见爱伦堡等著、高扬等译《战争与文学》	方正	上海海燕书店	1941	
吴蒙	《略谈〈秘密的中国〉——兼论立波的译文》		《中流半月刊》1卷3期	1936.10.5	
	《秘密的中国》新书广告		《抗战文艺》1卷3期	1938.5	短讯
T巴克	《基希及其报告文学》	张元松	《七月》4集3期	1939.10	
Kleist, Heinrich von (1777—1811) 克莱斯特
克莱斯特	《弃儿》	李利庭	《东方杂志》24卷14号	1927.7.1	

（续表）

原著者/中文译名	作品	译者	出版社/杂志及期号	出版（初版）/刊载时间	备注
克莱斯特	《洪堡王子》	毛秋白	上海中华书局	1935.9	五幕剧，书前有译者序，简介作家及作品。书后附注释。书名原文："Prinz Friedrich von Homburg"。
克莱斯特	《智利的地震》，见《德意志短篇小说集》	毛秋白选译	上海商务印书馆	1935.9	
柯莱斯	《音乐的魔力》	商章孙	《时兴朝文艺》2卷3期	1943.11.15	Heinrich von Kleist 的作品："Cocilia"。
柯莱斯	《珞珈诺之女巧》	商章孙	《时与潮文艺》2卷4期	1943.12.15	
柯莱斯	《在圣多明阁之婚约》	商章孙	《文艺先锋》4卷1期	1944.1.20	
柯莱斯	《侯爵夫人鄂氏》	商章孙	《文艺先锋》5卷1—2期	1944.8.20	
商章孙	《柯莱斯之生平及其创作》		《学原》1卷2期	1947	
Klopstock, F. G. (1724—1803) 克洛卜斯托克					
克洛普斯驾克	《救世主》词条，见周梦蝶编《中外文学名著辞典》		乐华图书公司	1931	
克洛卜斯托克	《致未婚妻密达穆勒》，见恰然编《世界名人情书》		华成书局	1948	
Kolbenheyer, Erwin Guide (1878—1962) 科尔本海厄					
	德国小说之艺术	曹京实	《中德学志》2卷4期	1940.12	

(续表)

原著者/中文译名	作　品	译者	出版社/杂志名及期号	出版(初版)/刊载时间	备　注
Körner, Theodor (1791—1813) 克尔纳					
柯尔奈	《唤起》《永别了生命》,见《德国两个爱国诗人》	侯佩尹	《文艺月刊》6卷1期	1934.7.1	
库尔纳	《竖琴》,见《德国短篇小说选》	胡启文	上海中华书局	1937.1	
柯纳	《徵民众》《大丈夫与懦夫》,俞大纲,商章孙,徐仲年编选《英法德美军歌选》	商章孙	商务印书馆	1939	
克尔纳	《起来吧,同胞》	周学普	《诗创作》7期	1942.1.10	
侯佩尹	《德国两个爱国诗人》		《文艺月刊》6卷1期	1934.7.1	
Kröger, Timm (1844—1918) 克勒格尔					
克洛格尔	《一件不要人相信的故事》	段可情	《小说月报》22卷9号	1931.9.10	短篇小说
	《忠心到他的死》	陈南士	《诗》1卷2期	1922.2.15	
Langhoff, Wolfgang (1901—1966) 朗霍夫					
W.郎格贺夫	《一列车的柴》	姚思蓁	《译文》新3卷1期	1937.3.16	短篇小说

（续表）

原著者/中文译名	作　品	译者	出版社/杂志及期号	出版（初版）/刊载时间	备　注
Leip, Hans (1893—1983) 莱普					
	《鸿沟》	崔亮	《中德学志》2卷4期	1940.12	
	《玛蒂尔德》	崔亮	《中德学志》2卷4期	1940.12	
Lenau, Nikolaus (1802—1850) 列瑙					
Lenau	《沉闷的一晚》"Die schwere Nacht",《悲哀》"Trauer"	麟生	《小说月报》11卷5号	1920.5.25	新体诗
	《我的蔷薇花》	张近溦	《文艺周刊》（文艺旬刊）8期	1923.9.16	诗1首
	《秋的哀词》，见《德国诗选》	郭沫若、成仿吾	上海创造社出版部	1927.10	诗1首
Leonhard, Rudolf (1889—1953) 莱昂哈德					
R.里昂哈德	《厄尔赫尔堡》	姚思慕	《译文》新3卷2期	1937.4.16	
Lersch, Heinrich von (1889—1936) 莱尔施					
雷薾	《军人离别歌》，见俞大纲、商章孙、徐仲年编选《英法德美军歌选》	商章孙	上海商务印书馆	1939	

(续表)

Lessing, Gotthold Ephraim (1729—1781) 莱辛

原著者/中文译名	作品	译者	出版社/杂志及期号	出版(初版)/刊载时间	备注
拉英施	《狮皇生辰》	小草	《礼拜六》48期	1915.5.1	
雷兴	《米纳女民剧》	王少明	《文学旬刊》16—17,20—21,25—27号	1923.11—1924.3	连载,书名原文:"Minna von Barnhelm, oder das Soldatenglück"。
	《莱森的寓言》(15篇)	西谛	《小说月报》15卷10号	1924.10.10	
	《莱森的寓言》(4篇)	西谛	《小说月报》16卷3号	1925.3.10	
	《莱森寓言》(11篇)	西谛	《小说月报》16卷4号	1925.4.10	
莱森	《莱森寓言》	郑振铎译	上海商务印书馆	1925.8	内收《驴与赛跑的马》等32篇寓言故事。据英译本转译。卷首有编译者序。
雷兴	《军人之福》(一名《弥娜封巴伦赫尔穆》)	杨丙辰	北京朴社	1927.9	书名原文:"Minna von Barnhelm, oder das Soldatenglück"。
莱森等	《德国寓言》	章任光编译	上海商务印书馆	1934.2	收莱辛寓言约17篇。
尼	《雷兴二百年纪念》		《戏剧》1卷4期	1929.11.15	
常迹波	《雷兴的生平与著作》		《中德学志》4卷2期	1942.6	
常迹波	《论雷兴的拉奥孔》		《中德学志》4卷4期	1942.12	

(续表)

原著者/中文译名	作　品	译者	出版社/杂志及期号	出版(初版)/刊载时间	备　注
商章衫	《烈兴的爱美丽雅贾乐德的悲剧》		《民族文学》1卷3—5期	1943.9—1944.1	
Liepmann, Heinz (1905—1966) 利普曼					
利普曼	《地下火》	朱雯	《文艺新潮》1卷7—9期	1939.4.5—6.5	长篇报告文学,据英译本转译,连载。
利普曼	《地下火》	朱雯	上海万叶书店	1939.7	长篇报告文学,据英译本转译。书末附《作者事略》和译后记。
Liliencron, Detlev von (1844—1909) 李利恩克龙					
	《黍田中的死》	陈南士	《诗》1卷2期	1922.2.15	
Lindau, Paul (1839—1919) 林道					
林道	《上帝的声音》	仲持	《东方杂志》21卷5号	1924.3.10	
林道	《幸福的摆》	郁达夫	《奔流》1卷2—3期	1928.7.20—8.20	小说,连载。
	《幸福的摆》,见《达夫所译短篇集》	郁达夫	上海生活书店	1935.5	
林道	《上帝的声音》,见《世界作家二十人集》	鲁迅等译述	文化励进社	1939	

(续表)

原著者/中文译名	作品	译者	出版社/杂志及期号	出版(初版)/刊载时间	备注
	Linke, Lilo 林克				
丽洛琳克	《动乱时代》	于熙俭	上海生活书店	1936.9	自传体长篇小说。
	Lomin, W. O. 罗民				
	《突勒夫[阿斯》	邵灵芬	《文学》8卷5号	1937.5.1	
	Lorant, Stefan (1901—1997) 罗兰特				
史蒂芬·罗兰	《囚徒日记》	徐柏堂	上海长风书店	1948	
	Ludwig, Emil (1881—1948) 卢特维希				
卢特维喜	《人之子》	孙润候重译	上海商务印书馆	1937.6	
卢特威克	《罗斯福传》	周觉中	重庆青年书店	1942	
卢特威克	《罗斯福传》	黄嘉厉	桂林西风社	1943	
	Mann, Heinrich (1871—1950) 海因里希·曼				
海里门	《蓝天使》	徐培仁	上海正午书局	1931.10	本书原著为长篇小说 Professor Unrat,后改编为电影题名《蓝天使》(Blue Angel)。

(续表)

原著者/中文译名	作品	译者	出版社/杂志及期号	出版(初版)/刊载时间	备注
亨得曼	《心》	段可情	《中国文学》创始号	1934.2.1	
亨利曼	《奇遇》	段可情	《中国文学》1卷2期	1934.3.1	
	《海利虚·曼的新作》		《文学》5卷6号	1935.2.1	短讯,介绍其新作《亨利四世的青年时代》。
Mann, Thomas (1875—1955) 托马斯·曼					
汤谟斯曼	《意志的胜利》	章明生	上海启智书局	1928	短篇小说集,收入《一个畸形人的修败》《滑稽的天才》《意志的胜利》《失望》4篇。
Thomas Mann	《讬尔斯太》	闵子	《朝花》1卷4、5期	1929.7.1—7.11	连载
托马斯·曼	《对镜》	江思	《小说月报》20卷12号	1929.12.10	短篇小说
托马斯·曼	《衣橱》	段白纯	《小说月报》20卷12号	1929.12.10	短篇小说
汤麦司曼	《一次火车的险遇》	虚白	《真美善》5卷2号	1929.12.16	短篇小说
	《脱列思丹》	施蛰存	《小说月报》21卷6号	1930.6.10	
	《神童》《到坟园之路》	段白纯	《小说月报》21卷6号	1930.6.10	短篇小说

(续表)

原著者/中文译名	作品	译者	出版社/杂志及期号	出版(初版)/刊载时间	备注
	《神童》《汤马斯曼传》,见然而社编《世界短篇小说名作选》		上海然而社	1935.2	
	《托马斯曼论日耳曼文学》	仲持	《文学》6卷5号	1936.5.1	文评
托马斯·曼	《殴打》	段可情	《文艺月刊》9卷6期	1936.12.1	短篇小说
Thomas Mann	《壁橱》	欧阳竟	《西洋文学》4期	1940.12	短篇小说,前有译者按。
Thomas Mann	《幻灭》	欧阳竟	《西洋文学》8期	1941.4	短篇小说
汤麦斯曼	《向墓地去的路上》	杜宣	《野草》3卷1期	1941.9.15	短篇小说
汤麦斯曼	《诗人之恋》	张尚之译	现代书局	1946	
Thomas Mann	《火车的失事》	薛牲生	《文艺先锋》12卷3—4期	1948.4.25	短篇小说
赵景深	《托马斯·曼——一九二九年诺贝尔文学奖金的得者》		《小说月报》20卷12号	1929.12.10	
杨昌溪	《托马斯曼描写催眠术》		《青年界》1卷2期	1931.4.10	
汪倜然	《现代世界文坛新话——七,汤麦斯曼底自传》		《现代文学评论》1卷2期	1931.5	介绍托马斯的自传《生活杂记》。

(续表)

原著者/中文译名	作　品	译者	出版社/杂志及期号	出版(初版)/刊载时间	备　注
杨昌溪	《托马斯曼素描及其德国文学的观察》		《文艺月刊》5卷1期	1934.1.1	
	《汤玛斯·曼的新三部曲》		《文学》2卷1号	1934.1.1	短讯
可玉	《托麦斯·曼的新著》		《现代》5卷4期	1934.8.1	短讯
	《托麦斯·曼被开除国籍》		《文学》5卷1号	1935.7.1	短讯
Erika und Klaus Mann	《我们的父亲——汤马士曼》连载（一）、（二）	马津	《西洋文学》1,2期	1940.9.1—10.1	回忆文章
夏楚	《爱人归来》（即《绿蒂在威玛》）		《西洋文学》8期	1941.4	作品简介，英文书名为："The Beloved Returns"，书名原文："Lotte in Weimar"。
Maerten, Lu (1879—1970) 迈尔滕					
Lu Maerten	《炭阮夫》	林伯修	《新流月报》3期	1929.5	一幕剧
Marcuse, Ludwig (1894—1971) 马尔库泽					
	《悲剧世界底变迁》	宗白华	《文艺月刊》8卷2期	1936.2.1	

(续表)

原著者/中文译名	作品	译者	出版社/杂志及期号	出版(初版)/刊载时间	备注
May, Karl (1842—1912) 迈					
嘉禄米	《鬼窟奸魔记》	胡兴粤	上海幼慈印书馆	1947	
嘉禄米	《血染金山》	虹影	上海幼慈印书馆	1949	
嘉禄米	《计劫虎头门》	罗嘉	上海幼慈印书馆	1949	
Mell, Max (1882—1971) 梅尔					
	《盛夏之夜》	顾华	《中德学志》2卷2期	1940.7	诗1首
Molo, Walter Reichsritter von (1880—1958) 莫罗					
	《秋》	顾华	《中德学志》2卷3期	1940.9	
Mombert, Alfred (1872—1942) 蒙贝尔特					
	《请愿》	陈南士	《诗》1卷2期	1922.2.15	诗1首
孟倍	《短歌》《睡梦中他们带着我》,见《春情曲》	林凡	上海正风出版社	1947.11	
Morgenstern, Christian (1871—1914) 莫尔根斯特恩					
	《忧郁的小鸟》	陈南士	《诗》1卷2期	1922.2.15	诗1首
F. Koch	《幽默诗人莫根史登》	崔亮	《中德学志》2卷3期	1940.9	

(续表)

原著者/中文译名	作　品	译者	出版社/杂志及期号	出版(初版)/刊载时间	备　注
Mörike, Eduard Friedrich (1804—1875) 谬里克					
谬里克	《维拉时歌》，见《西洋音乐史与诗歌》	王光祈	上海中华书局	1924	
E.梅立克	《莫札特——布拉格之旅》	白禾	重庆自力书店	1944.12	中篇小说，书前有译者前记。书名原文："Mozart auf der Reise nach Prag"。
Mühsam, Paul 谬萨姆					
Paul Mühsam	《人类的命运书》	愈之	《小说月报》15卷8号	1924.8.10	
Neukrantz, Klaus (1895—1941) 诺伊克朗茨					
	《〈柏林的防塞〉及其作者》		《文学》1卷3号	1933.9.1	短文，介绍《柏林的防塞》及其作者 Klaus Neukrantz。
Niese, Charlotte (1854—1935) 尼泽					
Charlotte Niese	《戚戚》	胡国济	《小说月报》8卷11号	1917.11.25	短篇小说
Nietzsche, Friedrich (1844—1900) 尼采					
	《新偶像》	雁冰节译	《解放与改造》1卷6号	1919.11.15	

(续表)

原著者/中文译名	作　品	译者	出版社/杂志及期号	出版(初版)/刊载时间	备　注
尼采	《市场之蝇》	雁冰节译	《解放与改造》1卷7号	1919.12.1	
尼采	《查拉图斯忒拉的序言》	唐俟	《新潮》2卷5号	1920.9.1	
尼采	《查拉图司屈拉》	郭沫若	《创造周报》1—19号，21—28号，31号，33—34号，39号	1923.5.13—9.16，1923.9.30—11.18，1923.12.9，1923.12.23—12.30，1924.2.13	
尼采	《Zarathustra语录》	语堂	《语丝》55期	1925.11.30	
尼采	《沙拉煞斯查的夜歌》	志希	《现代评论》6卷153期	1927.11.12	诗1首
尼采	《查拉图司屈拉钞》	郭沫若	上海创造社出版部	1928.6	哲理性散文，书名原文："Thus spake Zarathustra"。
	《超人的一面—尼采给Madame O. Luise的七封信》	郁达夫	《北新》4卷1—2期	1930.1	
尼采	《尼采底诗》	梁宗岱	《文学》3卷3期	1934.9.1	
尼采	《市场的苍蝇》	语堂	《论语》56期	1935.1.1	
尼采	《流浪人》《秋》《叔本华》《威尼斯》《松与雷》《最孤寂者》《醉歌》《遗嘱》《太阳落了》，见《一切的峰顶》	梁宗岱	上海商务印书馆	1934	

(续表)

原著者/中文译名	作　　品	译者	出版社/杂志及期号	出版(初版)/刊载时间	备　　注
尼采	《扎拉图士特拉如是说》(1—4)	肖赣	上海商务印书馆	1936.3	哲理性散文，据英译本转译。书名原文："Thus spake Zarathustra"。
尼采	《苏鲁支语录》	梵澄	上海生活书店	1936.9	哲理性散文，包括《苏鲁支语录》《启示艺术家与文学者的灵魂》3部分。据英译本转译。书名原文："Thus spake Zarathustra"。
尼采	《尼采诗钞》	冯至	《译文》新1卷3期	1937.1.1	
尼采	《尼采诗钞》	冯至	《文学》8卷1号	1937.5.16	
尼采	《查拉杜斯屈拉如是说》	雷白韦	上海中华书局	1940.5	哲理性散文，书名页书名下题有："人人可读无人可读之书"。书名原文："Thus spake Zarathustra"。
尼采	《新的哥伦布》《秋》，见梁孟庚编，山丁选《近代世界诗选》	冯至	长春满洲株式会社	1941.11	
尼采	《看哪这人》	高寒	重庆文通书局	1947.3	散文集，收入《我为何如此智慧》《我为何如此明澈》《我为何写出如此卓越的著作》《悲剧之产生》《非时之思想》《人类，太人类了》《查拉斯图拉如是说》及《自我批判之企图》等14篇。卷首有译者序及作者自序。书名原文："Ecce Homo"。

(续表)

原著者/中文译名	作品	译者	出版社/杂志及期号	出版(初版)/刊载时间	备注
尼采	《看哪，这个人!》	刘恩久	沈阳文化书店	1947	散文集
尼采	《查拉斯图拉斯如是说》	高寒	贵阳文通书局	1947	
尼采	《致一个荷兰少女》，见《怡然编《世界名人情书》		华成书局	1948.8	
Otmar (1753—1819) 奥特玛					
奥脱玛	《牧羊郎克劳斯》，见《德国短篇小说选》	胡启文	上海中华书局	1937.1	
Pestalozzi, Johann Heinrich. (1746—1827) 裴斯泰洛齐					
裴斯泰洛齐	《贤妇人》	郑若谷	北平著者书店	1933.12	长篇小说，据英译本转译。卷首有译者的《裴斯泰洛齐的生平及思想史略》。书名原文："Lienhard und Gertrud"。
菲斯泰洛齐	《贤伉俪》	傅任敢	上海商务印书馆	1937.1	长篇小说，据英文节译本汉译。卷首附何炳松的汉译本序和霍尔的英译本序。书名原文："Lienhard und Gertrud"。
Redwitz, O. Freiherr von (1823—1891) 拉德维茨					
赖德匪迟	《其乐无穷》，见《西洋音乐与诗歌》	王光祈	上海中华书局	1924	

（续表）

原著者/ 中文译名	作　　品	译者	出版社/杂志及期号	出版（初版）/ 刊载时间	备　注
Reinhardt, Max (1873—?) 莱因哈德					
澄清	《玛克斯·莱茵哈特——诞生六十年纪念》		《文学》1卷5号	1933.11.1	
Reinich, Robert (1805—1852) 赖尼克					
莱茵裏客	《德国人的功诚》，见《德诗汉译》	应时	浙江印刷公司	1914	诗1首
Remarque. Erich Maria (1898—1970) 雷马克					
雷马克	《西部前线平静无事》	林疑今	上海水沫书店	1929.10	长篇小说，据英译本转译。卷首附林语堂序。书名原文："Im Westen nichts Neues"
雷马克	《西线无战事》	洪深、马彦祥	上海平等书店	1929.10	长篇小说，据英译本转译。卷首附作家小传及马彦祥序，书末附洪深的后序。书名原文："Im Westen nichts Neues"。
雷马克	《退路》（上册）	袁文彰、冯次行	上海开华书局	1931.3	长篇小说，书前附张资平序。书名原文："Der Weg zurück"。
雷马克	《战后》（上、下册）	沈叔之	上海开明书店	1931.3—8	长篇小说，据《朝日新闻》载日译本转译。书末附译者后记。书名原文："Der Weg zurück"。

(续表)

原著者/中文译名	作　品	译者	出版社/杂志及期号	出版(初版)/刊载时间	备　注
雷马克	《西线归来》	林疑今、杨昌溪	上海神州国光社	1931.4	长篇小说,据英译本转译。书末附林疑今的后记(论述战争文学问题)。书名原文:"Der Weg zurück"。
雷马克	《街头》(《战争》片段)	沈叔之	《开明》2卷22号	1931.6.1	
雷马克	《战后》	杨若思、王海波	上海光华书局	1931.10	长篇小说,据德文原著,并参照英、日译本译出。书前附贺扬灵序《写在〈战后〉前面》,及译者附《关于雷马克》一文,书末附《译后的话》。书名原文:"Der Weg zurück"。
雷马克	《后方》	华蒂	南京《中央日报》社	1931	长篇小说,书名原文:"Der Weg zurück"。
雷马克	《归来》	张资平	上海平等书店	1931	长篇小说,书名原文:"Der Weg zurück"。
雷马克	《西线无战事》	过立先编译	上海开华书局	1934.1	长篇小说(节译本)
雷马克	《西线无战事》(剧本)	徐翔、邝光沫	上海神州国光社	1934.6	本书系根据雷马克原著同名小说改编的六幕话剧,改编者不详。
雷马克	《西线无战事》	钱公侠	上海启明书局	1936.5	长篇小说

（续表）

原著者/中文译名	作品	译者	出版社/杂志及期号	出版(初版)/刊载时间	备注
雷马克	《西线无战事》	凌霄、吴璇玲	上海经纬书局	1936	长篇小说（节译本），卷首附编译者小言。
何文介	《雷马克的〈三同志〉》		《宇宙风》39期	1941.2.16	介绍雷马克的《三个战友》。
雷马克	《凯旋门》	朱葆光	上海中外出版社	1946.12	长篇小说（节译本），卷首附译者小言。书名原文："Arc de triomphe"。
雷马克	《凯旋门》	林友兰	香港芭蕉出版社	1947.4	长篇小说（节译本），据英译本转译。书末附《雷马克访问记》。书名原文："Arc de triomphe"。
雷马克	《凯旋门》	朱雯	上海文化生活出版社	1948.1	长篇小说，据英译本转译。书末附译后记。
雷马克	《流亡曲》（一名《浮荷》）	朱雯	上海文化生活出版社	1948.12	长篇小说
实秋	《西线无战事》		《新月》2卷6—7期	1929.9.10	介绍洪深、马彦祥的译本。
	《国内外文坛消息杂话二：一部震动全世界的小说〈西方前线平静无事〉》		《新文艺》创刊号	1929.9.15	介绍林疑今译的《西部前线平静无事》一书。
霆	《〈西部前线平静无事〉中译本即将出版》		《新文艺》1卷2号	1929.10.15	

(续表)

原著者/中文译名	作品	译者	出版社/杂志及期号	出版(初版)/刊载时间	备注
	《西部前线平静无事》		《现代小说》3卷2期	1929.11.15	
李无文	《剧本〈西线无战事〉——小说,脚本,公演的介绍》		《大众文艺》2卷3期	1930.3.1	短讯
病夫	《雷麦克〈西部前线平静无事〉的法国批评》		《真美善》5卷4号	1930.2.1	书评
杨昌溪	《雷马克的续著及其生活》		《现代文学》1卷1号	1930.7.16	短讯
周伯涵	《批评与介绍——西线无战事》		《现代文学》1卷2号	1930.8.16	书评
凌梅	《雷马克与"西线无战事"》		《读书月刊》1卷1期	1930.11.1	书评
杨昌溪	《文坛消息:(十五)雷马克底新著》		《读书月刊》1卷5期	1931.2.1	短讯,介绍雷马克的新作《同伴》(即《三个战友》)。
杨昌溪	《西线无战事与战归》		《青年界》1卷2期	1931.4.10	
杨昌溪	《雷马克与战争文学》		《现代文学评论》1卷1期	1931.4.10	
	《西线归来的大战——雷马克将被逐离德》		《文艺新闻》5号	1931.4.30	短讯
易康	《西线归来之创造》		《现代文学评论》1卷2期	1931.5.10	

(续表)

原著者/中文译名	作　品	译者	出版社/杂志及期号	出版(初版)/刊载时间	备　注
	《战战兢兢——雷马克说死者的遗言会问题国议是不要再有战争》		《文艺新闻》9号	1931.5.11	
	《不要再有战争?——成为德国议会问题的西线无战事》		《文艺新闻》9号	1931.5.11	
剑于	《西部前线平静无事》与《从军日记》(上)		《开明》2卷22号	1931.6.1	
剑于	《西部前线平静无事》与《从军日记》(下)		《开明》2卷23号	1931.9.1	
杨昌溪	《雷马克新作表得佳评》		《青年界》1卷5期	1931.7.10	
杨昌溪	《雷马克评传》		上海现代书局	1931.7	包括《欧战前后的雷马克》《雷马克的思想与个性》《雷马克之幸运与厄运》《雷马克战争文学》《世界各国之批评》等10章,其中5章专论《西线无战事》和《西线归来》两部作品。
Frédéric Lefèvre	《雷马克晤谈记》	由稚吾	《现代文学评论》1卷4期	1931.8.10	转译自 Living Age 1930年12月号。
许啸天	《战后》		《开明》2卷24号	1931.10.1	

(续表)

原著者/中文译名	作品	译者	出版社/杂志及期号	出版(初版)/刊载时间	备注
	《雷马克,一个轻薄的和平论者在俄国不大流行》		《文艺新闻》31号	1931.10.10	
方才生	《〈西线归来〉的翻译》		《北斗》1卷3期	1931.10.20	批评《西线归来》译本中的翻译错误。
	《雷马克存款被扣押》		《现代》1卷2期	1932.6.1	
O. Biha	《书评——雷马克底退路》	华琪	《文学月报》1卷1号	1932.6.10	
	《雷马克走头无路——昨年文坛骄子,今日无处为家》		《文艺新闻》	1932.6.20	短讯
杨昌溪	《德国禁出雷马克及托马斯曼著作》		《文艺月刊》3卷12期	1933.6.1	
	《德国禁毁西线无战事》		《文艺月刊》5卷2期	1934	短讯
	《德国对于〈西线无战事〉的一个评语》		《世界文学》1卷2期	1934.12.1	短评
何文介	《雷马克之〈三同志〉》		《宇宙风乙刊》39期	1941.2.16	
Renn, Ludwig (1889—1979) 雷恩					
路易·棱	《战争》	魏以新	上海华通书局	1930	长篇小说,译者附言写于1930年5月。书名原文:"Krieg"。

附　录　287

（续表）

原著者/中文译名	作　品	译者	出版社/杂志及期号	出版(初版)/刊载时间	备　注
雷恩	《战争》	麦耶夫	上海东华书局	1930.7	据英译本转译。附译序。
路易棱	《战场》	周伯涵	《前锋月刊》1卷5期	1931.2.10	
路易林	《战争》	袁持中	上海世界书局	1932.12	长篇小说
路易棱	《战争》	王公谕	上海启明书局	1937.1	书前附译者小引。
Ludwig Renn	《世界无产阶级革命作家对于中国白色恐怖及帝国主义干涉的抗议——，德国革命作家路特威锡·稜(手迹)》	鲁迅	《前哨文学导报》1卷2期	1931.8.5	
	《路特味格棱之〈战后〉》		《现代文学评论》1卷3期	1931.6.10	
白天	《路特·德希棱——〈战争〉与〈战后〉的作者》		《文艺新闻》文学版	1932.5.23	报纸短文介绍作家情况。
杨昌溪	《德国文坛报道：鲁特威斯棱之〈思想与感觉〉》		《文艺新闻》3卷12号	1933.6.1	
炳著	《路特维许·稜——健斗如昔》		《光明》1卷3期	1936.7.10	
Richter, P. R. 里希特					
	《流星》	刘半农	《新民德》2卷1号	1917.10.10	

(续表)

原著者/中文译名	作品	译者	出版社/杂志及期号	出版(初版)/刊载时间	备注
Riehl, Wilhelm Heinrich (1823—1897) 里尔					
W. H. Riehl	《上帝祝福你》,见《德国名家小说集》	刘思训编译	上海中华书局	1931.10	
李尔	《沉默的议员》,见《德意志短篇小说集》	毛秋白选译	上海商务印书馆	1935.9	
Rilke, Rainer Maria (1875—1926) 里尔克					
	《屋顶老人》,见《慈母的悲哀》	新文化学社编译	上海世界书局	1929.5	
	《布里格随笔》	冯至	《沉钟》14期	1932.10.30	
	《豹》	冯至	《沉钟》15期	1932.11.15	
	《论山水》	冯至	《沉钟》18期	1932.12.30	
黎尔克	《军旗手的爱与死》,见《西窗集》	卞之琳编译	上海商务印书馆	1936.3	
里尔克	《里尔克诗钞》	冯至	《新诗》1卷3期	1936.12.10	收《豹》《Pieta》《一个女人的命运》《啊朋友们这并不是新鲜》《Orpheus》《啊,诗人你说你作什么》。

(续表)

原著者/中文译名	作　品	译者	出版社/杂志及期号	出版(初版)/刊载时间	备　注
里尔克	《严重的时刻》《这村里》，见《一切的峰顶》	梁宗岱	上海商务印书馆	1934	
里尔克	《给一个青年诗人的十封信》	冯至	长沙商务印书馆	1938.7	书信集，附录作者的散文《论山水》。卷首附译者序。书名原文："Briefe an einen jungen Dichter"。
里尔克	《老提摩斐之死》《正义之歌》《欺诈怎样到了俄国》《听石头的人》，见《交错集》	梁宗岱	桂林华胥社业书	1943	译诗
利尔克	《罗丹》	梁宗岱	重庆正中书局	1943	收入"建国文艺丛书"第一集。
黎尔克	《述罗丹》	吴兴华	《中德学志》5卷1—2期	1943.5	
里尔克	《爱情》《先知》《寂静》《少女之祷(1)》《少女之祷(2)》，见《春情曲》	林凡	上海正风出版社	1947.11	
里尔克	《里尔克诗七章》	陈敬容	《中国新诗》2期	1948	
里尔克	《少女的祈祷及其他》	陈敬容	《诗创造》10期	1948.4	
赵景深	《德国诗人列尔克》，见《最近的世界文学》		上海远东图书公司	1928	
汪倜然	《奥国诗人李尔克之美妙的自传》		《前锋月刊》1卷5期	1931.2.10	

(续表)

原著者/中文译名	作品	译者	出版社/杂志及期号	出版(初版)/刊载时间	备注
冯至	《里尔克——为十周年祭日作》		《新诗》3期	1936.12.10	
徐迟	《里尔克(Rilke)礼赞》		《时与潮文艺》创刊号	1943.3.15	
吴兴华	黎尔克的诗		《中德学志》5卷1—2期	1943.5	
里尔克	《黎尔克诗选》	吴兴华	中德学会	1944	
毕树棠	《近世德国人列传——里尔克》		《中德学志》5卷4期	1943.12	
Rocker, Rudolf (1873—?) 洛克					
Rudolf Rocker	《西班牙的斗争》	巴金	上海平民出版社	1938.4	3版
	《萌芽》	春飞	芒种社	1947.2	散文,据比利时《思想与行动》月刊的法译本转译,原名《来自彼岸》。书前有吴沄的小序,简介作者。
鲁多夫·洛克尔	《六人》	巴金	上海文化生活出版社	1949.9	内收6篇,根据6部世界文学名著主人公的故事改写的散文。包括:《浮士德的路》《董·绥夫的路》《哈姆雷特的路》《董·吉诃德的路》《麦达尔都斯的路》《冯·阿夫特尔丁根的路》,前有《楔子》,后有《觉醒》篇。书末附译者后记。据英译本转译。

(续表)

原著者/中文译名	作　品	译者	出版社/杂志及期号	出版(初版)/刊载时间	备　注
Roda Roda, Alexander (1872—1945) 罗达·罗达					
	《兄弟的争斗》,见《美的短篇小说》(第一集)	克让	上海自力书店	1929	
Rodenberg, Julius (1831—1914) 罗顿贝格					
J.罗顿堡格	《别针》	陈原	《文艺生活》1卷1期	1941.9.15	
罗顿贝尔格	《战争的插曲》	韩侍桁	《文艺杂志》3卷1期	1943.12	
罗顿贝尔格	《战争的插曲》,见《战争的插曲》	侍桁编译	重庆商务印书馆	1944.6	
Salten, Felix (1869—1945) 沙尔顿					
索尔顿	《林中的生活》	张雪岩、贝厚德	上海广学会	1929.10	长篇童话,据英译本转译。书名原文:"Tiergeschichte Bambi"。附译者序言。
萨尔丹	《森林里的悲喜剧》	胡仲持	重庆大时代书局	1943.6	长篇童话,卷首附高尔斯华绥的前记。书末附编校后记。书名原文:"Tiergeschichte Bambi"。

(续表)

原著者/中文译名	作　品	译者	出版社/杂志及期号	出版(初版)/刊载时间	备　注
沙尔顿	《斑焦》	方安	重庆商务印书馆	1943.10	长篇童话，据英译本转译。书前附高尔斯华绥、邹海滨、张天泽的序文各一篇。书名原文："Tiergeschichte Bambi"。
沙尔顿	《斑比——一个小鹿的故事》	蕴雯	南京独立出版社	1946.11	长篇童话，卷首附译者序。

Schiller, Friedrich (1759—1805) 席勒

原著者/中文译名	作　品	译者	出版社/杂志及期号	出版(初版)/刊载时间	备　注
龠雷等	《担保》，见《德诗汉译》	应溥泉(应时)	浙江印刷公司印刷	1914.1	诗1首
许雷	《威廉退尔》	马君武	《大中华杂志》1卷1—6期	1915.1.20—6.20	连载
西喇	《西喇叙事诗三首》	唐性天	《文学旬刊》2、3、4号	1921.5.20—6.20	即《手套》《姐妹爱》(今译《托根堡的骑士》)、《担保》(今译《人质》)。
Schiller	《译Schiller诗一首》	徐志摩	《晨报副刊》47号	1925.8.11	即《托根堡的骑士》中第一段的重译。
席勒	《渔歌》，见《德国诗选》	郭沫若、成仿吾	上海创造社出版部	1927.10	诗1首
席勒	《渔歌》，见《沫若译诗集》		上海创造社出版部	1928	诗1首

(续表)

原著者/中文译名	作　　　品	译者	出版社/杂志及期号	出版(初版)/刊载时间	备　　注
西拉	《理想》《大地之分给》《十九世纪的开始》《德姆特利阿斯》，见《德国文学 ABC》	李金发	上海世界书局	1928.9	前 3 篇为译诗，第 4 篇是剧本片段。
席勒	《世界的末日》	何德明	《现代文学评论》2 卷 3 期—3 期 1 期合刊	1931.10.20	
席勒	《世界之末日》	何德明	《新时代》2 卷 2—3 期	1932.6.1	
席勒	《世界底分割》	小默	《文学》4 卷 1 号	1935.1.1	诗 1 首
席勒	《武土涂根堡》	商章孙	《文艺月刊》11 卷 6 期	1941.6.16	今译《托根堡的骑士》。
席勒	《伊壁古士的鹤》	商章孙	《文艺月刊》11 卷 8 期	1941.8.16	今译《伊俾科斯的鹤》。
释勒	《大钟歌》	张嘉谋	《文艺月刊》11 卷 9 期	1941.9.16	本诗附有译者短论《释勒的〈大钟歌〉》。
席勒	《地球之分割》	张嘉谋	《时与潮文艺》1 卷 1 期	1943.3.15	
席勒	《希望》，见《罗马哀歌》	方闻	福建点滴出版社	1944.3	诗 1 首
席勒	《虚幻》《少女叹》《情绪》《现知识》《播种》，见《青春曲》	林凡	上海正风出版社	1947.11	收歌德、席勒、海涅、黑塞、里尔克等人的诗。
释勒	《强盗》初版原序	杨丙辰	《莽原》2 卷 3 期	1927.2.10	

(续表)

原著者/中文译名	作　品	译者	出版社/杂志及期号	出版(初版)/刊载时间	备　注
席勒等	《不得已的犯人》,见《德国名家小说集》	刘思训辑译	上海中华书局	1931.10	
	《释勒与歌德通信选集》	张德润	《中德学志》2卷1—3期	1940.4—9	
席拉	《不得已的犯人,收人毛秋白等译《俏皮姑娘》(德国小说名著)	刘思训	上海启明书局	1941.7	
席勒	《致洛特》,见《世界名人情书》	怡然编	华成书局	1948.8	
许雷	《威廉退尔》	马君武	上海中华书局	1925.12	五幕历史悲剧,译文为文言,卷首附译言。书名原文为"Wilhelm Tell"。
释勒	《强盗》	杨丙辰	上海北新书局	1926.4	五幕剧,卷首附译者自序,本书同时以《讨暴虐者》的书名出版。书名原文:"Die Räuber"。
释勒	《讨暴虐者》	杨丙辰	上海北新书局	1926.4	五幕剧,卷首附译者自序,本书同时以《强盗》的书名出版。书名原文:"Die Räuber"。
席勒尔	《奥里昂的女郎》(长篇剧本)	叶定善编译	上海安国栋发行	1932.5	五幕剧,书末附《剧中人物的历史》《席勒尔小传》及译者自序。书名原文:"Die Jungfrau von Orleans"。

（续表）

原著者/中文译名	作　品	译者	出版社/杂志及期号	出版（初版）/刊载时间	备　注
丰席勒尔	《瓦轮斯丹》	胡仁源	上海商务印书馆	1932.11	历史剧三部曲，包括：《瓦轮斯丹之兵营》（一幕）、《毕各洛米尼》（五幕）、《瓦轮斯丹之末路》（五幕）。书名原文："Wallenstein"。
席勒	《奥里昂的女郎》	关德懋	上海商务印书馆	1933.3	五幕剧，书末附《一百多年的英法之战》《剧中人物的历史》《席勒小传》《后序》及译者自序。书名原文："Die Jungfrau von Orleans"。
F. von Schiller	《阴谋与爱情》	张富岁	上海商务印书馆	1934.11	五幕悲剧，书前有杨丙辰序及译者序言。书名原文："Kabale und Liebe"。
席勒	《华伦斯太》	郭沫若	上海生活书店	1936.9	历史剧三部曲，书末附译者的《译完了华伦斯太之后》。书名原文："Wallenstein"。
席勒	《威廉退尔》	项子和	上海开明书店	1936.10	五幕历史剧，卷首附译者弁言。书名原文："Wilhelm Tell"。
席勒	《恋爱与阴谋》	顾仲彝	上海光明书局	1940	
杨炳辰	《释勒略传》		《猛进》44期	1926.1.8	
西谛	《介绍〈威廉退尔〉》		《文学周报》234期	1926.7.18	

（续表）

原著者／中文译名	作　品	译者	出版社／杂志及期号	出版（初版）／刊载时间	备　注
（魏）仲民	《读了马君武的威廉退尔以后》		《泰东月刊》1卷5期	1928.1.1	批评马君武的译本翻译错误。
	《强盗》《威廉退尔》（词条），见周梦蝶编《中外文学名著辞典》		乐华图书公司	1931	
茅盾	《席勒的强盗》，见《汉译西洋文学名著》		上海中国文化服务社	1935	共介绍32位作家，其中两位德人作品：十三，歌德的《浮士德》；十四，席勒的《强盗》。
希尔特	《德国诗人席勒——德国Hilde女士为本刊纪念特撰》	小默	《文学》4卷1号	1935.1.1	此文为1935年世界文人生卒纪念特辑中的一篇。
商承祖	《释勒的叙事诗》		《文艺月刊》8卷5期	1936.5.1	
商章孙	《释勒的咏事诗》		《文艺月刊》11卷5期	1941.5.16	
L. Mühlbach	《歌德与席勒》	杨白平	成都越新书局	1942.10	介绍歌德和席勒的生平。据译者导言称，由于国内已有不少歌德的传记，所以译本中删去了其中关于歌德的部分内容，但歌德与席勒有关系的部分仍保留。
陈铨	《席勒对德国民族文学的贡献》		《文艺先锋》2卷3期	1943.3.20	
Wilhelm Humboldt	《释勒底精神特质》	杨丙辰	《文艺者》（月刊）	1944.6.10	

（续表）

原著者/中文译名	作　品	译者	出版社/杂志及期号	出版（初版）/刊载时间	备　注
Schlegel, A. W. V. (1767—1845) 施莱格尔					
施雷格	《德国的戏剧文学》	常乔波	《中德学志》5卷3期	1943.9	
Schnitzler, Arthur (1862—1931) 施尼茨勒					
显尼志劳	《界石》	茅盾	《时事新报》副刊《学灯》	1919.8.28	此剧为《阿那托尔》中的第四个独幕剧。
	《妇女日的早晨》	冰	《妇女杂志》6卷2号	1920.6.5	
	《显尼志劳戏剧的一幕——买圣诞礼物》	西林	《太平洋》4卷5号	1924.3.5	
舍里斯勒	《花》	叶灵凤	《现代小说》2卷1期	1929	附作家简介。
尼滋拉	《最后的假面》，见《坛泰琪儿之死》	田汉	上海现代书局	1929.6	梅特林等著，田汉译。
斯尼支勒	《生的时刻》	林惠元	《北新》3卷10号	1929.6.1	剧本
A. Schnitzler	《伴侣》	周伯涵	《小说世界》18卷2期	1929.6	一幕剧
显尼志勒	《牧人之笛》	施蛰存	《现代小说》3卷1，2期	1929.10.15—11.15	短篇小说
显尼志勒	《勇少年卡西安》	林疑今	《新文艺》1卷4号	1929.12.15	独幕剧

(续表)

原著者/中文译名	作品	译者	出版社/杂志及期号	出版(初版)/刊载时间	备注
斯尼支勒	《花》,见叶灵凤辑译《世界短篇杰作选》(二)	叶灵凤	上海光华书局	1930.5	
志尼显劳	《独身者之死》	刘大杰	《文艺月刊》3卷5—6期	1932.6.30	小说,连载。
志尼显劳	《沉默的饶恕》	丽尼	《小说月刊》第6期	1934.8.5	
Arthur Schnitzler	《丽娴琪达的日记》	可华	《矛盾》3卷3—4期合刊	1934.6.1	短篇小说
希尼志勒	《来森波男爵的命运》	林微音	《现代》卷2期	1934.6.1	短篇小说
希尼志勒	《来森波男爵的命运》,见《世界名著选》	林微音	经纬书局	1937.7	陈涉编
显尼志劳	《李山布男爵的命运》,见《中欧小说名著》	韦澄芬	上海启明书局	1937.6	再版。施落英编撰。
史尼志勒	《花》	刘厚醇	《文艺先锋》7卷4期	1945.10.3	
显尼志劳	《阿那托尔》	郭绍虞	上海商务印书馆	1922.5	剧本,被称为各幕均可独立的"连环剧"。据英译本转译。卷首附郑振铎的序。书名原文:"Anatol"。
显尼志劳	《恋爱三昧》	赵伯颜	上海乐群书店	1929.8	收三幕剧《恋爱三昧》和独幕剧《绿鹦鹉》。

(续表)

原著者／中文译名	作　品	译者	出版社／杂志及期号	出版（初版）／刊载时间	备　注
显尼志勒	《多情的寡妇》	施蛰存	上海尚志书屋	1929.1	
显尼志勒	《循环舞》	赵伯颜	上海水沫书店	1930.5	书前附译序，介绍作者生平和创作。书名原文："Der Reigen"。
显尼志劳	《死》	段可情	上海现代书局	1930.11	长篇小说，书末附译后记。书名原文："Sterben"。
显尼志勒	《妇心三部曲》	施蛰存	上海神州国光社	1931.6	本书系3部小说（长篇《蓓尔达迦兰夫人》，中篇《眦亚特丽思》和《爱尔赛小姐》）的合集，书名为译者所加。书前附译者序。
显尼支勒	《苦恋》	刘大杰	上海中华书局	1932.7	长篇小说，据英译本转译。书前附译者的话和《显尼支勒与维也纳文学》。书名原文："Bertha Garlan"。
显尼支勒	《苦恋》	李志莘编译	上海开华书局	1934.4	长篇小说（节译本），附前言。书名原文："Bertha Garlan"。
显尼志勒	《薄命的戴丽莎》	施蛰存	上海中华书局	1937.4	长篇小说，据英译本 Theresa: The Chronicle of a Woman's Life 转译。
显尼志勒	《私恋》（妇心三部曲之二）	施蛰存	上海言行社	1941.5	中篇小说，上海神州国光社1931年版《妇心三部曲》中译名为《眦亚特丽思》。

(续表)

原著者/中文译名	作　品	译者	出版社/杂志及期号	出版(初版)/刊载时间	备　注
显尼志勒	《女难》(妇心三部曲之三)	施蛰存	上海言行社	1941.5	中篇小说,上海神州国光社1931年版《妇心三部曲》中译名为《爱尔赛小姐》。书名原文:"Fräulein Else"。
显尼志勒	《爱尔赛之死》	施蛰存	福建南平复兴出版社	1945.8	中篇小说,卷首附译者题记,介绍作者生平和作品。本书即上海神州国光社1931年版的《妇心三部曲》中的《爱尔赛小姐》。书名原文:"Fräulein Else"。
显尼志勒	《自杀以前》	施蛰存	福建永安十日谈社	1945.9	短篇小说,据英、法文译本译出。卷首附译者题记。
显尼志勒	《孤零》(妇心三部曲之一)	施蛰存	文化出版社	194?	长篇小说,上海神州国光社1931年版《妇心三部曲》中译名为《苔尔达茹兰夫人》。版权页未印出版时间。书名原文:"Bertha Garlan"。
显尼志勒	《哀尔赛姑娘》	何文基	上海大学出版社	1949	中篇小说,书名原文:"Fräulein Else"。
西萱	《显尼志劳的剧本》		《太平洋》4卷5号	1924.3.15	
赵景深	《显尼志劳的破晓》《又是显尼志劳》,见《最近的世界文学》		上海远东图书公司	1928	

（续表）

原著者/中文译名	作　　品	译者	出版社/杂志及期号	出版(初版)/刊载时间	备　　注
师鹤	《读物杂碎——以文学著名的医生——显尼支劳》		《真美善》4卷6号	1929.10.16	
显尼志劳	《亚娜来尔》(词条),见周梦蝶编《中外文学名著辞典》		乐华图书公司	1931	
	《奥国戏剧家显尼志劳逝世》		《文艺新闻》36号	1931.11.16	短讯
黎锦明	《奥国三大剧作家》		《青年界》5卷5期	1934.5	介绍 Hermann Bahr, Arthur Schnitzler 和 Hugo von Hofmannsthal。
Schopenhauer, Arthur（1788—1860）叔本华					
叔本华	《文学的艺术》	陈介白,刘共之	北平人文书店	1933	
叔本华	《风格论》	吴寿彭	《中国文学》1卷5期	1934.5.1	随笔
Arthur Schopenhauer	《文章杂论五则》	伍蠡甫选译	《世界文学》1卷6期	1935.9.15	包括《剧本的立场》《读书》《买书》《纪念碑》5篇随笔短文。
	《处世箴言》	关琪桐	《中德学志》3卷1—4期,4卷1—3期	1941.3—12 1942.3—9	
罗绮	《叔本华论天才与道德》		《黄河》5卷3,4期	1944.4	

(续表)

原著者/中文译名	作　品	译者	出版社/杂志及期号	出版(初版)/刊载时间	备　注
Schöyen, von E. 施园					
Von Elisabeth Schöyen	《人世地狱》	杨敬慈	北京晨报社	1924.5	长篇小说，书名原文: "Die weisse Sklavin"
Schrank, Josef 施朗克					
Josef Schrank	《巴黎的水管工匠》	邝九	《论语》60期	1935.3.1	幽默故事
Schwab, Gustav (1792—1850) 施瓦布					
许佳伯	《暴雷》《骑士与鲍登海》，见《德诗汉译》	应溥泉（应时）	浙江印刷公司印刷	1914.1	诗2首
斯威布	《希腊的神话和传说》	楚图南	上海书报联合发行所	1949	
Seghers, Anna (1900—1983) 西格斯					
安娜·赛该尔斯	《两逃犯》	徐迟	《文艺阵地——文艺新辑之一：'去国'》	1943.11	系《第七个十字架》中的片段。
安娜·赛该尔斯	《第七名逃犯》	徐迟	桂林学艺出版社	1944	
Shack, A. F. Von (1815—1894) 夏克					
夏克	《夜乐》，见《西洋音乐与诗歌》	王光祈	上海中华书局	1924	

（续表）

原著者/中文译名	作　品	译者	出版社/杂志及期号	出版(初版)/刊载时间	备　注
Spittler, Care (1845—1924) 施皮特勒					
沈雁冰	《海外文坛消息十九——再志瑞士诗人斯劈脱尔》		《小说月报》12卷3号	1921.3.10	
斯劈脱尔	《歌德以后的大诗人》，见《最近的世界文学》	赵景深	上海远东图书公司	1928	
Spyri, Johanna (1827—1901) 施皮里					
史班烈	《瑞士牧童》	狄珍珠	上海广学会	1928.11	Mrs. Madge Mateer 译
史班烈	《赫德的故事》	鞠斯曛	上海广学会	1929.1	长篇小说，书名原文："Heidi"。
史碧丽	《小小的逃亡者》		上海世界书局	1933.5	内收《牧羊童子模尼》《没有朋友》《小小的逃亡者》等3篇童话。
史必烈	《海地》	林雪清	重庆正中书局	1943.4	长篇小说，据英译本转译。书名的话。书名原文："Heidi"。
约翰那·斯派蕾	《海弟》	杨镇华	上海大东书局	1948.11	长篇小说，书名原文："Heidi"。
Stern, Adolf (1835—1907) 斯台恩					
斯台恩	《睡的生命》	陈南士	《诗》1卷2号	1922.2.15	

(续表)

原著者/中文译名	作品	译者	出版社/杂志及期号	出版(初版)/刊载时间	备注
Storm, Theodor (1817—1888) 施托姆					
司它尔牟	《蜜蜂湖》	端书	《世界观》1期1—5卷	1915.8.28—12.28	
斯讬蒙	《隐媚湖》	之盎	《留美学生季报》3卷3期	1916.9	中篇小说,节译。
施笃谟	《茵梦湖》	郭沫若、钱君胥	上海泰东书局	1921.7	中篇小说,卷首附译者的《原作者小传》。书名原文:"Immensee"。
斯托尔姆	《意门湖》	唐性天	上海商务印书馆	1922.2	中篇小说,书末附译者的《斯托尔姆(德国北部的小说家兼诗家)传)》。书名原文:"Immensee"。
施托谟	《滴漠湖》	朱偰	上海开明书店	1927.11	中篇小说,书前附译者和《作者事略》。书名原文:"Immensee"。
斯托姆	《茵梦湖》	罗牧	上海北新书局	1930	中篇小说,书名原文:"Immensee"。
	《茵梦湖》	张友松	上海北新书局	1932	中篇小说,书名原文:"Immensee"。
	《茵梦湖》	孙锡鸿	寰徽社	1933	中篇小说,书名原文:"Immensee"。
	《茵梦湖》	王翔	世界书局	1936.5	中篇小说,书名原文:"Immensee"。
施笃姆	《茵梦湖》	施瑛	上海启明书局	1928.2.1	中篇小说,书名原文:"Immensee"。
Storm	《玛尔特与时钟》	魏仲民	《泰东月刊》1卷6期		短篇小说,书名原文:"Marthe und ihre Uhr"。

(续表)

原著者/中文译名	作　品	译者	出版社/杂志及期号	出版(初版)/刊载时间	备　注
施笃漠	《马尔黻及她的钟》，见《奇零集》	郁达夫	上海开明书店	1928.3	篇名原文："Marthe und ihre Uhr"。
施笃漠	《一位沉静的音乐师》	段可情	《文艺月刊》4卷6期	1933.12.1	短篇小说
施笃漠	《日光中》	段可情	《文艺月刊》7卷3期	1935.3.1	短篇小说
许笃漠	《茵革莉茄》，见《德意志短篇小说集》	毛秋白选译	上海商务印书馆	1935.9	短篇小说
许笃漠	《茵革莉茄》，见《俏皮姑娘》(德国小说名著)	毛秋白	上海启明书局	1941.7	中篇小说，书名原文："Immensee"。
斯托姆	《在厅子里》	巴金	《当代文艺》1卷2期	1944.2.1	此短篇小说后收入文通书局1946年版的《现代翻译小说选》。
斯托姆等	《在厅子里》，见《现代翻译小说选》	茅盾编辑	上海文通书局	1946.10	
施笃漠	《灵魂》	张威廉	上海光华书局	1928.10	短篇小说，书名原文："Psyche"。
施托姆	《燕语》	朱偰	上海开明书店	1929.3	短篇小说，书前附译者序，简介作者的创作。书末附《施托谟之背景及其年表》。书名原文："Im St. Jurgen"，今译《在圣尤庚院》。
施笃姆	《白马底骑者》	钟宪民	上海光华书局	1930.5	中篇小说，据世界语译本转译。书名原文："Der Schimmelreiter"。

(续表)

原著者/中文译名	作品	译者	出版社/杂志及期号	出版(初版)/刊载时间	备注
施笃谟	《傀儡师保尔》	罗念生、陈林率	上海中华书局	1931.1	中篇小说，卷首附编者序，简介作者生平。书名原文："Pole Poppenspäler"。
史笃谟	《恋爱与社会》	李珠	上海商务印书馆	1934.3	中篇小说，卷首附译者小序。书名原文："Ein Doppelgänger, oder Liebe und Gesellschaft"。
斯托谟	《双影人》	商承祖	南京正中书局	1936.4	中篇小说，书前附《导言》《斯托谟小传》《斯托谟的文学》。书名原文："Ein Doppelgänger, oder Liebe und Gesellschaft"。
斯托姆	《斯托姆小说集》	魏以新	长沙商务印书馆	1939.9	内收《淹死的人》《格利斯胡森志》《哈得斯雷本胡斯的婚礼》《忏悔》4部中篇小说。卷首附译者引言。书名原文："Novellensammlung"。
斯托姆	《迟开的蔷薇》	巴金	桂林文化生活出版社	1943.11	中短篇小说集，收入《迟开的蔷薇》《马尔特和她的钟》《蜂湖》3篇。书末附译者后记。
施托谟	《大学时代》	绮纹	上海进化书局	1946.7	中篇小说，书名原文："Auf der Universität"。
史托姆	《燕儿曲》	伴君	《小说月报》15卷1号	1924.1.10	诗1首

（续表）

原著者/中文译名	作　品	译者	出版社/杂志及期号	出版（初版）/刊载时间	备　注
释滔穆	《释滔穆的儿首抒情诗》	杨丙辰	《莽原》12卷8期	1927.4.25	
施笃谟	《秋的哀词》，见《德国诗选》	郭沫若、成仿吾	上海创造社出版部	1927.10	诗1首
	施笃谟诗三首：《今朝》《林中》《我的妈妈所主张》，见《沫若译诗集》	郭沫若	上海创造社出版部	1928.5	
郁达夫	《〈茵梦湖〉的序引》		《文学旬刊》15号	1921.10.1	
郭沫若	《批判〈意门湖〉译本及其他》		《创造》1卷2期	1922.9	
西谛	《译本的比较》		《太平洋》4卷2号	1923.9.5	
王先献	《漪溟湖和红楼梦》		《开明》2卷7号	1930.1.1	
施笃姆	《茵梦湖》（词条），见周梦蝶编《中外文学名著辞典》		乐华图书公司	1931	
Strauss, Emil（1866—1960）史特劳斯					
史特芳斯	《头纱》	顾华译	《中德学志》，2卷1期	1940.4	
Sudermann, Hermann（1857—1928）苏德曼					
苏德蒙	《卖国奴》	中国商务印书馆编译所	《绣像小说》31、32、33、37—48期	1904.8—1905.4	长篇小说连载，书名原文"Der Katzensteg"，今译《猫桥》《猫路》。

(续表)

原著者/中文译名	作 品	译者	出版社/杂志及期号	出版(初版)/刊载时间	备 注
苏特门	《大除夕的忏悔》,见《欧美小说》	虚白	真美善书店	1917	
苏德曼	《推霞》	宋春舫	《新潮》1卷1号	1919.2.1	
Sudermann	《福利蕊欣》	潘家洵	《新潮》2卷5号	1920.9.1	独幕剧,书名原文"Fritzchen"。
滋德曼	《欢乐的家庭》	愈之译	《东方杂志》18卷2号	1921.1.25	
Sudermann	《她微笑了》	晋韩	《文学旬刊》12号	1923.9.21	
滋德曼	《欢乐的家庭》,见周作人等译《欧洲大陆小说集》(上)	愈之译	上海商务印书馆	1923.12	离夫达利阿谛思等著
苏特门	《大除夕的忏悔》	虚白	《真美善》1卷8号	1928.2.16	短篇小说,附译后,提到席涤尘也译出了此篇。
倜然	《苏特曼底遗著》		《前锋月刊》创刊号	1930.10.10	
苏德曼	《欢快的人》	席涤尘	《当代文艺》1卷5期	1931.5.15	短篇小说
苏特门	《除夕的忏悔》	丽尼	《小说半月刊》14期	1934.12.15	据英译本"A New Year's Eve Confession"转译。
苏德曼	《除夕的告白》,见《青春之恋》	钱歌川	上海中华书局	1935.2	赫克胥黎等著
苏特门	《大除夕的忏悔》,见《世界短篇小说名作选》	虚白	上海然而社	1935.2	

(续表)

原著者/中文译名	作　品	译者	出版社/杂志及期号	出版(初版)/刊载时间	备　注
苏德曼	《挽歌》，见海藻编《新世纪小说选》		北京益智书店	1941.9	
苏德曼	《快乐的人们》，见《俏皮姑娘》（德国小说名著）	周颂棣	上海启明书局	1941.7	
苏德曼	《挽歌》，见《德意志短篇小说集》	宋蕙选译	长春开明图书公司	1944.9	
苏德曼	《秋》	胡仲持	《文艺生活》光复版8期	1946.9	短篇小说
苏德曼	《福》，见《大都会的小故事》	鲍屡平	上海商务印书馆	1947.7	[美]劳申布拉特著
苏德曼	《冬夜诉心》，见《世界名家短篇小说全集》第二集	周瘦鹃	上海大东书局	1947	
滋德曼	《欢乐的家庭》，见周缦云选辑《现代世界小说选》	愈之译	上海江南文艺社	1932.1	
苏德曼	《卖国奴》	吴梼	上海商务印书馆	1905	长篇小说，据登张竹风的日译本转译。
苏台尔曼	《忧愁夫人》	胡仲持	上海商务印书馆	1924.11	长篇小说，卷首附《译序》《苏台尔曼著作一览》及作者的诗《至两亲》。书名原文"Frau Sorge"。
苏德曼	《故乡》	李馪女士	基督教女青年会全国协会编辑部	1930	剧本，据英译本转译，卷首附译者序。书名原文"Die Heimat"。

(续表)

原著者/中文译名	作品	译者	出版社/杂志及期号	出版(初版)/刊载时间	备注
苏德曼	《猫路》	成绍宗	上海支那书店	1930.4	长篇小说,书名原文"Der Katzensteg",又译《猫桥》。
苏德曼	《快乐的人们》	周颂棣	上海中华书局	1932.9	短篇小说集,除《快乐的人》(即《欢快的人》)外还收《挽歌》《蒂亚》。据英译本转译。卷首附译序。
苏德曼	《血爱》	成绍宗	上海光华书店	1933.11	长篇小说,即《猫路》的再版。
苏德曼	《戴亚王》	施蛰存	福建永安十日谈社	1945.8	
苏德曼	《忧愁夫人》	北芒	上海国际文化服务社	1948.11	长篇小说,书名原文:"Frau Sorge"。
陈瑕	《十九世纪末德国文坛代表者——滋德曼及郝卜特曼》		《东方杂志》17卷15号	1920.8.10	
赵景深	《苏德曼逝世》		《文学周报》8卷5期	1929.1.27	
合永	《近世逝世之德国戏剧家兼小说家苏德曼评传》		《大公报·文学副刊》53期	1929.1.14	介绍苏德曼一生的创作。
苏德曼	《忧愁夫人》(词条),见周梦蝶著《中外文学名著辞典》		乐华图书公司	1931	
孙俍工	《苏特曼传》,见《世界短篇小说名作选》		上海然而社	1935.2	

(续表)

原著者/中文译名	作品	译者	出版社/杂志及期号	出版(初版)/刊载时间	备注
毕树棠	《苏德曼论》(上篇)		《中德学志》4卷1期	1942.3	
毕树棠	《苏德曼论》(下篇)		《中德学志》4卷2期	1942.6	
Süskind, W. E. (1901—1970) 聚斯金德					
汪倜然	《〈青春之网〉及其作者》		《现代文学评论》1卷4期	1931.8.10	
Teniers, Alfred (1830—1889) 合尼尔斯					
Alfred Teniers	《彼得斐·山陀尔——行状》	白莽	《奔流》2卷5号	1929.12.20	小说
Thiess, Frank (1890—1977) 提司					
毕树棠	《近世德国文人列传——提司》		《中德学志》5卷4期	1943.12	
Toller, Ernst (1893—1939) 托勒尔					
	《重洋怪杰》	容复初		上海商务印书馆	1934
Ernst Toller	《群众=人(二十世纪社会革命剧七场)》	李铁声	《创造月刊》2卷2、3期	1928.9.10—10.10	剧本,连载。

（续表）

原著者/中文译名	作品	译者	出版社/杂志及期号	出版（初版）/刊载时间	备注
E. 托莱尔	《现代作家与将来之欧洲》	施蛰存	《文艺风景》1卷2期	1934.7.1	
Ernst Toller	《燕子书》	段微杰	《世界文学》1卷5期	1935.6.15	长诗
E. 托勒	《文字》	姚克	《译文》新2卷4期	1936.12.16	1936年6月19日国际作家会在伦敦朋友之屋开会，托勒在会场所致的开幕辞。
赵景深	《托勒的自叙传》		《小说月报》22卷7号	1931.7.10	介绍作家的自传。同一页另刊有关于"大战后的德国青年作家"的短文。
扬昌溪	《德国作家托勒的自传与新剧》		《文艺月刊》5卷6期	1934.6.1	短文简介作家的自传和"Eine Jugend in Deutschland"。
允怀	《戏剧作家托勒》		《世界文学》1卷5期	1935.6.15	介绍作家生平和创作。
Udet, Ernst（1896—1941）邬戴特					
爱伦斯·邬戴特	《战乱之翼》	陶在湄	长沙中西文化印书馆	1943	
Uhland, Ludwig（1787—1862）乌兰德					
乌郎	《乐师诅咒》，见《德诗汉译》	应溥泉（应时）	浙江印刷公司	1914.1	诗1首

(续表)

原著者/中文译名	作　品	译者	出版社/杂志及期号	出版(初版)/刊载时间	备　注
伍兰德	《酒家女儿》，见《西洋音乐与诗歌》	王光祈	上海中华书局	1924	诗1首
Unruh, Fritz von (1885—1970) 温鲁					
赵景深	《德国的巴比塞温鲁》，见《最近的世界文学》		上海远东图书公司	1928	
Viebig, Clare (1860—1952) 菲碧格					
毕树堂	《近世德国文人列传——菲碧格》		《中德学志》5卷4期	1943/12	
Wagner, Richard (1813—1883) 瓦格纳					
华格纳	《春天》	周学普	《诗创作》7期	1942.1.20	
Walter von der Vogelweide, (1170—1230) 瓦尔特·封·德尔·福格万德					
	《诗人华尔特尔·封·德·伏格尔淮德》	卢剑波	《笔阵》4期	1942.8.20	
Wassermann, Jakob (1873—1934) 瓦塞尔曼					
华苏曼	《兽》	张润卿	《现代小说》2卷1期	1929	短篇小说。附作家简介。
瓦塞门	《野兽》	虚白	《真美善》5卷3号	1930.1.16	短篇小说

附　录　**313**

(续表)

原著者/中文译名	作　　品	译者	出版社/杂志及期号	出版（初版）/刊载时间	备　注
J. Wassermann	《琉卡狄思》	傅东华	《文学》2卷3期	1934.3.1	短篇小说
Wassermann	《近代德国小说之趋势》	赵家璧	《现代》5卷2期	1934.6.1	
华绥门	《德意志》，见《今日欧美小说之动向》	赵家璧	上海良友图书印刷公司	1935	
瓦塞曼	《琉卡狄思》，见《化外人》	傅东华选译	上海商务印书馆	1936.3	短篇小说
华苏曼	《兽》，见《俏皮姑娘》（德国小说名著）	叶灵凤	上海启明书局	1941.7	短篇小说
瓦塞曼	《琉卡狄思》，见《世界短篇小说精华》	王统照译、柳无忌总编	重庆正风出版社	1948.6	再版
	《德国小说家发塞曼的六十诞辰》		《文学》1卷5号	1933.11.1	作家作品介绍
杨昌溪	《华塞曼客死奥地利》		《文艺月刊》5卷2期	1934.2.1	短讯
Wedekind, Frank (1864—1918) 韦德金德					
卫德耿	《春醒》	汤元吉	上海商务印书馆	1928.5	剧本，书前有译者序，书末附译者的《Kammerspiele 戏园观剧记》。书名原文："Frühlings Erwachen"。

(续表)

原著者/中文译名	作　品	译者	出版社/杂志及期号	出版(初版)/刊载时间	备　注
Weinert, Erich (1890—1953) 魏特钠					
Erich Weinert	《战争》	李家骥	《文艺月报》1卷2号	1933.7.15	诗1首
E. Weinert	《咏罗马大帝NERO》	春迟意	《新诗歌》2卷1期	1934.10.20	诗1首
Werfel, Franz (1890—1945) 威尔弗					
Franz Werfel	《一个少女对月之歌》	段薇杰	《世界文学》1卷6号	1935.9.15	诗1首
Wertheimer 威尔特海默尔					
	《泪珠的布》	陈南士	《诗》1卷2期	1922.2.15	诗1首
Wieland, Christoph Martin (1733—1813) 维兰德					
	《霍拉斯和奥古士都》	崔亮	《中德学志》2卷4期	1940.12	
中德文化协会编	《魏兰之介绍》(包括贺麟译《美之原型》、刘钧译《驴影录》,朱偰译《娇憨之女伴》)		上海商务印书馆	1934.4	本书是为纪念维兰德二百周年诞辰而编辑出版的集子。书中除收入纪念、介绍文章外,还选载了他的一些作品。书末附魏兰年谱。
Wolf, Friedrich (1883—1953) 沃尔夫					
渥尔夫	《曼海牟教授——西欧民主政治的悲剧》	梦迴	《杂文(质文)》5/6号合刊	1936.6.15	四幕剧

（续表）

原著者/中文译名	作　品	译者	出版社/杂志及期号	出版（初版）/刊载时间	备　注
夫力特里西·乌尔夫	《马汉姆教授》	洪为济、陈非璜	上海新路出版社	1936.7.30	四幕剧，据日译本转译。书末附译者跋。
夫力特里西·乌尔夫	《希特勒的"杰作"》	吴天、陈非璜	上海潮锋出版社	1939.8	卷首有吴天的《译序》。本书曾于1936年7月由上海新路出版社用《马汉姆教授》为书名出版。出版地为浙江丽水。
沃尔夫	《马门教授》	肖三	重庆文林出版社	1942.4	四幕剧
华尔夫	《新木马计》	肖三	重庆文林出版社	1942.7	
乌尔夫	《朱雷》	绿原	《天下文章》2卷2期	1944.3	
倭尔夫	《裘儿——一个法国集中营的故事》	柳无垢	桂林远东书店	1944.4	
乌尔夫	《朱雷》，见茅盾《现代翻译小说选》	绿原	上海文通书局	1946.10	
陈达人	《德国亡命作家华尔夫的戏曲〈麦汉姆教授〉》		《东流》2卷4期	1936.4.1	
秋田雨雀	《曼海牟教授》	梦週	《杂文（质文）》5—6号合刊	1936.6.15	介绍作者及作品。
直	《希特勒的杰作》		《笔谈》第3期	1941.10.1	作品介绍

(续表)

原著者/中文译名	作品	译者	出版社/杂志及期号	出版（初版）/刊载时间	备注
Wyss, Johann Rudolf (1782—1830) & Wyss, Johann David (1743—1818) 威斯					
威司	《小仙源》	上海商务印书馆编译所编译	《绣像小说》3、4、7、10、11、14、16期	1903.6—1904.1	据长篇小说《瑞士家鲁滨孙》编译。连载。书名原文："Der Schweizer Robinson"。
威司	《小仙源》	上海商务印书馆编译所编译	上海商务印书馆	1905.11	据长篇小说《瑞士家鲁滨孙》编译。书名原文："Der Schweizer Robinson"。
	《瑞士家鲁滨孙》	张芊农编注	上海中华书局	1916	
鲁斗威司	《鹊巢记上编》（上、下册）	林纾、陈家麟	上海商务印书馆	1920.6	长篇小说，据英译本转译。书名原文："Der Schweizer Robinson"。
威斯	《瑞士鲁滨孙家庭飘流记》（第1—4册）	彭兆良译述	上海世界书局	1933.2	长篇小说，书上未题著者。书名原文："Der Schweizer Robinson"。
慰司	《瑞士家庭鲁宾孙》（上、下册）	甘棠译、徐应昶校	上海商务印书馆	1933.5	长篇小说，书前有校者的话。
大卫·威斯	《瑞士鲁宾孙家庭飘流记》	沈逸之	上海启明书局	1939	长篇小说，据英译本转译。书前有原序及译者小引。
Zahn, Ernst (1867—1952) 察恩					
Ernst Zahn	《雪中》	绮纹	《西洋文学》9期	1941.5	短篇小说，附译后记，简介作家作品。

(续表)

原著者/中文译名	作　　品	译者	出版社/杂志及期号	出版(初版)/刊载时间	备　注
	《海恩护的描写》	关琪桐	《中德学志》4卷4期	1942.12	
Zelter, Karl Friedrich 策尔特					
Zschokke, Johann Heinrich Daniel (1771—1848) 乔克					
Zschokke	《大除夕》	徐卓呆	上海小说林总发行所	1906.2	喜剧长篇小说，附译者小引，注明原书名"Das Abenteuer der Neujahrsnacht"。
盎黎格士科克	《破题儿第一遭》	屏周	《礼拜六》56期	1915.6.16	喜剧短篇小说，当时称之为滑稽小说。
查格	《破题儿第一遭》，见《欧美名家短篇小说丛刻》下卷	周瘦鹃	上海中华书局	1917.2	喜剧短篇小说
柴诃	《克兰撒的旅店》	胡启文	《文艺月刊》8卷3—4期	1936.3.1—4.1	短篇小说
柴诃	《克兰撒的旅店》，见《德国短篇小说选》	胡启文	上海中华书局	1937.1	附译序和原序，附录为《现代德国文学的流派》。
柴诃	《克兰撒的旅店》，见《德意志短篇小说集》	朱慧选译	长春开明图书公司	1944	
Zuckmayer, Carl (1896—1977) 楚克迈耶					
	《拉卜统治者巴尔铁事》，见《她初次的忏悔》	朱泽维维译	上海世界书局	1929.5	

(续表)

原著者/中文译名	作品	译者	出版社/杂志及期号	出版（初版）/刊载时间	备注
zur Mühlen, Hermynia (1883—1951) 缪伦					
米伦女士 (H. Z. Mühlen)	《玫瑰花》	王艺钟	《太阳月刊》1928年1月号	1928.1	单篇童话
Hermynia Mühlen	《玫瑰花》	王艺钟	上海春野书店	1928.2	童话集，收入《玫瑰花》《小麻雀》《灰狗》《为什么》四篇。据英译本转译。书末附英译者原序。
	《马车马》	坎人	《乐群》1期	1928.10.1	
	《桥》	晴嵋	《语丝》5卷27期	1929.9.16	
	《帚》	晴嵋	《语丝》5卷31期	1929.10.14	
	《夜的幻》	晴嵋	《语丝》5卷36期	1929.11.18	
	《怪壁》	晴嵋	《语丝》5卷41期	1929.12.23	
缪连	《三个朋友》	晴嵋	《语丝》5卷44期	1930.1.13	
缪连	《真理的城》	黄岚	上海北新书局	1930.5	童话集，收入《真理的城》《墙壁》《国王的帮手》《夜的幻》《猿与鞭》《怪壁》《桥》《三个朋友》《街与马车的马》10篇。据林房雄的日译本转译。卷首附译者引言。封面书名题：《真理之城》。

(续表)

原著者/中文译名	作品	译者	出版社/杂志及期号	出版(初版)/刊载时间	备注
缪伦	《缪伦童话集》	钱歌川	上海中华书局	1932.9	内收《真理之城》《围墙》《国王的帮手》《奇怪的墙》《夜之幻境》《扫帚》《马车马》《桥》《三个朋友》《蔷薇姑娘》11篇。卷首附译者序。
缪伦	《无谓的话题》（1935年初版，英汉对照名录小说选）	索原	《太白》2卷11期	1935.8.20	
克罗狄阿		Arnold Zweig著,伍光建译	商务印书馆	1935.12.1	
至尔妙伦	《小彼得》	许遐	上海联华书局	1939.1	长篇童话,据林房雄的日译本转译。书前有鲁迅序。封面署广平译,版权页题为许广平译。
至尔妙伦	《煤的故事》	许广平译（鲁迅校）	译文出版社	1940.5	童话集,收入《煤的故事》《火柴盒子的故事》《水瓶的故事》《毯草的故事》《铁壶的故事》《破雪的故事》6篇。据日译本转译。书前有鲁迅的序言（写于1929年9月）。封面题为许遐译。

(续表)

原著者/中文译名	作品	译者	出版社/杂志及期号	出版(初版)/刊载时间	备注
至尔妙伦	《奇怪的墙壁》	赵纶时	译文出版社	1940.5	童话集,收入《真理的城》《墙壁》《国王的帮手》《梦》《鞭子》《奇怪的墙壁》《扫帚》《三个朋友》《马车马》《桥》10篇。据日译本转译。卷首附译者前记。
Zweig, Stefan (1881—1942) 茨威格					
Zweig	《Roman Rolland》	张定璜	《莽原》19—24期	1926.10.10—12.25	人物传记,连载。
刺外格	《萝蔓罗兰》	杨人楩	上海商务印书馆	1928.11	书名原文: "Roman Rolland"
施德芳支魏格	《保姆》	济之	《东方杂志》24卷15号	1927.8.10	
支魏格	《黄昏的故事》	耿济之	《小说月报》20卷1号	1929.1.10	
斯奇凡·蔡格	《一个妇人的情书》	章衣萍	上海华通书局	1933.11	中篇小说,据英译本转译。
采格	《论雅各华赛曼》	杨丙辰	《文艺月刊》5卷1期	1934.1.1	
Stefan Zweig	《一个陌生女子的来信》	寒冰	《世界文学》1卷1—3期	1934.10.1—1935.2.1	

(续表)

原著者/中文译名	作品	译者	出版社/杂志及期号	出版(初版)/刊载时间	备注
萨伐格	《一个陌生女子的来信》	孙寒冰	上海商务印书馆	1935.8	中篇小说,据英译本转译。卷首附译序,书末附《关于一个陌生女子的来信的两种不同批评》。
	《亚摩克》	傅尚果	《文艺月刊》9卷5—6期	1936.11.1—12.1	
褚威格	《托尔斯泰》	许天虹	福建改进出版社	1940.10	
S. 褚威格	《托尔斯泰的思想》	许天虹	《现代文艺》1卷1期	1940.4.25	
Stefan Zweig	《沉寂下的痛苦》	言文	《西洋文学》5期	1941.1	
	《一个教训》,见《枫叶文艺丛刊》(第一辑)	许念兹	上海枫叶出版社	1940	《枫叶文艺丛刊》(第一辑)
Stefan Zweig	《家庭教师》	郑之骧	《西洋文学》4期	1940.12	
S. 褚威格	《杜思退益夫斯基的生平》	许天虹	《现代文艺》2卷5期	1941.2.25	
S. 褚威格	《马来亚的狂人》	陈占元	福建永安改进出版社	1941.7	中篇小说,书前附罗曼·罗兰的《褚威格及其作品(代序)》。原文:"Amok"。

（续表）

原著者/中文译名	作品	译者	出版社/杂志及期号	出版（初版）/刊载时间	备注
S. 褚威格	《马来亚的狂人》	陈占元	《现代文艺》3卷1—6期	1941.4.25—9.25	中篇小说，连载。
土提芬·支维格	《赫尔德林的传》	陈占元	《诗创造》8期	1942.2.20	
土提芬·支维格	《马来亚的狂人》	陈占元	桂林明日社	1942.11	中篇小说，书前附罗曼·罗兰的《褚威格及其作品（代序）》。福建永安改进出版社1941年初版作者中译名为"S·褚威格"。书名原文："Amok"。
史维格	《钱有什么用》《成功的秘诀》《莫踌躇》，见《不能忘怀的人物和经验》	王家威	上海晨光出版公司	1943.3	
S. 支维格	《从罗丹得到的教训》	方敬	《人世间》复刊第5期	1947.7.20	随笔
偶然	《支魏格底批评论集》		《前锋月刊》1卷2期	1930.11.10	
罗曼·罗兰	《褚威格及其作品》	陈占元	《现代文艺》3卷1期	1941.4.25	
柏园	《茨威格和他的未完成杰作》（人书放谈）		《文艺知识连丛》第一集之一	1947.4.15	述及《巴尔扎克传》。

汉译德语文学作品合集书目

作品名称	译者/编者	出版社	初版时间	备注
《德诗汉译》	应时译	浙江印刷公司印刷	1914.1	内收乌郎、翕鲁、纪善勃费希、夏米莎、许注伯、莱因蔓客、德米、英南、好夫、麦尔格等人的诗,共11首。译文为文言体,戈德、哈卷首附徐建生序和译者自序。另附"德诗源流"、德汉对照表及本诗所选书目"和"勘误表",诗人姓字里居年印刷的新版。内容稍有变化。译诗基本照旧。本书另有上海世界书局1939
《欧美小说》	虚白译	真善美书店	1917	收《大除夕的忏悔》(苏特门)。
《欧美名家短篇小说丛刻》	周瘦鹃译	上海中华书局	1917.2	下卷《德意志之部》收《驯狮》(贵推)、《破题儿第一遭》(盖黎克查格)。
《欧洲大陆小说集》(上)	周作人等译	上海商务印书馆	1923.12	收愈之译《欢乐的家庭》(兹德曼)。
《西洋音乐与诗歌》	王光祈译	上海中华书局	1924	收《爱尔王》(歌德)、《我欲乘风去》(卿似一只花)、《海遇》、《酒家女儿》(伍兰德)、《其乐无穷》、《赖德游明月下》(柯遁聊时)、《为音乐而作》《孟查那莱河岸旁》(改白尔)、《我祝识归途》、《兄鲁堤》《维拉时歌》(谬里克)、《马利亚摇篮歌》(白也里迟)、《夜乐》(夏克)。
《短篇小说集》	文范邨等译	上海商务印书馆	1926.2	收《十年后》(M. Kenny)、《神经病》(E. Eckstein)。

（续表）

作品名称	译者/编者	出版社	初版时间	备注
《德国诗选》	郭沫若、成仿吾译	上海创造社出版部	1927.10	收歌德《湖上》等14首，席勒《渔歌》1首、海涅《幻景》等5首，施笃谟《秋》1首、列瑙《秋的哀词》1首，希莱《森林之声》1首。
《笑的短篇小说》（第一集）	克让译	上海自力书店	1929	收《兄弟的争斗》（Roda Roda）、《我们哈骚子都是由上帝创造出来的》（Karl Busse）、《两个卖酒的工人》（Adolf Glasbrenner）、《偷来的被褥》（Gastar Hochstetter）。
《桥》（《世界新兴文学选集》）	楼建南译	文献书局	1929	收《德意志》《失业者》《根卿尔》、《工牌》（佚名氏）。
《慈母的悲哀》	新文化学社编	上海世界书局	1929.5	收《祖母》（Eduard Rot）。
《她初次的忏悔》	朱泽准辑译	上海现代书局	1929.5	收《拉卜统治者巴尔轶事》（Carl Zugmayer）。
《独清译诗集》	王独清译	上海现代书局	1929.5	收《牧童哀歌》（歌德）。
《坛泰琪儿之死》	田汉译	上海现代书局	1929.6	收《最后的假面》（尼滋拉）。
《碎玉》	朱梦昙译	广州良友公司	1929.7	诗集，收入抗夫、霍夫曼、海涅、歌德及其他人的诗共10余首。
《华胥社文艺论集》	梁宗岱等译	上海中华书局	1930.2	收《流浪者之歌》（歌德）。
《小家之伍》	郁达夫译	上海北新书局	1930.4	收《废墟一夜》（盖尔戴客）、《幸福的摆》（林道）。
《世界历代文学类选》	陈旭轮编	上海世界书局	1930.5	收《浮士德·第一部》（歌德）、《蝎提孩》（Fougue）

(续表)

作品名称	译者/编者	出版社	初版时间	备注
《欧洲的传说》	钟子岩译	上海开明书店	1931.3	[日]松村武雄著。收《泥相隆根故事》《古德纶的故事》。
《德国名家小说集》	刘思训辑译	上海中华书局	1931.10	收《上帝祝福你》（W. H. Riehl）、《法龙的矿山》（霍夫曼）、《不得已的犯人》（席勒）。
《现代世界小说选》	周漫云编辑	上海江南文艺社	1932.1	收愈之译《欢乐的家庭》（滋德曼）。
《世界文学读本》（二）	梅花馆主人编辑、何铭校订	松花江梅花书店	1932.9	收《珍珠小姐》（爱德曼）。
《他人的酒盏》	石民译	上海北新书局	1933	收海涅诗4首。
《一切的峰顶》	梁宗岱译	上海商务印书馆	1934	诗集，译有歌德诗8首，尼采诗9首，里尔克诗3首。
《世界短篇小说名作选》	然尔社编	上海燃而社	1935.2	收《苏德曼传》（孙俍工）、《大除夕的忏悔》（苏德曼）、《神童》（汤马斯曼）。
《达夫所译短篇集》	郁达夫译	上海生活书店	1935.5	收《废墟一夜》（盖尔戴的）、《幸福的摆》（林道）、《马尔戴和她的钟》（史笃姆）。
《德意志短篇小说集》	毛秋白选译	上海商务印书馆	1935.9	收《智利的地震》（克莱斯特）、《杏草莉茄》（许笃谟）、《欧格烧》（开拉）、《沉默的议员》（李尔）、《俏皮姑娘》（海才）、《关栅门的筝尔》（霍普特曼）6篇。书前有译者序，简介作者的生平写创作。
《化外人》	傅东华选译	上海商务印书馆	1936.3	收《琉卡狄斯》（瓦塞曼）。

（续表）

作品名称	译者/编者	出版社	初版时间	备注
《番石榴集》	朱湘选译	上海商务印书馆	1936.3	收《夜夜》（艾特）、《Ein Eichbaum steht einsam》《Du bist wie eine Blume》《情歌》《海纳》。
《德国短篇小说选》	胡仁文译	上海中华书局	1937.1	内收《克兰撒的旅店》（柴河）、《洪水》（吉斯纳）、《库尔纳》、《跳舞的公主》（格林姆兄弟）、《彼得·须莱米尔》（卡米苏）、《牧羊郎克劳斯》（奥脱玛）、《诺布加》（哥兹却尔克）、《瓦尔特伯爵和海根达夫人》（蒲斯清格）8篇短篇小说和童话。据英译本Great German Short Stories选译。卷首有译者（其中有本书作者简介）和英译本原序、书末附《现代德国文学的流派》（瓦兹涡斯）一文。
《语体诗歌选》	张越瑞选辑	上海商务印书馆	1937.5	收张嫩石译《游子的夜歌》（歌德）。
《世界名著杰作选》（二集）	陈琳编辑	经纬书局	1937.7	收刘复译《流星》（利器德）、林微音译《来森波男爵的命运》（希尼志勒）。
《德国作家选集》	徐沉泗编选	上海万象书屋	1939.4	
《世界作家二十人集》	鲁迅等译述	文化励进社	1939.6	收《上帝的声音》（林道）。
《英法德美军歌选》	俞大絪、商章孙、徐仲年译	上海商务印书馆	1939.9	《德国之部》收《战歌》（扬恩德）、《徽民众》《丈夫与懦夫》（柯纳）、《德国人的歌》《我的祖母》（霍福民）、《军人离别歌》（雷淑）。
《战争与文学》	高扬等译	上海海燕书店	1941	收《一九一八年四线》《法兰西革命》《歌德》（基希）、《上西线》（康托罗唯兹）。

(续表)

作品名称	译者/编著	出版社	初版时间	备注
《俏皮姑娘》（德国小说名著）	毛秋白等译	上海启明书局	1941.7	收《快乐的人们》（苏德曼）、《兽》、《华苏曼》、《窗边》（霍尔茶孟）、《管棚门的第尔》《霍普特曼》、《吝革莉茄》、《许笃谟》、《俏皮姑娘》（海才）、《不得已的犯人》（席拉）等8篇。卷首有小引。每篇篇首有作家小传。
《恋歌》	鲁迅等译	上海启明书局	1941.7	收《李山布男爵的命运》（显尼志劳）。
《新世纪小说选》	海萦编	北京益智书局	1941.9	收《挽歌》（苏德曼）、《管棚门的第尔》（霍普特曼）。
《近代世界诗选》	梁孟庚编，山丁选	长春满洲图书株式会社	1941.11	收《献诗》《歌》、《倾向》《遗言》（海涅）、《新的哥伦布》《秋》（尼采）。
《故国》	马耳译	重庆建国书店	1942.12	收《到西线去》（库多洛维支）。
《交错集》	梁宗岱译	华胥社	1943.2	收《老提摩斐之死》《正义之歌》《欺诈怎样到了俄国》《听石头的人》（里尔克）、《圣史威斯特之夜底奇遇》（贺夫曼）。
《罗马哀歌》	方闻等译	点滴出版社	1944.3	收歌德诗3首,海涅诗2首,席勒诗1首。
《战争的插曲》	侍桁编译	重庆商务印书馆	1944.6	收《战争的插曲》（罗顿贝尔格）。
《德意志短篇小说集》	宋慧选译	长春开明图书公司	1944.9	收《管棚门的第尔》（霍普特曼）、《挽歌》（苏德曼）、《克兰撒的旅店》（柴词）、《大旋风》（赫塞）。
《虹之尾》	许天虹译	十日谈社	1945.11	收《凯丝达》（凯赛林）。
《少年游》	刘盛亚译	上海云海出版社	1946.6	收歌德诗15首,海涅诗7首,尼采诗3首,斯笃谟诗1首,荷尔德林诗1首,乌兰德诗2首,白歌诗1首,席勒诗1首,另收[德]无名氏诗1首,德国民歌1首。

(续表)

作品名称	译者/编著	出版社	初版时间	备注
《现代翻译小说选》	茅盾编辑	上海交通书局	1946.10	收《在厅子里》(斯托姆)、《伐鲁克怎样订了婚的》(亚柏斯)、《朱雷》(乌尔夫)。
《不能忘怀的人物》	王家棫编译	上海晨光出版公司	1947.3	收《钱有什么用》《成功的秘诀》《莫跻蹉》(史伟格)。
《现代世界小说选》	周罂云选辑	上海国新书店	1947	收《欢乐的家庭》(滋德曼)。
《世界名家短篇小说全集》	周瘦鹃译	上海大东书局	1947	收《冬夜诉心》(苏德曼)、《孤燕儿》(海根宾瑙)。
《大都会的小故事》	鲍姿平译	上海商务印书馆	1947.7	收《福》(苏德曼)。
《沫若译诗集》	沫若译	上海建文书店	1947.9	为1928年5月版的增订本。收歌德诗约12首，席勒诗3首，海涅诗3首，施笃姆诗3首。
《春情曲》	林凡辑译	上海正风出版社	1947.11	诗集，收歌德、席勒、海涅、郭欧尔格、波姆、孟宾、里尔克、海赛、里特郝斯人的诗50首，名家作品前有作者简介。据英译本转译。附译者题记。
《中外名人书信》	程海编	上海春明书店	1948.4	收《致斯台夫人》(歌德)。
《世界短篇小说精华》	王统照等译	重庆正风出版社	1948.6	收《在厅子里》(斯托姆)、《欢乐的家庭》(苏德曼)、《琉卡秋思》(瓦塞曼)。
《世界名人情书》	怡然编	华成书局	1948.8	收《致伯仑推佩汀》《维特致绿蒂》(歌德)、《致洛特》(席勒)、《致密儿》(尼采)、《致斯托克》(克洛卜斯托克)、《致末婚妻密达穆勒》(莫扎特)、《致一个荷兰少女》(海涅)、《沙儿敦》(瓦塞曼)。

德语文学史论、评论书目(一)

著者/编者	作品名称	译者	出版社	初版时间	备注
大桥新三郎	《德意志文学大家列传》	赵必振	上海作新社	1903	介绍歌德、席勒、海涅等人的生平、作品以及在文学史上的地位等。
山岸光宣等著,小说月报社编辑	《近代德国文学主潮》	海镜等	上海商务印书馆	1924.11	内收《近代德国文学的主潮》([日]山岸光宣著,海镜译)、《大战与德国国民性及其文化文艺》([日]片山孤村著,李达译)、《新德国文学的新倾向》(G. Hauptmann著,元玫译)4篇论文。
黑田礼二等著,小说月报社编辑	《旁表现派》	李汉俊等译	上海商务印书馆	1925.1	内收《旁飚运动》([日]黑田礼二著,李汉俊译)、《后期印象派与梅泽和轩原著,李汉俊改写)、《"最年轻的德意志"的艺术运动》([日]金子筑水著,李汉俊译)、《德国表现主义的戏曲》([日]山岸光宣著,程格青译)、《"旁飚"诗人勃伦纳尔的"绝对诗"》(沈雁冰)。
张传普	《德国文学史大纲》		上海中华书局	1926.1	叙述8世纪到20世纪初德国文学的发展概况。
刘大杰编	《德国文学概论》		上海北新书局	1928.6	内分9章,论述20世纪20年代以前的德国文学,重点评介莱辛、歌德、席勒、克莱斯特、海勃尔、霍普特曼、苏德曼、汉森克洛甫、恺石等作家及其作品。

(续表)

著者/编者	作品名称	译者	出版社	初版时间	备注
李金发	《德国文学ABC》		上海ABC丛书社	1928.9	本书从中古（13世纪）时期起到现代止，分时代介绍代表作家的代表作。据序言称，本书后半部分系黄似奇编写。封面题：世界书局发刊旨趣。封面有《ABC丛书发刊旨趣》。书前有《ABC丛书发刊旨趣》。世界书局出版。
赵景深	《最近的世界文学》		上海远东图书公司	1928.11	其中述及海涅、霍普特曼、列尔克、巴比塞温鲁、显尼志劳斯劈脱尔、拉纳各字。卷首附序。
余祥森编	《现代德国文学思潮》		上海华通书局	1929.10	论述现代德国文学中的自然派、新写实派、印象派、象征派、新古典派及表现派等文学流派。
余祥森	《德意志文学》		上海商务印书馆	1930.4	内分概论、诗歌、戏剧、小说等4章，介绍德国文学。
余祥森编	《德意志文学史》		上海商务印书馆	1933.10	内分《德意志民族之起源》《德意志文学概说》《古高地德语时代之德意志文学》《中古高地德语时代之德意志文学》《新高地德语时代之德意志文学》《结论》7章。附录：1.作者索引；2.名著年表。
刘大杰	《德国文学大纲》		上海中华书局	1934.11	本书叙述从中世纪到20世纪20年代初的德国文学，分时代叙述各种文艺思潮的特征和转变，评介代表作家及其作品。据英、日文著作编写。
赵家璧	《今日欧美小说之动向》		上海良友图书印刷公司	1935	

(续表)

著者/编著	作品名称	译者	出版社	初版时间	备注
李青崖编著	《一九三五年的世界文学》		上海商务印书馆	1936.6	其中有隐名写的《论本年德国戏剧界的几件要闻》。
玛尔霍兹（Werner Mahrholz）	《文艺史学与文艺科学》		重庆商务印书馆	1943.7	本书分7章论述德语文学史的方法问题。书前有译者序。书末附舒尔慈的跋《对于玛尔霍次之批评及补充》，以及年表、人名索引、术语索引。书名原文："Literaturgeschichte und Literaturwissenschaft"。
李长之	《德国的古典精神》		成都东方书社	1943.9	包括《温克耳曼（1717—1768）——德国古典理想的先驱》《歌德（1724—1804）对于人性之优美与尊严性的提出》《席勒（1749—1832）对于人生问题的解答与收获》《宏保耳特（1767—1835）之人本主义》《薛德林（1770—1843）：大像颂歌（译文）》6章。附录：介绍《五十年来的德国学术》。

德语文学史论、评论书目（二）

著者	单篇作品名称	译者	发表杂志/报刊	发表时间
黑田礼二	《狂孥运动》	海镜	《小说月报》12卷6号	1921.6.10
金子筑水	《"最年轻的德意志"的艺术运动》	厂晶	《小说月报》12卷8号	1921.8.10

（续表）

著　者	单篇作品名称	译者	发表杂志/报刊	发表时间
山岸光宣	《近代德国文学的主潮》	海镜	《小说月报》12卷8号	1921.8.10
山岸光宣	《德国表现主义的戏曲》	程裕青	《小说月报》12卷8号	1921.8.10
片山孤村	《大战与德国国民性极其文化文艺》	李达	《小说月报》12卷8号	1921.8.10
沈雁冰	《海外文坛消息九十三：瑞士文坛近状之一斑》		《小说月报》12卷9号	1921.9.10
John E. Jacoby	《奥国的现代文学》	韦兴	《小说月报》14卷4号	1923.4.10
生田春月	《现代德奥两国的文学》	无明	《小说月报》14卷12号	1923.12.10
沈雁冰	《现代德奥文学者略传》（一）		《小说月报》16卷1号	1925.1.10
沈雁冰	《现代德奥文学者略传》（二）		《小说月报》16卷7号	1925.7.10
钱杏邨	《德国文学漫评》		《小说月报》19卷3号	1928.3.10
千叶龟雄	《一九二八年世界文艺概观（续二：德意志·奥大利）》	L. S.	《朝花》4期	1928.12.27
山岸光宣	《表现主义诸相》	鲁迅	《朝花》1卷3期	1929.6.21
余祥森	《二十年来的德意志文学》		《小说月报》20卷8号	1929.8.10
川口浩	《德国的新兴文学》	冯宪章	《拓荒者》1期	1930.2.10
中野重治	《德国新兴文学》	陶晶孙	《大众文艺》2卷3期	1930.3.1
高桥祯二	《文学研究法（最近德国文艺学的诸倾向）》	张我军	《小说月报》21卷6号	1930.6.10
杨昌溪	《德国的历史小说热》		《青年界》1卷2期	1931.4.10

(续表)

著　者	单篇作品名称	译　者	发表杂志/报刊	发表时间
	《德国作家近日之厄运》		《文艺月刊》4卷1期	1933.7.1
杨昌溪	《希特勒党与戏剧》		《文艺月刊》4卷1期	1933.7.1
	《大战后的德国青年作家》		《小说月报》22卷7号	1931.7.10
赵景深	《最近的德国小说》		《小说月报》22卷9号	1931.9.10
思明	《德国无产阶级革命运动的概况》		《前哨》1卷4期	1931.9.13
郁达夫	《歌德以后的德国文学举目》		《现代文学评论》2卷3期、3卷1期合刊	1931.10.20
靳关良三	《现代瑞士文学》	适夷	《青年界》2卷4期	1932.11.20
杨丙辰	《狂飙与突进》		《文艺月刊》4卷8期	1933.8.1
杨昌溪	《德国的日耳曼艺术》		《文艺月刊》5卷1期	1934.1.1
	《德国逃亡作家们的消息》		《文艺月刊》5卷1期	1934.1.1
	《希特勒奖励日耳曼民歌》		《文艺月刊》5卷5期	1934.5.1
黎锦明	《奥国三大剧作家》		《青年界》5卷5期	1934.5
霍克桑	《德国法西斯统治下之文坛近事》		《当代文学》1卷2期	1934.8.1
梨梨·珂贝	《今日的德国文坛》	任易	《文学》3卷4号	1934.10.1
F.恩格尔斯	《与敏娜·考茨基论倾向文学》	胡风	《译文》1卷4期	1934.12.16

(续表)

著者	单篇作品名称	译者	发表杂志/报刊	发表时间
Erich Trunz	《劳动阶级与文艺》	杨丙辰	《天地人》创刊号 2—4 期	1936.3
思慕	《德国剧坛的现状——希特勒的全体主义剧场》		《中流》半月刊 1 卷 8 期	1936.12.30
李长之	《略谈德国民歌》		《歌谣》2 卷 36 期	1937.2.27
商章孙	《十七世纪之德国文学——三十年代战争与学究文艺》		《学原》1 卷 1 期	1937
杨业治	《德国古典文学的创始》		《学原》1 卷 1 期	1937
王任叔	《德国法西斯主义的文艺学》		《文学》9 卷 1 期	1937.7.1
S. Y.	《德国文艺近况鸟瞰》		《文艺阵地》1 卷 6 号	1938.7.1
郁达夫	《犹太人的德国文学》	陈适怀	《星洲日报——晨星》	1939.2.20
康多卢维支	《德国作家联盟在国外的五年》	张芝联	《文艺阵地》3 卷 3 期	1939.5.16
Gudmund Rorer-Herrichsen	《德国的流亡文学》		《西洋文学》10 期	1941.6
毕树棠	《近世德国文人列传》		《中德学志》5 卷 4 期	1943.12
季羡林	《现代德国文学的动向》		《文艺复兴》3 卷 3 期	1947.4.1

主要参考书目

阿英:《晚清小说史》,上海商务印书馆,1937年。
阿英编选:《中国新文学大系·史料·索引》,上海文艺出版社,1981年影印。
北京图书馆编:《民国时期总书目·外国文学》,北京书目文献出版社,1987年。
陈炳堃:《最近三十年中国文学史》,太平洋书局,1937年。
陈伯海、袁进主编:《上海近代文学史》,上海人民出版社,1993年。
陈鸣树主编:《二十世纪中国文学大典》(1897—1929),上海教育出版社,1994年。
陈鸣树主编:《二十世纪中国文学大典》(1930—1965),上海教育出版社,1994年。
陈玉刚主编:《中国翻译文学史稿》,中国对外翻译出版公司,1989年。
陈玉堂编:《中国近现代人物名号大词典》,浙江古籍出版社,1993年。
陈子展:《中国近代文学之变迁》,上海中华书局,1929年。
范伯群主编:《中国近现代通俗文学史》,江苏教育出版社,2000年。
范伯群、朱栋霖主编:《中外文学比较史1898—1949》,江苏教育出版社,1993年。
方汉奇:《中国近代报刊史》,山西教育出版社,1981年。
郭延礼:《中国近代翻译文学概论》,湖北教育出版社,1998年。
胡从经:《晚清儿童文学钩沉》,上海少年儿童出版社,1982年。
贾植芳、俞元桂主编:《中国现代文学总书目》,福建教育出版社,1993年。
来新夏等:《中国近代图书事业史》,上海人民出版社,2000年。
林煌天主编:《中国翻译辞典》,湖北教育出版社,1997年。
马祖毅:《中国翻译简史——五四以前部分》,中国对外翻译出版公司,1984年。
上海图书馆编:《中国近代期刊篇目汇录》(3卷6册),上海人民出版社,1965—1983年。
施蛰存主编:《中国近代文学大系·翻译文学集》(1840—1919),上海书店,1990年。
唐沅等编:《中国现代文学期刊目录汇编》(上、下),天津人民出版社,1988年。
王锦厚:《五四新文学与外国文学》,四川大学出版社,1996年。
王文英主编:《上海现代文学史》,上海人民出版社,1999年。
魏绍昌主编:《中国近代文学大系·史料索引集》,上海书店出版社,1996年。
叶再生:《中国近现代出版通史》(4卷),华文出版社,2002年。
邹振环:《影响中国近代社会的一百种译作》,中国对外翻译出版公司,1996年。
邹振环:《20世纪上海翻译出版与文化变迁》,广西教育出版社,2000年。
[日]樽本照雄编:《新编增补清末民初小说目录》,齐鲁书社,2002年。
Bauer, Wolfgang: *German Impact on Modern Chinese Intellectual History: a Bibliography of Chinese Publications*. Wiesbaden: Steiner, 1982.

人名索引[①]

A

阿恩特（Arndt） 33、44、46—49、201
埃布纳-埃申巴赫（Ebner-Eschenbach） 29、209
埃尔里希（Ehrlich） 210
埃德施米特（Edschmidt） 29、210
埃克斯泰因（Eckstein） 210
艾兴多夫（Eichendorff） 34、35、210
艾特林格（Ettlinger） 211
爱克曼（Eckermann） iv、54、179
奥伊肯（Eucken） 26
奥尔巴赫（Auerbach） 201

阿英 iii、10、17、45、50、58、63、79、120、159
艾龙 200
艾思奇 94、97、183、251、256
安愚 76、235

B

巴尔（Bahr） 24、25、122、143、167、202、318、323、325
巴塞威茨（Basserwitz） 202
鲍姆（Baum） 14、32、33、175、202、203
鲍姆拔赫（Baumbach） 203
贝希尔（Becher） 34—36、203
贝内迪克斯（Benedix） 203
比尔鲍姆（Bierbaum） 19、203
宾丁（Binding） 43、204
波姆（Böhme） 42、204、220、329
白也里迟（Boelitz） 20、204、324
柏吉尔（Bürgel） 39、81、183、188、193、206
碧萝芙（Bulow） 29、205
毕尔格（Bürger） 13、81、206
波守斯（Bonsels） 81、178、188、204
布洛赫（Broch） 205
布克哈尔德（Buckhardt） 205
布莱希特（Brecht） 40、205
布鲁默尔（Blummer） 204
步史（Busch） 207

巴金 41、85、88、127、181—183、185、188、193、194、234、263、290、305、306
柏园 122、323
白禾 185、277
白朗 37、200
白莽 311
白明 263
白天 82、148、287
白居易 113、134
伴君 88、306
鲍屡平 102、309、329
鲍淮湘 237
抱菝 217
北芒 103、184、310
北鸥 98、257
贝厚德 23、81、177、191、291
碧三 20、261
毕树堂 103、204、208、211—213、240、258、262、290、310、311、313、335
卞之琳 150、151、288

[①] 此索引中的人名涉及正文和附录，但主要收录正文页码，兼收正文中未出现、而在附录中出现的人名的页码。个别逗号前的页码是"导言"的页码。

冰心 198、230
炳蓍 147、148、287
病夫 228、284

C

察恩(Zahn) 39、317
策尔特(Zelter) 318
茨威格(Zweig) 21、120—122、189、321、323
楚克迈耶(Zuckmayer) 318

CF 235
蔡锷 44、45、47、174、201
蔡元培 18、103、209
曹葆华 232
曹京实 232、267
曹聚仁 120、243
曹雪芹 142
曹雪松 52、61
长虹 228
常苏波 297
厂晶 35、129、166、332
陈嘏 100、101、117、244、310
陈俊 179
陈铨 56、65、217、232、296
陈殳 52、60、179、221
陈陶 48、49
陈原 39、291
陈陟 115、327
陈白尘 109
陈炳堃 iii
陈伯海 176
陈伯吹 200
陈达人 163、316
陈淡如 71、72、231
陈独秀 45、103
陈非璜 36、163、164、182、188、193、315、316
陈鼓应 103

陈家麟 17、175、177、178、191、317
陈家驹 117、176、242
陈敬蓉 151
陈林率 85、87、181、305、306
陈南士 19、197、203、209、212、214、268、271、276、303、315
陈鸣树 83
陈牧民 14、175、203
陈平原 9、14
陈普扬 62、230
陈适怀 263、335
陈西滢 75
陈小航 18、169、170、262
陈旭轮 53、212、222、325
陈永翱 245
陈玉刚 ii、iii、66
陈玉堂 10、15
陈占元 122、130、185、231、260、322、323
陈子善 10
陈子展 ii、iii、58
成芳 103、106、107
成仿吾 59、68、69、92、217、218、228、248、250、269、292、307、324、325
成绍宗 100、181、309、310
成吉思汗 107
程淘 244、329
程鹤西 25、177、258
程小青 185、193、199、200、262
程裕青 167、169、330、333
储儿学 230
楚图南 39、184、302
春迟 32、315
春冰 245
春飞 41、183、194、290
崔亮 25、200、207、264、269、276、315

D

达恩(Dahn) 18、20、209
道滕代(Dauthendey) 19、209

德默尔（Dehmel） 22、209
德布林（Döblin） 38、209

达观生 52、60、62、179、192、221
大文 42、50、73、104、112、117、212
紫蕴 110
邓均吾 92、248
狄珍珠 23、81、177、303
滴瀛 96、255
杜甫 134
杜衡 96、97、177、255
杜宣 128、274
端书 14、83、85、304
段白莼 28、30、31、126、131、211、241、257、273
段成式 75、86
段可情 29、30、32、81、87、96、98、115、126、177、178、181、188、195、202、204、205、209、210、255、258、268、272—274、299、305
段薇杰 35、155、312、315

E
恩斯特（Ernst） 30、31、211
恩格斯 232

F
法拉达（Fallada） 42、211
法勒斯莱本（Hoffmann von Fallersleben） 34、260
法尔克（Falke） 22、211
菲碧格（Viebig） 313
富凯（Fouguè） 18、20、212
福路依特（Freud） iii
福伊希特万格（Feuchtwanger） 36、212
弗兰克（Frank, B.） 28—30、178、191、213
弗兰克（Frank, L.） 28—30、178、191、213

弗伦生（Frenssen） 213
弗莱施莱因（Flaischlein） 19、212
夫赖塔格（Freytag） 176、191、214

梵澄 105、180、185、196、223、279
范泉 79、183、193、240
范伯群 iv、11、61、189
范纪美 97、183、188、255、256
方安 185、194、291、292
方壁 223
方敬 122、323
方闻 57、97、184、220、253、293、328
芳信 200、235
方正 135、163、266
方重 54
方殿森 26、184、193
方汉奇 44
方芥生 140、141、286
芳玮德 230
芳草馆主人 175、199
菲戈 266
苻甘 178、263
丰子恺 55、225
封熙乡 76、77、176
冯至 21、37、55、56、74、90、93、94、96、99、106、130、145、150、151、177、182、196、217、219、220、233、234、249、254、255、259、260、279、288—290
冯次行 139、180、281
冯令仪 145
冯宪章 158、160、333
冯紫珊 45
奋翮生（蔡锷） iii、iv、44
傅东华 56、97、98、141、167、219、252、313、314、326
傅任敢 31、280
傅尚昊 121、122、322
傅绍光 52、60、179、221
傅斯年 101、103

G

改白尔（Geibel） 20、214、324
盖格尔（Geiger） 19、214
哥兹却尔克（Gottschalck） 234、327
歌德（Goethe） ii—vi,1—9、13—15、17、19、25、32、37、42、45、50—58、60—65、68—75、93、100、106、107、109、110、112、124、142、145、155—157、163、166、170、176、179、183、184、186、188、190—192、194、195、197、216—234、245、250、258、259、266、293、294、296、303、324—330、332、334
格奥尔格（George） 42、149、214
格拉夫（Graf） 36、234
格拉斯布雷纳（Glassbrenner） 282 216
格莱塞尔（Glaeser） 27、142—144
格莱斯霍纳（Gresshoner） 234
格勒尔特（Gellert） 214
格林（Goering） 16、75—79、174—176、179、183、188、192、193、197、216、235、237—240、327
格林（Grimm） 16、75—79、174—176、179、183、188、192、193、197、216、235、237—240、327
格罗斯（Gross） 240
格斯泰格尔（Gestäcker） 21、214

甘棠 17、182、192、317
干之 235
高寒 105、106、185、186、279、280
高华 14、203
高扬 40、163、200、263、266、327
高宇 233
戈菲 162
戈宝权 40、159、205
哥夫 214
葛懋春 45
葛尚德 120、180、243

耿济之 v,117、121、122、242、321
耿式之 17、52、55、216
公超 93、250
关德懋 110、181、295
关琪桐 205、232、301、318
谷永 310
古有成 200、222
辜鸿铭 2—9、50、51、58、90、91
顾华 38、39、276、307
顾均正 39、81、183、188、193、206、237
顾燮光 iii,10
顾仲彝 111、184、188、295
郭鼎堂 119、177、196、242
郭沫若 iv、v,16、17、51—53、55、57—60、63、65—67、74、75、82—86、88、89、91—93、97、98、104、107、110、111、119、170、171、176—178、181、184、195、196、217、218、221、222、224、225、227、233、242、243、248、250、269、278、292、295、304、307、324、325
郭绍虞 17、113、116、177、191、298
郭延礼 ii、v、vi,45
过立先 136、180、282

H

哈尔特列本（Hartleben） 28、241
哈森克雷费尔（Hasenclever） 37 28、241
海涅（Heine） iv、vi,9、13、16、17、19、20、37、41、42、90—99、106、115、132、142、145、151、177、178、180、183、186、188、191、192、194、195、218—220、248—259、293、324—326、328—331
海泽（Heyse） v,25、26、177、184、193、258、259
豪夫（Hauff） 13、39、76、241、242
海根窦瑙（Hagen-Thurman） 41、241
海因里希·曼（Heinrich Mann） 30、272
荷尔德林（Hölderlin） 20、150、220、261、328

人名索引　**341**

赫克尔(Häckel) 241
黑贝尔(Hebbel) 18、180、246、247
黑塞(Hesse) 36、130—132、257、293
霍尔茨(Holz) 261
霍尔法特(Horvath) 40、261
霍夫曼(Hoffmann) v、21、33、34、129、
　　144—146、180、218、250、259—261、
　　325、326
霍夫曼斯塔尔(Hofmannsthal) 24、128—
　　130、260
霍赫斯泰勒(Hochsteller) 259
霍普特曼(Hauptmann) iv、v、18、100、
　　103、116—120、177、180、196、229、
　　242—246、326—328、330、331
胡赫(Huch) 38、261、262

海藻 102、120、244、308、309、328
海镜 129、166、330、332、333
寒冰 321
韩世钟 145
华蒂 71、139、182、229、282
华林 72
何炳松 31、180、192、280
何德明 111、293
何其芳 62、163
何文基 116、184、300
何文介 141、283、286
河汉 49、233
贺麟 72、112、315
贺扬灵 139、282
洪深 27、133、136、177、191、281、283
洪为济 36、163、164、182、193、315、316
虹影 184、194、276
红冰 198
侯佩尹 33、47—49、201、268
胡风 161、162、265、334
胡适 vi、68、69、91、101、111、248
胡伯琴 200
胡从经 54、76

胡大森 93、96、177、250、255
胡国济 16、277
胡嘉德 91
胡明树 97、185、256
胡仁源 53、110、176、181、195、196、224、
　　294、295
胡启文 26、33、37、77、182、192、207、
　　208、215、234、239、268、280、318、327
胡庭芳 93、249、250
胡兴粤 184、276
胡仲持 55、101、102、159、177、185、186、
　　194、225、291、309
华蒂 71、139、182、229、282
华琪 286
黄既 253
黄魂 107
黄岚 80、182、193、319
黄立 36、178、188、212
黄源 55、143、179、195、196、215、226
黄嘉厉 185、272
黄鲁不 52、60、176、221
黄人影 58、227
黄兴涛 3、90
黄遵宪 44

J

吉斯纳(Gessner) 37、215、327
纪善勃赉希(Griesebach) 12、13、235、324
基希(Kisch) iv、36、158—163、182、183、
　　187、192、265、266、327
聚斯金德(Süskind) 311

济之 321
季羡林 20、31、43、261、335
贾植芳 86、173
简又文 130、260
剑波 61、177、191、255
剑于 285
江思 126、273

江余园 175、199
江东老虬 76、198、235
姜德明 97
蒋俊 45
蒋光慈 199
蒋介石 147、173
蒋学模 200
焦菊隐 34、203
晋韩 101、123、246、308
金人 231
金学诚 144
晶萍 94、250
觉止 246
君培 73、74、233
君朔 55、176、191、225
君毅 25

K

卡夫卡（Kafka） 37、38、167
卡罗萨（Carossa） 185、207、208
卡门·栖尔发（Carmen Sylva） 29
凯勒（Keller） 15、25、31、200、264
凯勒曼（Kellermann） 28、264
凯泽尔（Kaiser） 154、262
凯泽林（Keyserling） 28、265
凯斯特纳（Kästner） 81、262
坎尼（Kenny） 265
康多洛维支（Kantorowicz） 40、263、264
柯迺（Cornelius） 19、208、324
克尔纳（Körner） 33、47、268
克鲁堤（Groth） 20、241、324
克莱斯特（Kleist） 35、155—157、180、266、267、326、330
克勒格尔（Kröger） 29、268
克洛卜斯托克（Klopstock） 267、329
科尔本海厄（Kolbenheyer） 267

开贞 219
坎人 319

克林 131、235
克让 21、207、216、259、291、325
柯伟林 173
柯一岑 23、176、191、214
可华 116、298
可玉 25、202、275
孔子 3—6、50
蒯斯曛 23、181、303
邝九 302
邝光沫 136、180、282

L

拉德维茨（Redwitz） 280
拉赫曼（Lachmann） 19、268
莱昂哈德（Leonhard） 36、269
莱尔施（Lersch） 27、34、269
莱因哈特（Reinhardt）
莱辛（Lessing） 20、21、270、330
莱普（Leip） 269
赖尼克（Reinich） 13、281
赖德匪迟（Redwitz） 19、280
朗霍夫（Langhoff） 36、268
雷恩（Renn） 27、142、146—148、181、190、192、286、287
雷马克（Remarque） 27、38、132—134、136—142、146、177、180—183、186、190—194、281—286
里尔（Riehl） 31、288
里希特（Richter） 287
里雅各（Leger） 2、3
里尔克（Rilke） v、37、43、148—152、182、220、258、288—290、293、326、328、329
李利恩克龙（Liliencron） 19、271
利普曼（Liepmann） 36、271
廖抗夫（Kampf） 175、178、182、193、263
列瑙（Lenau） 269、324、325
林道（Lindau） 21、22、214、271、325—327

林克(Linke) 272
罗民(Lomin) 272
罗兰特(Lorant) 272
罗达·罗达(Roda Roda) 291
罗顿贝格(Rodenberg) 39、291
洛克尔(Rocker) 41、42、183、188、194、290
卢特维希(Ludwig) 272

兰雯 200
劳斯 93、280、327
雷百韦 105
雷石榆 95、96、185、194、253、256
黎青士 228
黎锦明 24、202、261、301、334
黎烈文 40、195、200、261
黎青主 71
李白 73、134
李达 330、333
李贺 86
李瑾 102、181、309
李嘉 95、96、185、194、253—255
李直 198
李珠 87、181、197、306
李长之 55、72、73、186、225、332、335
李辰东 75
李大钊 101、104
李东丝 200
李凤苞 1—3、50、58、63、107、112
李汉俊 330
李和庭 156、266
李鸿章 1、172
李家骥 32、315
李健吾
李金发 63、94、98、100、111、112、251、252、292、293、330、331
李競和 69
李欧凡 86、190
李且涟 25、180、264

李青崖 331、332
李石曾 175、263
李束丝 199
李铁生 24
李文钊 95
李无文 135、284
李小峰 93
李之常 91、92、248
李志萃 116、181、299
李宗法 179、238
丽尼 101、116、298、308
利马窦 1
立波 160—162、219、265、266
立人 198、199
厉零士 200
连普安 199
梁镇 170、180、262
梁敦彦 7
梁启超 11、45、46、103、107
梁俊青 58—60、68、88
梁孟庚 106、219、252、253、279、328
梁实秋 54、72、137
梁遇春 85、86、188
梁宗岱 21、51、53、56、73、75、106、146、150、151、184、218、219、223、232、259、278、288、289、325、326、328
廖辅叔 34、178、197、210
廖晓帆 96、97、183、254、256
林尔 199
林凡 42、57、70、97、132、151、183、184、194、204、214、220、253、254、258、276、289、293、329
林林 95、97、98、186、194、196、252、256
林纾 10、17、175、177、178、189、191、317
林易 228、257
林伯修 275
林焕平 95
林惠元 113、297
林俊千 183、188、193、240、262

林微音 115、298、327
林疑今 27、30、133、136、139、140、146、177、180、191、192、213、281—283、297
林雪清 23、81、180、185、194—196、262、303
林友兰 141、186、193、194、283
林语堂 104、105、127、133—136、248、249、281
林玉堂 92、199
麟生 16、269
凌梅 136、284
凌霄 136、180、282、283
廖辅叔 34、178、197、210
廖晓帆 96、97、183、254、256
刘丰 162
刘复 22、209、327
刘半农 199、287
刘大杰 24、115、171、174、181、192、199、298、299、330、331
刘恩久 106、186、280
刘共之 301
刘海蓬 76、77、178、236
刘厚醇 298
刘麟生 251
刘绍苍 250
刘绍基 94
刘圣斌 200
刘盛亚 53、54、95、183、184、196、220、223、225、226、252、328
刘叔雅 241
刘硕良 3
刘思训 21、31、112、145、182、259、288、293、294、326
刘思慕 6、34、54、196
刘勋卓 231
刘延陵 94、251
柳无垢 165、185、316
柳无忌 71、167、228、233、314

娄塘 66、233
楼建南 197、325
卢剑波 96、313
庐隐 61、75
鲁迅 vi,21、22、34、46、47、58、63、69、79—81、91、93、94、104、105、107、109、110、147、159、196、240、248、271、287、320、327、328、333
鲁彦 26、176、208
陆以洪 109
吕叔湘 96、255
绿原 165、316
罗嘉 184、194、276
罗牧 52、60、85、179、192、221、304
罗贤 57、183、184、220
罗荪 162
罗念生 85、87、181、305、306
罗新璋 69

M

马尔库泽（Marcuse）275
迈（May）3—5、7、22、48、54、55、61、63、105、123、157、176、179、192、209、225、233、234、242、276
迈尔滕（Maerten）275
梅尔（Mell）38、39、276
蒙森（Mommsen）26
蒙贝尔特（Mombert）19、42、276
莫罗（Molo）276
莫尔根斯特恩（Morgenstein）25 276
默里克（Mörike）20
谬萨姆（Mühsam）277
缪伦（Zur Mühlen）80、182、195、319、320
慕劳（Müller）34

毛秋白 v,21、25、26、34、35、87、124、145、152、156、157、178、180、182、183、188、195、196、210、211、243、244、

246、247、258、259、264、266、267、
288、294、305、326—328
毛一波 70、229
毛尹若 232
茅盾 17、61、65—67、88、97、104、113、
117、120、165、168、180、192、222、
223、251、252、296、297、305、316、
328、329
马耳 41、263、264、328
马津 127、275
马君武 ii、iii、vi、14、17、50、51、54、55、
58、63、107—109、177、190、216、
292、294—296
马彦祥 27、133—136、177、191、210、
281、283
马振犊 173
马祖毅 iii、2、10、45、100
麦耶夫 146、181、192、286、287
冒京 12、13、175
梅花馆主人 326
孟津 20、199
梦迴 164、315、316
闵予 125、273
莫世祥 50
墨翟 102
莫甦 222
莫凭兰 199

N
诺伊克朗茨(Neukrantz) 277
尼泽(Niese) 16、277
尼采(Nietzsche) iv、v、16、37、103—107、
118—120、134、177、180、183、185、
186、188、192、219、220、244、277—
280、326、328、329

O
奥特玛(Otmar) 280
欧阳竞 125、128

P
裴斯泰洛齐(Pestalozzi) 180、182、192、
280
婆塞(Busse) 21、207
蒲斯清格(Büsching) 207、327

潘家洵 101、246、308
潘怀素 199
潘修桐 70、229、245
朋其 94、251
彭兆良 17、182、317
屏周 15、318
蒲松龄 22

Q
契万西(Chiavacci) 25、208
乔克(Zschokke) 11、15、33、318

绮纹 28、34、36、39、88、178、180、184、
210、213、257、306、317
戚如高 173
钱伯城 i、88
钱春绮 5、7、8
钱歌川 80、81、101、182、195、308、319、
320
钱公侠 136、137、180、243、244、282
钱君匋 83、84、177、304
钱天佑 52、60—62、179、221
钱杏邨 17、79、109、110、117、118、120、
243、245、333
钱锺书 2、112、141
潜初 106
青主 39、241、242
晴岷 319
秋白 120、264
秋瑾 47
秋山 71
屈轶 143、144、179、188、193、215

R

任均 95、252
容复初 181、182、311
柔石 24、25、202、208
若斯 93、251

S

萨尔滕（Salten） 23、81
沙米索（Chamisso） 13、26、34、208
施朗克（Schrank） 302
施莱格尔（Schlegel） 297
施尼茨勒（Schnitzler） iii、iv、16—18、37、113—116、142、189、297
施皮里（Spyri） 23、81、303
施皮特勒（Spittler） 303
施托姆（Storm） 14、17、37、82、83、85—90、132、141、142、182、185、188、304
施瓦布（Schwab） 13、39、40、302
施园（Schöyen） 22、178、302
史特劳斯（Strauss） 39、307
斯台恩（Stern） 19、303
叔本华（Schopenhauer） 38、103、106、278、301
苏德曼（Sudermann） iii、iv、10、37、99—103、181、184、192、244、307—311、326—330

沙蒙 200
山丁 106、219、252、253、279、328
商承祖 87、182、296、306
商章孙 27、33、34、39、49、62、112、157、183、196、201、232、233、242、260、267—269、271、293、296、327、335
邵灵芬 36、234、272
邵洵美 21、22
沈来秋 28、228、265
沈叔之 139、180、181、193、281、282
沈雁冰 67、84、85、121、126、130、165、166、168—171、204、209、303、330、333

沈逸之 17、182、188、192、317
盛明若 29、178、191、213
石民 93、94、250、251、326
石曾 178、263
时谐 76、77
实秋 226、283
施落英 115、298
施瑛 85、88、181、304
施蛰存 vi、11、27、28、82、91、102、113、114、126、142、154、177、179、181、183、184、188、190—192、194、215、265、273、297—300、310—312
史美钧 234
史卫斯 94、251
侍桁 184、185、257、291、328
适夷 28、241、334
守常 104
瘦蝶 198
思明 163、334
思慕 34、179、203、226、335
苏蒙 161、162
苏冠明 200
苏曼殊 218
宋春舫 101、308
宋慧 102、120、132、244、257—259、309、318、328
宋之的 109
颂皋 211
孙博 118、180、243
孙纬 95
孙寒冰 121、182、192、321、322
孙俍公 118
孙毓修 175
孙铭传 17、52、68、69、216、217
孙锡鸿 85、182、304
孙洵候 180、272
孙中山 173
苏波 230
索原 320

T

台尼尔斯(Teniers) 311
提司(Thiess) 311
托勒尔(Toller) 24、152—155、311
托马斯(Thomas) 126、202、274、275、286、311
托马斯·曼(Thomas Mann) 30、120、125—128、273、274

汤元吉 24、53、125、176、177、180、196、197、224、247、314
唐得源 55、226
唐俟 104、278
唐苏 257
唐弢 85、97
唐人杰 12、175
唐性天 55、83、84、111、123、177、246、292、304
陶晶孙 115、135、136、158、333
陶在湄 185、312
倜然 308、323
天蓝 40、205
天行 8、132、257、258
天笑 198、199
田汉 58、74、91、114、227、297、325
铁浪 175、199
彤孙 24、202

W

瓦尔特·封·德尔·福格万德(Walter von der Vogelweide) 313
瓦塞尔曼(Wassermann) 25、165—167、313
瓦格纳(Wagner) 313
威斯(Wyss) 9、17、146、175、182、188、190—192、259、287、317、328
威尔弗(Werfel) 35、36、315
威尔特海默尔(Wertheimer) 25 19、315
维兰德(Wieland) 315

韦德金德(Wedekind) 24、314
魏纳特(Weinert) 32、34、36
沃尔夫(Wolf) 36、163—165、185、315、316
温鲁(Unruh) 313、331
邬戴特(Udet) 185、312
乌兰德(Uhland) 13、19、220、312、328

WT 265
万良浚 66
王韬 ii—v、2、3、44—47、172、174、201
王翔 85、181、304
王心 199
王独清 218、325
王公渝 147、181、287
王光祈 19、55、204、208、214、217、241、249、277、280、302、313、324
王国维 50、51、57、58、64、73、103、107
王家械 122、323、329
王海波 139、181、282
王焕平 251
王锦厚 iv、v、50
王任叔 143、335
王少明 20、21、76、178、235、236、238、239、270
王实味 119、179、192、243
王统照 167、314、329
王文英 176
王先献 90、307
王艺钟 23、79、178、191、319
王印宝 145
王云五 24、71
汪倜然 127、131、205、213、258、274、289、311
韦兴 120、166、333
韦澄芬 115、298
卫茂平 46
魏仲民 87、304
魏以新 27、54、70—72、78、79、81、87、

88、146、178、179、181—183、196、
206、229、230、238、286、306
文虎 92、248
文范邨 265、324
闻天 222
叶公超 127
我 56、219
吴康 241
吴宓 61、218
吴天 164、182、188、193、316
吴梼 iii、vi、10、100、309
吴伯箫 95、253
吴寿彭 227、301
吴奚真 200
吴晓樵 114
吴兴华 151、152、289、290
吴璇玲 136、180、282、283
无明 20、129、130、145、148、333
无着 198
伍光健 179、225
伍蠡甫 53、54、64、179、222、225、301

X

西格斯（Seghers） 41、302
席勒（Schiller） iii—v、1、5、6、9、13、14、
17、37、42、75、93、107—112、124、
145、155、181、184、188、195、220、
222、223、232、258、292—296、324—
326、328—330、332
夏克（Shack） 20、302、324

西林 113、297
西滢 18、19、84、85、116、212、228、230、
300、307
希真 117、120、244、330
锡金 40、263
席涤尘 102、308
夏楚 128、275
项子和 108、109、181、295

肖赣 105、180、192、278、279
肖三 165、185、316
小草 15、76、235、270
小默 34、111、112、203、216、293、296
孝直 15
谢炳文 118、180、192、243、244
谢鸿赉 199
谢六逸 118、242、243
谢颂羔 77、179、192、236、239
谢维耀 53、224
谢文适 96、253
辛人 97、252
性天 51、216
熊裕芳 58、227
虚白 101、126、128、167、273、307、308、
313、324
徐迟 41、151、185、290、302
徐翔 136、180、282
徐柏堂 183、272
徐沉泗 182、188、327
徐凤书 175
徐赋灵 199
徐建生 13、324
徐建寅 1、2
徐懋庸 143、215
徐培仁 30、180、192、272
徐霞村 127、129
徐显荣 198
徐应昶 17、182、192、317
徐仲年 71、72、231、260、268、269、327
徐卓呆 vi、11、12、175、318
徐志摩 18、19、68、69、111、176、191、
212、227、228、292
许遐 182、188、193、320
许达年 77、78、186、194、239、240
许广平 69、80、184、188、194、320
许金源 175
许念慈 122
许天虹 28、122、184、265、322、328

许啸天 285
许震寰 17、51、55、216
薛生甡 274
雪莹 219

Y

亚琛 198
言文 1、77、122、322
严复 189
严一烟 232
寅半生 iii,100
杨骚 257
杨昌溪 32、33、127、136、138—140、153、167、180、192、202、231、274、275、281、282、284—287、314、333、334
杨白平 75、232、296
杨丙辰 18、20、54、85、88、93、98、106、109、111、112、117、118、123、124、167、176—178、185、209、225、227、242、246、247、249、256、257、270、293—296、306、307、321、334、335
杨人楩 178、321
杨若思 139、181、282
杨武能 3、8、51、82、109
杨敬慈 22、178、302
杨宪益 75
杨业冶 335
杨逸声 52、179、188、221、222
杨镇华 184、200、303
杨钟健 76、77、178、236
姚克 154、312
姚可昆 43、185、196
姚思慕 36、268、269
叶文 83、122、322
叶大军 233
叶公超 127
叶灵凤 114、115、297、298、314
叶农生 175、199
叶善定 110、181

叶再生 189
怡然 97、106、227、254、255、267、280、294、329
以上 223
易康 140、284
伊微 81、178、202
佚名 199、325
忆明 199
尹若 70、229
莹如 76、198
应时（应溥泉）v、vi,12—14、17、26、34、40、51、55、91、95、111、174、175、206、208、216、235、241、248、281、292、302、312、324
应运淘 200
殷作桢 226、227
由稚吾 285
于潮 96、253
于在春 29、178、179、191、192、213
于熙俭 180、192、272
余文炳 54、179、225
余祥森 23、24、28、30、35、104、105、113、129、131、149、166、171、197、207、210、331、333
余芷湘 88、203
俞敦培 53、125、180、224、247
俞平伯 92、248
俞艺香 176、236
俞元桂 163、173
语堂 278
愈之 101、102、277、308、309、324、326
郁达夫 21、22、26、42、83、86、88、89、106、124、156、166、170、179、196、207、209、211、214、229、271、278、304、305、307、325、326、334、335
鸳 189、198
元枚 117、242、330
袁进 9、176
袁殊 70、159

袁志英 109
袁文彰 139、180、281
袁持中 147、181、287
允怀 153、155、312
蕴雯 82、186、194、292
韵铎 217

Z

在易 334
臧云远 232
曾今可 70
曾觉之 72、179、231
曾纪泽 1、107
曾天宇 198
张铠 9
张黎 40
张伯符 124、247
张昌祈 237
张昌新 179
张传普(张威廉) 37、56、170、179、218、330
张大麟 227
张德润 294
张德彝 107、108
张定璜 21、121、321
张富岁 111、295
张鹤群 53、222、223
张嘉谋 111、112、293
张京生 54
张近溦 16、269
张竞生 63、179、226
张露薇 231
张其昀 173
张润卿 25、166、313
张荣昌 3
张尚之 274
张漱石 219、327
张威廉 27、28、56、87、145、152、170、171、177、264、305
张闻天 52、64
张孝轶 66
张辛农 17
张新燨 56、218
张雪岩 23、81、177、191、291
张亦民 183
张月超 55、71、226、230
张越瑞 219、327
张友松 85、181、304
张元松 162、266
张芝联 41、127、128、335
张资平 139、181、281、282
章明生 125、177、273
章任光 180、270
章铁民 160、265
章衣萍 121、182、192、321
章肇均 179
赵必振 63、227、330
赵伯颜 v、17、113、118、177、181、243、298、299
赵光荣 20、63、64
赵家璧 37、127、167、314、331
赵景深 29、30、37、76、77、86、103、116、120、125、126、131、142、146、149、153、176、179、236—239、244、245、257、274、289、300、303、310、312、313、331、334
赵纶时 80、184、188、194、320、321
赵少侯 200
赵馀勋 178、206
郑敏 233
郑伯奇 38、40
郑若谷 31、182、192、280
郑振铎 18、20、26、34、47、59、63、66、67、84、85、89、98、104、105、108、109、113、120、122—124、126、127、129、130、144、149、155、156、168—171、177、191、199、270、298
郑之骧 122、322

之盎 82、83、304
志希 106、278
仲持 126、211、271、274
仲辉 17、51、221
仲民 108、295、296
仲遥 63、64
仲云 47、155
钟国仁 118、179、180、192、243
钟敬文 52、53、223
钟叔河 107
钟宪民 87、181、193、199、305
钟子岩 325、326
周文 98、99
周行 246
周伯涵 30、113、118、133、177、211、243、284、287、297
周辅成 72、230、231
周桂笙 76
周竞中 185
周立波 36、160—162、182、187、192
周缦云 102、309、329
周梦蝶 110、201、210、212、216、222、245、260—263、267、296、301、307、310
周瘦鹃 vi、15、16、25、41、51、101、220、221、241、264
周颂棣 102、181、192、309、310
周修仁 199
周学普 25、34、52、53、55、57、66、95、97、99、177、179、184、196、203、223、224、226、232、253、256、264、268、313
周作人 101、308、324
邹啸 22
邹绿芷 34、203
邹振环 82、176
朱偰 84、85、87、89、90、304、305、315
朱雯 36、141、180、183、188、192、194、271、283
朱湘 56、95、219、252、326、327
朱葆光 141、183、193、283
朱家骅 69、227、228
朱梦昙 218、250、259、325
朱光潜 74
朱栋霖 iv、61
朱世溱 198
朱维基 24、128、130、260
朱泽淮 325
宗白华 42、56、58、71、72、74、91、196、218、226、229—231、27

后　记

　　学术研究大体可分为史学探讨和哲学阐释。史述重材料、谈考证,哲论重思辨、讲观点。两者立场迥异。本书名曰"考辨",走的是史学研讨一途。

　　如今众多中文出身的学人,意气风发,评骘西学,甚至研究中国古籍,也时常引上一位洋人,谈上一番理论。而以外语为立身之本的我,却置身于时兴"主义"之外,在中国近现代文学出版物中,甘于钩发沉伏的考证。蓦然回首,自己也发觉一种倒错,顿感惊悸。许是愚钝如我,不能"与时俱进"? 更许是幼时寒暑假期,被送乡野,夏日树下,冬日炉旁,年复一年,听老人讲三国水浒西游记,凭自己读红楼聊斋镜花缘,心底蛰伏的中国传统梦太浓,浓得化不开,总让自己与流行意趣相悖?

　　岁月不居,倏忽间人变得容易伤感和喜欢回忆,才发觉儿时听故事、翻旧书的经历,容或成了自己的宿命。

　　选此偏离新说、投诚前学的角度进行著述,当然不完全是外力的催逼,也有自家学术定位的考虑。不止一次地听西方学者批评中国学术,选题重复,拾人牙慧,缺乏新文献资料的发掘,因而没有稽考价值等。似有偏颇,因为国内不时也有好书问世。但大体点到痛处,让人闻听汗颜。不敢说自己如何循规蹈矩,但泚笔为文,总还意识到学术研究的基本条件是资料的完备与准确,所谓的新知必定要以故识作为基石。否则学术何来进步? 自然,原本就不以新知为鹄的之著述另当别论。

　　就本书而言,史料的完备与准确,实乃笔者心向往之而不能尽至的理想。先说完备。鉴于目前我们的图书馆体制和书目编制水平,这相当困难。本书资料来源也基本局限于上海图书馆和上海的几家大学图书馆。因为害怕旅途的困顿和查阅的繁难,一开始就未抱遍访全国主要图书馆的奢望。好在上海本是晚清和民国时期的出版之都,大多问题能在当地解决。但定有不少遗漏。尤其是散布在各地报纸上的译文,本书仅略有所及。书本刊物较易查询,报纸则浩如烟海,且大多没有现成索引。此书的设计是兼具学术性和工具性,故在书后缀有关于德语文学作品汉译和评论的较详尽的书目。但最起码就报载译文和评论来说,书目远非全璧。

再谈准确。大凡哲学义理之是非,因其主观性,往往无法公断。因而讨论也没有穷尽。史学材料的鉴定,看似客观性强,容易做到准确,其实也处处陷阱。就本书而言,也许最经不起打量的莫如"首译"或"第一"等说法。很可能书刚面世,就有找上门来的商榷。可谓螳螂捕蝉,黄雀在后。对这两种角色,笔者都曾亲历。但行文所迫,未能免俗。好在大家应该知道,这类说法,仅是基于每个人资料掌握状况的相对之论。真切欢迎专家指正,以求本课题的研究渐臻完善。

末了还有两点技术上的说明。一是书中不少引文出自半个多世纪之前,用词古旧,时有舛误。本书对此未敢改动,谨存原貌。二是本书有的章节曾在报纸杂志上或别的合著里发表过,现在对此略施更正,也有照录。敬希识者见谅。

卫茂平

2003 年 5 月 26 日于上海

再版后记

而今学术新书,大多初版等于绝版,再版之可能性微乎其微。故而,旧作能够新刊,既是作者之荣,也是学术之幸。

此书成于十多年前,遵循的乃是实证与诠释参伍、交互为用的方法。但在资料网罗的净尽、论述选择的精当上,苟非尽善。此次新版,虽有一些纠偏补正,但总体上一仍其旧。就此说明。

回想此书著述期间,间有事务干扰,时写时辍,十多年后,始就初稿。那时电脑检索尚未流行,依赖积卡盈箧行进,而今思之,恍若隔世。

人有命运,书有遭际。笔者曾以该书,申报项目,数次未过。但书出之后,经人撺掇,申请奖项,一次竟成。2006年,此书同时获得"上海市哲学社会科学优秀成果奖"著作类二等奖,以及"第四届中国高校人文社会科学研究优秀成果奖"著作类(外国文学)二等奖。谨借修订后记,录下此书一段历史。

卫茂平
2019年寒假于上海